国家统一法律职业资格考试
培训教程

刑　诉

庄　汉　编著

图书在版编目(CIP)数据

国家统一法律职业资格考试培训教程. 刑诉/庄汉编著.
—北京：中国石化出版社，2019.1
ISBN 978-7-5114-5192-7

Ⅰ.①国… Ⅱ.①庄… Ⅲ.①刑事诉讼法—中国—资格考试—
自学参考资料 Ⅳ.①D92

中国版本图书馆 CIP 数据核字(2019)第 007872 号

中国石化出版社出版发行
地址：北京市朝阳区吉市口路 9 号
邮编：100020 电话：(010)59964500
发行部电话：(010)59964526
http：//www.sinopec-press.com
E-mail：press@sinopec.com
北京富泰印刷有限责任公司印刷
全国各地新华书店经销
*
787×1092 毫米 16 开本 25.25 印张 622 千字
2019 年 3 月第 1 版 2019 年 3 月第 1 次印刷
定价：65.00 元

PREFACE 前　言

国家统一法律职业资格考试(简称为“法考”)是司法部主办的法律职业资格考试，是在原来的司法考试基础上改革而成的职业资格考试。这一变革意味着法律职业资格证书将成为一块作用更广泛的敲门砖，需要这一资格证书的人员从原来的法官、检察官、律师、公证员扩大到包括从事行政处罚决定审核、行政复议、行政裁决的公务员、法律顾问、以及法律类的仲裁员。

2018 年是中国首次举行国家统一法律职业资格考试，考试报名总人数 60 万余人，47 万余人参加考试。对于法律人而言，法考是最重要的一场考试。法考实际上是法科学生打开法律职业大门的钥匙，是我们进入法律职业的通道，其地位不言而喻。法考是名副其实的法律第一考，因其难度之大、通过率之低，又被称为中国第一考。

为了帮助广大考生顺利通过考试，希律法考研究中心组织相关专家编写了《国家统一法律职业资格考试培训教程》丛书，作为法考培训的参考用书。本丛书在参考和分析历年考试真题的基础上，对最新考试大纲的内容进行认真细致的筛选，删除非考点和极为偏僻的考点，对重点内容进行充分解释和深化，内容涵盖了考试大纲的绝大部分重要知识点。

法考涉及的法律和学科十分广泛，归类起来，大致可以分为理论法、行政法、民法、民诉、三国法、刑法、刑诉、商经知产八大类，本书属于刑诉分册，以国家统一法律职业资格考试大纲中的刑诉部分的内容为依据，对核心知识点进行了条理化梳理和应试化归纳总结。准备参加考试的人员通过阅读本书，可以快速了解法考中的考点，掌握考试重点和难点。

刑事诉讼法在法考中所占比例恒重，命题难度系数逐年加大，理论性增强。从每年分值在各章节的分布来看，分值重地在辩护、证据、强制措施、侦查、一审、二审各章节，而审判环节至少占到 7~8 分，其中，尤以一审为重中之重。除此以外，是必然会出现个别的章节，如基本原理、诉讼参与人、管辖、执行、审判监督与死刑复核等，轮流出一题或同时各出一题，特别程序加上涉外刑事诉讼等共五章中，也会有可能出 2~3 题的分值。其次，刑事诉讼是一门实践性很强的学科，尤其当下刑事改革成为我国司法改革的重要内容，所以，结合新形势，也会出一些符合刑事诉讼发展方向的新题，所以考生在复习时，不仅要反复练习历年考题，体会到出题者出题意旨而有针对性复习备考的同时，也要注意我国刑事诉讼法律发展和实践改革动向，以提高效率，做到成竹在胸。

刑事诉讼法试题基本以法律、法规以及司法解释中的明确规定为考查内容进行出题。所以，考生一定要密切关注最近的相关司法解释和法律文件，要能理解其解释的目的并能准确判断。对于法条内容的熟悉，以 2012 年《刑事诉讼法修正案》为中心，熟悉修订后紧接出台的《高法解释》《高检规则》和《六机关规定》中进一步明确对诉讼参与人、辩护制度、强制措施、证据制度、侦查、审判程序、执行、特别程序八个方面的具体规定，尤其是在修订后新增加的内容。2018 年法考大纲新增的两院三部《关于推进以审判为中心的刑事诉讼制度改革的意见》、两院及公安部《关于办理刑事案件收集提取和审查判断电子数据若干问题的规定》两个司法解释的内容，应当重点关注。此外，2018 年 10 月 26 日起实施的新《刑事诉讼法》修正案，势必成为 2019 年法考的重中之重，考生应予高度关注。

刑事诉讼基本原理(包括理念、原则、程序原理等)在近几年的法考中成为热点，且出题更为灵活，结合具体程序，考查考生对原理的掌握、理解和运用。所以，考生在备考时，不能局限于做题而忽视对基本原理、理念以及程序制度的理念基础的理解和运用，要深入领会刑事诉讼基本原理和基本理念，并能在重点程序制度上予以阐发和分析运用。不过，毕竟只是法律职业资格考试，再怎么强调法律职业人理论功底，也不可能成体系地深入考查考生们的理论研究水平，所以，考查理论知识，也仅限于“四大本”教材所撰写的内容，考察的方式主要还是对问题的分析和程序制度运用。考生们不必由此而深化相关理论问题内容而加重复习的负担。

俗话说，孰能生巧。但在法考中，如果仅仅是“死记硬背”，恐怕不仅“压力山大”，而且“熟未必能生巧”。命题人习惯于“挖空心思”设计各种“圈套”，因此，考生必须学会精准记忆，细致读题，灵活应对，方能立于不败之地。我们在希律网(www. xilvlaw. com)的视频课程和直播课程中，也会通过精讲、分析和总结等方式，帮助考生重点掌握那些历年经常考查到的知识点，顺利攻克刑诉的热点和难点问题，如愿拿到刑诉中的高分，圆梦法考。

从 2018 年起，法考分为客观题考试和主观题考试，只有通过客观题考试之后才能有资格参加主观题考试，客观题考试成绩两年内有效。客观题考试在全国实行计算机化考试，为了帮助考生熟悉计算机化考试系统，希律网的题库中心为考生准备了全真的模拟测试系统，其中有历年法考的真题和希律法考专家命题的全真模拟试题，考生可选择任何一套进行测试。测试完毕系统自动判卷，立即给出分数。考生还可以进行章节练习、知识点练习，对于考生做错的地方，系统会自动记忆，第二次参加测试时可选择“错题库”。这样，系统就会自动把考生原来做错的试题显示出来，供考生重新测试，以加强记忆。如此，读者可利用希律网题库中心检查自己的实际水平，加强考前训练，做到心中有数，考试不慌。

在本书出版之际，要特别感谢司法部法考办公室的命题专家们，感谢希律法考的学员们，正是他们的想法汇成了本书的源动力，他们的意见使本书更加贴近读者。

有关本书的反馈意见，读者可在希律网的微信公众号中与我们交流，我们会及时在线解答读者的疑问。

扫码关注希律网微信公众号

CONTENTS 目　录

第一章　刑事诉讼法概述

基本要求

了解与把握：刑事诉讼与刑事诉讼法的概念，我国刑事诉讼法的渊源，刑事诉讼法的制定目的与任务，刑事诉讼法与刑法的关系，刑事诉讼法与法治国家，刑事诉讼法的若干基本理念和基本范畴。

理解与运用：刑事诉讼的基本原理。

考情分析

本章内容涵盖基本概念和基本理论，是近几年司法考试的必考章节，着重考查的是参考人员专业基础知识的掌握情况。近五年在本章的理论性试题共出过9题，6次单选，3次多选。本章刑事诉讼的基本概念、基本理念和理论范畴，不仅是掌握后面刑事诉讼程序制度的基础，而且，我们相信它在以后法考中的比重也不会减少。

学习本章时，应侧重理解，领会要旨，并将理论基础知识的正确理解融入到程序、制度的学习中去，这将有助于提高选择题，甚至案例与论述题的得分。现在法考更加强调理论性，命题者越来越注重对理论知识的考查，2012年卷四主观题考过本章理论阐述，分值占到13分，随着法考对专业功底的强调，不排除本章成为考查的重点章节的可能性，故本章的学习与理解尤为重要。

近十年考题在本章的分布情况如下：

	年　度	单选题	多选题	不定项题	案例分析	分值
1	2017	卷二/22				1
2	2016		卷二/64			2
3	2015	卷二/22				1
4	2014	卷二/22、24	卷二/64			4
5	2013	卷二/22、23				2

续表

	年　度	单选题	多选题	不定项题	案例分析	分值
6	2012	卷二/22、23	卷二/64		卷四/7	4
7	2011	卷二/21				3
8	2010					无
9	2009					无
10	2008					无

内容概览

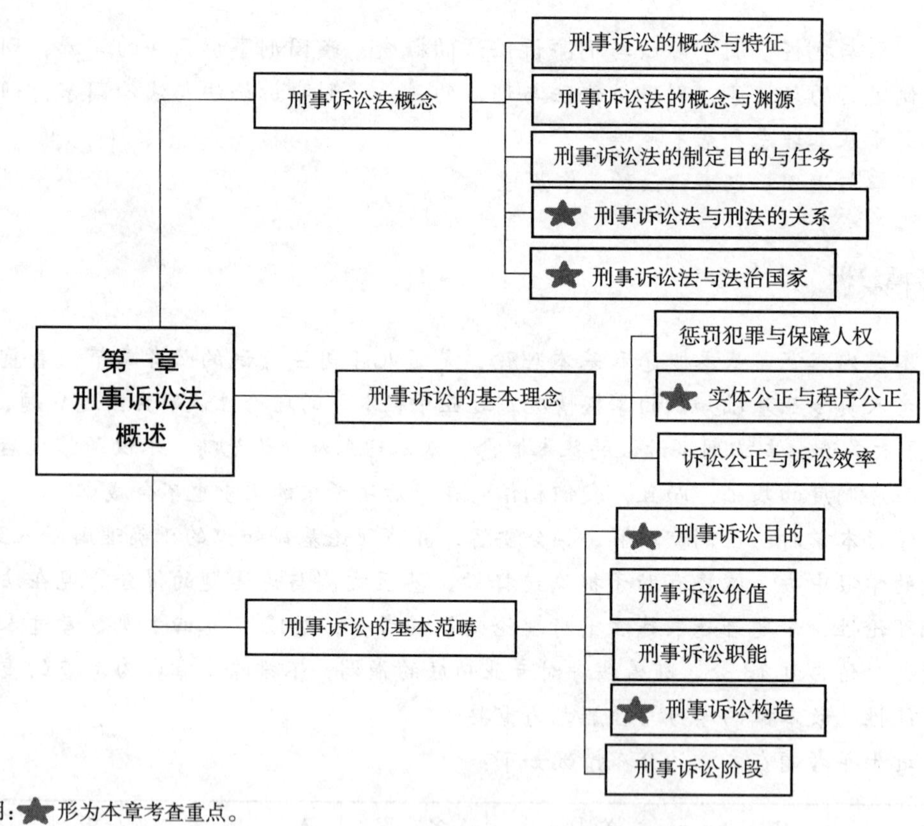

说明：★形为本章考查重点。

第一节　刑事诉讼法的概念

一、刑事诉讼的概念

我国刑事诉讼是指，人民法院、人民检察院和公安机关（含：所有依法履行职权的国家安全机关、军队保卫部门、中国海警局、监狱）在当事人及其他诉讼参与人的参加下，依照法律规定的程序，解决被追诉者刑事责任问题的活动。

刑事诉讼具有如下特征：

(1)刑事诉讼由专门机关主持。

(2)在当事人和其他诉讼参与人的参加下进行。

(3)实现的是国家刑罚权。

(4)严格依照法律程序。

二、刑事诉讼法的概念与渊源

（一）狭义与广义的刑事诉讼法

狭义的刑事诉讼法	《刑事诉讼法》法典
广义的刑事诉讼法	指一切有关刑事诉讼的法律规范

（二）刑事诉讼法的渊源

刑事诉讼法的渊源是刑事诉讼法律规范的存在形式。我国刑事诉讼法的法律渊源有：

1. 宪法	刑事诉讼法根据《宪法》制定，宪法直接规定刑事诉讼原则和制度
2. 刑事诉讼法典	《刑事诉讼法》
3. 有关法律规定	全国人大及其常委会制定的、关于刑事诉讼的法律规定，如《刑法》《人民法院组织法》《律师法》等
4. 有关法律解释和规定	理论上，法律解释分为立法解释和司法解释 刑事诉讼法的司法解释主要是以最高院、最高检分别，或与公安部、司法部及全国人大法工委一并解释
5. 地方性法规	地方人大及常委会颁布的地方性法规中关于刑事诉讼的规定
6. 国际公约、条约	我国签署且批准加入的国际公约、国际条约

直击命题：

1.《联合国反腐败公约》是我国刑事诉讼法的渊源。

2003 年 12 月 10 日我国政府签署该《公约》，2005 年 10 月 10 日中国十届全国人大常委会第十八次会议表决批准通过该《公约》。

2. 最高人民法院发布的《指导性案例》不属于我国刑事诉讼法的渊源。

《指导性案例》参照执行，非具有强制执行力。法律规范一定要有强制执行力，所以《指导性案例》不属于我国刑事诉讼法的渊源。

三、刑事诉讼法的制定目的与任务

（一）刑事诉讼法的制定目的

刑事诉讼法的目的指制定刑事诉讼法的预期目标与宗旨，根据《刑事诉讼法》第1条的规定，具体包含：

(1)保证刑法的正确实施；

(2)惩罚犯罪，保护人民；

(3)保障国家安全和社会公共安全；

(4)维护社会主义社会秩序。

（二）刑事诉讼法的任务

刑事诉讼法的任务则规定在《刑事诉讼法》第2条，分为基本任务和根本任务，基本任务有：

(1)保证准确、及时地查明犯罪事实，正确应用法律，惩罚犯罪分子；

(4)保障无罪的人不受刑事追究；

(3)教育公民自觉遵守法律，积极同犯罪行为做斗争。

根本任务是：维护社会主义法制，尊重和保障人权，保护公民的人身权利、财产权利、民主权利和其他权利，保障社会主义建设事业的顺利进行。

▶ 经典考题

1-1. 关于《刑事诉讼法》“尊重和保障人权，保护公民的人身权利、财产权利、民主权利和其他权利”的规定，下列哪一选项是正确的？(2012-卷二-64 单选题)①

A. 体现了以人为本、保障和维护公民基本权利和自由的理念

B. 体现了犯罪嫌疑人、被告人权利至上的理念

C. 体现了实体公正与程序公正并重的理念

D. 体现了公正优先、兼顾效率的理念

四、刑事诉讼法与刑法的关系

（一）与刑法的区别

(1)法律性质不同：刑法是实体法，刑事诉讼法是程序法。

(2)体现的正义不同：刑法体现的是实体正义，刑事诉讼法体现的是程序正义。

(3)法律约束国家权力的途径不同：刑法约束的是国家可以对哪类行为予以刑事惩罚，刑事诉讼法约束的是公权力机关的犯罪追诉权力行为。

---

① 【答案】A

（二）与刑法的联系

(1)刑法有待于刑事诉讼法去实现。

(2)刑事诉讼法既能实现刑法，也能影响刑法的实现。

(3)刑事诉讼法具有“创制”实体法的功能，可弥补实体法的不足。

(4)刑事诉讼法可以从以下几个方面体现其对刑法实现的工具价值：

①刑事诉讼法规定的专门机关及其职责，为刑事实体法的实现提供组织保障。

②刑事诉讼法通过规范权力的运行和权利的有效行使，为查明案件事实，准确适用法律创造条件。

③刑事诉讼法通过明确诉讼主体进行刑事诉讼的行为方式，保证刑事实体法有序实现。

④刑事诉讼法规定证据审查、判断和运用的方式，为查明犯罪事实提供可靠的证据条件，这也是准确适用刑事实体法的前提。

⑤刑事诉讼法明确证明责任和证明标准，为准确定罪、量刑提供保障。

⑥刑事程序系统的优化和完善，可以避免和减少由于刑事实体法上的错判而导致无罪的人被错误定罪。

⑦刑事诉讼法针对案件的不同复杂程度而实行程序繁简有别，保证实体公正实现的效率。

▶ 经典考题

1-2. 刑事诉讼法的独立价值之一是具有影响刑事实体法实现的功能。下列哪些选项，体现了这一功能？（2016-卷二-64 多选题）①

A. 被告人与被害人达成刑事和解而被法院量刑时从轻处理

B. 因排除犯罪嫌疑人的口供，检察院作出证据不足不起诉的决定

C. 侦查机关对于已超过追诉期限的案件不予立案

D. 只有被告人一方上诉的案件，二审法院判决时不得对被告人判处重于原判的刑罚

直击命题：

(1)刑事诉讼法具有实现刑法的价值、功能。

(2)刑事诉讼法在启动、终结刑事责任的追究方面，有其独立的程序价值地位。如：不告不理；根据刑事诉讼法规定的情形作出不追诉、酌定不起诉、附条件不起诉，认罪认罚从宽处罚，刑事和解从轻处罚，排除非法证据而对供述事实不予认定等，都是刑事程序独立价值的具体体现。不是说体现程序独立价值时不实现刑法，相反，是依据刑法对该行为的定性及处罚基础上，仍根据刑事诉讼程序规定，而作出罚与不罚、重罚与轻罚的不同案件处理，这正是程序价值的体现。

---

① 【答案】ABD

五、刑事诉讼法与法治国家

刑事诉讼法与实现法治国家之间的关系，可以反映在刑事诉讼法与宪法的紧密关系上。故而，有专家认为“正是程序决定了法治与恣意人治之间的主要区别”；也有“宪法是静态的刑事诉讼法，刑事诉讼法是动态的宪法”之说，还有“程序意味着法治主义”之言。

宪法与刑事程序法的紧密联系，主要体现在以下两个方面：

(1)刑事诉讼法直接实现宪法，宪法中直接规定的程序性条款，如“被告人有权辩护”“公开审理”“人民法院独立行使审判权”等。

(2)宪法规定的国家机构的组成及其职权，刑事诉讼法通过规范、限制国家专门机关权力的正当行使，保障宪法所确认的公民基本权利和自由免遭任意侵犯。所以，刑事诉讼法是保障公民基本人权和自由的基石。

▶ 经典考题

1-3. 关于“宪法是静态的刑事诉讼法、刑事诉讼法是动态的宪法”，下列哪些选项是正确的？(2014-卷二-64 多选题)①

A. 有关刑事诉讼的程序性条款，构成各国宪法中关于人权保障条款的核心

B. 刑事诉讼法关于强制措施的适用权限、条件、程序与辩护等规定，都直接体现了宪法关于公民人身、住宅、财产不受非法逮捕、搜查、扣押以及被告人有权获得辩护等规定的精神

C. 刑事诉讼法规范和限制了国家权力，保障了公民享有宪法规定的基本人权和自由

D. 宪法关于人权保障的条款，都要通过刑事诉讼法保证刑法的实施来实现

直击命题：

刑事诉讼法规定“尊重与保障人权”，体现了刑事诉讼法对“保障公民基本权利”宪法原则的遵行，以促进公安司法机关在刑事诉讼中更好地贯彻尊重与保障人权。

第二节　刑事诉讼的基本理念

一、惩罚犯罪与保障人权

惩罚犯罪	指通过刑事诉讼，准确、及时查明案件事实，正确适用刑法，以打击犯罪、控制犯罪

① 【答案】ABC

续表

保障人权	指在刑事诉讼过程和处罚结果上，都要维护公民的基本权利： (1)保障无辜的人不受错误的追究； (2)使有罪的人受到公正的处罚； (3)在诉讼过程中，诉讼权利得到保障和有效行使。
关系	(1)惩罚犯罪与保障人权的关系是对立、统一关系； (2)要求惩罚犯罪的同时不能忽视人权保障，亦不能为保障人权而忽略惩罚目的的实现； (3)惩罚犯罪与保障人权并重，无所谓孰轻孰重，谁先谁后。

直击命题：

2012年《刑事诉讼法》修正案首次将"尊重与保障人权"写进总则部分，体现我国刑事诉讼法进一步加强了保障人权。同时，在具体程序制度的设置上，如严格排除非法证据，辩护人辩护的延伸，扩大法律援助辩护范围等程序机制，加强未成年人权利的保障等，都是落实刑事诉讼中人权保障的程序制度体现。

二、程序公正与实体公正

司法公正也就是诉讼公正，它是维护社会正义的最后一道屏障，是诉讼的灵魂和生命。司法公正包括实体公正与程序公正两方面：

实体公正	即结果公正，是案件实体裁判所体现的公正性。实体公正要求： (1)犯罪事实的认定，应当建立在证据确实充分的基础上 (2)定性与定罪要准确 (3)量刑依法、合理且适度 (4)对错误追究刑事责任的，及时采取救济途径纠正，并及时合理赔偿和补偿
程序公正	是指刑事诉讼程序所体现出来的公正性。程序公正要求： (1)严格遵守法律程序 (2)依法保障当事人和诉讼参与人的权利 (3)严禁刑讯逼供和以其它非法手段取证 (4)司法机关依法独立行使职权 (5)程序依法公开进行 (6)在法定期限范围内办案、结案
关系	两者不可偏重，要克服传统"重实体、轻程序"的错误倾向，严格依照法律程序追究犯罪人的刑事责任

直击命题：

(1)刑事诉讼所实现的公正是实体公正与程序公正的统一，结果公正与过程公正的统一。

(2)程序公正具有自身独立的公正性评判标准，不依附于实体公正的实现。也就是说，判断程序是否公正的标准，是看程序能否满足程序公正的要求，而不以案件实体结果的处理是否公正为标准，故具有独立性；同时，程序公正具有保障实体公正实现的作用，从而实现程序公正与实体公正的统一。

三、诉讼公正与诉讼效率

公正是人类社会所追求的价值目标。诉讼公正也即司法公正，公正是法治的生命线。

效率是经济学上的概念，指投入与产出之间的比率关系。诉讼效率是指诉讼过程中投入的司法资源与取得案件有效处理之间的比例关系。这意味着减少司法资源耗费，减少案件积压，尽快结案等，都是提高诉讼效率的有效途径。规定诉讼期限是为了保障诉讼效率，轻罪不起诉是为了减少诉讼资源的耗费，简易程序、速裁程序等，都是提高刑事诉讼效率的程序手段。

公正与效率密切相关，公正与效率并存，但诉讼公正优于诉讼效率，诉讼效率的实现，应当首先满足诉讼公正。当然，也不能只顾公正而置效率于不顾，应当在满足公正的同时，兼顾效率。尤其对当事人来说，迟来的公正非公正。

▶ 经典考题

1-4. 关于《刑事诉讼法》"尊重和保障人权，保护公民的人身权利、财产权利、民主权利和其他权利"的规定，下列哪一选项是正确的？（2012-卷二-22 单选题）①

A. 体现了以人为本、保障和维护公民基本权利和自由的理念

B. 体现了犯罪嫌疑人、被告人权利至上的理念

C. 体现了实体公正与程序公正并重的理念

D. 体现了公正优先、兼顾效率的理念

第三节　刑事诉讼的基本范畴

一、刑事诉讼目的

刑事诉讼目的是国家制定、颁布刑事诉讼法，进行刑事诉讼活动，所期望达到的目标。刑事诉讼的根本目的与法律的一般目的一致，都是维护社会秩序。

刑事诉讼直接目的，一是准确、及时查明犯罪、正确适用刑法，惩罚犯罪，实现国家刑罚权；二是保障诉讼过程中所有诉讼参与人的合法权益不受侵犯，特别注重与案件有直接利害关系的犯罪嫌疑人、被告人和被害人的诉讼权利。

简言之，刑事诉讼的直接目的，无非就是惩罚犯罪和保障人权。其实，刑事诉讼程序的设置以及刑事诉讼活动的展开，始终充斥和交织着"惩罚犯罪"与"保障人权"这一对矛盾的、直接目的两个方面。二者既对立、又统一，需辩证地看待，并从方法论角度将二者的辩证关系运用到程序制度的理解中去。

---

① 【答案】A

刑事诉讼根本目的实现依赖于直接目的的实现。国家如何处理、协调“惩罚犯罪”与“保障人权”两者之间的关系，构成不同国家的刑事诉讼模式。

（一）犯罪控制模式与正当程序模式的分野

采取犯罪控制模式的国家，更强调刑事诉讼在惩罚犯罪方面发挥积极作用，注重惩罚犯罪的目标能否有效实现。

采取正当程序模式的国家，则与犯罪控制模式的国家不同。它崇尚人人生而平等、与生俱来的权利和自由。由个体让渡部分权利而集合形成的公权力，需要充分尊重个体权利，而不是相反。如果公权力违反法律的规定，恣意侵犯公民基本权利，公权力行为的正当性基础便失却了。在该模式下，主张刑事诉讼目的当然要发现犯罪，发现案件实体真实，但肯定不是以牺牲程序正当性的方式来实现的。为了防止公权力的恣意妄为而使个体权利与自由遭受必然侵害，防止公权力滥用而使直接涉案犯罪嫌疑人、被告人陷入更为不利的境地，刑事诉讼有必要将维护正当法律程序放在首要地位。

（二）家庭模式

惩罚犯罪与正当程序之间对立，实质上是刑事诉讼到底以维护国家与社会整体利益为重，还是以维护受诉者个体利益为重的不同选择，与这种“国家与个人敌对关系”不同的是，刑事诉讼家庭模式强调国家与个人之间的“和谐”关系，以和谐方式来解决刑事诉讼中的刑事责任问题。

（三）实体真实主义与正当程序主义

<table>
<tr><td rowspan="2">实体真实主义</td><td rowspan="2">实体真实主义倾向于对案件实体真实的发现，作为刑事诉讼的首要目的，认为实体真实的发现优于对程序或过程正当性的恪守，将刑事诉讼法主要当作实现刑法的手段或工具，认为实体真实的发现，优先于诉讼中的人权保障
采取实体真实主义下的程序，一般不会轻易否定职能机关诉讼行为的程序效果，即使程序违法，也会出于发现真实的必要，而认可诉讼行为在程序法上的效果，仅对行为个体进行个别处理</td><td>积极实体真实主义</td><td>积极实体真实主义是传统的实体真实主义，强调出现了犯罪，并设置了相应刑事责任追究程序机制，程序的使命就是毫无遗漏地发现、认定犯罪，并予以刑事处罚；刑事程序要以发现事实真相为要旨，不让一个犯罪人逃脱责任</td></tr>
<tr><td>消极实体真实主义</td><td>消极实体真实主义则将发现真实犯罪与保障无辜者不受处罚相联系，认为刑事诉讼的目的在于发现实体真实，即：让犯罪受到应有处罚，同时让无辜者避免受罚。这两个方面共同构成实体真实两个方面的要件</td></tr>
<tr><td>正当程序主义</td><td colspan="3">正当程序主义认为刑事诉讼目的应当首先重在维护程序本身的正当性，因为人们对过去所发生的事实，要达到全面、客观、真实地认识，能力有限，利用证据材料作出的合理认定，也只是相对真实的概念；刑事诉讼无非在程序规定范围内，尽其所能接近客观真实的法律真实
我们所展开的刑事诉讼活动，无非就是依照正当程序，去尽可能地靠近实体真实。因而，有学者提出，刑事诉讼的目的包含追求实体真实，维护正当程序两个方面</td></tr>
</table>

直击命题：

我国刑事诉讼理论界的主流观点认为：惩罚犯罪与保障人权并重，两者有效结合，符合我国刑事诉讼法的基本要求。

片面强调惩罚犯罪，忽视人权保障，容易导致程序过程中为查找真凶而不择手段，藐视当事人的权利，甚至无辜者被错误追究，反而影响惩罚犯罪的实际效果。

反之，只强调保障人权，忽视惩罚犯罪，则容易放纵犯罪者逃避追究。

实战演练：

我国《刑事诉讼法》第196条规定：法庭审理过程中，合议庭对证据有疑问的，可以宣布休庭，对证据进行调查核实。这一具体程序规定，是否为职权主义诉讼的体现？是实体真实主义的体现，还是出于正当程序的要求？

解答：体现了职权主义诉讼，法官庭外调查核实证据权力的规定，是为了确保法官依职权查明案件事实所需。审判中，正当程序主义强调充分发挥控、辩双方在证明案件事实上的能动作用，通过积极促进控、辩双方在法庭上，从正、反两方面提出证据、充分质证，从而为法官在法庭上全面查明事实。而职权主义诉讼中的审判，要求法官对全面查明案件事实负责，由此赋予法官法庭讯问以及庭外调查、核实证据的职权，为法官全面查清案件事实所需。

显然，我国《刑事诉讼法》第196条规定在证据有疑问的情况下，允许合议庭法官对证据调查核实，是充分发挥法官在审判中查明事实的职能作用，为了排除法官在事实认定上的证据冲突或疑义，而主动进行的庭后调查，目的是为了维护实体公正，是实体真实主义诉讼程序的体现。

▶ 经典考题

1-5. 在刑事司法实践中坚持不偏不倚、不枉不纵、秉公执法原则，反映了我国刑事诉讼“惩罚犯罪与保障人权并重”的理论观点。如果有观点认为“司法机关注重发现案件真相的立足点是防止无辜者被错误定罪”，该观点属于下列哪一种学说？（2013-卷二-22单选题）①

A. 正当程序主义　　B. 形式真实发现主义

C. 积极实体真实主义　　D. 消极实体真实主义

二、刑事诉讼价值

刑事诉讼价值，是指刑事诉讼立法及其实施对国家、社会及其一般成员具有的效用和意义。刑事诉讼价值是多元且成体系的，包括公正、秩序、效益等诸多价值取向。

公正在刑事诉讼价值中居于核心地位。刑事诉讼公正价值包括实体公正与程序公正的两个方面，实体公正与程序公正之间相互对立又统一，公正的诉讼程序可以促进

① 【答案】D

案件实体部分的公正处理，而且程序公正与实体公正相统一，才能完整实现刑事司法的公正。

普遍认为，程序公正的评判标准是利害关系人及其他诉讼参与人在案件处理过程中，获得普遍认同的公平对待；而实体公正则取决于事实是否查清楚，适用法律是否准确。

实体公正与程序公正之间的对立性表现在：(1)对程序公正的判断标准与对实体公正的评判标准不同；(2)程序公正与实体公正并非在任何情况下都能共同实现；(3)对实体公正的满足并不一定就是程序公正的实现，相反亦然，满足了程序公正的要求，也不一定能保证实体公正结果的获得。在实体公正与程序公正的关系上，主流观点强调，刑事诉讼实体公正与程序公正要协调统一，不可偏废。

刑事诉讼程序要求准确追究犯罪，实现实体公正的结果，因而，刑事诉讼程序具有工具性价值：即实现实体公正。并且，刑事诉讼程序具有独立价值，即程序公正，保证诉讼参与人在诉讼程序中得到应有的对待，在法律关系上最大限度实现权利、义务的平等以及在诉讼中各方当事人机会对等，强制措施的适用应当适度，等等。

刑事诉讼效率价值是通过在相对有限的司法资源和诉讼投入情况下，所获得对案件公正、及时处理的结果，也就是程序所给予的冲突解决而带来社会正效应之产出，这种投入、产出的对应关系就是效率。

刑事诉讼秩序价值包括两方面含义：(1)通过惩治犯罪，维护社会秩序，即恢复被犯罪破坏的社会秩序以及预防社会秩序被犯罪所破坏；(2)追究犯罪的活动是有序的，这是由刑事程序所构建的有序的争端解决机制，以及通过对犯罪控制而达到社会正常秩序的维护而获得。

公正、效率、秩序在刑事诉讼价值选择中都是应选的价值取向，只是，刑事诉讼法律制度的确立与实施，应当平衡处理好各价值之间的关系。一般处理原则是“公正优先，维护秩序，兼顾效率”。

▶ 经典考题

1-6. 关于刑事诉讼价值的理解，下列哪一选项是错误的？(2015-卷二-22 单选题)①

A. 公正在刑事诉讼价值中居于核心的地位

B. 通过刑事程序规范国家刑事司法权的行使，是秩序价值的重要内容

C. 效益价值属刑事诉讼法的工具价值，而不属刑事诉讼法的独立价值

D. 适用强制措施遵循比例原则是公正价值的应有之义

三、刑事诉讼职能

刑事诉讼职能，是指法律规定的国家专门机关和诉讼参与人在刑事诉讼中所承担

① 【答案】C

的职责、具有的作用和功能。刑事诉讼具有三种基本职能：控诉、辩护和审判。

控诉职能指向法院起诉并出庭支持控诉，要求追究被告人因犯罪行为所应承担的刑事责任，由代表国家行使控诉职能的检察机关和自诉人行使，被害人在公诉案件中承担辅助性的控诉职能。由于侦查是公诉的必要准备，是追诉活动的组成部分，因而，广义上将侦查视为行使控诉职能的组成部分。

辩护职能与控诉职能相对抗，指提出对被控诉人有利的事实和理由，维护被控诉人的合法权益，由犯罪嫌疑人、被告人行使，辩护人协助行使。

审判职能指通过审理确定被告人是否犯有被指控的罪行和应否处以刑罚以及处以何种刑罚，审判职能只能由法院行使。

三种基本职能由不同的主体分别承担，承担职能者在刑事诉讼中的诉讼地位、三者之间相互关系，以及不同诉讼职能在该程序机制下所发挥作用的方式与程度，都会有所差异，构成了各呈特点的诉讼结构，这成为区分不同诉讼模式的基础。

【注意】证人、见证人、鉴定人、翻译人员不是刑事诉讼基本职能的承担者，他们承担的是刑事诉讼非基本职能。

四、刑事诉讼构造

刑事诉讼构造，是刑事诉讼法确立的、进行刑事诉讼的基本方式以及专门机关、诉讼参与人在刑事诉讼中形成的法律关系的基本格局，集中体现为控诉、辩护、审判三方在刑事诉讼中的地位及其相互间的法律关系。

立法者总是基于实现一定刑事诉讼目的的需要，设计适合于该目的实现的诉讼构造。刑事诉讼目的、刑事诉讼构造两者都受到当时占主导地位的、刑事诉讼价值观的深刻影响。

西方国家刑事诉讼构造主要分为两类：大陆法系国家采职权主义模式，英美法系国家采当事人主义模式。

当事人主义诉讼模式的特征是：诉讼进程与推动都取决于当事者双方，控诉、辩护双方当事人在诉讼中居于平等对抗地位，主导诉讼进程，充分体现了程序对当事人地位和权利的尊重和保障。

职权主义诉讼模式的特征是：将刑事诉讼程序的展开、刑事案件的查明和法律的准确适用，都委托给国家专门机关，而不是交给当事人双方，以保障国家机关职能充分行使的方式来保证案件公正的处理和实体结果公正的实现。

二战后，两种诉讼模式有相互融合的趋势。原采职权主义模式的日本，“二战”后大量吸收当事人主义诉讼结构的合理因素，形成了以当事人主义为主，职权主义为补充的混合式诉讼构造。传统采职权主义模式的意大利，20世纪90年代进行刑事诉讼法修订时，从原来典型的职权主义模式转向了现今的当事人主义诉讼模式。

【注意】要特别注意当事人主义诉讼模式和职权主义诉讼模式的特点和区分。

五、刑事诉讼阶段

按照一定顺序进行的刑事诉讼行为过程，可以划分为若干相对集中的诉讼活动，相对独立的诉讼单元，每个诉讼单元的具体任务也相对集中，主导程序的专门机关各有不同，所形成的法律文书也有所区别，这种相对独立的诉讼单元称为刑事诉讼阶段。

我国刑事诉讼阶段：立案、侦查、起诉、审判和执行五个诉讼阶段。

【注意】对于自诉案件，因其没有公安机关和检察院的介入，因此没有公安机关的侦查和检察院的审查起诉。自诉案件的诉讼阶段相对于公诉案件，没有侦查阶段。

第二章　刑事诉讼法的基本原则

基本要求

了解与把握：刑事诉讼法基本原则的概念与特点，《刑事诉讼法》规定的主要基本原则的含义、内容和基本要求。

理解与运用：《刑事诉讼法》以及相关法律解释对基本原则的规定，这些原则的理论基础和思想内涵。

考情分析

本章是通常会考到的专题之一，所布分值不高，分值最多的一年，也仅为 3 分，且考点相对集中，集中在具有法定情形不予追究刑事责任、未经人民法院依法判决不得确定有罪原则、严格遵守法律程序的原则等知识点。出题方式上，原则往往与具体程序制度相结合进行考查。备考时，要从原则的概念和内容上准确把握，注意上述重点原则在程序制度上的体现和实现。

原则一章学习的方法，我们建议：一是准确把握规定各原则的刑事诉讼法的法条内容；二是理解各原则的内容；三是解读并结合真题和模拟题，灵活运用重点原则。如：具有法定情形不予追究刑事责任原则，不仅要准确掌握不予追究刑事责任的六种法定情形，还要结合具体法律程序的规定，掌握公安机关、人民检察院、人民法院根据本原则，对不予追究刑事责任各种情形的处理方式。再如：严格遵守法律程序原则，又叫程序法定原则，要结合程序和制度的具体规定，对程序违法的法律后果，主要是指程序法律后果，有清晰的认识。再如：犯罪嫌疑人、被告人有权获得辩护原则，就应当结合辩护制度，对犯罪嫌疑人、被告人如何在程序制度上有效获得辩护权的保障，如辩护权行使的阶段、辩护人辩护、专门机关应当在程序如何保障辩护权等内容要十分熟悉。

近十年考题在本章的分布情况如下：

	年度	单选题	多选题	不定项题	案例分析	分值
1	2017					无
2	2016		卷二/65			2
3	2015		卷二/64			2
4	2014	卷二/23	卷二/65			3
5	2013		卷二/64			2
6	2012		卷二/65			2
7	2011		卷二/64			2
8	2010					无
9	2009	卷二/30				1
10	2008		卷二/66			2

内容概览

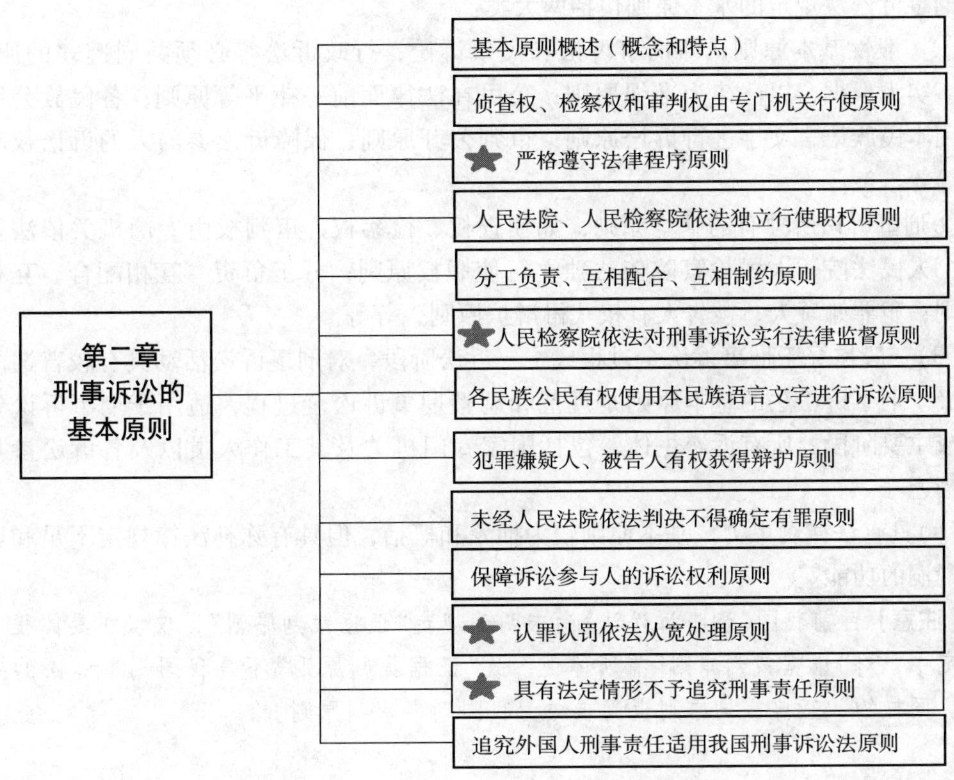

第一节　基本原则概述

一、基本原则的概念

刑事诉讼法的基本原则，是反映刑事诉讼理念和目的，贯穿于刑事诉讼的全过程或者主要诉讼阶段，对刑事诉讼过程具有普遍或者重大指导意义和规范作用，为国家专门机关和诉讼参与人参与刑事诉讼必须遵循的基本行为准则。

二、基本原则的特征

(1)体现刑事诉讼活动的基本规律。所有基本原则都潜藏着深厚的法理和思想内涵。

(2)由法律明确规定。刑事诉讼原则可以由法律明文规定，包括宪法、宪法性文件、刑事诉讼法及相关联合国文件、区域性组织的文件等；还可以体现于刑事诉讼法的指导思想、目的、任务、具体制度和程序之中。

刑事诉讼法规定的基本原则包括两大类：

①一般性基本原则，即刑事诉讼和民事诉讼、行政诉讼等必须共同遵守的原则，如以事实为根据，以法律为准绳原则；公民在法律面前一律平等原则；各民族公民有权使用本民族语言文字进行诉讼原则；审判公开原则；保障诉讼参与人的诉讼权利原则，等等。

②刑事诉讼所独有的基本原则，如侦查权、检察权、审判权由专门机关依法行使原则；人民法院、人民检察院依法独立行使职权原则；分工负责、互相配合、互相制约原则；犯罪嫌疑人、被告人有权获得辩护原则，等等。

(3)一般贯穿于刑事诉讼全过程或主要诉讼阶段，对刑事诉讼活动具有较普遍的指导意义。刑事诉讼法的基本原则是规范和调整刑事诉讼全过程，适用于刑事诉讼各个阶段或主要阶段，所有诉讼主体，包括国家专门机关及其工作人员以及各诉讼参与人都应当遵守。

(4)具有法律约束力。基本原则较为抽象和概括，但具有弥补法律规定不足和填补法律漏洞的功能。

【注意】目前我国《刑事诉讼法》尚未明确规定“证据裁判原则”，仅仅在具体程序制度规定中，对“证据裁判原则”有所体现，故“证据裁判原则”不是我国刑事诉讼的基本原则。同样的，直接言词原则也尚未成为我国刑事审判原则。

第二节　侦查权、检察权和审判权由专门机关行使原则

《刑事诉讼法》第3条第1款规定：对刑事案件的侦查、拘留、执行逮捕、预审，

由公安机关负责。检察、批准逮捕、检察机关直接受理的案件的侦查、提起公诉，由人民检察院负责。审判由人民法院负责。除法律特别规定的以外，其他任何机关、团体和个人都无权行使这些权力。

法律规定行使刑事职权的其他专门机关有：国家安全机关办理危害国家安全的刑事案件，依法行使与公安机关相同的职权；军队保卫部门对军队内部发生的刑事案件，依法行使侦查权；中国海警局履行海上维权执法职责，对海上发生的刑事案件行使侦查权。监狱对罪犯在监狱内犯罪的案件，依法行使侦查权。

一、侦查权、检察权和审判权由专门机关行使原则的含义

(1)侦查权只能由公安机关、检察权只能由检察机关、审判权只能由人民法院专门行使，其他任何机关、团体和个人都不能行使。

(2)公安机关、人民法院之间依立案管辖范围，分别行使侦查权、检察权、审判权，不得相互僭越。

①人民法院的职权：审判权、审判阶段对拘留以外强制措施的决定权。

②人民检察院行使检察权，目前，检察权的内容为：审查批准逮捕、起诉阶段强制措施决定权、提起公诉。

③公安机关行使侦查权，除非法律规定由其他专门机关侦查，所有刑事案件由公安机关侦查。国家安全机关对危害国家安全的刑事案件，行使与公安机关相同的侦查权。监狱负责对罪犯在监狱内犯罪案件行使侦查权。

(3)各专门机关必须依照宪法、刑法、刑事诉讼法等法律规定，依法行使侦查权、检察权、审判权。

二、因国家监察委员会试点与《监察法》的颁布，该原则暂时停止适用

2017 年 11 月 4 日，十二届全国人大常委会第三十次会议通过《关于在全国各地推开国家监察体制改革试点工作的决定》，在全国开展国家监察体制改革试点工作。

全国各省、市、区县三级设立监察委员会行使监察职权，监督检查公职人员依法履职，调查、处置职务违法和职务犯罪，对涉嫌贪污贿赂、失职渎职的职务犯罪，移送检察机关依法提起公诉。监察委员会可以采取谈话、讯问、询问、查询、冻结、调取、查封、扣押、搜查、勘验检查、鉴定、留置等措施。

查处贪污贿赂、失职渎职以及预防职务犯罪部门的职能转隶至监察委员会。首先试点的山西省将原由公安机关管辖的，国有公司、企业、事业单位人员行贿受贿、失职渎职犯罪，以及村民委员会等基层组织人员贪污贿赂、职务侵占等犯罪都调整到监察委管辖；浙江省则将国家机关、事业单位、国有企业委派到其他单位从事公务的人员的违法违纪行为纳入监察范围。同时规定，在试点工作中，暂时停止适用《刑事诉讼法》第三条、第十八条、第一百四十八条以及第二编第二章第十一节关于检察机关对直接受理的案件进行侦查的有关规定。

2018 年 3 月，《监察法》正式颁布实施，该法第 4 条第 2 款规定：监察机关办理职务违法和职务犯罪案件，应当与审判机关、检察机关、执法部门互相配合，互相制约。监察法实施后，职务犯罪案件的侦查、起诉与审判已重新表述，并体现在于 2018 年 10 月 26 日颁布的《刑事诉讼法》修正案中。

第三节　严格遵守法律程序原则

《刑事诉讼法》第 3 条第 2 款规定：人民法院、人民检察院和公安机关进行刑事诉讼，必须严格遵守本法和其他法律的有关规定。

一、严格遵守法律程序原则的基本含义

（1）积极意义上，要求人民法院、人民检察院和公安机关进行刑事诉讼活动时，必须严格遵守刑事诉讼法和其他有关法律的规定，不得违反法律规定的程序和规则，不得侵害诉讼参与人的合法权益。

（2）消极意义上，对严重违反法律程序的，依法承担否定性的法律后果。

为贯彻本原则，我国刑事诉讼程序制度及相关的司法解释，确立了非法证据排除规则，具体明确各专门机关排除非法证据的职责和排除范围：

①对违反法律程序行为的禁止性规定。《刑事诉讼法》第 52 条规定：严禁刑讯逼供和以威胁、引诱、欺骗以及其他非法方法收集证据，不得强迫任何人证实自己有罪。

②确定非法证据排除规则。《刑事诉讼法》第 56 条规定：采用刑讯逼供等非法方法收集的犯罪嫌疑人、被告人供述和采用暴力、威胁等非法方法收集的证人证言、被害人陈述，应当予以排除。收集物证、书证不符合法定程序，可能严重影响司法公正的，应当予以补正或者作出合理解释；不能补正或者作出合理解释的，对该证据应当予以排除。在侦查、审查起诉、审判时发现有应当排除的证据的，应当依法予以排除，不得作为起诉意见、起诉决定和判决的依据。

③规定各专门机关都有排除非法证据的职责，以确保严格遵守法律程序。《刑事诉讼法》第 56 条第 2 款规定：在侦查、审查起诉、审判时发现有应当排除的证据的，应当依法予以排除，不得作为起诉意见、起诉决定和判决的依据。

④规定检察机关依法对侦查机关的侦查行为合法性进行监督，接受申诉控告的职责。《刑事诉讼法》第 57 条规定：人民检察院接到报案、控告、举报或者发现侦查人员以非法方法收集证据的，应当进行调查核实。对于确有以非法方法收集证据情形的，应当提出纠正意见；构成犯罪的，依法追究刑事责任。

⑤确立人民法院在审判阶段对侦查活动的合法性实行程序性审查机制。程序性审查方式、程序等内容将在后面程序制度中讲述。

⑥对于审判违反法律程序规定的，第二审人民法院将裁定撤销原判决，发回原审人民法院重新审判。最高人民法院在复核死刑案件中，认为原审法院违反法定程序，

可能影响案件公正审判的，裁定不予核准，撤销原判决，发回重新审判。

二、严格遵守法律程序原则与程序法定原则

程序法定原则是现代各国刑事诉讼所普遍遵循的基本原则，包括两层含义：(1)立法方面，要求刑事诉讼程序的展开之前应当由法律明确规定；(2)司法方面，要求刑事诉讼活动应当依据法律事先规定的刑事程序进行。

在大陆法系国家，程序法定原则与罪刑法定原则共同构成法定原则的内容。在英美法系国家，刑事程序法定原则具体表现为法律正当程序原则。

我国宪法和刑事诉讼法所确立的严格遵守法律程序的原则性和制度性规定，包括"以法律为准绳"的原则性要求，都可以说明，我国在法律上，已基本确立了程序法定原则。

▶ 经典考题

2-1. 关于程序法定，下列哪些说法是正确的？(2015-卷二-64 多选题)①

A. 程序法定要求法律预先规定刑事诉讼程序

B. 程序法定是大陆法系国家法定原则的重要内容之一

C. 英美国家实行判例制度而不实行程序法定

D. 以法律为准绳意味着我国实行程序法定

▶ 经典考题

2-2. 二审法院发现一审法院的审理违反《刑事诉讼法》关于公开审判、回避等规定的，应当裁定撤销原判、发回原审法院重新审判。关于该规定，下列哪些说法是正确的？(2012-卷二-65 多选题)②

A. 体现了分工负责、互相配合、互相制约的原则

B. 体现了严格遵守法定程序原则的要求

C. 表明违反法定程序严重的，应当承担相应法律后果

D. 表明程序公正具有独立的价值

第四节 人民法院、人民检察院依法独立行使职权原则

《刑事诉讼法》第5条规定：人民法院依照法律规定独立行使审判权，人民检察院依照法律规定独立行使检察权，不受行政机关、社会团体和个人的干涉。这一规定确立了人民法院、人民检察院依法独立行使职权的原则。

---

① 【答案】ABD

② 【答案】BCD

一、人民法院、人民检察院独立行使职权原则的基本含义

(1)人民法院、人民检察院依法独立行使审判权、检察权，不受行政机关、社会团体和个人的干涉。行政机关、社会团体和个人不得以任何理由、任何方式对人民法院、人民检察院进行的刑事诉讼活动加以干涉。

这一原则所强调的是人民法院和人民检察院集体行使审判权和检察权，而不是法官、检察官个人独立行使职权。尽管这一原则要求人民法院、人民检察院作为整体独立行使职权，但是近年来的司法改革实践明确显示，法官在法院的审判活动中正享有越来越大的审判权。

(2)人民法院、人民检察院在独立行使职权过程中，必须严格遵守国家法律的规定，不得实施违反法律程序和规则的行为。

(3)人民法院、人民检察院在依法独立行使职权过程中，必须接受中国共产党的领导，必须接受各级人民代表大会的监督并向其报告工作。这是由我国的政治体制所决定的。

二、上下级法院业务关系

从宪法和有关组织法的表述上看，上下级人民检察院为领导与被领导的关系，上下级人民法院为监督与被监督的关系，上下级法院的业务关系体现为：

最高法院的监督指导方式	①审理案件、制定司法解释或者规范性文件、发布指导性案例、召开审判业务会议、组织法官培训等形式 ②最高人民法院发现高级人民法院制定的审判业务文件与现行法律、司法解释相抵触的，应当责令其纠正
高级法院的监督指导方式	审理案件、制定审判业务文件、发布参考性案例、召开审判业务会议、组织法官培训等形式
中级法院的监督指导方式	审理案件、总结审判经验、组织法官培训等形式

▶ 经典考题

2-3. 某大学教授在讲授刑事诉讼法课时，让学生回答如何理解“人民法院依法独立行使审判权”原则，下列四个同学的回答中，正确的理解是：(2012-卷二-23 多选题)①

A. 甲同学认为是指法官个人独立审判案件，不受任何他人影响

B. 乙同学认为是指合议庭独立审判案件，不受任何组织或个人的影响

① 【答案】CD

C. 丙同学认为是指法院独立审判案件，不受行政机关、社会团体和个人的干涉

D. 丁同学认为是指法院依法独立审判案件，上级法院不能对下级法院正在审理的具体案件如何处理发布指示或命令

第五节　分工负责、互相配合、互相制约原则

《刑事诉讼法》第7条规定：人民法院、人民检察院和公安机关进行刑事诉讼，应当分工负责，互相配合，互相制约，以保证准确有效地执行法律。

一、分工负责

“分工负责”是指在刑事诉讼中，人民法院、人民检察院和公安机关应根据职权分工，在法定职权范围内进行诉讼，各专门机关应各司其职，各负其责，既不能相互替代，也不能相互推诿。各专门机关的职能分工如下：

(1)公安机关享有侦查权能，具体负责侦查、拘留、执行逮捕和预审。

(2)人民检察院履行法律监督职能和具体负责诉讼监督、审查批捕、提起公诉。

(3)人民法院行使审判权能，为保证审判活动的顺利进行，有权决定采取除拘留以外的强制措施。

二、互相配合

“互相配合”是指各专门机关在进行刑事诉讼时，在分工负责的基础上，还要相互支持，通力合作，共同完成查明案件事实，准确适用法律，实现惩罚犯罪的任务。

三、互相制约

“互相制约”是指专门机关进行刑事诉讼，应当按照诉讼职能的分工和程序设置，相互约束，相互制衡，以防止发生错误追究、任意侵害公民基本权利，保证准确执行法律。

四、分工负责、互相配合、互相制约三者之间的关系

分工负责、互相配合、互相制约，是密切相关、缺一不可的。其中，分工负责是前提，配合和制约是三机关依法行使职权，顺利进行刑事诉讼的保证。

分工负责，互相配合，互相制约原则贯穿于刑事诉讼始终，最终目的是保证准确有效地执行法律。

【注意】现实中常见的保安搜身，违反了人民法院侦查权、检察权、审判权由专门机关行使的原则，但并未违反分工负责、互相配合、互相制约原则。

第六节　人民检察院依法对刑事诉讼实行法律监督原则

《刑事诉讼法》第 8 条规定：人民检察院依法对刑事诉讼实行法律监督。

人民检察院是国家的法律监督机关，在刑事诉讼活动中，有权对公安机关的立案侦查、法院的审判和执行机关的执行活动是否合法进行监督。法律监督贯穿于刑事诉讼的立案、侦查、审查起诉、审判、执行全过程。

一、立案监督

立案监督是在立案阶段，人民检察院对公安机关进行监督。立案监督的方式有：

(1)通知立案。在刑事诉讼中，检察机关认为应当立案侦查的案件而没有立案的，或者被害人认为公安机关应当立案而没有立案，向人民检察院提出，人民检察院有权要求公安机关说明不立案的理由。人民检察院认为公安机关不立案理由不能成立的，应当通知公安机关立案，公安机关接到通知后应当立案。

(2)通知撤案。人民检察院经审查认为，有证据证明公安机关可能存在违法采取刑事手段插手民事、经济纠纷，或者利用立案实施报复陷害、敲诈勒索，以及谋取其他非法利益等违法立案情况，尚未提请批准逮捕或者移送审查起诉的，经检察长批准，应当要求公安机关书面说明立案理由。公安机关说明立案理由不能成立的，经检察长或检察委员会讨论决定，应当通知公安机关撤销案件。

二、侦查监督

侦查监督是人民检察院在侦查阶段对侦查活动的监督。侦查监督可通过三个途径实现：

(1)对侦查活动的日常监督。人民检察院在监督工作中发现或接受当事人的申诉控告，发现公安机关的侦查活动违法的，对于情节较轻的，由检察人员以口头方式向侦查人员或公安机关负责人提出纠正意见；必要的时候，由部门负责人提出。对于情节较重的违法行为，报检察长批准后，向公安机关发出纠正违法通知书。

(2)通过审查批准逮捕途径对侦查活动进行监督。检察机关在审查批捕时，如果发现公安机关的侦查活动有违法情况，应当通知公安机关予以纠正，公安机关应当将纠正情况通知人民检察院。

(3)对提请批捕的监督。人民检察院办理审查逮捕案件，发现应当逮捕而公安机关未提请批准逮捕犯罪嫌疑人的，应当建议公安机关提请批准逮捕；如果公安机关仍不提起逮捕，或者给出的不提请批准逮捕的理由不能成立的，人民检察院也可以直接作出逮捕决定，送达公安机关执行。

三、审查起诉阶段的监督

(1)对侦查活动的日常监督。人民检察院在审查起诉过程中，应当对侦查活动是否合法进行审查。人民检察院接到报案、控告、举报或者发现侦查人员以非法方法收集证据的，应当进行调查核实。对于确有以非法方法收集证据情形的，应当提出纠正意见；构成犯罪的，依法追究刑事责任。对于重大、疑难、复杂的案件，人民检察院认为确有必要时，可以派员适时介入侦查活动，对收集证据、适用法律提出意见，监督侦查活动是否合法。(最高检《刑诉规则》361 条)

(2)对移送起诉的监督。人民检察院在办理公安机关移送审查起诉的案件中，发现遗漏依法应当移送审查起诉同案犯罪嫌疑人的，应当建议公安机关补充移送审查起诉；对于犯罪事实清楚，证据确实、充分的，人民检察院也可以直接提起公诉。(最高检《刑诉规则》391 条)

四、审判阶段的监督

(1)对法庭审理活动的监督。人民检察院派员出席法庭支持公诉的同时，监督法庭审理活动是否合法。人民检察院(不是出庭支持公诉的检察人员)发现法院在审理案件中违反法律规定的，有权向人民法院提出纠正意见。

(2)对一审裁判的监督。地方各级人民检察院认为同级人民法院第一审判决、裁定确有错误的，有权向上一级人民法院提出抗诉。

(3)对生效裁判的监督。对于已经发生法律效力的判决和裁定，人民检察院如果发现确有错误，有权按照审判监督程序提出抗诉。

(4)对死刑复核程序的监督。在复核死刑案件过程中，最高人民检察院可以向最高人民法院提出意见，最高人民法院应当将死刑复核结果通报最高人民检察院。

(5)对特别程序的监督。人民检察院对强制医疗的决定和执行实行监督。

五、执行阶段的监督

(1)死刑执行的临场监督。人民法院在交付执行死刑前，应通知同级人民检察院派员临场监督。

(2)对监外执行的监督。监狱、看守所提出暂予监外执行的书面意见的，应当将书面意见的副本抄送人民检察院。人民检察院可以向决定或者批准机关提出书面意见，决定或者批准暂予监外执行的机关应当将暂予监外执行决定抄送人民检察院。人民检察院认为暂予监外执行不当的，应当自接到通知之日起 1 个月以内将书面意见送交决定或者批准暂予监外执行的机关，决定或者批准暂予监外执行的机关接到人民检察院的书面意见后，应当立即对该决定进行重新核查。

(3)对减刑、假释的监督。被判处管制、拘役、有期徒刑或者无期徒刑的罪犯，可依法予以减刑、假释时，执行机关提出建议书报请人民法院审核裁定时，应将建议书副本抄送人民检察院，人民检察院可以向人民法院提出书面意见。人民检察院认为人民法院减刑、假释的裁定不当，有权在收到裁定书副本后20日以内，向人民法院提出书面纠正意见，人民法院应当在收到纠正意见后1个月内重新组成合议庭进行审理，作出最终裁定。

(4)对执行机关执行刑罚的活动是否合法实行监督。如果发现有违法的情况，应当通知执行机关纠正。

第七节　各民族公民有权使用本民族语言文字进行诉讼原则

《刑事诉讼法》第9条规定：各民族公民都有用本民族语言文字进行诉讼的权利。人民法院、人民检察院和公安机关对于不通晓当地通用的语言文字的诉讼参与人，应当为他们翻译。在少数民族聚居或者多民族杂居的地区，应当用当地通用的语言进行审讯，用当地通用的文字发布判决书、布告和其他文件。

该原则包括以下内容：

(1)诉讼参与人有使用本民族语言文字的权利。各民族公民，无论当事人，还是辩护人、证人、鉴定人，都有权使用本民族的语言进行陈述、辩论，有权使用本民族文字书写有关诉讼文书。

(2)专门机关有使用当地通用语言文字开展诉讼活动的义务。公、检、法机关在少数民族聚居或多民族杂居的地区，要用当地通用的语言进行侦查、起诉和审判，用当地通用的文字发布判决书、公告、布告和其他文件。

(3)专门机关有义务为不通晓当地语言文字的诉讼参与人提供翻译。如果诉讼参与人不通晓当地语言文字的，公、检、法机关应当为其指派或聘请翻译人员进行翻译。

【注意】在少数民族聚居区，通用语言为少数民族语言的，即使所有当事人为汉族人，法院也应当使用该少数民族通用语言进行审判。

第八节　犯罪嫌疑人、被告人有权获得辩护原则

《刑事诉讼法》第11条规定：人民法院审判案件，被告人有权获得辩护，人民法院有义务保证被告人获得辩护。第14条规定：人民法院、人民检察院和公安机关应当保障犯罪嫌疑人、被告人和其他诉讼参与人依法享有的辩护权和其他诉讼权利。

该原则包括以下内容：

(1)犯罪嫌疑人、被告人享有辩护的权利。辩护权是犯罪嫌疑人、被告人最基本的诉讼权利。任何情况下，犯罪嫌疑人、被告人都不得被以任何借口限制或剥夺其辩护权。

(2)专门机关机关有义务保障犯罪嫌疑人、被告人辩护权。在刑事诉讼中，为保障犯罪嫌疑人、被告人的辩护权，公、检、法机关负有以下义务：

①告知义务。在刑事诉讼活动中，应当及时告知犯罪嫌疑人、被告人享有辩护权以及法律赋予的其他诉讼权利，如聘请辩护人的权利、委托辩护人的权利、申请回避的权利、上诉权等。

②为犯罪嫌疑人、被告人提供进行辩护的条件，如为犯罪嫌疑人、被告人获得法律援助辩护律师提供条件，认真听取犯罪嫌疑人、被告人及其他们辩护人的意见等。

【注意】辩护应当具有实质意义，而不仅仅是形式，这是有效辩护原则的要求。

第九节　未经人民法院依法判决不得确定有罪原则

《刑事诉讼法》第 12 条规定：未经人民法院依法判决，对任何人都不得确定有罪。这是 1996 年修订《刑事诉讼法》时确立的一项基本原则，吸收和借鉴了普遍通行无罪推定原则的精神实质，明确了法院的唯一定罪权。

一、未经人民法院依法判决不得确定有罪原则的基本含义：

(1)人民法院统一行使定罪权，其他任何机关、团体和个人都无权行使。人民法院是我国唯一审判机关，代表国家独立行使刑事审判权。

(2)人民法院判决被告人有罪，必须严格依照法定程序，在保障被告人享有充分辩护权的基础上，依法组成审判庭进行公正、公开的审理。

二、具体程序制度规定对这一原则的贯彻体现

(1)在诉讼过程中，称谓上区分犯罪嫌疑人与刑事被告人。公诉案件，提起公诉前，被追诉者称为“犯罪嫌疑人”，提起公诉后，称为“被告人”。

(2)控诉方承担举证责任，被告人不负证明自己无罪的责任，不得强迫任何人证实自己有罪。

(3)疑罪时应作无罪处理。人民法院在审判时，对于证据不足、不能认定被告人有罪的，人民法院应当作出证据不足、指控罪名不能成立的无罪判决。

三、未经人民法院依法判决不得确定有罪原则是对无罪推定原则的吸收与借鉴

(1)无罪推定原则，是指任何人在未经依法确定有罪以前，应假定其无罪，或推定其无罪。无罪推定作为现代刑事诉讼法的基本原则，已为世界大多数国家刑事程序所普遍采用。

(2)无罪推定原则在程序制度上要求：(1)控方承担举证责任；(2)被告人不承担证明自己无罪的义务，即享有沉默的权利；(3)证据不足，应作出无罪判决，即疑罪应当从无。

（3）本原则不是完全意义上的无罪推定原则，是对无罪推定原则的借鉴与吸收。虽然本原则与无罪推定原则的文字表述差不多，但差异体现在：

1）我国的本原则强调的是人民法院独立享有定罪权。

2）我国的本原则强调人民法院应当依法定罪。

3）我国的本原则在程序制度的实现上，与无罪推定原则在程序制度的要求大部分相同：

①控方承担举证责任。公诉案件中的检察机关和自诉案件自诉人承担举证责任。

②证据不足，应作无罪判决。法律明确规定，证据不足，不能认定被告人有罪的，应当作出证据不足、指控的犯罪不能成立的无罪判决。

在无罪推定原则下，当然认定被告人不承担如实供述的义务，应当享有的沉默权，但我国尚未予以明确，而是仍然规定了犯罪嫌疑人对侦查讯问中与案件相关的问题，有如实供述的义务，也就是说，犯罪嫌疑人不享有保持沉默的权利。因此，我国未经人民法院依法判决不得确定有罪原则下，对程序制度的要求暂不包括对被告人沉默权的确认，这是未经人民法院依法判决不得确定有罪原则与无罪推定原则最明显的差异。

第十节　保障诉讼参与人的诉讼权利原则

《刑事诉讼法》第14条规定：人民法院、人民检察院和公安机关应当保障犯罪嫌疑人、被告人和其他诉讼参与人依法享有的辩护权和其他诉讼权利。诉讼参与人对于审判人员、检察人员和侦查人员侵犯公民诉讼权利和人身侮辱的行为，有权提出控告。

该原则包括以下内容：

（1）诉讼权利是诉讼参与人享有的法定权利，受到法律保护，公安司法机关不得违反法律规定，任意剥夺诉讼参与人的权利。

（2）诉讼参与人的诉讼权利受到侵害时，有权采用申诉、控告、请求制止等法律手段，依法救济和保护自己的诉讼权利，有关机关对于侵犯公民诉讼权利的行为应当依法予以查处。

（3）专门机关有义务在自己的职权范围内，保障诉讼参与人充分行使诉讼权利，制止妨碍诉讼参与人行使诉讼权利行为的发生。

（4）诉讼参与人在享有诉讼权利的同时，也应当承担相应的诉讼义务。

第十一节　认罪认罚依法从宽处理原则

2018年10月26日，第十三届全国人民代表大会常务委员会第六次会议通过关于修改《刑事诉讼法》的决定，增加一条，作为第15条规定：“犯罪嫌疑人、被告人自愿如实供述自己的罪行，承认指控的犯罪事实，愿意接受处罚的，可以依法从宽处理。”

认罪认罚从宽，是指犯罪嫌疑人、被告人自愿如实供述自己的犯罪，对于指控犯罪事实没有异议，同意检察机关的量刑意见并签署具结书的案件，可以依法从宽处理。

从宽分为实体上从宽和程序上从简两方面。对认罪认罚案件，属于基层法院管辖的可能判处三年以下有期徒刑的案件，被告人认罪认罚可以适用速裁程序进行审判。对于基层法院管辖可能判处三年以上有期徒刑的案件，可以适用简易程序。在审理当中，被告人对程序适用提出异议的，或者有其他不宜简化审理情形的，人民法院依法转为普通程序进行审理。这是程序上的从宽。

实体上，检察机关根据犯罪事实和对社会危害程度以及认罪认罚的情况，依法提出从宽处罚的量刑建议，人民法院在做出判决时一般应采纳人民检察院指控的罪名和量刑建议，但是如果被告人不构成犯罪，或者不应当追究刑事责任，或者违背意愿认罪认罚，否认指控犯罪事实，或者指控的罪名与人民法院审理的罪名不一致，以及有其他可能影响公正审判情形的除外。

但是从保障人权和确保司法公正的角度，该原则对以下几类案件不适用：一是犯罪嫌疑人、被告人属于尚未完全丧失辨认或者控制自己行为能力的精神病人；二是未成年的犯罪嫌疑人和被告人，他们的代理人和辩护人对未成年人认罪认罚有异议的；第三是犯罪嫌疑人、被告人可能不构成犯罪，以及有其他不宜适用的情形。

第十二节　具有法定情形不予追究刑事责任原则

《刑事诉讼法》第 16 条规定：有下列情形之一的，不追究刑事责任，已经追究的，应当撤销案件，或者不起诉，或者终止审理，或者宣告无罪：

(1)情节显著轻微、危害不大，不认为是犯罪的；

(2)犯罪已过追诉时效期限的；

(3)经特赦令免除刑罚的；

(4)依照刑法告诉才处理的犯罪，没有告诉或者撤回告诉的；

(5)犯罪嫌疑人、被告人死亡的；

(6)其他法律规定免予追究刑事责任的。

一、不予追究刑事责任的法定情形

(1)情节显著轻微、危害不大，根据刑法不认为是犯罪的。

【注意】本情形的适用一定要与检察机关审查起诉中的酌定不起诉所适用情形进行区分：符合本情形是“情节显著轻微、危害不大，根据刑法不认为是犯罪的”，检察机关应当作出不起诉决定，属于法定不起诉的类型。而审查起诉中，检察机关认为“犯罪情节轻微，依照刑法规定不需要判处刑罚或者免除刑罚的”，可以作出不起诉的处理，属于酌定不起诉的类型。

(2)犯罪已过追诉时效期限的。我国《刑法》87 条规定了刑事犯罪追诉时效：法定最高刑为不满 5 年有期徒刑的，经过 5 年；法定最高刑为 5 年以上不满 10 年有期徒刑的，经过10年；法定最高刑为10年以上有期徒刑的，经过15年；法定最高刑为无期徒刑、死刑的，经过20年。如果20年后认为必须追诉的，须报请最高人民检察院核准。超过上述法定追诉时效的，一般不再追究刑事责任。

(3)经特赦令免除刑罚的。在我国，全国人民代表大会常务委员会有权决定特赦，特赦命令具有终止刑事追究的法律效力。

(4)依照刑法告诉才处理的犯罪，没有告诉或者撤回告诉的。告诉才处理的案件以被害人提出告诉为前提，被害人没有提出告诉或者撤回告诉的，对这类案件的追究就失去了法律基础。

四种告诉才处理的案件：①侮辱、诽谤案(但是严重危害社会秩序和国家利益的除外)(《刑法》第246条)；②暴力干涉婚姻自由案(致使被害人死亡的，处二年以上七年以下有期徒刑的除外)(《刑法》第257条)；③虐待案(致使被害人重伤、死亡的，处二年以上七年以下有期徒刑的除外)(《刑法》第260条)；④侵占案(《刑法》第270条)。

(5)犯罪嫌疑人、被告人死亡的。如果犯罪嫌疑人、被告人死亡的，追究刑事责任已经没有意义，因此不予追究。

(6)其他法律规定免予追究刑事责任的。

二、不予追究刑事责任的程序处理

根据该原则，对于具有不应追究刑事责任法定情形的案件，应根据案件的不同情况及所处的诉讼阶段作出不同处理。

(一)立案阶段

1. 对于公诉案件，如在审查立案中发现存在上述六种法定情形之一的，公安机关应当决定不立案。

2. 对于自诉案件，人民法院应当不予受理。程序上采取“说服自诉人撤诉”或者“裁定不予受理”。

(二)侦查阶段

如果案件存在本原则规定的六种情形之一的，公安机关应当撤销案件。

(三)审查起诉阶段

如果案件存在本原则规定的六种情形之一的，检察机关应当作出法定不起诉的决定。程序上，人民检察院内部对本原则所适用情形的具体处理方式是：

(1)人民检察院对于公安机关移送审查起诉的案件，发现犯罪嫌疑人没有犯罪，或者符合本原则适用的法定情形之一的，经检察长或检察委员会决定，应当作出不起诉决定。

(2)对于犯罪行为并非犯罪嫌疑人所为，需要重新侦查的，应当在作出不起诉决定后，书面说明理由，将案件材料退回公安机关，并建议公安机关重新侦查。

（四）审判阶段

1. 庭前审查阶段

人民法院对提起公诉的案件审查后发现，符合本原则适用第16条规定的：①情节显著轻微、危害不大，不认为是犯罪的；②犯罪已过追诉时效期限的；③经特赦令免除刑罚的；④依照刑法告诉才处理的犯罪，没有告诉或者撤回告诉的；⑤犯罪嫌疑人、被告人死亡的；⑥其他法律规定免予追究刑事责任的情形之一的，应当裁定终止审理或者退回人民检察院。

2. 正式审理阶段

(1)宣告无罪：经过法庭审理，发现符合第16条规定的第一种情形"情节显著轻微、危害不大，根据刑法不认为是犯罪"的，人民法院应判决宣告无罪；被告人死亡的，根据已查明的案件事实和认定的证据材料，能够确认被告人无罪的，应当判决宣告被告人无罪。

(2)裁定终止审理：在法庭审理过程中，对于符合第16条规定的上述第二项至第六项情形之一的，人民法院应当裁定终止审理。

直击命题：

(1)在被告人死亡情形下的处理：

①审判阶段被告人死亡的，一般性程序处理是应当裁定终止审理；如果经审理已查明的案件事实和认定的证据材料，能够确认被告人无罪的，应当判决宣告被告人无罪。

②第二审程序中，如果共同犯罪案件中提出上诉的被告人死亡，其他被告人没有提出上诉，第二审人民法院仍应当对全案进行审查，死亡的被告人不构成犯罪的，应当宣告无罪；审查后认为构成犯罪的，应当宣布终止审理，对其他同案被告人仍应当作出判决或者裁定。

(2)审判阶段其它不予刑事处罚的情况。根据最高院《刑诉解释》第241条的规定，对第一审公诉案件，人民法院审理后，属于：

①被告人因不满十六周岁，不予刑事处罚的，应当判决宣告被告人不负刑事责任。

②被告人是精神病人，在不能辨认或者不能控制自己行为时造成危害结果，不予刑事处罚的，应当判决宣告被告人不负刑事责任。

▶ 经典考题

2-4. 社会主义法治要通过法治的一系列原则加以体现。具有法定情形不予追究刑事责任是《刑事诉讼法》确立的一项基本原则，下列哪一案件的处理体现了这一原则？(2014-卷二-23 单选题)①

A. 甲涉嫌盗窃，立案后发现涉案金额400余元，公安机关决定撤销案件

B. 乙涉嫌抢夺，检察院审查起诉后认为犯罪情节轻微，不需要判处刑罚，决定不

① 【答案】A

起诉

C. 丙涉嫌诈骗，法院审理后认为其主观上不具有非法占有他人财物的目的，作出无罪判决

D. 丁涉嫌抢劫，检察院审查起诉后认为证据不足，决定不起诉

第十三节　追究外国人刑事责任适用我国刑事诉讼法原则

《刑事诉讼法》第 17 条规定：对于外国人犯罪应当追究刑事责任的，适用本法的规定。对于享有外交特权和豁免权的外国人犯罪应当追究刑事责任的，通过外交途径解决。

追究外国人刑事责任适用我国刑事诉讼法原则是国家主权原则在刑事诉讼中的具体体现。

外国人包括：外国国籍的人、无国籍的人、国籍不明的人。其中国籍的认定，是根据其入境时的有效证件确认；还可根据公安机关或有关国家驻华使领馆的证明予以确认；当国籍无法查明时，以无国籍人对待。

该原则的具体含义包括以下两个方面：

(1)外国人、无国籍人犯罪，一般应当按照我国《刑事诉讼法》规定的诉讼程序进行追诉。

(2)享有外交特权和豁免权的外国人犯罪、应当追究刑事责任的，通过外交途径解决。所谓“通过外交途径处理”，一般是指建议派遣国依法处理；宣布为不受欢迎的人；责令限期出境；宣布驱逐出境等。

第三章　刑事诉讼中的专门机关和诉讼参与人

基本要求

了解与把握：公安机关、人民检察院、人民法院在刑事诉讼中的职权与组织体系以及各种诉讼参与人的概念，公安机关、人民检察院、人民法院的性质以及各种诉讼参与人在刑事诉讼中的地位及诉讼权利。

理解与运用：《刑事诉讼法》以及相关法律解释对专门机关在刑事诉讼中的职权以及主要诉讼参与人在刑事诉讼中的诉讼权利的规定。

考情分析

本章考查我国刑事诉讼的主体，通常考点设在专门机关的职能和当事人的诉讼权利、其他诉讼参与人的法律地位。虽然2017年司法考试在本章没有考查，但绝对不可忽视。

备考复习专门机关主体这一章节时，要顺着各专门机关的性质、组织体系、职权以及实现职权的主要程序途径这样一个主要脉络学习掌握；对于诉讼参与人主体，则要区分当事人和其他诉讼参与人，掌握当事人的范围，各当事人的诉讼地位，尤其注意区分各当事人主体在诉讼权利上的区别；其他诉讼参与人中，着重掌握证人、鉴定人、辩护人的法律地位，程序制度对其的权利保障，对其职责和义务的规定等。

近十年考题在本章的分布情况如下：

	年　度	单选题	多选题	不定项题	案例分析	分值
1	2017					无
2	2016	卷二/24	卷二/66	卷二/92		5
3	2015	卷二/37	卷二/67			3
4	2014		卷二/66			2
5	2013	卷二/27	卷二/65			3

续表

	年　度	单选题	多选题	不定项题	案例分析	分值
6	2012					无
7	2011	卷二/23				1
8	2010	卷二/27	卷二/66			3
9	2009	卷二/21、22				2
10	2008	卷二/27				1

内容概览

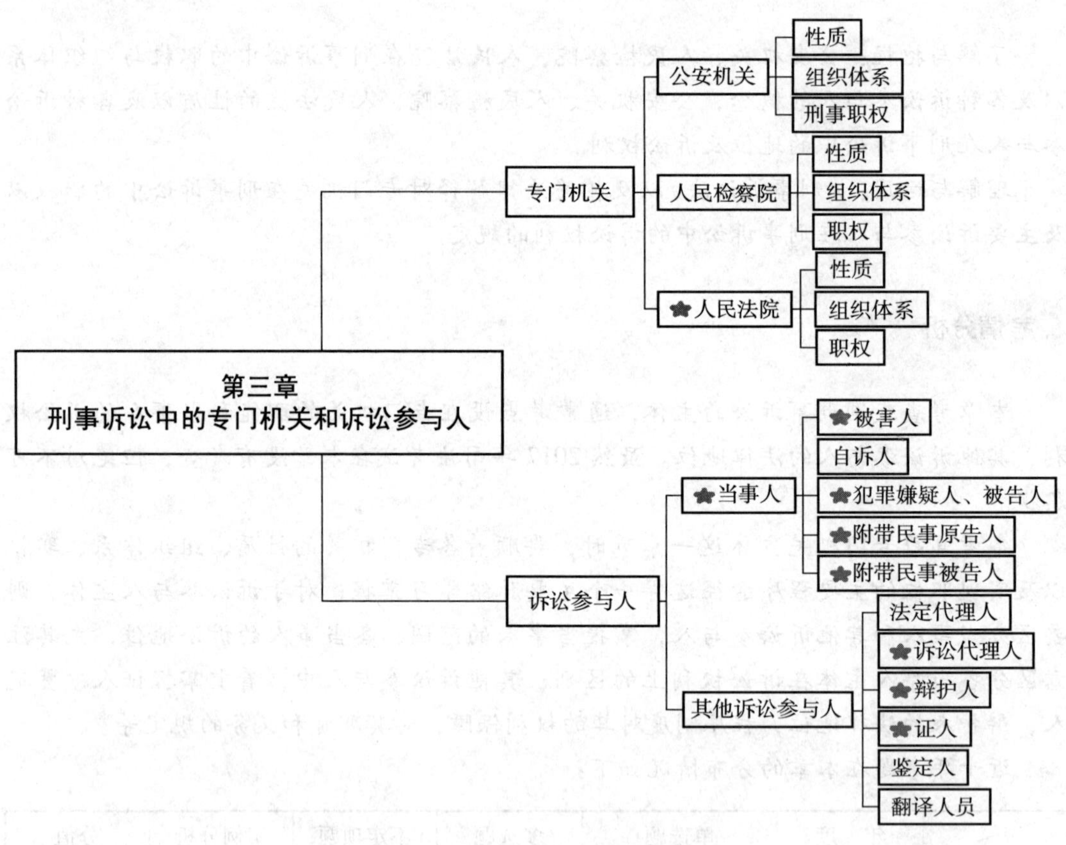

第一节　专门机关

我国刑事诉讼中的专门机关，是依照法定职权进行刑事诉讼活动，在诉讼中承担一定职能的国家机关。

主要的专门机关：人民法院、人民检察院和公安机关。

其他机关：国家安全机关、军队保卫部门、中国海警局、监狱。

一、侦查机关

（一）公安机关

1. 公安机关的性质和职责

公安机关的性质：公安机关是国家的治安保卫机关，是各级人民政府的组成机关，是国家行政机关。

公安机关的职责：负责维护社会治安，是承担国内安全保卫工作的专门机关。

2. 公安机关的组织体系

公安机关实行统一领导、分级管理的管理体制。各级公安机关是各级人民政府的组成部分，接受其领导；上、下级公安机关之间也是领导与被领导的关系，故公安机关在领导体制上属于双重领导体制。公安机关的设置如下：

(1)中央：国务院设立公安部，负责领导和指挥全国的公安工作，并根据协议与国际刑警组织和国外、境外的警察机构合作，共同打击跨国、跨境的犯罪活动。

(2)省一级：省、自治区、直辖市一级设公安厅(局)，领导和管理全省、自治区、直辖市范围内的公安工作。

(3)地市一级：地区、自治州和省辖市设公安处(局)。

(4)县、区一级：县、县级市、自治县设公安局。

(5)直辖市和中等城市的市辖区设公安分局。

直击命题：

公安机关可以根据需要，在大中城市各街道办事处和县属的乡、镇设立公安派出所，它们是基层公安机关的派出工作机构，履行基层公安机关的部分职责，但不是一级公安机关。

公安部和地方公安机关根据工作需要，经国务院批准，可以在一些特殊的部门或单位设立专门公安机关，主要有：国家海关总署设立的海关总署缉私局和在各直属海关设立的缉私局；还有在铁路、交通、林业、民航等系统设立的公安机关，行使与公安机关相同职权。

此外，公安机关在大型企业、事业单位设立公安保卫部门，这些保卫部门不享有独立行使刑事侦查权，无权决定采取强制措施，不能进行专门的侦查工作，如不能搜查、鉴定，主要职能是维护单位治安，协助公安机关进行侦查。

3. 公安机关的职权

在刑事诉讼中，公安机关行使侦查权，是刑事诉讼主要的侦查机关，除国家安全机关、监狱、军队保卫部门立案侦查和监察委员会处置的案件以外，刑事案件的侦查都由公安机关进行。公安机关主要的刑事诉讼职权有：

(1)立案权。属于公安机关管辖范围、符合立案条件的，公安机关有权决定立案。

(2)侦查权。公安机关是刑事诉讼中的主要侦查机关，行使侦查权的主要内容包括：依法讯问犯罪嫌疑人，询问证人；勘验、检查、搜查；扣押物证、书证、视听资料、电子数据等证据；查询、冻结存款、汇款、债券、股票、基金份额等财产；组织鉴定、辨认和侦查实验；采取技术侦查措施；实施通缉；有权对犯罪嫌疑人采取拘传、取保候审、监视居住等强制措施；对现行犯或重大嫌疑分子有权先行拘留。对符合逮捕条件的犯罪嫌疑人有权申请检察机关批准逮捕，对经人民检察院批准逮捕或人民检察院、人民法院决定逮捕的犯罪嫌疑人，有权执行逮捕。

(3)对生效裁判的执行权。公安机关负责对被判处拘役、剥夺政治权利、驱逐出境、剩余刑期在3个月以下的有期徒刑刑罚的执行。

此外，有权依法通知法律援助机构指派法律援助律师为犯罪嫌疑人提供辩护；有权审查刑事和解的自愿性、合法性，并主持制作和解协议书；有权对依法不予追诉的案件决定撤销案件；对于符合法定条件结案的，有权作出侦查终结的决定；有权制作没收财产意见书、强制医疗意见书、起诉意见书并移送人民检察院。

【注意】对于判处管制、宣告缓刑、假释或者暂予监外执行，依法实行社区矫正，由社区矫正机构执行，而不是公安机关负责执行。

（二）其他侦查机关

1. 国家安全机关

国家安全机关是国家的安全保卫机关，是各级人民政府的组成部分。《刑事诉讼法》第4条规定：国家安全机关依照法律规定，办理危害国家安全的刑事案件，行使与公安机关相同的职权。

2. 军队保卫部门

军队保卫部门是中国人民解放军的政治安全保卫机关。军队保卫部门负责侦查军队内部发生的刑事案件，行使法律规定公安机关同样的侦查、拘留、预审和执行逮捕等职权。

3. 中国海警局

《刑事诉讼法》第308条对中国海警局在刑事诉讼中如何行使侦查权作了规定，即中国海警局履行海上维权执法职责，对海上发生的刑事案件行使侦查权；中国海警局办理刑事案件，适用本法的有关规定。

4. 监狱

监狱是国家刑罚执行机关，执行人民法院的生效裁判。监狱承担刑事诉讼职权有：

(1)刑罚执行权。被判处死刑缓期二年执行、无期徒刑、有期徒刑的罪犯，由监狱执行。

(2)对监狱内犯罪的侦查权。罪犯在监狱内犯罪的案件由监狱进行侦查，享有公安机关侦查案件的职权，侦查终结后，认为应当追究刑事责任的，移送人民检察院审查起诉。

(3)在罪犯服刑期间，发现在判决时所没有发现的罪行，有权移送人民检察院处理。

(4)对罪犯应予监外执行的，在交付执行后，有权提出书面意见，报省级以上监狱管理机关批准。

(5)对被判处死缓的罪犯，如果在执行期间没有故意犯罪的，两年后有权提出减刑建议，报省、自治区、直辖市监狱管理机关审核后，报请相应的高级人民法院裁定。

(6)对罪犯在执行期间具备法定的减刑、假释条件的，有权提出减刑或假释建议，报人民法院审核裁定。

(7)在刑罚执行过程中，如果认为判决确有错误或罪犯提出申诉的，有权转交人民检察院或人民法院处理。

5. 人民检查院

根据《监察法》与新修订的《刑事诉讼法》，检案机关保留了14种直接进行文案侦查的罪名，这部分内容在人民检察院的职权部分说明。

二、人民检察院

（一）人民检察院的性质

人民检察院是国家的法律监督机关，是代表国家行使检察权的专门机关。

（二）人民检察院的组织体系

人民检察院从上到下设：最高人民检察院、地方各级人民检察院和专门人民检察院。

1. 最高人民检察院

最高人民检察院是我国最高的检察机关，其主要职责有：

(1)领导地方各级人民检察院和专门人民检察院的工作。

(2)对全国的重大刑事案件行使检察权。

(3)对各级人民法院已经发生法律效力的判决和裁定，如果发现确有错误，按照审判监督程序提出抗诉。

(4)依法对监狱、看守所的活动进行监督。

(5)依法对刑事诉讼、民事诉讼和行政诉讼实行法律监督。

(6)对具体应用法律、法令的问题进行解释；制定检察工作条例、细则和办法；规定各级人民检察院的人员编制。

2. 地方各级人民检察院

(1)省、自治区、直辖市人民检察院。

(2)省、自治区、直辖市人民检察院分院，自治州和省辖市人民检察院。

(3)县、不设区的市、自治县和市辖区人民检察院。

另外，省一级人民检察院和县一级人民检察院，根据工作需要，提请本级人民代表大会常务委员会批准，可以在工矿区、农垦区、林区等区域设置人民检察院，作为派出机构。此外，为适应检察工作的需要，地方各级人民检察院还可以在监狱、看守所设立驻监、驻所检察室，在税务机关设立税务检察室。

地方各级人民检察院的主要职责有：

（1）对本辖区内的重大刑事案件行使检察权。

（2）对需要提起公诉的案件进行审查，决定是否提起公诉；依法对刑事诉讼、民事诉讼、行政诉讼实行法律监督。

【注意】地方人民检察院与地方人民法院不同，地方各级人民检察院没有高级、中级和基层的提法，而是直接以行政区划来指称相应的人民检察院，如长沙市人民检察院，其对应长沙市中级人民法院。

3. 专门人民检察院

（1）铁路运输检察院。铁路运输检察院包括铁路运输检察院分院和基层铁路运输检察院。

（2）中国人民解放军军事检察院。军事检察院是设立在中国人民解放军中的专门法律监督机关，对现役军人实施的违反职责罪和其他刑事案件依法行使检察权。

直击命题：

（1）在领导体制上，我国检察机关实行双重领导体制：一方面，各级人民检察院由同级人民代表大会产生，对它负责，受它监督；另一方面，最高人民检察院领导地方各级人民检察院和专门人民检察院的工作，上级人民检察院领导下级人民检察院的工作，并可以直接参与指挥下级检察院的办案活动。

（2）各人民检察院由检察长统一领导日常工作。各级人民检察院均设立检察委员会，在检察长主持下讨论决定重大疑难案件和其他重大问题。

（3）检察委员会的成员由同级人民代表大会常务委员会任免，检察长、副检察长、各职能部门负责人一般都是检察委员会成员。检察委员会实行民主集中制，在讨论决定问题时实行少数服从多数原则；如果检察长不同意多数人的意见，可以报请同级人民代表大会常务委员会决定。

（三）人民检察院的职权

1. 公诉权

检察机关是国家唯一的公诉机关，代表国家行使公诉案件的控诉权。检察机关在行使公诉权依法享有以下职权：

（1）有权对侦查终结移送起诉的案件进行审查，决定提起公诉或不起诉。

（2）对国家财产、集体财产遭受损失的，有权在提起公诉的同时提起附带民事诉讼。

（3）在审查起诉时，对于需要补充侦查的案件，有权决定自行侦查或退回补充侦查。

（4）派员出席法庭支持公诉，讯问被告人，向证人、鉴定人等发问，宣读未到庭证人的证言笔录、鉴定人的鉴定意见、勘验笔录和其他作为证据的文书，向法庭出示物证，参加法庭辩论。

2. 诉讼监督权

（1）对公安机关的立案或者不立案，有权监督并通知公安机关纠正。

(2)审查并决定是否批准逮捕。

(3)对侦查机关的侦查活动是否合法实行监督，并有权通知予以纠正。

(4)对审判过程中的违法情形提出纠正意见。

(5)对人民法院确有错误的裁判，依照法定程序提出抗诉。

(6)对强制医疗等特别程序，有权进行监督。

(7)在执行阶段，有权对判决、裁定的执行活动实行监督。

检查机关直接进行立案侦查的14个罪名：

(1)非法拘禁罪；

(2)非法搜查罪；

(3)刑讯通供罪；

(4)暴力取证罪；

(5)虐待被监管人罪；

(6)滥用职权罪；

(7)玩忽职守罪；

(8)徇私枉法罪；

(9)民事、行政枉法裁判罪；

(10)执行判决、裁定失职罪；

(11)执行判决、裁定滥用职权罪；

(12)私放在押人员罪；

(13)失职使在押人员逃脱罪；

(14)徇私舞弊减刑、假释、暂予监外执行罪。

3. 侦查权

根据新修订的《刑事诉讼法》，检察机关享有的侦查权包括两种情况：一是检察机关直接进行立案侦查的案件；二是人民检察院有必要直接受理的且需经省级以上人民检察院决定的案件。

三、人民法院

（一）人民法院的性质

人民法院是国家的审判机关，是唯一的刑事审判机关。

（二）人民法院的组织体系

我国人民法院由最高人民法院、地方各级人民法院和专门人民法院构成。上、下级法院之间是监督、审判业务指导关系。

1. 最高人民法院

最高人民法院是国家最高审判机关，其职能主要包括审判、审判监督和审判业务指导。

（1）最高人民法院审判的案件：①法律规定由其管辖的和其认为应当由自己管辖的第一审案件；②对高级人民法院判决和裁定的上诉、抗诉案件；③按照全国人大常委会的规定提起的上诉、抗诉案件；④按照审判监督程序提起的再审案件；⑤高级人民法院报请核准的死刑案件。

（2）审判监督：监督地方各级人民法院和专门人民法院的审判工作。

（3）审判业务指导：最高人民法院通过在审判过程中如何具体适用法律、法令问题进行解释、制定规范性文件、发布指导性案例、召开审判业务会议、组织法官培训等形式，对地方各级人民法院和专门人民法院的审判业务工作进行指导。

2. 省、自治区、直辖市高级人民法院

省、自治区、直辖市高级人民法院的职能包括：审判和对下级法院的业务指导。

（1）高级人民法院审判案件范围：①法律规定由其管辖的第一审案件；②下级人民法院报请审理的第一审案件；③最高人民法院指定管辖的第一审案件；④对中级人民法院判决和裁定的上诉、抗诉案件；⑤按审判监督程序提起的再审案件；⑥中级人民法院报请交接的死刑案件；

（2）高级人民法院的业务指导职能：通过审理、制定审判业务文件、发布参考性案例、召开审判业务会议、组织法官培训等形式，对所辖各级人民法院和专门人民法院的审判业务工作进行指导。

3. 中级人民法院

中级人民法院的职能包括：审判和对下级法院的业务指导。

（1）中级人民法院审判案件范围：①法律规定由其管辖的第一审案件；②基层人民法院报请审理的第一审案件；③上级人民法院指定管辖的第一审案件；④对基层人民法院判决和裁定的上诉、抗诉案件；⑤按照审判监督程序提起的再审案件；

（2）中级人民法院通过审理案件、总结审判经验、组织法官培训等形式，对基层人民法院的审判业务工作进行指导。

4. 基层人民法院

基层人民法院的职能主要是审判职能，除非法律另有规定外，第一审案件由基层人民法院审判。

5. 专门人民法院包括军事法院、铁路运输法院、海事法院。

【注意】海事法院没有刑事案件审判权。

直击命题：

（1）派出法庭是基层人民法院的派出机构，相当于法院的一个庭室，具有法院的审判职能，它所做的裁判就是基层人民法院的裁判，不服派出法庭所作裁判的上诉，应当向中级人民法院上诉。

（2）最高级别的军事法院是高级军事法院；最高级别的铁路法院是中级法院，由高级法院接受不服铁路中院的上诉案件。

（3）上、下级人民法院之间是监督的关系，不存在领导关系。上级人民法院监督下级人民法院的审判工作，最高人民法院监督地方各级人民法院和专门人民法院的审判工作。但上级人民法院不能对下级法院个案具体审判进行指令，各级人民法院都应依照职权、独立地进行审判，上级人民法院不应对下级人民法院正在审理的案件作出决定，指令下级人民法院执行。下级人民法院也不应在个案审判中报送上级人民法院审查批示。

(4)上级人民法院只能通过二审程序、审判监督程序、死刑复核程序来实现对下级人民法院审判工作的具体监督：①通过第二审程序审查下级人民法院未发生法律效力的一审裁判认定事实是否清楚，适用法律是否正确，诉讼程序是否合法，如有错误则按法定程序予以纠正；②通过审判监督程序纠正下级人民法院已发生法律效力的确有错误的裁判；③最高人民法院和高级人民法院通过死刑复核程序对下级人民法院审判的死刑案件实行监督。

（三）人民法院的职权

1. 人民法院的审判权

(1)直接受理自诉案件进行审理。

(2)对人民检察院提起公诉的案件进行审判。

(3)依照审判监督程序对生效判决予以再审。

(4)对死刑案件复核核准。

(5)适用没收程序、强制医疗程序等特别程序的案件进行审理并予以裁决。

(6)对刑事诉讼中的程序性问题进行审查并作出裁定和决定。

(7)裁决并执行对赃款、赃物及其孳息的收缴和处理。

2. 人民法院的执行权

(1)死刑立即执行刑罚的执行。

(2)罚金的执行。

(3)没收财产的判决与裁定的执行。

3. 人民法院的刑罚变更权

(1)依法对判处管制、拘役、有期徒刑、无期徒刑、死刑缓期二年执行的罪犯，裁定减刑、假释。

(2)对判处拘役、有期徒刑、无期徒刑的罪犯，交付执行前有权依法决定暂予监外执行。

4. 人民法院的保障性职权

(1)对被告人决定采取拘传、取保候审、监视居住、逮捕的强制措施。

(2)对证据进行调查核实，必要时可以进行勘验、检查、查封、扣押、鉴定和查询、冻结。

(3)对证人的强制出庭及处罚权。

(4)对违反法庭秩序的诉讼参与人和旁听人员进行教育和处罚。

(5)向有关单位提出司法建议。

直击命题：

(1)法院有权决定逮捕，但无权执行逮捕。人民法院决定逮捕的，人民检察院也应依法进行羁押必要性审查。

(2)法院在审理中，一般不会出现紧急情况而必须采取拘留强制措施，因此，无权决定拘留。法院在刑事诉讼过程中，对严重违反法庭秩序的人决定采取拘留的，不是刑事强制措施，是司法处罚。

▶ 经典考题

3-1. 关于监狱在刑事诉讼中的职权，下列哪一选项是正确的？(2016-卷二-23 单选题)①

A. 监狱监管人员指使被监管人体罚虐待其他被监管人的犯罪，由监狱进行侦查

B. 罪犯在监狱内犯罪并被发现判决时所没有发现的罪行，应由监狱一并侦查

C. 被判处有期徒刑罪犯的暂予监外执行均应当由监狱提出书面意见，报省级以上监狱管理部门批准

D. 被判处有期徒刑罪犯的减刑应当由监狱提出建议书，并报法院审核裁定

第二节 诉讼参与人

一、诉讼参与人概述

诉讼参与人是在刑事诉讼中，享有一定诉讼权利，承担一定诉讼义务的，除国家专门机关工作人员以外的人。所有的诉讼参与人都在诉讼中享有一定的诉讼权利、承担一定的诉讼义务。依据《刑事诉讼法》108 条的规定，诉讼参与人包括：当事人、法定代理人、诉讼代理人、辩护人、证人、鉴定人和翻译人员。

诉讼参与人包括当事人和其他诉讼参与人两类。

【注意】证人属于诉讼参与人，但无论是哪方证人，既不承担控诉职能，也不承担辩护职能。

(一)当事人

当事人是与案件的结局有直接利害关系，对刑事诉讼进程发挥着较大影响作用的诉讼参与人。当事人包括被害人、自诉人、犯罪嫌疑人、被告人、附带民事诉讼的原告人和被告人。当事人具有如下特点：

(1)与案件的最终结局有直接的利害关系。当事人的合法权益可能会受到刑事诉讼活动过程和结局的直接影响，可能是有利影响，也可能是不利影响。

(2)当事人对诉讼程序的启动、进展和终结起着关键性、推动性作用。如自诉人的

① 【答案】D

起诉、上诉，被告人的上诉等。

(3)程序上，当事人在诉讼中拥有较为广泛的诉讼权利，对诉讼进程和诉讼结局的影响比其他诉讼参与人更大。当事人普遍享有的诉讼权利，包括：

①用本民族语言文字进行诉讼。

②申请回避权，即依据法定理由，对侦查人员、检察人员、审判人员或者书记员、鉴定人、翻译人员提出回避申请；对于驳回申请回避的决定，有权申请复议一次。

③控告权，即对侦查人员、检察人员、审判人员侵犯其诉讼权利或者对其人身进行侮辱的行为，有权提出控告。

④有权参加法庭调查和法庭辩论，向证人发问并质证，辨认物证和其他证据，并就证据发表意见，申请通知新的证人到庭和调取新的物证，申请重新勘验或者鉴定，互相辩论等。

⑤申诉权，即对已经发生法律效力的判决、裁定不服的，向人民法院或者人民检察院提出申诉。

【注意】用本民族语言文字进行诉讼、控告权也是其他诉讼参与人共有的诉讼权利。

（二）其他诉讼参与人

其他诉讼参与人是当事人之外，参与诉讼活动，并在诉讼中享有一定的诉讼权利、承担一定的诉讼义务的非专门机关主体。其他诉讼参与人包括：法定代理人、诉讼代理人、辩护人、证人、鉴定人和翻译人员。

其他诉讼参与人则与诉讼结局并无直接利害关系，参加刑事诉讼不是为了保护自己的实体权利，而是协助刑事诉讼的进行，对诉讼程序的启动、诉讼进程不产生直接影响。

直击命题：

公诉案件中，尽管由公诉人出庭支持公诉，处于控诉地位，行使控诉职能，但公诉人是代表检察机关出庭，代表检察机关行使控诉职能，因此，公诉人既不是当事人，也不是控诉职能主体。

刑事诉讼中，控诉职能的主体是自诉人、检察机关。公诉人参加庭审，还代检察机关对法庭审判活动的合法性进行监督，发现法庭审判不符合法律规定的，只能庭后向检察长汇报，由检察机关向人民法院提出纠正意见。

二、被害人

（一）被害人的概念与特点

被害人，是指其合法权益遭受犯罪行为侵害的诉讼参与人。被害人作为当事人之一，具有以下特点：

(1)是遭受犯罪行为侵害者，与案件结局有着直接的利害关系。普遍具有获得经济赔偿或补偿的愿望，还有让犯罪人受到法律上的谴责、惩罚的要求。

(2)被害人是重要的证据来源。被害人通常经历犯罪侵害，其对案件情况的陈述，成为法定证据种类的来源之一。被害人有义务接受侦查人员、检察人员、审判人员的传唤，到场或出庭提供有关案件事实的陈述，并接受各方的询问和质证。

(3)被害人有权要求公安司法机关追究犯罪和惩罚犯罪，也有权要求获得经济赔偿，以维护其人身、财产和民主权利。

(4)被害人作为诉讼当事人，与犯罪嫌疑人、被告人的诉讼地位大致对等，享有作为当事人一般应享有的诉讼权利，但是，由于公诉案件由国家机关追诉，因此，被害人对于公诉案件没有诉讼进程的决定权，一旦进入公诉程序，被害人无权决定是否继续追诉，无权提起公诉，无权对公诉案件提起上诉。只有对附带民事部分的程序处分权和实体处分权。

【注意】此处的被害人是狭义的，专指公诉案件中以个人身份参加诉讼，并与检察院共同行使控诉职能的人。在自诉案件中，被害人就是自诉人；在附带民事诉讼中，被害人一般是附带民事诉讼的原告人。

（二）被害人的诉讼权利

(1)检举、控告权。对侵害其人身财产权、民主权利的犯罪行为人，有权向公安机关、人民检察院报案或者控告，有证据证明的、侵犯人身财产权利的轻微刑事犯罪，被害人可直接向法院提起自诉，要求依法追究、惩罚犯罪，维护其合法权利。

(2)申请复议权。被害人向公安机关举报、控告后，如公安机关不立案，被害人对不立案决定不服的，可以申请复议。

(3)申诉权。申诉有三种情况：①对公安机关不立案的申诉，即对公安机关应当立案而不立案的，有权向人民检察院提出申诉。②对检察机关不起诉决定的申诉，即对人民检察院作出的不起诉决定不服的，有权向上一级人民检察院提出申诉。③对生效裁判的申诉，即不服地方各级人民法院的生效裁判的，有权提出申诉。

(4)委托诉讼代理人的权利。自刑事案件移送审查起诉之日起，被害人有权委托诉讼代理人。

(5)自诉权。如有证据证明公安机关、人民检察院对于侵犯其人身权利、财产权利的行为应当追究刑事责任而不予追究的，有权直接向人民法院起诉。

(6)申请抗诉权。不服地方各级人民法院的第一审判决的，有权请求人民检察院抗诉。此外，被害人因在诉讼中作证，本人或者其近亲属的人身安全依法受到保护。

（三）被害人的诉讼义务

(1)如实向公安机关、人民检察院、人民法院及其工作人员作出陈述，如果故意捏造事实，提供虚假陈述，情节严重的，应当承担法律责任。

(2)接受公安司法机关的传唤，按时出席法庭参加审判。

(3)遵守法庭纪律，回答提问并接受询问和调查。

▶ 经典考题

3-2. 甲乙二人在餐厅吃饭时言语不合进而互相推搡，乙突然倒地死亡，县公安局以甲涉嫌过失致人死亡立案侦查。经鉴定乙系特殊体质，其死亡属意外事件，县公安局随即撤销案件。关于乙的近亲属的诉讼权利，下列哪一选项是正确的？（2016-卷二-33 单选题）①

A. 就撤销案件向县公安局申请复议

B. 就撤销案件向县公安局的上一级公安局申请复核

C. 向检察院侦查监督部门申请立案监督

D. 直接向法院对甲提起刑事附带民事诉讼

▶ 经典考题

3-3. 高某系一抢劫案的被害人。关于高某的诉讼权利，下列哪些选项是正确的？（2009-卷二-66 多选题）②

A. 有权要求不公开自己的姓名和报案行为

B. 如公安机关不立案，有权要求告知不立案的原因

C. 作为证据使用的鉴定结论，经申请可以补充或者重新鉴定

D. 如检察院作出不起诉决定，也可以直接向法院提起自诉

三、自诉人

（一）自诉人的概念和特点

自诉人是指在自诉案件中，以自己的名义直接向人民法院提起诉讼、要求追究被告人刑事责任的人。

自诉人主要具有以下特点：(1)启动自诉程序；(2)独立承担控诉职能；(3)可以成为反诉中的被告人，而兼行控诉职能和辩护职能。

（二）自诉人的诉讼权利

(1)提起自诉权。自诉人有权直接向人民法院提起自诉。

(2)委托诉讼代理权。自诉人有权随时委托诉讼代理人。

(3)接受调解、和解、撤诉权。人民法院对两类自诉案件(告诉才处理的案件、被害人有证据证明的轻微刑事案件)可以在查明事实、分清是非的基础上进行调解。自诉人在宣告判决前，可以同被告人自行和解。自诉人可以要求撤诉，人民法院审查认为确属自愿的，应当准许；经审查认为自诉人系被强迫、威吓等，不是出于自愿的，应当不予准许。

---

① 【答案】D
② 【答案】ABCD

(4)程序参与权。自诉人有权参加法庭调查和法庭辩论。

(5)申请回避权。对于合议庭组成人员，自诉人可以申请审判人员以及书记员、鉴定人、翻译人员回避。

(6)申请法院调查取证权。人民法院受理自诉案件后，对于因为客观原因不能取得并提供的有关证据，自诉人有权申请人民法院调查取证；人民法院认为必要的，可以依法调取。

(7)上诉权。自诉人有权对第一审人民法院尚未发生法律效力的判决、裁定提出上诉。

(8)申诉权。自诉人有权对人民法院已经发生法律效力的判决、裁定提出申诉。

（三）自诉人的诉讼义务

(1)承担举证责任。自诉人对自诉主张和请求，应提供证据予以证明；即使人民法院已经立案的，经审查缺乏罪证的，自诉人应当补充证据；如果自诉人提不出补充证据，人民法院将说服自诉人撤回自诉；经说服不予撤诉的，人民法院将裁定驳回自诉。

自诉人经说服撤回自诉或者人民法院裁定驳回起诉后，如果能够提出新的足以证明被告人有罪的证据，可以再次提起自诉。

(2)不得捏造事实诬告陷害他人或者伪造证据，否则应当承担法律责任。

(3)按时出席法庭审判。自诉人经两次依法传唤，无正当理由拒不到庭的，或者未经法庭许可中途退庭的，人民法院将按照撤诉处理。

(4)遵守法庭纪律，听从审判人员的指挥。

直击命题：

自诉案件的自诉人和公诉案件中的被害人委托诉讼代理人的时间有所不同：自诉人随时可以委托诉讼代理人，公诉案件中的被害人有权自案件移送审查起诉之日起委托诉讼代理人。

四、犯罪嫌疑人、被告人

（一）犯罪嫌疑人、被告人的概念

“犯罪嫌疑人”和“被告人”是对同一个被追诉者，在不同诉讼阶段的准确称谓。公诉案件中，在检察机关向法院提起公诉以前，被追诉者身处有证据证明涉嫌犯罪的状态，称之为“犯罪嫌疑人”；检察机关向法院提起公诉以后，被追诉者已明确成为被指控者，因此，称为“被告人”。自诉案件中，自诉人向法院提起自诉时，被追诉人即为“被告人”。

（二）犯罪嫌疑人、被告人的诉讼地位

(1)犯罪嫌疑人、被告人是辩护权主体，居于当事人的地位，也就是说，犯罪嫌疑

人、被告人不是被动、消极地等待国家专门机关的处理，而是享有诉讼地位的主体，可以通过积极行为进行防御活动，与追诉方展开抗辩，并对最终公正裁判形成积极的影响，所以是诉讼主体。

(2)犯罪嫌疑人、被告人与案件结局有着直接利害关系，是刑事诉讼的被追诉者。为配合国家追诉，在法定情形下，负有承受被采取强制性措施的义务，接受传唤，按时出庭接受审判等。

(3)犯罪嫌疑人、被告人还是重要的诉讼证据来源。犯罪嫌疑人、被告人供述和辩解是法定的证据种类，犯罪嫌疑人、被告人不承担证实自己无罪的义务。

（三）犯罪嫌疑人、被告人的诉讼权利

刑事诉讼中犯罪嫌疑人、被告人享有广泛的诉讼权利，为便于掌握，学者将这些诉讼权利分为防御性权利、救济性权利和程序保障性权利。

(1)防御性权利，是指犯罪嫌疑人、被告人针对追诉方的指控而有权实施的诉讼权利，目的是为了抵消控诉效果。主要有：

①享有辩护权。犯罪嫌疑人、被告人全过程都有权自行辩护，也有权由辩护人协助辩护。

②拒绝回答权。犯罪嫌疑人有权拒绝回答侦查人员提出的与本案无关的问题。

③被告人有权在开庭前10日内收到起诉书副本。

④参加法庭调查权。被告人有权参加法庭调查，就检察机关指控的犯罪事实发表陈述，向证人、鉴定人发问，辨认、鉴别物证，听取在法庭上宣读、播放的未到庭证人的证言笔录、鉴定人的鉴定意见、勘验检查笔录和其他证据文书，并就上述书面证据发表意见；有权申请通知新的证人到庭，调取新的物证，申请重新鉴定或者勘验。

⑤参加法庭辩论权。被告人有权参加法庭辩论，对事实的认定和法律的适用发表意见，并且可以与控诉方展开辩论。

⑥最后陈述权。被告人有权向法庭作最后陈述。

⑦反诉权。自诉案件的被告人有权对自诉人提出反诉。

(2)救济性权利，是指犯罪嫌疑人、被告人对国家专门机关所做的对其不利的行为、决定或裁判，要求另一专门机关予以审查并作出改变或撤销的诉讼权利。主要包括：

①申请复议权。犯罪嫌疑人、被告人有权申请侦查人员、检察人员、审判人员、书记员、鉴定人、翻译人员回避，对驳回申请回避的决定不服的，有权申请复议。

②控告权。犯罪嫌疑人、被告人对审判人员、检察人员和侦查人员侵犯其诉讼权利和侮辱人身的行为，有权提出控告。

③申请变更、解除强制措施权。犯罪嫌疑人、被告人被羁押的，有权申请变更强制措施；对于人民法院、人民检察院和公安机关采取的强制措施法定期限届满的，有权要求解除。

④申诉权。对于人民检察院酌定不起诉决定，有权向人民检察院申诉；对各级人

民法院已经发生法律效力的判决、裁定，有权向人民法院、人民检察院提出申诉，申诉符合再审启动法定条件的，人民法院应当重新审判。

⑤上诉权。对地方各级人民法院第一审的判决、裁定，有权用书状或者口头方式向上一级人民法院上诉，从而引起第二审程序的开始。

(3)程序性保障权利，是指为犯罪嫌疑人、被告人保护自身权利而给予的程序性权利。主要包括：

①在未经人民法院依法判决的情况下，不得被确定有罪的权利。

②获得人民法院的公开、独立、公正审判的权利。

③在刑事诉讼过程中，不受审判人员、检察人员、侦查人员以刑讯逼供、威胁、引诱、欺骗及其他非法方法讯问，不得被强迫自证其罪，以及申请排除非法证据的权利。

④不受侦查人员任意、非法实施逮捕、拘留、取保候审、监视居住等强制措施的权利。

⑤不受侦查人员的非法搜查、扣押等非法侦查行为侵犯的权利。

⑥在只有被告人一方提出上诉的二审程序中，不得被加重刑罚的权利。

（四）犯罪嫌疑人、被告人依法承担的诉讼义务

(1)在符合法定条件的情况下，接受拘传、取保候审、监视居住、拘留、逮捕等强制措施。

(2)接受侦查人员的依法讯问、搜查、扣押等侦查行为。

(3)对于侦查人员与案件相关问题的讯问，应当如实回答。

(4)依法按时出席法庭并接受法庭审判。

(5)遵守法庭纪律，听从审判人员的指挥。

(6)对于生效的判决和裁定，有义务履行或协助执行。

直击命题：

(1)犯罪嫌疑人、被告人的共有诉讼权利：都享有自行辩护的权利，但犯罪嫌疑人只有自被侦查机关第一次讯问或者采取强制措施之日起才有委托辩护权，被告人则有权随时委托辩护人。另外，犯罪嫌疑人和被告人均享有要求解除不当的强制措施或者变更强制措施的权利。

(2)犯罪嫌疑人特殊的诉讼权利：①从被侦查机关第一次讯问或者被采取强制措施之日起，有权聘请律师担任辩护人；②对于侦查人员提出的与案件无关的问题，有权拒绝回答。

(3)被告人享有的特殊诉讼权利：①有权在法庭审理中进行最后陈述；②自诉案件中的被告人有权提出反诉。

五、附带民事诉讼的当事人

（一）附带民事诉讼原告人

附带民事诉讼原告人是指在刑事诉讼中，因被告人的犯罪行为遭受物质损失，并在刑事诉讼过程中提出赔偿请求的人。

(1)在刑事诉讼法中，有权以自已名义提起附带民事诉讼的主体有：

①遭受犯罪行为直接侵害的人，可能是公民、企事业单位、机关、团体等组织。

②已经死亡的被害人的近亲属。

③无行为能力或者限制行为能力被害人的法定代理人。

④如果是国家财产、集体财产遭受损失的，人民检察院在提起公诉的时候，可以提起附带民事诉讼。

(2)附带民事诉讼原告人依法享有以下诉讼权利：

①提起附带民事诉讼，要求赔偿物质损失。

②申请回避权。

③委托诉讼代理人。

④要求公安司法机关采取保全措施。

⑤申请先予执行。

⑥参加法庭调查，对于附带民事诉讼部分的事实和证据作出陈述和发表意见，参加法庭辩论。

⑦请求人民法院主持调解或者与附带民事诉讼被告人自行和解。

⑧对地方各级人民法院第一审尚未发生法律效力的判决和裁定的附带民事诉讼部分提出上诉。

⑨对地方各级人民法院发生法律效力的判决和裁定的附带民事诉讼部分提出申诉。

(3)附带民事诉讼原告人的诉讼义务主要有：

①提供证据证明附带民事诉讼请求。

②如实陈述案情。

③按时出席法庭，参加审判活动。

④遵守法庭纪律，听从审判人员的指挥。

（二）附带民事诉讼被告人

附带民事诉讼被告人是在刑事诉讼中，对犯罪行为所造成物质损失负有赔偿责任的人。

(1)附带民事诉讼中依法负有赔偿责任的人主要有：

①刑事诉讼被告人(包括自然人和单位被告)，以及没有被追究刑事责任的其他共同致害人。

②已被执行死刑的罪犯的遗产继承人。

③未成年刑事被告人的监护人。

④共同犯罪案件中，案件审结前已经死亡的被告人的遗产继承人。

⑤其他对刑事被告人的犯罪行为依法应当承担民事赔偿责任的单位和个人。

此外，附带民事诉讼的成年被告人，应当承担赔偿责任的，如果其亲属自愿代为承担，依据有关规定，应当准许。

(2)附带民事诉讼被告人的诉讼权利主要有：

①委托诉讼代理人。

②有权提起反诉。

③有权申请回避。

④有权参加附带民事诉讼部分的法庭调查和法庭辩论。

⑤有权要求人民法院主持调解或者与附带民事诉讼原告人自行和解。

⑥对于地方各级人民法院第一审尚未发生法律效力的判决、裁定的附带民事诉讼部分不服的，有权提出上诉。

⑦对于地方各级人民法院已经发生法律效力的判决、裁定的附带民事诉讼部分不服的，有权提出申诉。

(3)附带民事诉讼被告人的主要诉讼义务有：

①如实陈述案情。

②按时出席法庭审判，接受调查。

③提供证据证明自己的主张。

④遵守法庭纪律，听从审判人员的指挥。

⑤执行生效判决、裁定的附带民事诉讼部分。

六、单位当事人

（一）单位犯罪嫌疑人、被告人

在单位犯罪的情况下，单位可以独立成为犯罪嫌疑人、被告人，与直接负责的主管人员和其他直接责任人员等自然人一起参与刑事诉讼。

代表涉嫌犯罪单位参加刑事诉讼是诉讼代表人，由单位的法定代表人或者主要负责人担当；如法定代表人或者主要负责人也同为被告人的，应由被告单位委托其他负责人或者职工作为诉讼代表人。但是，有关人员被指控为单位犯罪的其他直接责任人员或者知道案件情况、负有作证义务的除外。

单位犯罪嫌疑人、被告人的诉讼权利和诉讼义务，与自然人犯罪嫌疑人、被告人大致相同；被告单位的诉讼代表人享有刑事诉讼法规定的有关被告人的诉讼权利。

同时，诉讼代表人有出庭的义务。人民法院开庭审理单位犯罪案件，应当通知被告单位的诉讼代表人出庭；没有诉讼代表人参加诉讼的，应当由人民检察院确定。开庭时，诉讼代表人席位置于审判台前左侧，与辩护人席并列。

诉讼代表人系被告单位的法定代表人或者主要负责人，无正当理由拒不出庭的，可以拘传其到庭；因客观原因无法出庭，或者下落不明的，应当要求人民检察院另行确定诉讼代表人。

专门机关有权对单位财产采取强制性措施。人民法院为了保证判决的执行，根据案件的具体情况，可以先行查封、扣押、冻结被告单位的财产或者由被告单位提供担保。

（二）单位被害人

被害人一般是自然人，但单位也可以成为被害人。单位被害人参与刑事诉讼时，应由其法定代表人作为代表参加刑事诉讼。法定代表人也可以委托诉讼代理人参加刑事诉讼。

单位被害人在刑事诉讼中的诉讼权利和诉讼义务，与自然人作为被害人时大体相同。

七、法定代理人

法定代理人是由法律规定的对被代理人负有专门保护义务并代其进行诉讼的人。《刑事诉讼法》第108条规定，法定代理人的范围包括：被代理人的父母、养父母、监护人和负有保护责任的机关、团体的代表。

直击命题：

(1)被代理人的父母、养父母、监护人和负有保护责任的机关、团体的代表作为法定代理人，不是并列关系，而是依次优先关系。

(2)只有被代理人无诉讼行为能力时，才会出现法定代理人。

(3)法定代理人具有独立的法律地位，不受被代理人意志的约束，在行使代理权限时，无须经过被代理人同意。

(4)法定代理人享有的与被代理人相同的诉讼权利，但法定代理人不能代替被代理人作陈述，如果是未成年被告人陈述后，其法定代理人可以进行补充陈述。同时，法定代理人也不能代替被代理人承担与人身自由相关联的义务，例如服刑。

八、诉讼代理人

诉讼代理人是基于被代理人的委托，代表被代理人参与刑事诉讼的人。依据《刑事诉讼法》的规定，有权委托诉讼代理人的主体包括：

(1)公诉案件：被害人及其法定代理人或者近亲属。所谓近亲属，是指夫、妻、父、母、子、女、同胞兄弟姊妹。

(2)自诉案件：自诉人及其法定代理人。

(3)附带民事诉讼：附带民事诉讼原告人、被告人及其法定代理人。

(4)犯罪嫌疑人、被告人逃匿、死亡案件违法所得的没收程序：犯罪嫌疑人、被告人及其近亲属和其他利害关系人。

(5)依法不负刑事责任的精神病人的强制医疗程序：被申请人或被告人。

诉讼代理人的职责是帮助被代理人行使诉讼权利。诉讼代理人参与刑事诉讼是基于被代理人的委托，而不是依据法律的规定。

诉讼代理人权限是在被代理人授权范围内进行诉讼活动，不得超越代理范围，也不能违背被代理人的意志，没有被代理人授权的诉讼活动不具有法律效力。

直击命题：

诉讼代理人与法定代理人的区别如下：

(1)产生方式不同。法定代理人基于法律规定产生，诉讼代理人基于委托产生。

(2)被代理人或者委托人不同。法定代理人中被代理人为限制行为能力人和无行为能力人；而诉讼代理人中的被代理人和委托人为以上所述的有权委托诉讼代理人的主体。

(3)代理人范围不同。法定代理人中的代理人范围为被代理人的父母、养父母、监护人和负有保护责任的机关、团体的代表；而诉讼代理人为律师、人民团体或者被代理人所在单位推荐的人、被代理人的监护人和亲友。

(4)诉讼权利不同。除了人身性权利不能代理外，法定代理人的诉讼权利基本同被告人相同(尤其注意独立的上诉权)；而诉讼代理人的诉讼权利在委托人的授权范围内。

九、辩护人

辩护人是在刑事诉讼中接受犯罪嫌疑人、被告人及其法定代理人的委托，或者受法律援助机构指派，依法为犯罪嫌疑人、被告人辩护，以维护其合法权益的人。

在我国刑事诉讼中，可以依法接受委托担任辩护人的有：律师；人民团体或者犯罪嫌疑人、被告人所在单位推荐的人；犯罪嫌疑人、被告人的监护人、亲友。侦查期间，只能委托律师作为辩护人，法律援助机构指派的辩护人，也只能由律师担任。

【注意】辩护人具有独立的诉讼地位，其不受犯罪嫌疑人、被告人的意思表示的约束，依据事实和法律进行辩护。对于辩护人的具体内容，请结合第六章“辩护与代理”进行学习。

十、证人

在刑事诉讼中，证人是指诉讼外了解案件情况的、当事人以外的人。凡是知道案件情况的人，都有作证的义务。但生理上、精神上有缺陷或者年幼，且不能辨别是非、不能正确表达的人，不得作为证人。

1. 证人的诉讼权利

(1)使用本民族语言文字进行诉讼。

(2)查阅证言笔录，并在发现笔录的内容与作证的内容不符时要求予以补充或者修改。

(3)对于公安司法机关工作人员侵犯其诉讼权利或者侮辱人身的行为提出控告。

(4)对于其因作证而支出的交通、住宿、就餐等费用，有权要求补助，并且在单位的福利待遇不受克扣。

(5)有权要求公安司法机关保证其本人以及其近亲属的安全。

2. 证人的诉讼义务

(1)如实提供证言，如果有意作伪证或者隐匿罪证，应当承担法律责任。

(2)回答公安司法人员的询问。

(3)出席法庭审判并接受控辩双方的询问和质证。

(4)遵守法庭纪律，听从审判人员的指挥。

(5)对于公安司法人员询问的内容予以保密。

直击命题：

(1)证人必须是诉讼外了解案件情况的人，证人具有优先性、不可替代性。

(2)在刑事诉讼中的证人只能是自然人。

(3)证人不适用回避制度。

十一、鉴定人

鉴定人是指接受专门机关的指派或者聘请，运用专门知识或者技能，对刑事案件中的专门性问题进行分析判断，并提出书面鉴定意见的人。鉴定人对案件当事的专门性问题所作的书面分析判断意见称为鉴定意见，鉴定意见是刑事诉讼法规定的证据种类之一。

1. 鉴定人的特点

(1)鉴定人必须是没有利害关系的人，故鉴定人是回避适用的对象之一。

(2)鉴定人由专门机关指派或者聘请而产生，可以更换鉴定人鉴定或重新鉴定。

(3)鉴定人必须具备鉴定某项专门性问题的知识或技能。

2. 鉴定人依法享有诉讼权利

(1)了解与鉴定有关的案件情况。

(2)有权要求提供足够的鉴定材料，有权要求补充材料，否则有权拒绝鉴定。

(3)有权要求为鉴定提供必要的条件。

(4)收取鉴定费用。此外，鉴定人及其近亲属的人身安全依法受到保护。

3. 鉴定人依法承担诉讼义务

(1)如实作出鉴定的义务。

(2)对于了解的案件情况和有关人员的隐私进行保密的义务。

(3)鉴定人有出庭作证的义务。

(4)遵守法庭纪律，听从审判人员指挥的义务。

【注意】法庭审理过程中，公诉人、当事人和辩护人、诉讼代理人可以申请法庭通知有专门知识的人出庭，就鉴定人作出的鉴定意见提出意见。有专门知识的人出庭，适用鉴定人的有关规定。

十二、翻译人员

翻译人员是在刑事诉讼过程中接受公安司法机关的指派或者聘请，为参与诉讼的外国人或无国籍人、少数民族人员、盲、聋、哑人等进行语言、文字或者手势翻译的人员。翻译人员应当与案件或者案件当事人无利害关系，否则应当回避。

1. 翻译人员的诉讼权利

(1)了解与翻译有关的案件情况。

(2)要求公安司法机关提供与翻译内容有关的材料。

(3)查阅记载其翻译内容的笔录，如果笔录同实际翻译内容不符，有权要求修正或补充。

(4)获得相应的报酬和经济补偿。

2. 翻译人员的诉讼义务

(1)实事求是，如实进行翻译，力求准确无误，不得隐瞒、歪曲或伪造，如果有意弄虚作假，要承担法律责任。

(2)对于提供翻译活动所获知的案件情况和他人的隐私，应当保密。

第四章 管辖

基本要求

了解与把握：管辖、立案管辖、审判管辖的概念、划分立案管辖、审判管辖的依据和原则。

理解与运用：《刑事诉讼法》以及相关法律解释对立案管辖、级别管辖、移送管辖、指定管辖、特殊情况管辖的规定。

考情分析

本章属于刑事诉讼法中的技术性规定，是历年司考的必考章节，2017年虽无专题考查，但绝对不可忽视，否则容易漏分。管辖的规定比较具体，规定明确，尤其对管辖的规定和根据管辖划分一般规则不容易解决的具体问题的处理，要清晰掌握。着重掌握几个知识点：(1)人民检察院转隶到国家监察委员会去调查的刑事案件范围；(2)人民法院直接受理的自诉案件范围；(3)各专门机关对管辖竞合问题的处理方式；(4)中级人民法院第一审案件具体管辖范围；(5)地区管辖的一般原则和具体问题的处理。

管辖规定的内容比较具体，针对性较强，任何在区分管辖问题上的犹豫和模糊，容易陷入出题者精心编织的陷阱，所以，复习方法上，讲求精与准，尤其对待那些非原则性的、具体的管辖问题的处理，要十分清楚，不拖泥带水。

近十年考题在本章的分布情况如下：

	年 度	单选题	多选题	不定项题	案例分析	分值
1	2017					无
2	2016	卷二/24	卷二/66	卷二/92		5
3	2015		卷二/67			2
4	2014		卷二/66			1
5	2013	卷二/27	卷二/65			3

续表

	年　度	单选题	多选题	不定项题	案例分析	分值
6	2012					无
7	2011	卷二/23				1
8	2010	卷二/27	卷二/66			3
9	2009	卷二/21、22				2
10	2008	卷二/21、23				2

内容概览

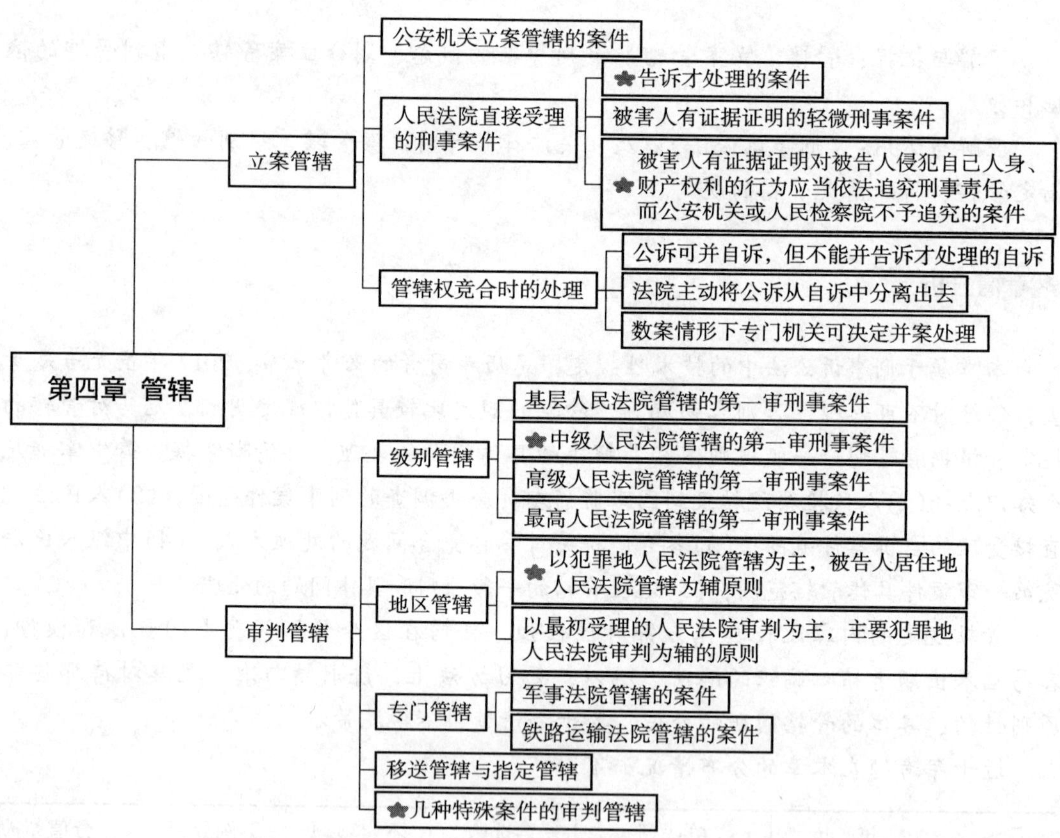

我国刑事诉讼中的管辖，是指公安机关、检察机关和审判机关等在直接受理刑事案件上的权限划分，以及审判机关系统内部在审理第一审刑事案件上的权限划分。管辖权在公检法机关之间及其内部的划分是我国刑事诉讼“分工负责，互相配合，互相制约”原则的重要体现。

管辖分为立案管辖和审判管辖。审判管辖又分为级别管辖、地区管辖、专门管辖、移送管辖、指定管辖。

第一节 立案管辖

一、立案管辖及划分管辖的方法

(1)立案管辖是人民法院和公安机关之间，对直接受理刑事案件范围的权限划分。立案管辖所要解决的问题是刑事案件由哪个专门机关来接收，其决定了该机关将按照什么程序来办理刑事案件。公安机关、国家安全机关、海关缉私局、军队保卫部门和监狱按照立案管辖受理刑事案件后，进入对案件的侦查；人民法院依照立案管辖受理自诉案件进行审判。

(2)立案管辖的划分。立案管辖主要根据两个因素划分：

①根据公安司法机关的性质与承担的诉讼职能划分。我国公安机关是主要侦查机关，所以大部分公诉案件由公安机关管辖；法院是审判职能主体，所以，受理直接进入审理的案件。

②参考案件的性质和复杂程度进行合理划分。案件比较重大、复杂的，由专门机关立案侦查；不需要侦查的、有证据证明的轻微刑事案件，由人民法院立案审理。

二、公安机关立案管辖的案件

《刑事诉讼法》第19条第1款规定：刑事案件的侦查由公安机关进行，法律另有规定的除外。

法律的另行规定主要是：(1)由国家安全机关办理危害国家安全的案件；(2)由军队保卫部门对军队内部发生的刑事案件行使管辖权的案件；(3)由监狱进行侦查的罪犯在监狱内犯罪的案件。

三、检察机关立案管辖的案件

新修订《刑事诉讼法》第19条第2款规定，人民检察院在对诉讼活动实行法律监督中发现的司法工作人员利用职权实施的非法拘禁、刑讯逼供、非法搜查等侵犯公民权利、损害司法公正的犯罪，可以由人民检察院立案侦查。对于公安机关管辖的国家机关工作人员利用职权实施的重大犯罪案件，需要由人民检察院直接受理的时候，经省级以上人民检察院决定，可以由人民检察院立案侦查。

根据《刑法》等有关法律规定，司法工作人员利用职权实施的侵犯公民权利、损害司法公正的犯罪，包括以下14个罪名：

(1)非法拘禁罪；

(2)非法搜查罪；

(3)刑讯逼供罪；

(4)暴力取证罪；

(5)虐待被监管人罪；

(6)滥用职权罪；

(7)玩忽职守罪；

(8)徇私枉法罪；

(9)民事、行政枉法裁判罪；

(10)执行判决、裁定失职罪；

(11)执行判决、裁定滥用职权罪；

(12)私放在押人员罪；

(13)失职致使在押人员脱逃罪；

(14)徇私舞弊减刑、假释、暂予监外执行罪。

四、人民法院受理自诉案件

(一)告诉才处理的案件

告诉才处理的案件是只能由被害人及其法定代理人向法院提起自诉，人民法院才受理的案件。也就是说，这类案件不能由公安机关立案，也不能由检察机关起诉。根据我国刑法规定，告诉才处理的案件包括四种：

(1)侮辱、诽谤案，严重危害社会秩序和国家利益的除外。

(2)暴力干涉婚姻自由案，暴力干涉婚姻自由导致被害人死亡的严重后果除外。

(3)虐待案，虐待致使被害人重伤、死亡的除外。

(4)侵占案。

直击命题：

(1)前三种案件如果情节严重，将成为公诉案件；侵占案属于绝对的"亲告罪"，必须由受害者一方到法院提起自诉，不能由公诉机关提起公诉。

(2)特别情况下，告诉才处理的案件，人民检察院也可以提起公诉。一般情况下，被害人及其法定代理人没有告诉，或者告诉后又撤回告诉的，人民法院不会对案件进行审理。但是，被害人不予告诉或撤回告诉必须体现被害人本人的真实意思，如果被害人因受到强制、威吓等原因无法告诉的，人民检察院或者被害人的近亲属也可以告诉。

依据《刑事诉讼法》第114条的规定，告诉才处理的案件，如果被害人死亡或者丧失行为能力，他的法定代理人、近亲属有权向人民法院起诉，人民法院应当依法受理。

(二)被害人有证据证明的轻微刑事案件

(1)故意伤害案(轻伤)。

(2)非法侵入他人住宅案。

(3)妨害通信自由案。

(4)重婚案。

(5)遗弃案。

(6)生产、销售伪劣商品案(严重危害社会秩序和国家利益的除外)。

(7)侵犯知识产权案(严重危害社会秩序和国家利益的除外);

(8)属于刑法分则第四章、第五章规定的,对被告人可以判处3年有期徒刑以下刑罚的其他轻微刑事案件。

本类自诉案件属于可自诉、也可公诉的案件。被害人直接向人民法院起诉的,人民法院应当依法受理;如果证据不足的,被害人到公安机关控告,由公安机关受理立案;如果认为对被告人可能判处3年有期徒刑以上刑罚,法院不应当直接受理自诉,则应当告知被害人向公安机关报案,或者由法院移送公安机关立案侦查。

(三)被害人有证据证明对被告人侵犯自己人身、财产权利的行为应当依法追究刑事责任,而公安机关或人民检察院不予追究的案件

此类自诉案件俗称"公诉转自诉"案件,此类案件在事实、证据和程序上须同时满足几个前提条件:

(1)被告人的行为侵犯的是被害人的人身权利或财产权利。

(2)被告人的行为应当依法追究刑事责任。

(3)被害人有证据证明被告人的行为构成犯罪。

(4)被害人有证据证明曾经向公安机关或者人民检察院提出控告,但公安机关或人民检察院不予追究被告人刑事责任。

【注意】如果被害人能够证明曾经向公安机关、检察院提出过控告,人民法院应当受理,而不是一定要出示公安机关、检察院不予追究刑事责任的书面决定。

四、管辖权竞合时的处理

(一)公诉可合并自诉,只是不能合并告诉才处理的自诉案件

公安机关在侦查过程中,如果发现被告人还涉嫌实施了属于人民法院直接受理的案件范围的犯罪时,对于属于告诉才处理的案件,可以告知被害人向人民法院直接提起诉讼;对于被害人有证据证明的轻微刑事自诉和"公诉转自诉"的案件,可以立案侦查。然后,在人民检察院提起公诉时,和公诉案件一并移送人民法院,由人民法院合并审理。侦查终结后不提起公诉的,则应直接将自诉案件移送人民法院处理。

(二)法院主动将公诉案件从自诉中分离出去

人民法院在审理自诉案件的过程中,如果发现被告人还涉嫌实施了应当由人民检察院提起公诉的案件的,应当将新发现的案件另案移送有管辖权的公安机关处理。

(三)数案情形下专门机关可决定并案处理

人民法院、公安机关在职权范围内,对于以下数案情形,可以决定并案立案侦查、

并案起诉或并案审理：（1）一人犯数罪的；（2）共同犯罪的；（3）共同犯罪的犯罪嫌疑人、被告人还实施其他犯罪的；（4）多个犯罪嫌疑人、被告人实施的犯罪存在关联，并案处理有利于查明案件事实的。

【注意】 对于存在上述情形的，是“可以”并案侦查，而不是“应当”并案侦查。

第二节　审判管辖

刑事诉讼中的审判管辖，是各级人民法院之间（级别管辖）、同级人民法院之间（地域管辖）、普通人民法院与专门人民法院之间（专门管辖）在审判第一审刑事案件上的职权划分。

审判管辖所要解决的是在人民法院系统受理案件的分工，即一起刑事案件具体应该由哪个人民法院受理进行第一审的问题。具体来说，包括级别管辖、地区管辖、专门管辖、移送管辖和指定管辖。

一、级别管辖

级别管辖，是指各级人民法院之间在审判第一审刑事案件上的权限分工。划分级别管辖考虑的主要因素有：案件的性质和影响；罪行的轻重和可能判处刑罚的轻重；案件涉及面的大小；不同级别法院在审判体系中的地位、职责和条件等。

（一）基层人民法院管辖的第一审刑事案件

《刑事诉讼法》第20条规定：基层人民法院管辖第一审普通刑事案件，但是依照本法由上级人民法院管辖的除外。可知，绝大多数刑事案件都是由基层人民法院进行第一审。由基层人民法院进行审判，便于及时、有效地处理案件，便于诉讼参与人参加诉讼，也便于人民群众旁听案件的审判。

【注意】 外国人犯罪的案件现在由基层人民法院管辖。

（二）中级人民法院管辖的第一审刑事案件

根据《刑事诉讼法》第21条规定，中级人民法院管辖下列第一审刑事案件：

（1）危害国家安全案件，这是指刑法分则第一章规定的危害国家安全的案件。

（2）恐怖活动犯罪案件，这主要依据刑法分则规定的罪名予以明确，主要指涉嫌以下罪名：

①资助恐怖活动组织、恐怖活动个人罪；

②组织、领导、参加恐怖活动组织罪；

③为参加恐怖活动组织、接受恐怖活动培训或者实施恐怖活动，偷越国（边）境的。

全国人大常委会《关于加强反恐怖工作有关问题的决定》界定，有关“恐怖活动是指以制造社会恐慌、危害公共安全或者胁迫国家机关、国际组织为目的，采取暴力、破坏、恐吓等手段，造成或者意图造成人员伤亡、重大财产损失、公共设施损坏、社会秩序混乱等严重社会危害的行为，以及煽动、资助或者以其他方式协助实施上述活动的行为”；“恐怖活动组织是指为实施恐怖活动而组成的犯罪集团”和“恐怖活动人员是指组织、策划、实施恐怖活动的人和恐怖活动组织的成员”等规定，由恐怖活动组织或人员实施的，以制造社会恐慌为目的，危害公共安全、危害公民人身或者财产权利、危害社会管理秩序的放火、决水、爆炸、投放危险物质、非法制造、买卖、运输、储存危险物质、劫持航空器、故意杀人、故意伤害、绑架等犯罪也属于恐怖活动犯罪，这些案件可以由中级人民法院一审。

《反恐怖主义法》第 16 条规定：有管辖权的中级以上人民法院在审判刑事案件的过程中，可以依法认定恐怖活动组织和人员。也就是说危害国家安全案件和恐怖活动案件两类案件，至少由中级人民法院进行第一审，还可由高级人民法院、最高人民法院进行第一审。

(3)可能判处无期徒刑、死刑的案件。可能判处无期徒刑、死刑的案件是根据犯罪嫌疑人、被告人所涉嫌犯罪的性质和严重程度，其罪行可能判处最高刑来确定的。如果中级人民法院经过审查或审理，认为被告人不会被判处无期徒刑以上刑罚的，根据管辖既定原理，应当依法审判，不再交回基层法院审判。最高院《刑诉解释》第 12 条规定：人民检察院认为可能判处无期徒刑、死刑而向中级人民法院提起公诉的案件，中级人民法院受理后，认为不需要判处无期徒刑以上刑罚的，应当依法审判，不再交基层人民法院审判。

【注意】上述的两类案件是最低由中级人民法院管辖，而不是只能由中级人民法院管辖。

（三）高级人民法院管辖的第一审刑事案件

根据《刑事诉讼法》第 22 条规定，高级人民法院管辖全省(自治区、直辖市)性的重大刑事案件。

（四）最高人民法院管辖的第一审刑事案件

根据《刑事诉讼法》第 23 条的规定，最高人民法院管辖全国性的重大刑事案件。

直击命题：

(1)级别管辖只针对第一审，不针对其他审级。

(2)刑事诉讼级别管辖有一个突出特点：“能上但不可下”，刑事案件可以上提级别审理，但不能将管辖权下放，不能将原由上级法院审判的案件，下放到下级法院审判。

(3)确定复杂刑事案件的级别管辖，一个普遍性规律是“就高不就低”。最高院《刑诉解释》第 13 条的规定：一人犯数罪、共同犯罪和其他需要并案审理的案件，只要其中一人或者一罪属于上级人民法院管辖的，全案由上级人民法院管辖。

二、地区管辖

地区管辖(也称为区域管辖、地域管辖)是同级人民法院之间在审判第一审刑事案件上的权限划分。确定地区管辖有以下两个原则：

（一）以犯罪地人民法院管辖为主，被告人居住地人民法院管辖为辅原则

《刑事诉讼法》第25条规定：刑事案件由犯罪地的人民法院管辖。如果由被告人居住地的人民法院审判更为适宜的，可以由被告人居住地人民法院管辖。

犯罪地包括犯罪行为发生地和犯罪结果发生地。针对或者利用计算机网络实施的犯罪，犯罪地包括犯罪行为发生地的网站服务器所在地，网络接入地，网站建立者、管理者所在地，被侵害的计算机信息系统及其管理者所在地，被告人、被害人使用的计算机信息系统所在地，以及被害人财产遭受损失地。

被告人居住地一般为其户籍所在地，经常居住地与户籍地不一致的，经常居住地为其居住地。经常居住地为被告人被追诉前已连续居住一年以上的地方，但住院就医的除外。

被告单位登记的住所地为其居住地，主要营业地或者主要办事机构所在地与登记的住所地不一致的，主要营业地或者主要办事机构所在地为其居住地。

一般“被告人居住地的人民法院管辖更为适宜”的情况主要有：

（1）被告人流窜作案，主要犯罪地难以确定，而其居住地的群众更多地了解案件的情况。

（2）被告人在居住地民愤极大，当地群众要求在当地审判的。

（3）可能对被告人适用缓刑、管制或者单独适用剥夺政治权利等刑罚，因而需要在其居住地执行的，等等。

（二）以最初受理的人民法院审判为主，主要犯罪地人民法院审判为辅的原则

两个以上同级人民法院都有权管辖的案件，由最初受理的人民法院管辖。必要时，可以移送被告人主要犯罪地的人民法院审判。

主要犯罪地指的是：案件涉及多个地点时，对该犯罪成立起主要作用的行为地；一人犯数罪时，主要罪行的实行地。

必要时，还可结合对查清主要犯罪事实以及对及时处理案件更为有利等情况来确定管辖的法院，可见，确定审判地域管辖相对灵活。

三、专门管辖

专门管辖是专门人民法院与普通人民法院之间，各种专门人民法院之间以及各专门人民法院系统内部在受理第一审刑事案件上的权限分工。专门管辖是确定个案的第一审，是由专门人民法院还是普通人民法院审判的问题。在我国，有刑事管辖权的专门人民法院是：军事法院、铁路运输法院。

（1）军事法院管辖的案件。根据最高人民法院关于执行《中华人民共和国刑事诉讼法》若干问题的解释第20条的规定，一般而言，军人和非军人共同犯罪的，分别由军事法院和地方人民法院或者其他专门法院管辖，但涉及国家军事秘密的，全案由军事

法院管辖。

(2)铁路运输法院管辖的案件。铁路运输法院管辖的案件主要包括：①铁路工作区域发生的犯罪案件；②针对铁路设备、设施的犯罪案件；③火车上发生的犯罪案件；④铁路运输系统的职务犯罪案件。

【注意】当铁路运输法院与地方人民法院因管辖不明而发生争议时，一般由地方人民法院管辖。

四、移送管辖与指定管辖

（一）移送管辖

移送管辖，是指本来受理案件的人民法院，由于个案处理时的特殊情况，需将案件移送其他法院审判。

1. 上级人民法院指令移送

上级人民法院有权决定自行审判依法由下级人民法院一审的案件，但这种决定一般应在下级人民法院第一审宣判之前作出，以下达改变管辖决定书的方式移送管辖，同时书面通知同级人民检察院支持公诉。

2. 基层人民法院请求移送

基层人民法院可将已受理的案件，请求移送中级人民法院审判。请求管辖移送的案件，又可分为应当移送的案件和自愿请求移送的案件两种：

(1)应当移送的案件：基层人民法院在审判中发现，被告人对可能判处无期徒刑、死刑的第一审刑事案件。

(2)可以请求移送的案件：①重大、复杂案件；②新类型的疑难案件；③在法律适用上具有普遍指导意义的案件。

3. 移送的程序

根据最高院《刑诉解释》第 15 条第 3 款规定：需要将案件移送中级人民法院审判的，应当在报请院长决定后，至迟于案件审理期限届满 15 日前书面请求移送。中级人民法院应当在接到申请后 10 日内作出决定。不同意移送的，应当下达不同意移送决定书，由请求移送的人民法院依法审判；同意移送的，应当下达同意移送决定书，并书面通知同级人民检察院。

【注意】刑事诉讼中的移送管辖与民事诉讼不同，民事诉讼的管辖既可以下级移送给上级，也可以上级移送给下级，而刑事诉讼中只能是下级移送给上级。注意区分，不要混淆。

（二）指定管辖

指定管辖，是指当管辖不明或者有管辖权的法院不宜行使管辖权时，由上级人民法院直接指定案件的审判法院。

1. 指定管辖适用情形

(1)两个以上人民法院对管辖权发生争议的，协商不成，由争议的人民法院分别逐级报请共同的上级人民法院指定管辖。

（2）有管辖权的人民法院，因案件涉及本院院长需要回避等原因，不宜行使管辖权的，可以请求上一级人民法院管辖；上一级人民法院可以管辖，也可以指定与提出请求的人民法院同级的其他人民法院管辖。

（3）上级人民法院在必要时，可以将下级人民法院管辖的案件指定其他下级人民法院审判。

（4）第二审人民法院发回重新审判的案件，人民检察院撤回起诉后，又向原第一审人民法院的下级人民法院重新提起公诉的，下级人民法院应当将有关情况报原第二审人民法院，原第二审人民法院根据具体情况，可以决定将案件移送原第一审人民法院或者其他人民法院审判。

2. 指定管辖的程序

根据最高院《刑诉解释》规定，上级人民法院指定管辖的，应将指定管辖决定书分别送达被指定管辖的人民法院和其他有关的人民法院。原受理案件的人民法院，在收到上级人民法院指定其他人民法院管辖决定书后，不再行使管辖权。对于公诉案件的，应当书面通知提起公诉的人民检察院，并将全部案卷材料退回，同时，书面通知当事人；对于自诉案件的，应当将全部案卷材料移送被指定管辖的人民法院，并书面通知当事人。

指定管辖案件的审理期限，自被指定管辖的人民法院收到指定管辖决定书和有关案卷、证据材料之日起计算。

五、几种特殊案件的管辖

（1）对于中华人民共和国缔结或者参加的国际条约所规定的罪行，中华人民共和国在所承担条约义务的范围内，行使刑事管辖权，由被告人被抓获地的人民法院管辖。

（2）行驶在中华人民共和国领域外的中国船舶内犯罪，由该船舶最初停泊的中国口岸所在地的人民法院管辖。

（3）飞行在中华人民共和国领域外的中国航空器中犯罪，由该航空器在中国最初降落地的人民法院管辖。

（4）在国际列车上的犯罪，按照我国与相关国家签订的协定确定管辖。没有协定的，由该列车最初停靠的中国车站所在地或者目的地的铁路运输法院管辖。

（5）中国公民在驻外的中国使（领）馆内的犯罪，由该公民的主管单位所在地或者他的原户籍地人民法院管辖。

（6）中国公民在中华人民共和国领域外的犯罪，由其入境地或者离境前居住地的人民法院管辖；被害人是中国公民的，也可由被害人离境前居住地的人民法院管辖。

（7）外国人在中华人民共和国领域外对中华人民共和国国家或者公民犯罪，依照刑法应受处罚的，由该外国人入境地、入境后居住地或者被害中国公民离境前居住地的人民法院管辖。

(8)发现正在服刑的罪犯在判决宣告前还有其他犯罪没有判决的，由原审地人民法院管辖；如果由罪犯服刑地或者犯罪地的人民法院管辖更为适宜的，可以由服刑地或者犯罪地的人民法院管辖。正在服刑的罪犯在服刑期间又犯罪的，由服刑地的人民法院管辖。正在服刑的罪犯在脱逃期间犯罪的，由服刑地的人民法院管辖，但在犯罪地抓获罪犯并发现其在脱逃期间的犯罪的，由犯罪地的人民法院管辖。

(9)网络犯罪案件的管辖。网络犯罪案件由犯罪地公安机关立案侦查，必要时，可以由犯罪嫌疑人居住地公安机关立案侦查。涉及多个环节的网络犯罪案件，犯罪嫌疑人为网络犯罪提供帮助的，其犯罪地或者居住地公安机关可以立案侦查。有多个犯罪地的网络犯罪案件，由最初受理的公安机关或者主要犯罪地公安机关立案侦查，有争议的，按照有利于查清犯罪事实、有利于诉讼的原则，由共同上级公安机关指定有关公安机关立案侦查。需要提请批准逮捕、移送审查起诉、提起公诉的，由该公安机关所在地的人民检察院、人民法院受理。

对因网络交易、技术支持、资金支付结算等关系形成多层级链条、跨区域的网络犯罪案件，共同上级公安机关可以按照有利于查清犯罪事实、有利于诉讼的原则，指定有关公安机关一并立案侦查，需要提请批准逮捕、移送审查起诉、提起公诉的，由该公安机关所在地的人民检察院、人民法院受理；具有特殊情况，由异地公安机关立案侦查更有利于查清犯罪事实、保证案件公正处理的跨省(自治区、直辖市)重大网络犯罪案件，可以由公安部商最高人民检察院和最高人民法院指定管辖。为保证及时结案，避免超期羁押，人民检察院对于公安机关提请批准逮捕、移送审查起诉的网络犯罪案件，第一审人民法院对于已经受理的网络犯罪案件，经审查发现没有管辖权的，可以依法报请共同上级人民检察院、人民法院指定管辖。

▶ 经典考题

4-1. 周某采用向计算机植入木马程序的方法窃取齐某的网络游戏账号、密码等信息，将窃取到的相关数据存放在其租用的服务器中，并利用这些数据将齐某游戏账户内的金币、点券等虚拟商品放在第三方网络交易平台上进行售卖，获利5000元。下列哪些地区的法院对本案具有管辖权？(2013-卷二-65 多选题)①

A. 周某计算机所在地　　B. 齐某计算机所在地

C. 周某租用的服务器所在地　　D. 经营该网络游戏的公司所在地

① 【答案】ABCD

第五章　回避

基本要求

了解与把握：回避的种类、回避的适用人员、回避的理由、回避的决定机关或人员。

理解与运用：《刑事诉讼法》以及相关法律解释对回避的规定，这些原则的理论基础和思想内涵。

考情分析

在以往的司法考试中，本章也就1~2分的分值，甚至有的年份不考查。回避在刑事诉讼中属于具体诉讼制度，相对简单，在学习时，可梳理以下问题：哪些人适用回避？哪些情形应当回避？谁可以提出回避申请？谁可申请复议，向哪个机关复议？通过这些问题进行复习、掌握。

近十年考题在本章的分布情况如下：

	年　度	单选题	多选题	不定项题	案例分析	分值
1	2017	卷二/24				1
2	2016	卷二/24				1
3	2015		卷二/68			2
4	2014		卷二/67			2
5	2013	卷二/28				1
6	2012					无
7	2011	卷二/24				1
8	2010	卷二/21				1
9	2009					1
10	2008	卷二/25				1

内容概览

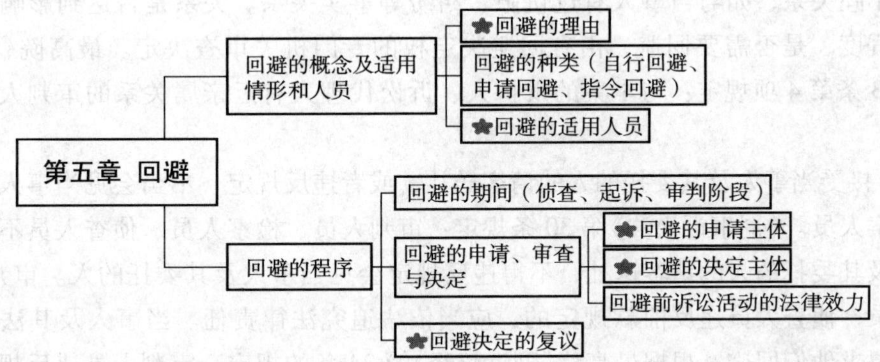

刑事诉讼中的回避，是根据刑事诉讼法和有关法律的规定，侦查人员、检察人员、审判人员以及书记员、翻译人员和鉴定人等，同案件有法定利害关系或者其他可能影响案件公正处理的关系，不得参与该案诉讼活动的诉讼制度。

回避制度体现对诉讼公正的维护，保证职务人员公正行使职权，使案件得到公正处理，让利益关系人在诉讼中受到公正的对待，以维护诉讼过程和诉讼结果的权威和公信力。

第一节 回避的概念及适用情形

一、回避的理由

回避的理由，是指由法律规定实施回避所必须具备的根据。根据刑事诉讼法的有关规定，回避的理由包括以下几种情形：

(1)办案人员是本案当事人或者当事人近亲属的。根据《刑事诉讼法》第108条的规定：当事人是指被害人、自诉人、犯罪嫌疑人、被告人、附带民事诉讼的原告人和被告人；近亲属是指夫、妻、父、母、子、女、同胞兄弟姊妹。最高院《关于审判人员在诉讼活动中执行回避制度若干问题的规定》第1条对此作了进一步的适用性规定，与当事人有直系血亲、三代以内旁系血亲以及近姻亲关系的审判人员都应当回避。

(2)办案人员本人或者他的近亲属与本案有利害关系。所谓利害关系，是指本案的处理结果会影响到审判人员、检察人员、侦查人员以及书记员、翻译人员、鉴定人或其近亲属的利益。

(3)担任避本案的证人、鉴定人、辩护人或者诉讼代理人。曾经担任过本案翻译人员的审判人员也应当回避。

【注意】证人不适用回避制度，不论证人与案件是否有利害关系，只要知道案件情况且能够辨别是非、正确表达，就有作证的义务，其证言可以作为定案的依据。

(4)与本案当事人有其他关系，可能影响公正处理案件的人员。这是对上述三种情形以外的概括性规定。“其他关系”外延比较广泛，可以是同学、朋友等友好关系，也可以是不睦关系，如与当事人有过仇隙、纠纷等事实关系。关系是否达到影响案件公正处理程度、是否需要回避，由有回避决定权的专门机关审查决定。最高院《刑诉解释》第23条第4项规定：与本案的辩护人、诉讼代理人有近亲属关系的审判人员，应当回避。

(5)接受当事人及其委托的人的请客送礼，或者违反规定、不当会见当事人及其委托的办案人员。《刑事诉讼法》第30条规定：审判人员、检察人员、侦查人员不得接受当事人及其委托的人的请客送礼，不得违反规定会见当事人及其委托的人。审判人员、检察人员、侦查人员违反前款规定的，应当依法追究法律责任。当事人及其法定代理人有权要求他们回避。根据最高院《刑诉解释》第24条的规定：审判人员违反规定，具有下列情形之一的，当事人及其法定代理人有权申请其回避：①违反规定会见本案当事人、辩护人、诉讼代理人的；②为本案当事人推荐、介绍辩护人、诉讼代理人，或者为律师、其他人员介绍办理本案的；③索取、接受本案当事人及其委托人的财物或者其他利益的；④接受本案当事人及其委托人的宴请，或者参加由其支付费用的活动的；⑤向本案当事人及其委托人借用款物的；⑥有其他不正当行为，可能影响公正审判的。

当事人及其法定代理以上述几种情形之一为理由申请回避的，应当提供相关证明材料，辩护人、诉讼代理人可以依照回避的有关规定要求办案人员回避、申请复议。

(6)参加过本案侦查、起诉的侦查、检察人员不能再担任本案的审判人员，或者参加过本案侦查的侦查人员，不能再担任本案的检察人员。该规定同样适用于人民检察院书记员、司法警察和人民检察院聘请或指派的翻译人员和鉴定人和法庭书记员、人民法院聘请或指派的翻译人员和鉴定人。

(7)在一个审判程序中参与过本案审判工作的合议庭成员，不能再参与本案其他程序的审判。该规定适用于法庭书记员、翻译人员和鉴定人，第二审法院经过第二审程序裁定发回重审的案件，或者按照审判监督程序重新审理的案件，原审法院负责审理此案的原合议庭组成人员不得再参与对案件的重新审理。

【注意】审判人员回避的例外情况，最高院《刑诉解释》第25条第2款规定，发回重新审判的案件，第一审人民法院作出裁判后上诉又进入第二审程序，或者进入死刑复核程序，原案第二审程序或者死刑复核程序中的合议庭组成人员，无需因之前曾参与本案的审理程序而回避。

二、回避的种类

根据回避实施方式的不同，通常将回避划分为三种：自行回避、申请回避和指令回避。

(1)自行回避，是指回避适用的人员，如审判人员、检察人员、侦查人员等，在遇有法定的回避情形时，自己主动要求退出该案诉讼活动的制度。

(2)申请回避，是指当事人及其法定代理人、辩护人、诉讼代理人，认为审判人员、检察人员、侦查人员等有法定应当回避的情形时，向人民法院、人民检察院或者公安机关等提出申请，要求他们退出诉讼活动的制度。

申请回避是当事人及其法定代理人的一项重要诉讼权利，公安司法机关有义务保证当事人及其法定代理人充分有效行使这一权利，有义务告知当事人及其法定代理人享有申请回避权，并且不得以任何借口限制、阻碍或者剥夺当事人及其法定代理人对该权利的行使。为保障当事人有效行使申请回避的权利，最高院《刑诉解释》第26条和最高检《刑诉规则》第22条都明确规定，在告知当事人及其法定代理人申请回避的权利的同时，也要告知审判人员、检察人员及书记员的姓名等情况，以便其了解办案人员是否具有应当回避的事由。

(3)指令回避，是指审判人员、检察人员、侦查人员等遇有法定的回避情形时，没有自行回避，当事人等也没有申请回避，其所在机关的有关组织或负责人可以依职权命令其退出案件办理的诉讼制度。

三、回避的适用人员

回避的适用人员是法律明确规定回避情形的适用对象，主要指公安司法人员和专门机关指派、聘请的其他人员。

根据《刑事诉讼法》第29条和第32条以及最高院、最高检司法解释的规定，适用回避制度的人员包括：

(1)审判人员。审判人员指各级人民法院院长、副院长、审判委员会委员、庭长、副庭长、审判员、助理审判员和人民陪审员。

(2)检察人员。检察人员包括检察长、副检察长、检察委员会委员、检察员和助理检察员。

(3)侦查人员。包括具体侦查人员和对具体案件的侦查有权参与讨论和做出决定的负责人。

(4)参与侦查、起诉、审判活动的书记员、翻译人员、鉴定人。

【注意】我国回避的适用范围不仅是针对法官而言的，对各个诉讼阶段处理案件的公安司法人员都存在回避问题。另外，也不仅仅是针对具体的承办案件的人员，一切对案件的处理有决定权的人也存在回避的问题。

实战演练：

甲(聋哑人)、乙共同盗窃，案发后，审判该案的司法人员均不懂哑语，但是乙会哑语，如果没有找到翻译人员的情况下，审判人员能否让乙为甲进行翻译？

解答：不能。翻译人员适用回避制度，本案中，甲、乙作为共同犯罪人，涉及刑事责任的分担，与刑事案件有直接的利害关系，因此，不能由乙作为翻译人。

第二节　回避的程序

一、回避的期间

（一）侦查、起诉阶段对回避的程序性规定

(1)规定侦查人员、检察人员告知当事人及其法定代理人有申请回避的权利。

(2)要求侦查人员、检察人员等在遇有法定应当回避情形时，首先应当自行提出回避申请。

(3)公安、检察人员应当回避而没有回避时，公安机关负责人、检察长或者检察委员会可以指令其回避。

(4)当事人及法定代理人可申请办案人员回避，辩护人和诉讼代理人可要求其回避，由公安机关负责人、检察长或者检察委员会决定是否回避。

（二）审判阶段的回避

《刑事诉讼法》第190条明确规定，开庭时，审判长应当告知当事人等有权对合议庭组成人员、书记员、公诉人、鉴定人和翻译人员申请回避。

【注意】刑事诉讼法有关回避的规定，既适用于第一审程序，也适用于第二审程序、死刑复核程序和审判监督程序。

二、回避的申请、审查与决定

（一）回避的申请

公安司法人员自行回避的，可以口头或者书面提出，并说明理由。口头提出的，应当书面记录在案。当事人及其法定代理人、辩护人、诉讼代理人申请公安司法人员回避的，应当书面或者口头向公安司法机关提出，并说明理由或者提供有关证明材料。

无论是自行回避还是申请回避，被申请回避的人员一般应暂停本案的诉讼活动。只是，对侦查人员的回避，在作出决定以前或回避复议期间，侦查人员不能停止对案件的侦查工作，以免影响及时收集犯罪证据和查明案件事实。

（二）回避的审查与决定

(1)审判人员、检察人员、侦查人员的回避，分别由院长、检察长、县级以上公安机关负责人决定。

(2)人民法院院长的回避，由本院审判委员会决定。审判委员会讨论院长回避时，由副院长主持，院长不得参加。

(3)检察长和公安机关负责人的回避，由同级人民检察院检察委员会决定。这里的公安机关负责人，是指公安机关的正职负责人，对公安机关副职负责人的回避，由正

职负责人决定。检察委员会讨论检察长回避问题时，由副检察长主持，检察长不得参加。

(4)书记员、翻译人员和鉴定人的回避，一般应当按照诉讼进行的阶段和所属机关，分别由公安机关负责人、检察长或法院院长决定。关于出庭检察人员的回避，当事人及其法定代理人在法庭上对出庭的检察人员提出回避申请的，人民法院应当休庭，并通知人民检察院，由该院检察长或者检察委员会决定。

【注意】书记员、鉴定人员、翻译人员的回避分别由院长、检察长公安机关负责人决定，注意与民事诉讼及行政诉讼中由审判长决定不同。对于鉴定人、翻译人员的回避，谁聘请的由谁决定。

直击命题：

关于回避之前诉讼活动是否有效的问题，《刑事诉讼法》没有明确规定，一般由各专门机关根据具体情况自行决定。如公安部《刑诉程序规定》第 37 条规定：被决定回避的公安机关负责人、侦查人员、鉴定人、记录人和翻译人员，在回避决定作出以前所进行的诉讼活动是否有效，由作出决定的机关根据案件情况决定。最高检《刑诉规则》第 31 条规定：被决定回避的检察人员，在回避决定作出以前所取得的证据和进行的诉讼行为是否有效，由检察委员会或者检察长根据案件具体情况决定。

三、回避决定的复议

人民法院、人民检察院和公安机关处理回避问题应当使用“决定”的形式。回避的决定可以采用口头方式或者书面方式作出，采用口头方式的，必须将决定记录在案。

对于自行回避和指令回避，回避决定的作出不需要告知当事人。有关回避的决定一经作出，即发生法律效力。当事人及其法定代理人、辩护人、诉讼代理人对驳回申请的决定不服，可以申请复议一次。在复议主体作出复议决定前，不影响被申请回避的人员参与案件的处理活动。

1. 公安机关驳回回避申请的复议

公安机关作出驳回申请回避的决定后，应当告知当事人及其法定代理人、辩护人、诉讼代理人，如不服本决定，可以在收到《驳回申请回避决定书》后 5 日内向原决定机关申请复议一次。决定机关应当在 5 日内作出复议决定并书面通知申请人。

2. 检察机关驳回回避申请的复议

人民检察院作出驳回申请回避的决定后，应当告知当事人及其法定代理人、辩护人、诉讼代理人，如不服本决定，有权在收到驳回申请回避的决定后 5 日内向原决定机关申请复议一次。当事人等对驳回申请回避的决定不服申请复议的，决定机关应当在 3 日内作出复议决定并书面通知申请人。

3. 法院驳回回避申请的复议

被驳回回避申请的当事人及其法定代理人、辩护人、诉讼代理人对决定有异议的，可以在接到决定时申请复议一次。另外，对于不属于《刑事诉讼法》第 29 条规定的提供证据证明要求的、第30条所列回避适用情形的回避申请，由法庭当庭驳回，并不得申请复议。

直击命题：

(1)在回避中，享有申请复议权利的主体是被驳回回避申请的当事人、法定代理人、辩护人、诉讼代理人。而被决定回避的侦查人员、检察人员、审判人员无权申请复议。

(2)对法院驳回申请回避的决定，可以在接到决定时申请复议；对公安机关、检察院驳回申请回避的决定，可以在收到驳回申请回避的决定书后5日以内向原决定机关申请复议。

(3)享有申请复议权利的主体是向原决定主体申请复议一次。

▶ 经典考题

5-1. 法院审理过程中，被告人赵某在最后陈述时，以审判长数次打断其发言为理由申请更换审判长。对于这一申请，下列哪一说法是正确的？（2013-卷二-28单选题）①

A. 赵某的申请理由不符合法律规定：法院院长应当驳回申请

B. 赵某在法庭调查前没有申请回避，法院院长应当驳回申请

C. 如法院作出驳回申请的决定，赵某可以在决定作出后五日内向上级法院提出上诉

D. 如法院作出驳回申请的决定，赵某可以向上级法院申请复议一次

---

① 【答案】A

第六章　辩护与代理

基本要求

了解与把握：辩护、辩护权、辩护制度、自行辩护、法律援助辩护、委托辩护、拒绝辩护、法律援助制度、刑事代理制度的概念，有效辩护原则，辩护制度的意义，辩护人的范围、诉讼地位、权利与义务，辩护的内容与种类，刑事代理的种类。

理解与运用：《刑事诉讼法》以及相关法律解释对辩护与代理的规定。

考情分析

辩护制度是刑事诉讼特色制度，是法考的重要内容。2017 年司考在本章没有设题。另外，本章非常适合主观题，因此考生一定要重点对待。考生复习时，一定要准确掌握辩护制度的基本内容，如辩护人范围、辩护人的诉讼权利、辩护的方式，能充分体现对犯罪嫌疑人、被告人辩护权保障的法律援助辩护、拒绝辩护的程序内容，保障的辩护人诉讼权利、辩护人执业被任意追诉风险的防范等，都是复习时应着重掌握的内容。

近十年考题在本章的分布情况如下：

	年　度	单选题	多选题	不定项题	案例分析	分值
1	2017					无
2	2016	卷二/25、26、27、28				4
3	2015		卷二/69			2
4	2014		卷二/68			2
5	2013	卷二/29、38				2
6	2012	卷二/24、25、39				3
7	2011					无
8	2010	卷二/22				1
9	2009	卷二/23	卷二/67			3
10	2008	卷二/26、27				2

内容概览

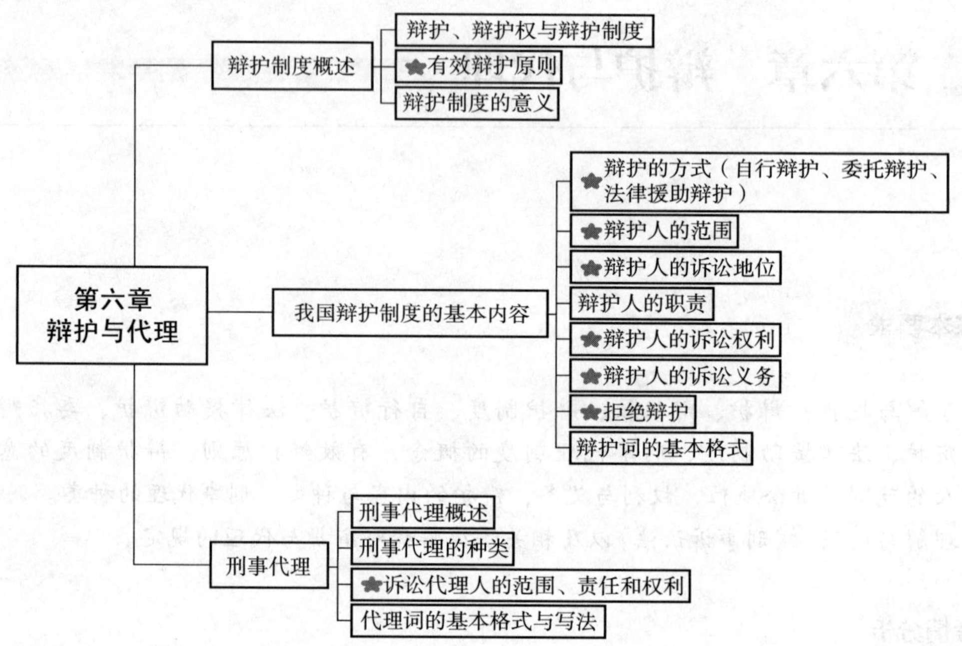

第一节　辩护制度概述

一、辩护、辩护权与辩护制度

辩护，是指辩方（犯罪嫌疑人、被告人及其辩护人）针对控方（公诉机关或者自诉人）对犯罪嫌疑人、被告人的指控，从实体和程序上提出有利于犯罪嫌疑人、被告人的事实和理由，以辨明犯罪嫌疑人、被告人无罪、罪轻或者应当减轻、免除刑事处罚，以及犯罪嫌疑人、被告人的程序权利受到侵犯，维护犯罪嫌疑人、被告人诉讼权利的诉讼活动。辩护与控诉相对应，是刑事诉讼中的一种防御性的诉讼活动。

辩护权是法律赋予受到刑事追诉的人针对所受到的指控进行反驳、辩解和申辩，以维护其合法权益的一种诉讼权利。辩护权的主体是犯罪嫌疑人、被告人。我国《宪法》第130条规定：被告人有权获得辩护。可见，辩护权是犯罪嫌疑人、被告人所享有的一项宪法性权利。

刑事诉讼中，为了保证及时查明案件事实，正确适用法律，准确、合法地惩罚犯罪者，保障无罪的人不受刑事追究，应当赋予并充分保障犯罪嫌疑人、被告人的辩护权。辩护权，归纳起来有以下几个特点：（1）辩护权贯穿于整个刑事诉讼全过程；（2）辩护权是每一个犯罪嫌疑人、被告人不可剥夺的权利；（3）辩护权不以案件调查情况为限；(4)辩护权的行使无关犯罪嫌疑人、被告人的认罪态度；(5)辩护权的行使不受辩护理由的限制。

辩护制度，是法律规定的、关于犯罪嫌疑人、被告人如何有效行使辩护权、公安司法机关如何保障行使辩护权的一系列规则的总称，包括了辩护权的确定、辩护种类、辩护方式、辩护人的范围、辩护人的责任、辩护人的权利与义务等等。

二、有效辩护原则

有效辩护原则的确立是出于对辩护权的保障，是指在刑事诉讼中，无论是对辩护权的保障还是对辩护方式的确认，都应当具有实质性意义，而不仅仅是形式上的，这就是有效辩护原则的基本要求。具体来说，有效辩护原则包括几个方面的内容：

(1)犯罪嫌疑人、被告人在整个诉讼过程中应当享有充分的辩护权。

(2)允许犯罪嫌疑人、被告人聘请合格的、能够有效履行辩护职责的辩护人为其辩护。

(3)国家有义务通过设立法律援助制度，确保犯罪嫌疑人、被告人在必要情况下，能够获得辩护律师的帮助。

三、辩护制度的意义

(1)辩护制度的设立有利于发现真相和正确处理案件。辩护制度可增强辩方质证和取证的能力，有利于全面收集证据；强化辩护专业能力，有助于法官更为全面地审查判断和公正地适用法律，有利于防止法官的主观片面性和随意性。

(2)辩护制度是实现程序正义的重要保障。辩护制度强化被告人的主体地位和程序参与性，强化对被追诉者的合法权益的保护，有助于制约国家权力以维护刑事司法的公正。

(3)辩护制度对于法制宣传教育也有积极意义。

总之，辩护制度的发展是人类刑事诉讼制度文明与进步的体现，体现了犯罪嫌疑人、被告人刑事诉讼主体地位的确立，体现了人权保障的理念，而且，贯彻有效辩护原则，维护控、辩平等对抗和法官居中裁判的基本诉讼构造，符合刑事诉讼发展的内在规律。

▶ 经典考题

6-1. 关于有效辩护原则，下列哪些理解是正确的？(2015-卷二-69 多选题)①

A. 有效辩护原则的确立有助于实现控辩平等对抗

B. 有效辩护是一项主要适用于审判阶段的原则，但侦查、审查起诉阶段对辩护人权利的保障是审判阶段实现有效辩护的前提

① 【答案】ACD

C. 根据有效辩护原则的要求，法庭审理过程中一般不应限制被告人及其辩护人发言的时间

D. 指派没有刑事辩护经验的律师为可能被判处无期徒刑、死刑的被告人提供法律援助，有违有效辩护原则

第二节　我国辩护制度的基本内容

一、辩护的方式

（一）自行辩护

自行辩护是指犯罪嫌疑人、被告人自己针对指控进行反驳、申辩和辩解。自行辩护贯穿于刑事诉讼的始终，犯罪嫌疑人、被告人在整个诉讼过程都有权自行辩护。

（二）委托辩护

委托辩护是指犯罪嫌疑人、被告人依法委托律师或其他公民担任辩护人，协助其进行辩护。犯罪嫌疑人、被告人可以自己委托辩护人，犯罪嫌疑人、被告人在押的，可以由其监护人、近亲属代为委托辩护人。犯罪嫌疑人、被告人委托辩护人的程序期间包括：

(1)公诉案件中，犯罪嫌疑人被侦查机关第一次讯问或者采取强制措施之日起，有权委托辩护人。但是，侦查期间只能委托律师担任辩护人。自审查起诉阶段起，可以任意委托律师辩护人或一般辩护人。

(2)自诉案被告人有权随时委托辩护人为自己辩护。为保障犯罪嫌疑人、被告人辩护权，侦查机关、检察机关和人民法院依法负有告知辩护权的义务：

①侦查机关在第一次讯问犯罪嫌疑人或者对犯罪嫌疑人采取强制措施之日起，应当告知犯罪嫌疑人有权委托辩护人。

②人民检察院自收到移送审查起诉的案件材料之日起 3 日以内，应当告知犯罪嫌疑人有权委托辩护人。

③人民法院自受理案件之日起 3 日以内，应当告知被告人有权委托辩护人。

告知可以采取书面或口头的形式。此外，犯罪嫌疑人、被告人在押期间要求委托辩护人的，人民法院、人民检察院和公安机关应当及时向其监护人、近亲属，或者其指定的人员转达其委托辩护人的要求。

（三）法律援助辩护

法律援助辩护是指犯罪嫌疑人、被告人及其近亲属，因经济困难或者其他原因没有委托辩护人，向法律援助机构申请，或者具备法定情形，由公检法机关直接通知法律援助机构，指派律师为其提供辩护。新修订《刑事诉讼法》第 36 条明确了值班律师制度，该条规定法律援助机构可以在人民法院、看守所等场所派驻值班律师。犯罪嫌疑人、被告人没有委托辩护人，法律援助机构没有指派律师为其提供辩护的，由值班律

师为犯罪嫌疑人、被告人提供法律咨询、程序选择建议、申请变更强制措施、对案件处理提出意见等法律帮助。

人民法院、人民检察院、看守所应当告知犯罪嫌疑人、被告人有权约见值班律师，并为犯罪嫌疑人、被告人约见值班律师提供便利。适用法律援助辩护具有以下几个特点：

(1)以犯罪嫌疑人、被告人没有委托辩护人为前提。

(2)侦查、起诉到审判整个刑事诉讼过程都可适用法律援助辩护。

(3)法律援助辩护只能由法律援助律师担任，一般人不得担任。

法律援助辩护分为申请法律援助和通知法律援助两类：

(1)申请法律援助，是指犯罪嫌疑人、被告人因经济困难或者其他原因，没有委托辩护人的，本人及其近亲属向法律援助机构提出申请。对于符合法律援助条件的，法律援助机构应当指派律师为其提供辩护。如犯罪嫌疑人、被告人在押，可向办案机关提出法律援助申请，办案机关应尽快转交所在地的法律援助机构。

(2)通知法律援助，是指符合法律规定应当具备法定的情形时，由侦查机关、检察机关和人民法院直接通知法律援助机构，指派律师提供辩护。通知法律援助具有强制性，一是专门机关有义务通知法律援助机构；二是法律援助机构有义务接到通知后及时指派律师。

应当通知法律援助机构指派律师担任辩护人的情形	①犯罪嫌疑人、被告人是盲、聋、哑人 ②犯罪嫌疑人、被告人是未完全丧失辨认或者控制自己行为能力的精神病人 ③犯罪嫌疑人、被告人可能被判处无期徒刑、死刑 ④犯罪嫌疑人、被告人是未成年人 此外，高级人民法院复核死刑案件，被告人没有委托辩护人的，人民法院应当通知法律援助机构指派律师为其提供辩护
可以通知法律援助机构指派律师为其提供辩护的情形	①共同犯罪案件中，其他被告人已经委托辩护人 ②有重大社会影响的案件 ③人民检察院抗诉的案件 ④被告人的行为可能不构成犯罪的案件 ⑤有必要指派律师提供辩护的其他情形 对于这些情况，人民法院可以根据个案具体情况决定是否通知法律援助机构指派律师担任辩护人，人民法院决定不通知的，犯罪嫌疑人、被告人仍可申请法律援助辩护

对于犯罪嫌疑人、被告人获得法律援助辩护的权利，办案机关负有告知义务：

(1)人民法院自受理案件之日起3日内，被告人因经济困难或者其他原因没有委托辩护人的，应当告知其可以申请法律援助。

(2)人民检察院自收到移送审查起诉的案件材料之日起3日以内，公诉部门应当告知犯罪嫌疑人如果经济困难或者其他原因没有聘请辩护人的，可以申请法律援助。法律援助机构应当在接到人民法院、人民检察院、公安机关提供法律援助辩护或者法律帮助的通知后3日以内指派律师，并将律师的姓名、单位、联系方式书面通知人民法院、人民检察院、公安机关。

直击命题：

(1)法律援助辩护和委托辩护都从侦查阶段开始，存在于侦查、审查起诉和审判阶段。

(2)公安司法机关只能通知法律援助机构指派律师为其担任辩护人，而依法可以接受委托成为犯罪嫌疑人、被告人的辩护人的人员，除了律师以外，还有人民团体或者犯罪嫌疑人、被告人所在单位推荐的人以及犯罪嫌疑人、被告人的监护人和亲友。

二、辩护人的范围

辩护人是接受犯罪嫌疑人、被告人的委托或法律援助机构的指派，帮助犯罪嫌疑人、被告人行使辩护权，以维护其合法权益的人。

1. 可以担任辩护人的人

(1)律师。律师是指依法取得中国律师资格证书的法律服务执业人员。

(2)人民团体或者犯罪嫌疑人、被告人所在单位推荐的人。为了有效地维护犯罪嫌疑人、被告人的合法权益，工会、妇联、共青团、学联等群众性团体以及犯罪嫌疑人、被告人所在单位，可以推荐执业律师以外的公民担任辩护人。

(3)犯罪嫌疑人、被告人的监护人、亲友。监护人是为未成年人和无行为能力或限制行为能力的精神病人，承担保护其人身、财产和其他合法权益责任的人或单位。亲友是指犯罪嫌疑人、被告人的亲属、朋友。

2. 不能担任辩护人的人

(1)正在被执行刑罚或者处于缓刑、假释考验期间的人。

(2)依法被剥夺、限制人身自由的人。

(3)无行为能力或限制行为能力人。

(4)人民法院、人民检察院、公安机关、国家安全机关、监狱的现职人员。

(5)人民陪审员。

(6)与本案审理结果有利害关系的人。

(7)外国人或者无国籍人。

(8)审判人员和法院其他工作人员从法院离任后二年内，检察人员从检察院离任后二年内，不得以律师身份担任辩护人。

(9)审判人员和人民法院其他工作人员从人民法院离任后，或者检察人员从人民检察院离任后，不得担任原任职法院或检察院所办理案件的辩护人。

(10)审判人员和人民法院其他工作人员的配偶、子女或者父母，不得担任其任职法院所办理案件的辩护人，但如果是作为被告人的监护人、近亲属进行辩护的，可以担任辩护人。检察人员的配偶、子女，不得担任其任职检察院所办理案件的辩护人。

(11)被开除公职和被吊销律师、公证员执业证书的人，不得担任辩护人，但系犯罪嫌疑人、被告人的监护人、近亲属的除外。

其中，上述第(4)人民法院、人民检察院、公安机关、国家安全机关、监狱的现职人员；(5)人民陪审员；(6)与本案审理结果有利害关系的人；(7)外国人或者无国籍人，如果是被告人的监护人或者近亲属，可以担任其辩护人。

3. 可以委托辩护人的人数

犯罪嫌疑人、被告人除自己行使辩护权以外，最多可以委托两名辩护人。

在共同犯罪案件中，由于犯罪嫌疑人、被告人之间存在着利害关系，所以，一名辩护人不得同时接受两名以上同案犯罪嫌疑人、被告人的委托，作为他们的共同辩护人。当然，基于利害关系的考虑，一名辩护人也不得为两名以上的未同案处理，但实施的犯罪存在关联的犯罪嫌疑人、被告人辩护。

直击命题：

(1)外国人、无国籍的犯罪嫌疑人、被告人委托律师辩护的，只能委托中国律师作为辩护人。

(2)上述第(8)至第(10)项关于任职回避的规定，应注意以下两点：①法院人员任职回避适用于审判人员及法院其他工作人员的配偶、子女或者父母；而检察人员任职回避适用于检察人员的配偶、子女(没有父母，注意区分)。②法院人员的配偶、子女或者父母的任职回避回避有例外，即作为被告人的监护人、近亲属进行辩护的除外；而检察人员的配偶、子女的任职回避没有例外。

三、辩护人的诉讼地位

辩护人在刑事诉讼中具有独立的诉讼参与人地位，是犯罪嫌疑人、被告人合法权益的专门维护者。

辩护人的独立性表现在，辩护人可以根据事实和法律，维护犯罪嫌疑人、被告人的合法权益，独立履行职责，不受犯罪嫌疑人、被告人意思表示的约束，不要求与犯罪嫌疑人、被告人的辩护意见一致。

(1)辩护人是犯罪嫌疑人、被告人合法权益的专门维护者，非涉及国家安全和社会公共安全或严重危害他人人身安全的，辩护人不得检举、揭发犯罪嫌疑人、被告人实施的犯罪。

(2)辩护人是独立的诉讼参与人。虽然在委托辩护中，辩护人接受犯罪嫌疑人、被告人委托以后才能取得辩护资格，但是辩护人在接受委托以后，在法律上享有独立的诉讼地位，根据对事实的掌握和对法律的理解，独立进行辩护，不受犯罪嫌疑人、被告人意思表示的约束，不是犯罪嫌疑人、被告人的“代言人”。

(3)辩护人维护的是犯罪嫌疑人、被告人的合法权益，而不是非法权益。辩护人不能为当事人谋取非法利益，更不得教唆犯罪嫌疑人、被告人翻供，帮助犯罪嫌疑人、被告人威胁、引诱证人改变证言或者进行其他妨碍诉讼的活动。

四、辩护人的职责

辩护人的职责，总体上是根据事实和法律，提出犯罪嫌疑人、被告人无罪、罪轻或者减轻、免除其刑事责任的材料和意见，维护犯罪嫌疑人、被告人的诉讼权利和其他合法权益。具体可划分为三个方面：

(1)从实体上为犯罪嫌疑人、被告人辩护，即根据事实和法律，提出证明犯罪嫌疑人、被告人无罪、罪轻或者减轻、免除其刑事责任的材料和意见，帮助公安司法机关全面了解案情，正确适用法律，依法公正处理案件。

(2)从程序上为犯罪嫌疑人、被告人辩护。帮助犯罪嫌疑人、被告人依法正确行使自己的诉讼权利，并在发现犯罪嫌疑人、被告人的诉讼权利受到侵犯时，向公安司法机关提出意见，要求依法制止，或向有关单位提出控告。

(3)为犯罪嫌疑人、被告人提供其他法律帮助。辩护人应当解答犯罪嫌疑人、被告人提出的有关法律问题，为犯罪嫌疑人、被告人代写有关文书，案件宣判后，应当了解被告人的态度，征求其对判决的意见以及是否提起上诉等。

五、辩护人的权利

1. 阅卷权

辩护律师自人民检察院对案件审查起诉之日起，可以查阅、摘抄、复制本案的案卷材料。其他辩护人经人民法院、人民检察院许可，也可以查阅、摘抄、复制上述材料。这里需要注意以下几个问题：

(1)案卷材料是指包括诉讼文书和证据材料在内的案卷中的所有材料，但合议庭、检察委员会、审判委员会的讨论记录以及其他依法不公开的材料不得查阅、摘抄、复制，辩护律师查阅、摘抄、复制的案卷材料属于国家秘密的，应当经过人民检察院、人民法院同意并遵守国家保密规定。律师不得违反规定，披露、散布案件重要信息和案卷材料，或者将其用于本案辩护、代理以外的其他用途。

(2)复制案卷材料的具体方法包括复印、拍照、扫描、电子数据拷贝等，辩护律师可以根据需要带律师助理协助阅卷。

(3)辩护人行使阅卷权的起始时间是人民检察院对案件审查起诉之日起。在审查起诉阶段，辩护人应当到人民检察院阅卷；案件起诉到人民法院后，辩护人应当到人民法院阅卷。

(4)人民检察院和人民法院应当为辩护人查阅、摘抄、复制案卷材料提供便利和充分的时间。辩护律师提出阅卷要求的，人民检察院、人民法院应当当时安排辩护律师阅卷，无法当时安排的，应当向辩护律师说明并安排其在3个工作日以内阅卷，不得限制辩护律师阅卷的次数和时间。辩护人、诉讼代理人复制案卷材料的，人民检察院和人民法院只收取工本费；法律援助律师复制必要的案卷材料的，应当免收或者减收费用。

【注意】侦查阶段，辩护律师不享有阅卷权，但也可以向侦查机关了解犯罪嫌疑人涉嫌的罪名和案件有关情况，以准备辩护。具体来说，辩护律师在侦查期间可以向侦查机关了解的事项包括：犯罪嫌疑人涉嫌的罪名，已查明的主要事实，犯罪嫌疑人被采取、变更、解除强制措施的情况，侦查机关延长侦查羁押期限的情况等。

2. 会见通信权

辩护律师可以同在押的犯罪嫌疑人、被告人会见和通信，其他辩护人经人民法院、人民检察院许可，也可以同在押的犯罪嫌疑人、被告人会见和通信。

辩护律师携带律师执业证书、律师事务所证明和委托书或者法律援助公函，要求会见在押的犯罪嫌疑人、被告人的，看守所应当及时安排会见，保证辩护律师在48小时以内见到在押的犯罪嫌疑人、被告人。看守所安排会见不得附加其他条件或者变相要求辩护律师提交法律规定以外的其他文件、材料，不得以未收到办案机关通知或未预约会见为由拒绝安排辩护律师会见。

犯罪嫌疑人、被告人委托两名律师担任辩护人的，两名辩护律师可以共同会见，也可以单独会见，辩护律师可以带一名律师助理协助会见。

对于危害国家安全犯罪案件、恐怖活动犯罪案件，辩护律师在侦查期间要求会见在押的犯罪嫌疑人，应当向侦查机关提出申请并经侦查机关许可。侦查机关应当在3日以内将是否许可的决定书面答复辩护律师，并明确告知负责与辩护律师联系的部门及工作人员的联系方式。对许可会见的，应当向辩护律师出具许可决定文书；因有碍侦查或者可能泄露国家秘密而不许可会见的，应当向辩护律师说明理由。有碍侦查或者可能泄露国家秘密的情形消失后，应当许可会见，并及时通知看守所和辩护律师。

辩护律师会见在押的犯罪嫌疑人、被告人，可以了解有关案件情况，提供法律咨询等；自案件移送审查起诉之日起，可以向犯罪嫌疑人、被告人核实有关证据。辩护律师会见犯罪嫌疑人、被告人时不被监听。

其他辩护人经人民法院、人民检察院许可，也可以与在押的犯罪嫌疑人、被告人会见、通信。对于辩护律师与犯罪嫌疑人、被告人的往来信件，看守所应当及时传递。看守所可以对信件进行必要的检查，但不得截留、复制、删改信件，不得向办案机关提供信件内容，但信件内容涉及危害国家安全、公共安全、严重危害他人人身安全以及涉嫌串供、毁灭证据等情形的除外。

辩护律师可以同被监视居住的犯罪嫌疑人、被告人会见和通信，除涉嫌危害国家安全犯罪案件、恐怖活动犯罪案件外，无需经办案机关许可，会见不被监听。

律师担任辩护人和其他人员担任辩护人在审前程序中所享有的会见通信权并不完全一致。根据最高检《刑诉规则》第48条的规定：人民检察院许可律师以外的辩护人同在押或者被监视居住的犯罪嫌疑人通信的，可以要求看守所或者公安机关将书信送交人民检察院进行检查。对于律师以外的辩护人申请查阅、摘抄、复制案卷材料或者申请同在押、被监视居住的犯罪嫌疑人会见和通信，具有下列情形之一的，人民检察院可以不予许可：(1)同案犯罪嫌疑人在逃的；(2)案件事实不清，证据不足，或者遗漏罪行、遗漏同案犯罪嫌疑人需要补充侦查的；(3)涉及国家秘密或者商业秘密的；(4)有事实表明存在串供、毁灭、伪造证据或者危害证人人身安全可能的。

3. 调查取证权

辩护人的调查取证权的范围要分几种情形：

(1)辩护律师向证人或者其他有关单位和个人取证的，经证人或者其他有关单位和个人同意，可以向他们收集与本案有关的材料。

(2)辩护律师向被害人或者其近亲属、被告人提供的证人取证的，经人民检察院或者人民法院许可，并且经被害人或者其近亲属、被害人提供的证人同意，可以向他们收集与本案有关的材料。

(3)辩护律师申请人民检察院、人民法院代为调查取证的，辩护律师申请人民检察院、人民法院收集、调取证据的，人民检察院、人民法院应当在3日以内作出是否同意的决定，并通知辩护律师；办案机关不同意的，应当书面说明理由。辩护律师口头提出申请的，办案机关可以口头答复。

(4)辩护人申请人民检察院和人民法院调取未随案移送的证明犯罪嫌疑人、被告人无罪或罪轻的证据的。辩护人认为在侦查、审查起诉期间公安机关、人民检察院收集的证明犯罪嫌疑人、被告人无罪或者罪轻的证据材料未随案移送的，可以申请人民检察院、人民法院调取。辩护律师书面提出申请的，人民检察院、人民法院经审查，认为辩护律师申请调取的证据材料已收集并且与案件事实有联系的，应当及时调取。相关证据材料提交后，人民检察院、人民法院应当及时通知辩护律师查阅、摘抄、复制。经审查决定不予调取的，应当书面说明理由。

【注意】 非律师辩护人无权向证人或者其他有关单位和个人调查取证。但是律师辩护人和非律师辩护人都有权申请人民检察院和人民法院调取证明犯罪嫌疑人、被告人无罪或者罪轻的证据。

4. 申请解除期限届满的强制措施的权利

辩护人对于人民法院、人民检察院或者公安机关采取强制措施期限届满的，有权要求解除强制措施。辩护律师书面申请变更或者解除强制措施的，办案机关应当在3日以内作出处理决定。辩护律师的申请符合法律规定的，办案机关应当及时变更或者解除强制措施；经审查认为不应当变更或者解除强制措施的，应当告知辩护律师，并书面说明理由。

5. 获得通知权

辩护人在各个程序阶段有获取相应通知的权利：

(1)公安机关侦查终结移送审查起诉时，应当同时将案件移送情况告知犯罪嫌疑人及其辩护律师。

(2)人民法院决定开庭审判后，应当将人民检察院的起诉书副本至迟在开庭10日以前送达被告人及其辩护人，在开庭3日以前将开庭的时间、地点通知辩护人，将判决书送达辩护人和诉讼代理人等等。

《关于依法保障律师执业权利的规定》明确了辩护律师就与案件有关的重要事项接获通知的权利，具体包括：

(1)犯罪嫌疑人、被告人被采取、变更、解除强制措施的情况，侦查机关延长侦查羁押期限等情况，办案机关应当依法及时告知辩护律师。

(2)办案机关作出移送审查起诉、退回补充侦查、提起公诉、延期审理、二审不开庭审理、宣告判决等重大程序性决定的，应当依法及时告知辩护律师。

(3)侦查机关应当在案件移送审查起诉后3日以内，人民检察院应当在提起公诉后3日以内，将案件移送情况告知辩护律师。

(4)案件提起公诉后，人民检察院对案卷所附证据材料有调整或者补充的，应当及时告知辩护律师。

6. 参加法庭调查和辩论权

在法庭调查阶段，在公诉人讯问被告人后，经审判长许可，辩护人可以向被告人发问，可以对证人、鉴定人发问。法庭审理中，辩护人有权申请通知新的证人到庭，调取新的物证，重新鉴定或者勘验。在法庭辩论阶段，辩护人可以对证据和案件情况发表意见并且可以和控方展开辩论。辩护律师可以根据需要，向人民法院申请带律师助理参加庭审，律师助理参加庭审仅能从事相关辅助工作，不得发表辩护意见。

7. 提出意见权

提出意见权是指辩护人在不同诉讼阶段向办案机关提出辩护意见的权利。根据《刑事诉讼法》第88条和第280条的规定，人民检察院审查批准逮捕，可以听取辩护律师的意见；辩护律师提出要求的，应当听取辩护律师的意见。对未成年人审查批捕，必须听取辩护人意见。根据《刑事诉讼法》第161条的规定：在案件侦查终结前，辩护律师提出要求的，侦查机关应当听取辩护律师的意见，并记录在案。辩护律师提出书面意见的，应当附卷。根据《刑事诉讼法》第173条的规定：人民检察院审查案件，应当讯问犯罪嫌疑人，听取辩护人或者值班律师、被害人及其诉讼代理人的意见，并记录在案。辩护人或者值班律师、被害人及其诉讼代理人提出书面意见的，应当附卷。根据《刑事诉讼法》第251条的规定：最高人民法院复核死刑案件，应当讯问被告人，辩护律师提出要求的，应当听取辩护律师的意见。

直击命题：

(1)一般案件的审查批捕、侦查终结前、死刑复核中，可以听取辩护律师的意见，辩护律师提出要求的，应当听取辩护律师的意见。

(2)在审查起诉、二审不开庭审理、对未成年人审查批捕时，不管辩护律师有没有提出要求，都应当听取辩护律师的意见。

8. 申诉控告权

根据《刑事诉讼法》第49条的规定：辩护人、诉讼代理人认为公安机关、人民检察院、人民法院及其工作人员阻碍其依法行使诉讼权利的，有权向同级或者上一级人民检察院申诉或者控告。人民检察院对申诉或者控告应当及时进行审查，对情况属实的，通知有关机关予以纠正。

9. 人身保障权

对于辩护人，也应从保障犯罪嫌疑人、被告人辩护权的角度给予辩护人相应的人身保障。根据《刑事诉讼法》第44条第2款的规定：辩护人涉嫌犯罪的，应当由办理辩护人所承办案件的侦查机关以外的侦查机关办理。辩护人是律师的，应当及时通知其所在的律师事务所或者所属的律师协会。侦查机关依法对在诉讼活动中涉嫌犯罪的律师采取强制措施后，应当在48小时以内通知其所在的律师事务所或者所属的律师协会。

10. 保密权

根据《刑事诉讼法》第48条的规定：辩护律师对于在执业活动中知悉的委托人的有关情况和信息，有权予以保密。从保守委托人秘密的角度，辩护律师的这项权利同时也是其应当履行的义务。

11. 拒绝辩护权

如果遇有当事人委托事项违法或者委托人利用律师提供的服务从事违法活动，或者委托人隐瞒事实的情形，律师有权拒绝辩护。

直击命题：

(1)在侦查阶段，辩护律师会见在押或者被监视居住的犯罪嫌疑人，不得向犯罪嫌疑人核实有关证据。

(2)对于危害国家安全犯罪、恐怖活动犯罪，辩护律师在侦查期间会见在押或者被监视居住的犯罪嫌疑人，应当经侦查机关许可。

六、辩护人的诉讼义务

(1)辩护律师和其他辩护人不得帮助犯罪嫌疑人、被告人隐匿、毁灭、伪造证据或者串供，不得威胁、引诱证人作伪证以及进行其他干扰司法机关诉讼活动的行为，否则，应当依法追究法律责任。

(2)辩护人接受委托后，应当及时告知办理案件的机关其接受委托的情况。审判期间，辩护人接受被告人委托的，应当在接受委托之日起3日内，将委托手续提交人民法院。法律援助机构决定为被告人指派律师提供辩护的，承办律师应当在接受指派之日起3日内，将法律援助手续提交人民法院。

(3)辩护人收集的有关犯罪嫌疑人不在犯罪现场、未达到刑事责任年龄、属于不负刑事责任的精神病人的证据，应当及时告知公安机关、人民检察院。

【注意】这是对辩护人特定证据开示义务的规定，其开示的证据仅为犯罪嫌疑人不在犯罪现场、未达到刑事责任年龄、属于不负刑事责任的精神病人的证据三类，不是所有有利于犯罪嫌疑人的证据，也不是所有犯罪嫌疑人无罪、罪轻的证据。

(4)辩护律师对在执业活动中知悉的委托人或者其他人，准备或正在实施危害国家安全、公共安全以及严重危害他人人身安全的犯罪的，应当及时告知司法机关，但公安司法机关应当为辩护律师保密。

【注意】理解这一义务应注意三点：①此规定的信息来源不仅有“委托人”，还有“其他人”；②披露的信息不包括严重危害财产安全的犯罪；③告知的对象是司法机关，包括“公检法”机关。

(5)会见在押犯罪嫌疑人、被告人时，应当遵守看管场所的规定。

(6)参加法庭审判时要遵守法庭秩序。

(7)未经人民检察院或者人民法院许可，不得向被害人或被害人提供的证人收集与本案有关的材料。

(8)不得违反规定会见法官、检察官以及其他有关工作人员；向法官、检察官以及其他有关工作人员行贿，介绍贿赂或者指使、诱导当事人行贿，或者以其他不正当方式影响法官、检察官以及其他有关工作人员依法办理案件。

七、拒绝辩护

依拒绝主体划分，存在两种拒绝辩护：一种是犯罪嫌疑人、被告人拒绝辩护人为其辩护；另一种是律师拒绝继续为犯罪嫌疑人、被告人辩护。

1. 犯罪嫌疑人、被告人拒绝辩护人为其辩护

在审判过程中，被告人可以拒绝辩护人继续为他辩护，也可以另行委托辩护人辩护；侦查阶段、审查起诉阶段犯罪嫌疑人、被告人拒绝辩护人继续辩护，或要求更换辩护人，可参照审判过程中拒绝辩护的规定。

法律援助机构指派律师担任辩护人后，犯罪嫌疑人、被告人坚持自己行使辩护权，拒绝法律援助机构指派的律师为其辩护，有正当理由的，应当准许。犯罪嫌疑人、被告人如果属于盲、聋、哑人，尚未完全丧失辨认或者控制自己行为能力的精神病人，可能被判处无期徒刑、死刑和未成年人的，犯罪嫌疑人、被告人需另行委托辩护人，或者通知法律援助机构另行指派律师为其提供辩护。

2. 律师拒绝继续为犯罪嫌疑人、被告人辩护

律师接受委托后，无正当理由的，不得拒绝辩护或者代理。但是，委托事项违法、委托人利用律师提供的服务从事违法活动或者委托人故意隐瞒与案件有关的重要事实的，律师有权拒绝辩护或者代理。

八、辩护词的基本格式与写法

辩护词是辩护人在法庭辩论中的首轮发言，辩护词一般包括首部、正文、结束语三部分。

（一）首部

辩护词的首部主要包括标题、对审判人员的称呼和前言三部分。前言部分应当说明：

(1)辩护人出庭的根据，是受被告人的委托，还是受法律援助机构的指派。实践中，还需要说明是受哪一律师事务所的指派。

(2)简要介绍辩护人在开庭前所做的工作，如查阅案卷、会见被告人、调查了解案情等，以便向法庭表明，自己的辩护意见是有根据的。

(3)可以在前言部分开门见山地提出关于该案的基本观点，对法庭调查作简要交代。首部应当简明扼要，表明辩护观点，能够给人留下深刻的印象，为进入正文部分做好准备。

（二）正文

正文包括辩护理由和辩护意见。正文是辩护词的核心部分，是辩护人对案件辩护意见全面、系统的论证。重点说明和论证提出的辩护观点，摆事实、讲道理、引用事实和法律来沦证自己的观点，反驳起诉书的指控。

正文部分的写作，确定辩护论点是非常重要的。辩护一般可从如下几种情况来提出论点：

(1)对起诉书指控的犯罪事实，没有证据证明或行为人的行为不构成犯罪的，或者指控被告人犯罪事实不清楚，证据不充分，指控罪名不能成立的，应当作无罪辩护。

(2)对起诉书指控被告人的犯罪行为，如果构成犯罪，但依法应当从轻、减轻或者免除刑事责任的，应当作从轻、减轻或免除刑事责任的辩护。

(3)对被告人的行为已经构成犯罪，但依照《刑事诉讼法》第16条规定不追究刑事责任的，应当作不追究刑事责任的辩护。

(4)对事实清楚、证据确实、充分，但定性不准、适用法律不当的，应当从案件性质方面进行辩护。

(5)对办案机关违反法定程序的，可以作程序性辩护。例如，应当排除的非法证据未予排除。

辩护词的主体内容应当从以下几个方面提出辩护意见：①起诉书指控被告人的犯罪事实能否成立。②被告人是否已经达到刑事责任年龄，有无不负刑事责任等其他不应当追究其刑事责任的情形。③起诉书对案件定性和认定的罪名是否准确，适用的法律条文是否恰当。④被告人有无法律规定的从轻、减轻或者免除刑罚的情节，有无酌情考虑的从轻或者减轻判处的情节。⑤证据与证据之间，证据与被告人口供之间是否存在矛盾。⑥被告人主观上是故意还是过失，是否属于意外事件，被告人的行为是否属于正当防卫或紧急避险。⑦共同犯罪案件中，对主犯、从犯、胁从犯的划分是否清楚。⑧诉讼程序是否合法等。

（三）结束语

结束语主要包括两个方面的内容：(1)对自己的发言作一小结，提出结论性的意见，强化辩护观点。(2)就被告人的定罪量刑问题向法庭提出意见和建议。结束语要求简明扼要，观点明确，这一部分应当对整个辩护词起到画龙点睛的作用。

撰写辩护词应当注意的是：(1)要实事求是，不得恶意歪曲或者曲解事实和法律。(2)准备工作充分。研究起诉书、查阅案卷材料、会见犯罪嫌疑人、被告人、进行调查和收集证据等，全面、细致地收集和分析一切有利于被告人的证据材料，为写好辩护词做充分准备工作。(3)语言注意分寸。辩护词应当从维护被告人合法权益的角度出发，全面提出无罪、罪轻或者从轻、减轻、免除被告人刑事责任的意见。(4)行文严谨。辩护词应当做到论点明确、论证充分、突出重点、结构严谨、层次分明、用语流畅、用词准确、简洁。

▶ 经典考题

6-2. 在法庭审判中，被告人翻供，否认犯罪，并当庭拒绝律师为其进行有罪辩

护。合议庭对此问题的处理，下列哪一选项是正确的？（2013-卷二-38 单选题）①

A. 被告人有权拒绝辩护人辩护，合议庭应当准许

B. 辩护律师独立辩护，不受当事人意思表示的约束，合议庭不应当准许拒绝辩护

C. 属于应当提供法律援助的情形的，合议庭不应当准许拒绝辩护

D. 有多名被告人的案件，部分被告人拒绝辩护人辩护的，合议庭不应当准许

第三节 刑事代理

刑事诉讼中的代理，是代理人接受公诉案件被害人及其法定代理人或者近亲属、自诉案件的自诉人及其法定代理人，附带民事诉讼的当事人及其法定代理人的委托，以被代理人的名义进行诉讼，由被代理人承担代理行为所产生法律后果的一项诉讼制度。

从诉讼地位上看，诉讼代理人以被代理人的名义进行诉讼，其代理活动是基于对被代理人合法权益的维护。

一、刑事代理种类

（一）公诉案件被害人的代理

公诉案件中被害人的代理，是指律师或被害人及其法定代理人或者近亲属委托的其他公民，担任被害人的代理人，代表被害人参加诉讼活动。

被害人委托诉讼代理人的程序期间，是自案件移送审查起诉之日起有权委托诉讼代理人。人民检察院有义务保障被害人委托诉讼代理人的权利，应当自收到移送审查起诉的案件材料之日起 3 日以内，告知被害人及其法定代理人或者近亲属，有权委托诉讼代理人。

被害人有法定代理人的，人民检察院应当告知其法定代理人；没有法定代理人的，应当告知其近亲属。法定代理人为 2 人以上的，可以只告知其中 1 人，按照《刑事诉讼法》108 条规定被代理人“父母、养父母、监护人和负有保护责任的机关、团体的代表”的法定代理人顺序选择 1 人告知；近亲属为为 2 人以上的，可以只告知其中 1 人，告知时应当按照《刑事诉讼法》第 108 条规定的被代理人“夫、妻、父、母、子、女、同胞兄弟姊妹”的近亲属顺序选择 1 人。

在委托方式上：(1)可以由被害人本人委托，也可以由其法定代理人或近亲属委托；(2)公诉案件的侦查阶段，被害人及其法定代理人或近亲属尚不能委托代理人，审查起诉之日起才能委托诉讼代理人。

诉讼代理人在刑事诉讼中只能代理行使法律赋予被害人的全部或部分的诉讼权利，具体代理权限取决于被害人、法定代理人或近亲属的委托授权，可以全权代理，也可以部分代理。

---

① 【答案】A

【注意】公诉案件中，被害人不能在侦查阶段委托诉讼代理人。

（二）自诉案件的代理

自诉案件的代理，是指刑事自诉案件中，律师或其他公民接受自诉人或其法定代理人的委托，代理进行诉讼活动。

自诉案件的自诉人及其法定代理人，有权随时委托诉讼代理人。为保障自诉人的权利，人民法院自受理自诉案件之日起 3 日以内，应当告知自诉人及其法定代理人，有权委托诉讼代理人，并告知其如经济困难的，可以申请法律援助。

在刑事自诉案件中，被告人依法有权提起反诉。被提起反诉时，自诉人的代理人，也可以接受委托，成为其反诉被告人的辩护人；同样的，自诉案件的被告人提起反诉后，其原来的辩护人，也可以成为其反诉的代理人，从而具有诉讼代理人和辩护人的双重身份，还可兼作附事民事诉讼原告人或被告人的诉讼代理人。但必须有双重或多重委托手续，明确代理权限范围。

（三）附带民事诉讼当事人的代理

附带民事诉讼当事人的代理，是指接受附带民事诉讼当事人及其法定代理人的委托，以诉讼代理人的身份进行诉讼活动。附带民事诉讼的当事人及其法定代理人，有权随时委托诉讼代理人。

为保障附带民事诉讼当事人的权利，人民检察院自收到移送审查起诉的案件材料之日起 3 日以内，应当告知附带民事诉讼当事人及其法定代理人，有权委托诉讼代理人。人民法院自受理自诉案件之日起 3 日以内，应当告知附带民事诉讼的当事人及其法定代理人，有权委托诉讼代理人；并告知如经济困难的，可以申请法律援助。

（四）犯罪嫌疑人、被告人逃匿、死亡案件违法所得没收程序中的代理

根据《刑事诉讼法》第 299 条的规定：犯罪嫌疑人、被告人的近亲属和其他利害关系人有权申请参加人民法院对人民检察院提出的没收违法所得申请的审理程序，可以委托诉讼代理人参加诉讼。

（五）强制医疗程序中的代理

根据《刑事诉讼法》第 304 条规定：人民法院审理强制医疗案件，应当通知被申请人或者被告人的法定代理人到场。被申请人或者被告人没有委托诉讼代理人的，人民法院应当通知法律援助机构指派律师为其提供法律帮助。

【注意】诉讼代理人必须在被代理人的授权范围内进行诉讼，超过授权范围进行诉讼活动所产生的结果，除非得到被代理人的追认，否则，被代理人不予承担法律后果。

二、诉讼代理人的范围、责任和权利

（一）诉讼代理人的范围

在刑事诉讼法中，委托诉讼代理人的范围与辩护人的范围相同，可以在下列人中委托一至二人作为诉讼代理人：(1)律师；(2)人民团体或者被代理人所在单位推荐的人；

(3)被代理人的监护人、亲友。不能担任辩护人的人，也不能被委托为诉讼代理人。

（二）诉讼代理人的责任

诉讼代理人的责任是根据事实和法律，维护被害人、自诉人或者附带民事诉讼当事人的合法权益。

（三）诉讼代理人的权利

(1)查阅、摘抄、复制本案的案卷材料的权利。经许可，审查起诉阶段，诉讼代理人可以到人民检察院查阅、摘抄、复制本案的案卷材料；在审判阶段，诉讼代理人可以到人民法院查阅、摘抄、复制本案的案卷材料。

(2)调查取证权。律师担任代理人的，可以进行调查取证，也可以申请人民检察院、人民法院调查取证。具体程序参照辩护人申请人民检察院、人民法院调查取证程序适用。非律师担任诉讼代理人的，没有调查取证权。

(3)申诉、控告权。诉讼代理人认为公安机关、人民检察院、人民法院及其工作人员阻碍其依法行使诉讼权利的，有权向同级或者上一级人民检察院申诉或者控告。

三、代理词的基本格式与写法

代理词是代理律师在法庭辩论阶段发表，以维护委托人合法权益为目的，表明代理人对案件处理意见的诉讼文书。相对于其他诉讼文书，代理词的写法比较灵活，一般由首部、正文和尾部三部分组成，其写法与辩护词大体相同。

撰写代理词正文，应当着重注意：

(1)以事实为依据，以法律为准绳，围绕诉讼请求，进行准确、精深的剖析。

(2)根据案件具体情况，抓住争执点，鲜明地提出代理意见。要围绕观点，从事实、证据、法理、逻辑等多方面、多角度展开论证。

(3)代理词应随着诉讼进程，不断修改、充实和完善。

(4)代理词应语言简练，论点明确，逻辑性强；客观全面，重点突出；通俗易懂，用词恰当，且留有余地。

▶ 经典考题

6-3. 在张某故意毁坏李某汽车案中，张某聘请赵律师为辩护人，李某聘请孙律师为诉讼代理人。关于该案辩护人和诉讼代理人，下列哪一选项是正确的？（2010-卷二-22 单选题）①

A. 赵律师、孙律师均自案件移送审查起诉之日起方可接受委托担任辩护人、诉讼代理人

B. 赵律师、孙律师均有权申请该案的审判人员和公诉人员回避

C. 赵律师可在审判中向张某发问，孙律师无权向张某发问

D. 赵律师应以张某的意见作为辩护意见，孙律师应以李某的意见为代理意见

---

① 【答案】B(原答案为 A)

第七章　刑事证据

基本要求

了解与把握：刑事证据、物证、书证、证人证言、犯罪嫌疑人、被告人的供述和辩解、被害人陈述、鉴定意见、勘验、检查、辨认、侦查实验等笔录、视听资料、电子数据及实物证据、言词证据、原始证据、传来证据、直接证据、间接证据、有罪证据、无罪证据、证明对象、证明责任、证明标准等概念，刑事诉讼证据的基本属性，证据裁判原则，自由心证原则、各种证据的特点和相互间的区别，理论上对证据分类的依据及间接证据的特点和运用，重证据不轻信口供、严禁刑讯逼供原则的要求和意义，刑事证据规则的基本内容。

理解与运用：非法证据排除规则，共犯口供的适用，证人的保护制度，间接证据、传来证据、言词证据等运用规则，证明责任原理及我国刑事诉讼证明责任的分配，审查判断证据的任务、标准和对各种证据的审查判断。

考情分析

刑事证据制度是刑事诉讼的核心制度，理论性较强，专业性较强，是近几年来法律修订完善和司法解释规定的重要内容，也是历年考试的分值洼地，案例分析的分值重镇，甚至论述题都有考到过本章。本章是学习重点，考生需要融会贯通，要能灵活运用，而不是靠强记硬背。

复习时，要从法条入手，对《刑事诉讼法》证据这一章的法条内容要烂熟于心，并结合两个证据规定的司法解释，夯实证据具体运用的法律适用；当然，也不能完全死记硬背法条，不能仅停留在记忆存层，而要多一分理性，能充分理解并合理判断。内容方面，证据的概念、证据的种类与分类、证据规则、证人的保护、证明标准和证据的运用，都是要熟悉掌握的内容。

近十年考题在本章的分布情况如下：

	年　度	单选题	多选题	不定项题	案例分析	分值
1	2017	卷二/26	卷二/69、70	卷二/92、96		10
2	2016	卷二/29、30	卷二/67、68、69	卷二/95		10

续表

	年 度	单选题	多选题	不定项题	案例分析	分值
3	2015	卷二/23、25、26			卷四/7	22
4	2014	卷二/29、27、28	卷二/69	卷二/93		6
5	2013		卷二/68		卷四/3	12
6	2012	卷二/27、28、40、42	卷二/67、72		卷四/7	27
7	2011	卷二/25、26、27	卷二/66、74		卷四/3	29
8	2010	卷二/23、24、25			卷四/3	24
9	2009	卷二/24	卷二/69、70、71			7
10	2008	卷二/30、32、35	卷二/69、74			7

内容概览

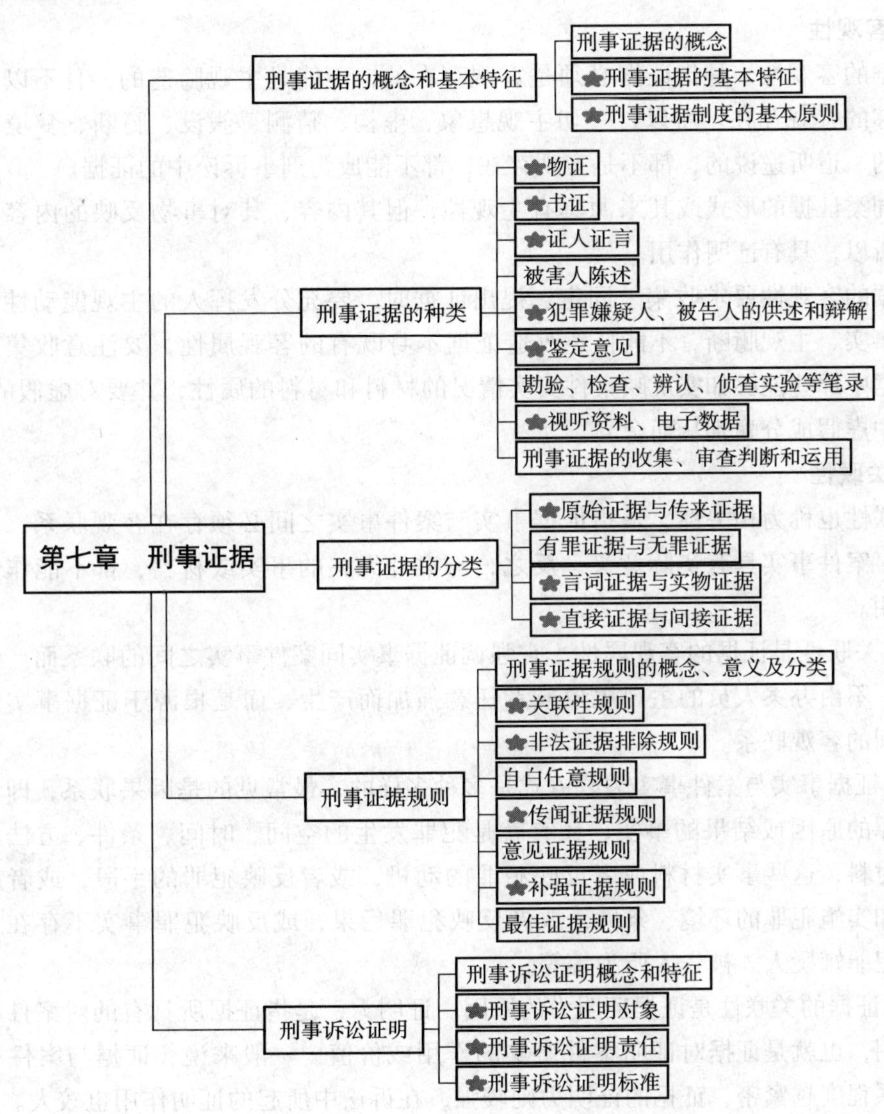

第一节　刑事证据的概念和基本特征

一、什么是证据

可以用于证明案件事实的材料，都是证据。

法定的证据种类：(1)物证；(2)书证；(3)证人证言；(4)被害人陈述；(5)犯罪嫌疑人、被告人供述和辩解；(6)鉴定意见；(7)勘验、检查、辨认、侦查实验等笔录；(8)视听资料、电子数据。

二、刑事证据的基本特征（又称基本属性）

1. 客观性

证据的客观性，是指证据必须是客观存在的，不能是主观臆造的，且不以人的意志为转移的客观存在。所以，一切主观想象、虚构、猜测、假设、臆断、梦境以及来源不清的、道听途说的，都不是客观存在，都不能成为刑事诉讼中的证据。

言词类证据的形式或其来源具有主观性，但其内容、其对事物反映的内容具有客观性，所以，具有证明作用。

证据的客观性要求收集、固定、提出证据时，要充分发挥人的主观能动性，又不能歪曲事实、主观臆断，不能任意改造证据本身既有的客观属性，要注意收集、固定把握证据中那些能够如实反映案件真实情况的材料和材料的属性，并要对虚假的材料、对证据中虚假成分甄别从而舍弃。

2. 关联性

关联性也称为相关性，是指证据事实与案件事实之间必须存在客观联系，从而对证明刑事案件事实具有实际意义；反之，与案件无关的事实或材料，都不能作为刑事证据使用。

(1)关联性是证据的客观属性。它强调证据事实同案件事实之间的联系而产生的证明作用，不由办案人员的主观想象或者任意强加而产生，而是根源于证据事实同案件事实之间的客观联系。

(2)证据事实与案件事实关联方式是多种多样的，最常见的是因果联系，即证据事实是犯罪的原因或结果的事实；还有就是犯罪发生的空间、时间、条件、方法、手段等证明材料，这些事实材料或者反映犯罪的动机，或者反映犯罪的手段，或者反映犯罪过程和实施犯罪的环境、条件，或者反映犯罪后果，或反映犯罪事实不存在，或犯罪并非犯罪嫌疑人、被告人所为等等。

(3)证据的关联性是证据证明力的原因。证明力，是指证据所具有的对案件事实的证明作用，也就是证据对证明案件事实的作用或价值。一般来说，证据与案件事实之间的联系程度越紧密，证据的证明力则较强，在诉讼中所起的证明作用也较大。

证据的关联性，要求公安司法人员在证据收集、运用和认定时，要注意证明材料到底能够证明什么方面的事实，对解决案件中的争议问题有没有实质性意义等问题的审查。

实战演练：

对未成年人调查报告，对未成年人成长经历、受教育和监护情况、在学校和社区的平时表现、曾经违法违规受到过的特殊教育等情况，能否作为证明该未成年人是否构罪的证据？

解答：不能。因为它们对犯罪是否构成的问题，不具有关联性。但法庭可以在认定其犯罪成立的基础上，将未成年人社会调查报告作为对未成年人恰当量刑的参考材料。

3. 合法性

合法性要求对证据收集和运用必须依法进行。证据的合法性是证据客观性和相关性的重要保证，也是证据具有法律效力的重要条件。证据的合法性主要包括以下内容：

(1)收集、运用证据的主体要合法。

(2)证据的提供、收集和审查，必须符合法定的程序要求。

(3)证据的形式应当合法，即作为证明案件事实的证据材料形式上必须符合法律要求(心理测式结论、警犬辩认不具有法定的证据形式，不能作为证据使用)。

(4)证据必须经过法庭质证，才能作为定案根据。未经法庭查证属实的材料，均不得作为定案的根据。

为了保障证据的合法性，《刑事诉讼法》第52条规定：审判人员、检察人员、侦查人员必须依照法定程序，收集能够证实犯罪嫌疑人、被告人有罪或者无罪、犯罪情节轻重的各种证据。严禁刑讯逼供和以威胁、引诱、欺骗以及其他非法方法收集证据，不得强迫任何人证实自己有罪。

三、刑事证据制度的基本原则

刑事证据制度的基本原则是构建以及实践刑事证据制度时应该遵循的原则。通常认为，刑事证据制度原则包括证据裁判原则、自由心证原则与直接言词原则。(直接言词原则将在第十四章“刑事审判概述”中介绍)

(一)证据裁判原则

证据裁判原则，又称证据裁判主义、证据为本原则，是指对于案件事实的认定，必须有相应的证据予以证明；没有证据或者证据不充分，不能认定案件事实。

证据裁判原则的内容：

(1)认定案件事实必须依靠证据，没有证据不能认定案件事实。

(2)用于认定案件事实的证据必须具有证据能力，即具有证据资格。

(3)用于定案的证据必须是在法庭上查证属实的证据，除非法律另有规定。

我国《刑事诉讼法》未明确规定证据裁判原则，只吸收了证据裁判的精神实质，如法律要求案件事实应依据证据认定，确认证据在认定事实中的决定性作用，都与证据裁判原则的基本要求相一致。

如：《刑事诉讼法》第 55 条规定，对一切案件的判处都要重证据，重调查研究，不轻信口供。只有被告人供述，没有其他证据的，不能认定被告人有罪和处以刑罚；没有被告人供述，证据确实、充分的，可以认定被告人有罪和处以刑罚。证据确实、充分，应当符合以下条件：定罪量刑的事实都有证据证明；据以定案的证据均经法定程序查证属实；综合全案证据，对所认定事实已排除合理怀疑。《刑事诉讼法》第 200 条规定，在被告人最后陈述后，审判长宣布休庭，合议庭进行评议，根据已经查明的事实、证据和有关的法律规定，作出判决。其中，证据不足，不能认定被告人有罪的，应当作出证据不足、指控的犯罪不能成立的无罪判决。

再如：最高院《刑诉解释》第 61 条，最高检《刑诉规则》第 61 条都有一致规定。《中共中央关于全面推进依法治国若干重大问题的决定》指出，推进以审判为中心的诉讼制度改革，确保侦查、审查起诉的案件事实证据经得起法律的检验。全面贯彻证据裁判规则，严格依法收集、固定、保存、审查、运用证据，完善证人、鉴定人出庭制度，保证庭审在查明事实、认定证据、保护诉权、公正裁判中发挥决定性作用。

（二）自由心证原则

自由心证原则是指对证据的取舍、证据的证明力大小以及对案件事实等的认定，法律一般不预先加以严格的规定，而由裁判者依自己的良心、理性所形成的内心确信，对案件事实进行认定的一项证据原则。

自由心证原则是西方国家普遍采用的事实认定和证据运用的规则，包括以下内容：

(1) 自由判断。是指除法律另有规定的以外，证据及其证明力由法官自由判断，法律不做预先规定。法官判断证据证明力时，不受外部的任何影响，也不赞成法律上事先对证据的证明力进行规定，而由法官在适用各种证据规则，并慎重考虑庭审证据调查与辩论的全过程基础上，依据自己内心确信对案件事实做出合理判断。

(2) 内心确信。是指法官通过对证据的判断所形成的内心信念，并且应达到深信不疑的程度，由此判定事实。“内心确信”是要排除法官在进行事实判断时，模棱两可、似是而非、尚有疑虑的情况下，作出肯定性的事实判断。

近年来，国内司法与学术研究中，也正在逐步认识自由心证原则的合理之处，在民事诉讼领域有所确认，如最高院《关于民事诉讼证据的若干规定》第 64 条规定：审判人员应当依照法定程序，全面、客观地审核证据，依据法律的规定，遵循法官职业道德，运用逻辑推理和日常生活经验，对证据有无证明力和证明力大小独立进行判断，并公开判断的理由和结果。这说明我国司法审判中一定范围内吸纳了自由心证原则的精神，自由心证原则在一定程度上正在为我国司法实践所接受。

▶ 经典考题

7-1. 关于证据的关联性，下列哪一选项是正确的？（2014-卷二-27 单选题）①

A. 关联性仅指证据事实与案件事实之间具有因果关系

B. 具有关联性的证据即具有可采性

C. 证据与待证事实的关联度决定证据证明力的大小

D. 类似行为一般具有关联性

第二节 刑事证据的种类

证据种类，是法律根据证据作证方式及外部形式对证据进行的分类，是证据的法定形式。我国《刑事诉讼法》规定证据有下列八种：(1)物证；(2)书证；(3)证人证言；(4)被害人陈述；(5)犯罪嫌疑人、被告人供述和辩解；(6)鉴定意见；(7)勘验、检查、辨认、侦查实验等笔录；(8)视听资料、电子数据。

一、物证

物证是用以证明案件真实情况的一切物品和痕迹。物品如作案工具、赃款赃物等；痕迹，如脚印、指纹、轮胎压痕等。

对难以移动或易于消失的物品、痕迹进行倒模或拍摄所得的复制件和照片，是对物证的固定和保全手段，证据是原物和原痕迹，不是这些照片和复制的模型。

1. 物证的特点

物证具有较强客观性和稳定性。但是，物证俗称“哑巴”证据，往往需要办案人员去发现、去查找与案件事实之间的联系，而且，往往物证只能反映案件某个方面或个别情节，而不能单独、直接证明案件中的主要事实，通常成为案件的间接证据。

2. 物证的收集程序

收集物证是公安司法机关的重要职责。收集物证主要通过勘验、检查、搜查、扣押等方法来进行。收集物证的有以下程序要求：

(1)收集的物证应当是原物。只有在原物不便搬运、不宜保存或者依法应当由有关部门保管、处理或者依法应当返还时，才可以拍摄或者制作足以反映原物外形或者内容的照片、录像或者复制品。

(2)物证的照片、录像或者复制品经与原物核实无误或者经鉴定证明为真实的，或者以其他方式确能证明其真实的，可以作为证据使用。原物的照片、录像或者复制品，不能反映原物的外形和特征的，不能作为证据使用。

(3)拍摄物证的照片、录像，制作人不得少于2人，并应当附有制作过程的文字说

---

① 【答案】C

明及原物存放何处的说明，并由制作人签名或者盖章。

(4)所有已经收集到的物证都必须妥善保管，任何人都不得使用，更不允许毁坏；对于可能产生环境污染和有伤风化的物证，应当按照有关规定保管和处置。

(5)案件中的物证能附卷的都应当附卷保存。移送案件时，应当将物证随同案卷一并移送。

物证收集特别注意：

(1)应当提取而当时没有提取的血迹、毛发、指纹、字迹、足迹等物证，法院有权要求检察院说明情况，人民检察院依法补充收集、调取或作出合理说明的，可以为法庭采纳为证据。

(2)不得作为定案证据的两种情形(绝对排除)：一是现场提取的指纹、血迹、毛发等实物证据，未与当事人作同一性比对鉴定的，不得作为定案根据；二是未经辨认、鉴定确定涉案物品、作案工作来源的，不得作为定案根据。

(3)须补证或合理解释方能被采用的证据(相对排除)：一是勘验、检查、搜查、提取笔录或者扣押清单上没有办案人员签名或清单所注不详的；二是对物证的照片、录相、复制品，书证的副本、复制件未注明“与原件核对无异”，或无复制时间、无被收集、调取人签名、盖章的，或没有制作人对制作过程、原物件存放地点说明、或说明却没签字的；三是其他可补证和合理解释的瑕疵。

(4)对物证、书证来源、收集程序的疑问，不能合理解释的，不得作为定案根据。

二、书证

书证是指以文字、图画所包含内容和思想来证明案件真实情况的书面材料或其他载体材料。

书证可以是记载在纸质、布匹、绸缎以及竹片、木板，甚至可能直接写在地上或者墙壁上的文字、符号或图画等信息，只要有记载内容并以其内容或思想来证明案件事实的一切载体都属于书证。

书证是一种有主观意思表示的客观记载，一经收集并查证属实，就可以比较直观地证明案件事实，因而，具有较强的证明力。

1. 书证的特点

(1)书证以物质材料为载体，属于实物证据范围，客观性较强。

(2)书证材料以其所记载的内容或者所表达的思想，反映与待证事实的内在关联，从而使书证对案件事实的证明更具有说服力。

【注意】书证是记载与案件相关的思想内容的文书材料，但是，并非案件有文字内容的材料都是书证。例如：盗窃行为人所盗图书、录像带等，只是证明盗窃行为的被盗物品时，是物证，而不是书证或音像资料。但是，在制作、贩卖、传播淫秽物品的案件中，所缴获的淫秽图书、录像带等，用其“淫秽”内容来证明该犯罪行为，属于书证。

2. 书证与物证的联系

书证与物证因为都是客观存在物，都属于实物证据，如某个实体证明材料，不仅以其存在形式和属性证明，还以其记载内容思想证明，这两种证明方式发挥证明作用时，则既是书证又是物证。

例如，办案人员在案发现场收集到一封书信，内容与被害人死亡原因有关，属于书证，同时经鉴定，确认是犯罪嫌疑人伪造被害人笔迹书写的，则又为物证。

3. 书证与物证的区别

书证以内容证明案件事实，物证则以物质属性和外观特征证明案件事实。

4. 书证收集程序要求

(1)收集、调取书证应当尽量用原件，只有在取得原件确有困难时，才可以使用副本或者复制件。

(2)运用书证的副本、复制件时应当与原件核实无误，才可以作为证据使用。书证有更改或者更改迹象，又不能作出合理解释时，或者书证的副本、复制件不能反映书证原件内容的，不能作为证据使用。

(3)制作书证的副本、复制件，制作人不得少于2人，并应当附有制作过程的文字说明及原件存放何处的说明，由制作人签名或者盖章。

(4)扣押文件要按照法律规定的程序进行，对被扣押的文件要妥善保管，任何人都不得使用或毁坏。扣押邮件、电报等要经过公安机关或者人民检察院批准。

(5)在复制、摘抄书证时，要注意保存原件内容的完整性，不得任意取舍或断章取义。对于内容违法或淫秽的书证，应当按照有关规定专门保管和处置。

直击命题：

(1)证人亲笔书写的书面证词，属于证人证言，而不是书证。

(2)警犬辨认结果的书面记载，测谎结论都不是书证，诉讼中，都只能用来协助办案，帮助审查、判断证据，不能作为认定案件事实的依据。

三、证人证言

证人证言是证人(自然人)就其所了解的案件情况，向公安司法机关所作的陈述。

证人证言一般以笔录形式对口头陈述加以固定，必要时，也可由证人亲笔书写书面证词，书面证词也是证人证言。

（一）证人证言的特点

(1)证人是知悉案件情况的非当事人，犯罪嫌疑人、被告人、被害人等当事人相比，证人对案件情况的陈述，受案件利害关系影响程度较小。

(2)证人的陈述，应当是亲身对案件相关事实的感知，而不是证人的猜测性、评论性、推断性的证言，但符合一般生活经验的事实判断除外。

(3)证言容易受影响。证人对所感知情况的反映，往往会受到证人的主观因素和客观条件的影响。

(4)证人证言不可替代。凡没有亲身经历或闻知案件情况的人，都不具有证人资格；即使共同经历了同一案件的人，也不得互相代替作证。所以，证人不能随便指定或由他人代替、更换。

（二）证人证言的收集程序

收集证人证言的方法是询问证人。询问证人必须依法定程序进行，必须保证一切与案件有关或者了解案情的公民，有客观、充分地提供证据的条件，以保证证人提供证言的真实性。询问证人时，具有如下要求：

(1)应当首先告知他应当如实提供证言的义务，以及有意作伪证或者隐匿罪证所负的法律责任。

(2)询问证人应当个别和口头进行。

(3)严禁对证人采用拘留、刑讯、威胁、引诱、欺骗等非法方法收集证言，也不得诱导证人提供证言。

(4)禁止采用暴力、威胁等非法方法询问证人，有证据证明采用暴力、威胁等非法方法收集的证人证言，应当予以排除。

(5)询问时，应当全面、如实地对证言内容进行客观记录，不能加入办案人员的主观臆想和个人判断。

（三）证人的资格及证人保护

1. 证人的资格

凡是知道案件情况的人，都有作证的义务，都可作为证人，除非生理上、精神上有缺陷或者年幼，且不能辨别是非或不能正确表达的人，才不能作为证人。如果生理上、精神上有缺陷或者年幼，但能够辨别是非，并能够清楚表达自己所了解的案件情况的人，也可以作为证人。专门机关对于证人能否辨别是非、能否正确表达，必要时可以进行审查或者鉴定。此外，最高院《刑诉解释》第 75 条第 1 款规定：处于明显醉酒、中毒或者麻醉等状态，不能正常感知或者正确表达的证人所提供的证言，不得作为证据使用。

【注意】证人不是见证人。见证人是诉讼过程中，应办案人员要求，对诉讼法律行为进行见证的人。只要心智和辨别、表达能力具备，与案件无利害关系的非办案人员，皆可以担任。诉讼活动当场，确实无法找到见证人的，笔录中载明，也是可以认定法律行为有效的。

2. 证人作证的保障

证人应当出庭作证，但为保障证人作证，刑事诉讼法规定了对证人的一般性保障，要求专门机关应当保障证人及其近亲属的安全。对证人及其近亲属进行威胁、侮辱、殴打或者打击报复，构成犯罪的，依法追究刑事责任；尚不够刑事处罚的，依法给予治安管理处罚。

同时，刑事诉讼法还规定了对证人的特别保障手段，规定对于危害国家安全犯罪、恐怖活动犯罪、黑社会性质的组织犯罪、毒品犯罪等案件，证人、鉴定人、被害人因在诉讼中作证，本人或者其近亲属的人身安全面临危险的，人民法院、人民检察院和公安机关应当采取以下一项或者多项保护措施进行保护：

(1)不公开真实姓名、住址和工作单位等个人信息；

(2)采取不暴露外貌、真实声音等措施出庭作证；

(3)禁止特定的人员接触证人、鉴定人、被害人及其近亲属；

(4)对人身和住宅采取专门性保护措施；

(5)其他必要的保护措施。

证人、鉴定人、被害人认为因在诉讼中作证，本人或者其近亲属的人身安全面临危险的，可以向人民法院、人民检察院、公安机关请求予以保护。人民法院、人民检察院、公安机关依法采取保护措施，有关单位和个人应当配合。

证人有获得补偿的权利。证人因履行作证义务而支出的交通、住宿、就餐等费用，应当给予补助。证人作证的补助列入司法机关业务经费，由同级政府财政予以保障。证人所在单位不得克扣或者变相克扣其工资、奖金及其他福利待遇。

3. 证人与鉴定人的区别

(1)鉴定人是具有一定专业技术或技能的人。

(2)证人是对案件事实直接经历者，而鉴定人是诉讼开始后接受指派或委托而参与诉讼的。

(3)鉴定人适用回避制度，证人优位，不适用回避制度。

(4)鉴定人可以重新指派或委托，而证人有不可替代性。

直击命题：

(1)刑事诉讼中的证人必须是自然人，单位不能作为证人。

(2)证人具有优先性。当诉讼中的证人身份形成以后，由于证人的不可替代性，他们不能在诉讼中担任侦查、检察、审判人员及鉴定人、翻译人员等。

(3)证人不适用回避制度，鉴定人适用回避制度。

四、被害人陈述

被害人陈述是刑事被害人就其受害情况和案件有关的情况，向专门机关所作的陈述。被害人既可以是自然人，也可以是单位。

1. 被害人陈述的特点

(1)对犯罪有较多了解，对于揭露犯罪、查获犯罪嫌疑人、认定案情有重要作用。

(2)易受各种主、客观因素的影响。如被害人可能夸大事实情节，记忆模糊，甚至主观臆断，还有可能出于不当利益或受外界强制，作出不符合事实的陈述。

2. 被害人陈述的收集程序

参照适用证人证言的收集程序，但要注意对被害人隐私权的保护和情绪疏导。对被害人陈述的审查判断，与对犯罪嫌疑人、被告人供述和辩解的审查方式近似。

五、犯罪嫌疑人、被告人的供述和辩解

（一）犯罪嫌疑人、被告人的供述和辩解的概念

犯罪嫌疑人、被告人的供述和辩解，是指犯罪嫌疑人、被告人就有关案件的情况，向专门机关所作的陈述，通常称为口供。内容包括：犯罪嫌疑人、被告人承认有罪的供述，无罪、罪轻、从轻处罚或免除刑罚的辩解。

犯罪嫌疑人、被告人供述和辩解的形式：一般是口头陈述，用笔录加以固定。如犯罪嫌疑人、被告人请求或办案人员要求，也可采用犯罪嫌疑人、被告人书写的方式。

对口供的运用要求：对一切案件都要重证据，重调查研究，不轻信口供。只有被告人供述，没有其他证据的，不能认定被告人有罪或处以刑罚；没有被告人供述，证据确实、充分的，可以认定被告人有罪和处以刑罚。

【注意】犯罪嫌疑人、被告人检举同案共犯之犯罪事实，属于犯罪嫌疑人、被告人供述和辩解，而不是证人证言。犯罪嫌疑人、被告人检举同案犯罪嫌疑人、被告人所犯的、与本人罪责无关的犯罪事实的陈述，属于证人证言。

（二）犯罪嫌疑人、被告人供述和辩解的特点

(1)犯罪嫌疑人、被告人所犯事实的如实陈述，能够全面反映案件事实。

(2)犯罪嫌疑人、被告人与案件的处理结果有直接利害关系，受利害因素和其他主客观因素的影响，供述或辩解虚假的可能性比较大。

(3)供述反复无常、极有可能翻供，这是犯罪嫌疑人、被告人供述和辩解与任何其他种类证据相比的一个显著特征。

（三）共犯口供的证明力问题

一般认为共犯口供仍然是口供，共犯不能互为证人，否则容易导致违法取得口供和不正确运用。如果只有共犯口供，没有其他证据的，不能据以定罪量刑。

（四）对被告人法庭翻供的处理

(1)原则上，应结合控、辩双方提供的证据，被告人的全部供述和辩解，全面审查被告人供述和辩解。如被告人在庭审中翻供，但又不能合理说明翻供原因的，或者其辩解内容与本案其他证据相矛盾，而其庭前供述却与本案其他证据相互印证的，也可以采信庭前供述。

(2)被告人庭前供述和辩解本身就存在反复，而庭审中供认又与其他证据相印证的，可以采信其庭审供述。

(3)被告人庭前供述和辩解存在反复，庭审中不供认，且无其他证据与庭前供述印证的，不能采信其庭前供述。

六、鉴定意见

刑事诉讼中的鉴定意见，是专门机关为了解决案件中某些专门性问题，指派或聘

请具有专门知识和技能的人，进行鉴定后所作的书面意见。

刑事诉讼中常常用到的有法医学鉴定、司法精神病学鉴定、书法笔迹鉴定、痕迹鉴定、化学鉴定、会计鉴定、技术鉴定等。

鉴定意见具有如下证明特征：

(1)鉴定意见是一种判断性意见，而非陈述性言词。

(2)鉴定人员必须具有鉴定资质或专业技术能力，且应与案件没有利害关系。

(3)鉴定意见的内容仅限于案件事实认定相关的科学或专业技术问题，不能是法律性问题的判断性意见。

(4)鉴定过程和鉴定结论都应当符合客观、公正和专业技术性要求，否则，当事人及辩护人、诉讼代理人可以申请重新鉴定。

(5)鉴定意见必须经过质证，如有必要，鉴定人应当出庭，配合法庭对鉴定意见的审查。人民法院通知鉴定人出庭而拒不出庭作证的，鉴定意见不得作为定案的根据。

诉讼中，除了鉴定人可以帮助专门机关审查、判断案件事实认定中的专门技术性问题，法庭还可以依照鉴定人的有关规定，应公诉人、当事人和辩护人、诉讼代理人的申请，通知有专门知识的人(又称专家辅助人)出庭，就鉴定过程和鉴定结论性意见中的专业技术性问题提出意见，但专家辅助人不必有鉴定人员资质。

七、勘验、检查、辨认、侦查实验等笔录

（一）勘验笔录

勘验笔录是指办案人员对与犯罪有关的场所、物品、尸体等进行勘查、检验后所作的记录。

勘验笔录的方式包括文字记载、绘制现场图样、勘查现场拍照、复制模型材料和勘查过程录像。

对同一现场，可多次进行勘验，第一次勘验以后的均为补充勘验，应制作补充笔录。有多处现场时，应分别制作勘验笔录。笔录应当由勘验见证人签名或者盖章。

勘验笔录是依照法定程序并运用一定的设备和技术手段对勘验对象情况的客观记载，客观性较强，其主要作用是固定证据及其所表现的各种特征，对及时发现、收集证据、确定侦查方向、揭露和证实犯罪人及鉴别其他证据，都有重要意义。

（二）检查笔录

检查笔录是专门机关办案时，对被害人、犯罪嫌疑人、被告人的人身，进行检验和观察后所作的记载。检查笔录以文字记载为主，也可以采取拍照、录像等形式。

勘验、检查笔录虽然是一种书面证据材料，但不是书证，而是笔录类证据，也不是物证，是保全、固定人身、书证、物证、现场等各方面证明特征的方法。

勘验、检查笔录，如存在明显不符合法律、有关规定的情形，不能作出合理解释或者说明的，不得作为定案的根据。

关于辨认、侦查实验等笔录同属于笔录类证据，将在第十二章“侦查”部分详解。

【注意】勘验、检查、辨认、侦查实验等笔录的制作主体必须是办案人员，而书证则可以是普通公民。

八、视听资料、电子数据

视听资料、电子数据是指以录音、录像、电子计算机或其他高科技设备所存储的信息，证明案件真实情况的证明材料。

电子数据证据材料的形式通常有：电子邮件、电子数据交换信息、网上聊天记录、博客、微博客、手机短信、电子签名、域名等。

视听资料、电子数据能够迅速、及时地收集其他证据，立体、直观地再现案件情况，有利于方便、有效地核实其他证据。

对案件事实进行证明的视听资料、电子数据，一般产生于案件事实发生的过程，而不是诉讼过程。诉讼中，公安司法机关为了收集、固定和保全证据制作的录音、录像，讯问时的录音、录像等，都不属于法定的视听资料、电子数据。

勘验、检查过程的录像，属于勘验、检查笔录。但是，在排除非法证据的审查中，被用于证明专门机关的讯问、询问或勘验、检查程序是否合法这一争议问题时，询问证人、被害人，讯问犯罪嫌疑人、被告人过程的录音、录像、电子证据，可以视为程序性审查中的视听资料、电子数据证明材料。

【注意】不是所有采取多媒体方式出示的证据都是视听资料、电子数据，询问证人、被害人，讯问犯罪嫌疑人、被告人过程的录音、录像，分别属于证人证言，被害人陈述，犯罪嫌疑人、被告人的供述与辩解。

九、刑事证据的收集、审查判断和运用

刑事诉讼中，公安司法机关和律师为了证明特定的案件事实，都要依照据法律规定和程序，收集、固定、提出证据并运用证据材料。

（一）刑事证据的收集

1. 收集证据的主体

(1)人民法院、人民检察院和公安机关等专门机关是证据收集的主体。专门机关有权向有关单位和个人收集、调取证据，有关单位和个人有义务如实提供证据。

(2)辩护律师是证据收集的主体之一。经证人或者其他有关单位和个人同意，辩护律师可以向他们收集与本案有关的材料；辩护律师可以申请人民检察院、人民法院收集、调取证据，辩护人有权申请人民法院通知证人出庭作证。辩护律师经人民检察院或者人民法院许可，并且经被害人或者其近亲属、被害人提供的证人同意，才可以向本案被害人或者其近亲属、被害人提供的证人收集与本案有关的材料。

(3)刑事诉讼程序启动之前，行政机关在行政执法和查办案件过程中收集的物证、书证、视听资料、电子数据证据材料，依法移交公安司法机关后，可以在刑事诉讼中

作为证据使用。

总之，在刑事诉讼过程中，只有公安司法人员和律师才有权主动收集和调取刑事证据，其他任何机关、企业、事业单位、人民团体和公民个人，都无此权力，当事人、一般辩护人或诉讼代理人，可以通过阅卷或申请专门机关调取证据，申请证人出庭作证。如果遇特殊需要的情况，做了收集证据的工作，必须经公安司法机关依照法定的诉讼程序审查核实以后，才能作为证据使用。

【注意】由行政证据转为刑事诉讼证据的，不能是诸如供述、被害人陈述、证人证言等言词证据。

2. 收集证据的要求

(1)合法。收集证据必须依照法定程序，严禁刑讯逼供和以威胁、引诱、欺骗以及其他非法方法收集证据，不得强迫任何人证实自己有罪，必须保证一切与案件有关或者了解案情的公民，有客观充分地提供证据的条件，除特殊情况外，可以吸收他们协助调查。严格依照法律规定和程序讯问犯罪嫌疑人、被告人，询问证人、被害人，勘验、检查、搜查，扣押书证、物证，鉴定，技术侦查收集的证据才具有合法性。

(2)及时。公安司法机关在受理案件后，应及时、主动地调查收集证据，以保证办案质量。

(3)客观、全面收集证据。客观收集证据要求从案件的实际情况出发，尊重客观事实，如实收集证据。全面收集证据要求全面调查、收集与案件有关的各种证据，既要收集证明犯罪嫌疑人、被告人有罪和罪重的证据，又要收集证明犯罪嫌疑人、被告人无罪、罪轻或免除其刑事责任的证据。

(4)深入、细致。要求办案人员在收集证据时，应当深入案件实际，深入调查研究；细密观察，详细查问，不放过任何蛛丝马迹和可疑线索，把握证据与案件的内在联系，收集一切与案件有关的证据。

（二）妥善保存证据

对不同种类的证据，要有针对性的采取有效收集和保存措施，尽可能收集并妥善保存证据的真实性和证明特征：

(1)证人证言、被害人陈述、犯罪嫌疑人、被告人的供述和辩解等言词证据的收集，主要采用笔录和录音、录像的方法加以保全。录音、录像的制作人不得少于2人，应当附有关于制作过程的文字说明，并由制作人签名或盖章。笔录的记录人必须具有法定资格，符合法定程序和要求，如实记录陈述的内容，并经陈述人核对无误逐页签名后才合法有效。

(2)网络犯罪案件，可采用跨地域取证、远程视频讯(询)问。跨地域调查取证，由公安机关将办案协作函和相关法律文书及凭证传输至协作地公安机关，协作地公安机关经审查确认、加盖印章后，可以代为调查取证。

远程视频讯(询)问，办案地公安机关通过远程网络视频方式，询(讯)问异地证人、被害人以及与案件有关联的犯罪嫌疑人，并制作笔录。程序上，先由协作地公安机关事先核实被询(讯)问人的身份。办案地公安机关将询(讯)问笔录传输至协作地公安机关。询(讯)问笔录经被询(汛)问人确认并逐页签名、捺指印后，由协作地公安机关协作人员签名或者盖章，并将原件提供给办案地公安机关。询(讯)问的办案人员收到笔录后，在首页右上方写明“于某年某月某日收到”，并签名或者盖章。远程询(讯)问的，应当对询(讯)问过程进行录音录像，并随案移送。异地证人、被害人以及与案件有关联的犯罪嫌疑人亲笔书写证词、供词的，参照执行。

此外，还可综合全案证据对相关犯罪事实直接认定。针对组织、教唆、帮助不特定多数人实施的网络犯罪案件，如确因客观条件限制，办案机关无法逐一收集相关言词证据的，可以根据记录的被害人数、被侵害的计算机信息系统数量、涉案资金数额等犯罪事实的电子数据、书证等证据材料，在慎重审查被告人及其辩护人所提辩解、辩护意见的基础上，综合全案证据材料，对相关犯罪事实作出认定。

(3)对于一般物证，应当开列清单附卷保存，移送案件时，随同案件一并移送。对于不宜附卷保存的物证，或者是不宜随案移送的物证，除对原物采用妥善方法保存外，应当采用拍照、制图、复制、录像等方法予以保全，并且用文字详细说明物证的性质、特征和形状，收取的时间、地点、经过，以及与案件之间的联系等情况。

(4)对于各种痕迹应当采用不同的方法予以保全，可以用石膏溶液制成模型来保全足迹，可以用硅橡胶或可塑性橡皮来保全遗留痕迹，还可以用照相或录像的方法来保全痕迹。

总之，对各种痕迹证据所采用的保全方法要能够防止其变质、变形或被污染、毁损，才为有效。

（三）证据的审查判断

刑事证据的审查，是由公安司法人员对于已经收集到的各种证据材料，进行分析研究，审查判断，鉴别真伪，以确定各个证据有无证明力和证明力大小，并对整个案件事实的处理作出合乎实际的结论性判断。

1. 刑事证据的审查的方法

(1)单个证据审查，即取得的每个证据逐一进行审查核实。单个证据审查，着重审查证据的客观真实性，以及证据的证明力大小。

(2)在对单个证据审查判断的基础上，对全案进行综合分析，比较研究，排除一切矛盾，找出内在联系，考察证据是否确实、充分，从而对案件事实作出结论。

刑事证据的审查是对案件证据的认识活动，应当由浅入深、从个别到整体，循序渐进地进行。一般情况下，证据审查可采取：①单独审查；②比对审查；③综合审查。着重审查证据的来源是否可靠；证据的具体内容是否真实；证据和案件事实有无必然的内在联系；各个证据之间的关系；证据是否充分等。既要审查每个证据的来源和内容，又要审查证据之间的关系，从多方面研究审查，分析判断，才能作出符合实际的正确结论。

2. 不同种类证据的审查判断方法

(1)物证的审查判断。

主要审查判断物证的来源是否客观真实，有无伪造，有无变形失真；审查判断物证与案情之间的联系方式，能否证明本案的案情，具体能够证明案件中的哪些问题；审查判断物证是原物还是复制品，物证与其他证据之间的关系，是否相互印证一致，有无矛盾。

(2)书证的审查判断。

主要审查书证的制作过程和书证的形式，判明书证公文还是非公文，是报道性的还是处分性书证，是否经过公证；审查内容是否符合事实，是否真实可靠，有无错误，是否违法，书证与案情之间的联系方式，能够证明案件中的哪些问题；书证的收集过程和保管方法等。

【注意】在勘验、检查、搜查过程中提取、扣押的物证、书证，未附笔录或者清单，不能证明物证、书证来源的，不得作为定案的根据。对物证、书证的来源、收集程序有疑问，不能作出合理解释的，该物证、书证不得作为定案的根据。当然，对于程序瑕疵，经补正或作出合理解释的，也可以考虑采用。

(3)证人证言的审查判断。

1)不得作为定案根据的证人证言(绝对排除)：①询问证人没有个别进行的；②书面证言没有经证人核对确认的；③询问聋、哑人，应当提供通晓聋、哑手势的人员而未提供的；④询问不通晓当地通用语言、文字的证人，应当提供翻译人员而未提供的。

2)证人证言收集程序有瑕疵，经补正或者作出合理解释方可采用；不能补正或者作出合理解释的，不得作为定案的根据(相对排除)：①询问笔录没有填写询问人、记录人、法定代理人姓名以及询问的起止时间、地点；②询问地点不符合规定的；③询问笔录没有记录告知证人有关作证的权利义务和法律责任的；④询问笔录反映出在同一时段，同一询问人员询问不同证人的。

3)证人当庭作出的证言，经控辩双方质证、法庭查证属实的，应当作为定案的根据。

经人民法院通知，证人没有正当理由拒绝出庭或者出庭后拒绝作证，法庭对其证言的真实性无法确认的，该证人证言不得作为定案的根据。

证人当庭作出的证言与其庭前证言矛盾，证人能够作出合理解释，并有相关证据印证的，应当采信其庭审证言；不能作出合理解释，而其庭前证言有相关证据印证的，可以采信其庭前证言。

(4)被害人陈述的审查判断。

对被害人陈述的审查判断基本上适用审查证人证言的规定，但根据被害人陈述的基本特点，还应当注意审查以下内容：被害人陈述的形成与收集过程；被害人与犯罪嫌疑人、被告人之间的关系；被害人在告发或陈述前后有无反常表现；被害人陈述是否合乎情理，与其他证据是否一致。

(5)犯罪嫌疑人、被告人供述和辩解的审查判断。

审查时注意：供述和辩解是在什么情况下作出的，出于何种动机目的，有无外界影响；供述和辩解的程序是否合法，有无刑讯逼供和以威胁、引诱、欺骗以及其他非法手段获取供述的情况；供述后有无反复，如有反复要查明原因；供述的内容是否合乎情理，有无矛盾，供述和辩解同其他证据是否一致，有无矛盾。

犯罪嫌疑人、被告人供述和辩解的审查判断要求：①对犯罪嫌疑人、被告人的供述和辩解进行审查判断时，要坚持重证据、重调查研究，不轻信口供。②严禁刑讯逼供，禁止以威胁、引诱、欺骗等非法方法提取口供。采用刑讯逼供等非法手段取得的犯罪嫌疑人、被告人供述，不能作为定案的根据。只有被告人供述，没有其他证据的，不能认定被告人有罪和处以刑罚；没有被告人供述，证据确实充分的，可以认定被告人有罪和处以刑罚。③被告人供述具有下列情形之一的，不得作为定案的根据(绝对排除)：讯问笔录没有经被告人核对确认的；讯问聋、哑人，应当提供通晓聋、哑手势的人员而未提供的；讯问不通晓当地通用语言、文字的被告人，应当提供翻译人员而未提供的。④讯问笔录有下列瑕疵，经补正或者作出合理解释的，可以采用；不能补正或者作出合理解释的，不得作为定案的根据(相对排除)：讯问笔录填写的讯问时间、讯问人、记录人、法定代理人等有误或者存在矛盾的；讯问人没有签名的；首次讯问笔录没有记录告知被讯问人相关权利和法律规定的。

(6)鉴定意见审查判断。

鉴定意见具有下列情形之一的，不得作为定案的根据(绝对排除)：①鉴定机构不具备法定资质，鉴定事项超出该鉴定机构业务范围、技术条件的；②鉴定人不具备法定资质，不具有相关专业技术或者职称，或者违反回避规定的；③送检材料、样本来源不明，或者因污染不具备鉴定条件的；④鉴定对象与送检材料、样本不一致的；⑤鉴定程序违反规定的；⑥鉴定过程和方法不符合相关专业的规范要求的；鉴定文书缺少签名、盖章的；⑦鉴定意见与案件待证事实没有关联的；⑧违反有关规定的其他情形。

经人民法院通知，鉴定人拒不出庭作证的，鉴定意见不得作为定案的根据。鉴定人由于不能抗拒的原因或者有其他正当理由无法出庭的，人民法院可以根据情况决定延期审理或者重新鉴定。

对案件中的专门性问题需要鉴定，但没有法定司法鉴定机构，或者法律、司法解释规定可以进行检验的，可以指派、聘请有专门知识的人进行检验，检验报告可以作为定罪量刑的参考。对检验报告的审查与认定，参照鉴定意见的审查与认为的有关规定。同样的，经人民法院通知，检验人拒不出庭作证的，检验报告不得作为定罪量刑的参考。

(7)勘验、检查、辨认、侦查实验等笔录的审查判断。

主要审查：①笔录内容是否完整，文字记录、照相、绘图等是否齐全，每个部分内容是否具体详细；②勘验、检查人员及组织、主持辨认和侦查实验人员的责任心和业务能力，有无发生差错的可能；③勘验、检查、辨认、侦查实验等是否符合法律规定的程序和要求；④笔录内容是否真实、准确；⑤笔录是否符合法律要求；⑥与案件其他证据是否协调一致。

勘验、检查笔录存在明显不符合法律、有关规定的情形，不能作出合理解释或者说明的，不得作为定案的根据。

(8)视听资料、电子数据的审查判断。

主要审查：①视听资料的形成过程；②审查制作与播放视听资料的技术设备性能是否良好；③视听资料的收集过程是否合乎法定程序；④视听资料反映的背景情况是否真实；⑤视听资料与案件事实有无联系，能够证明案件中哪些问题。必要时，应进行科学技术鉴定，以验证是否原版，是否有伪造、涂改或剪接等情况。

关于电子数据主要应当注意以下几点：①电子数据是否随原始存储介质移送；②提取、复制是否足以保证电子数据的完整性；③收集程序、方式是否合法合规；④内容是否真实，有无删改；⑤是否全面收集；与案件待证事实有无关联等。对电子数据有疑问的，应当鉴定或者检验。

视听资料、电子数据具有下列情形之一的，不得作为定案的根据(绝对排除)：①经审查无法确定真伪的；②制作、取得的时间、地点、方式等有疑问，不能提供必要证明或者作出合理解释的。

电子数据的收集、提取程序有下列瑕疵，经补正或者作出合理解释的，可以采用；不能补正或者作出合理解释的，不得作为定案的根据(相对排除)：①未以封存状态移送的；②笔录或者清单上没有侦查人员、电子数据持有人(或提供人)、见证人签名或者盖章的；③对电子数据的名称、类别、格式等注明不清的；有其他瑕疵的。

电子数据具有下列情形之一的，不得作为定案的根据(绝对排除)：①电子数据系篡改、伪造或者无法确定真伪的；②电子数据有增加、删除、修改等情形，影响电子数据真实性的；③其他无法保证电子数据真实性的情形。

审查视听资料、电子数据，发现无法确定真伪的或制作、取得的时间、地点、方式等有疑问，不能提供必要证明或者作出合理解释的等情形之一的，都不得作为定案的根据。

此外，采取技术侦查措施收集的材料作为证据使用的，应当随案移送批准采取技术侦查措施的法律文书和所收集的证据材料。使用有关证据材料可能危及有关人员的人身安全，或者可能产生其他严重后果的，应当采取不暴露有关人员身份、技术方法等保护措施，必要时，可以由审判人员在庭外进行核实。

(四)刑事证据的运用

刑事证据的运用是公安司法人员依据查证属实的证据，确定案件事实的活动。根据刑事诉讼法的有关规定和司法实践经验，运用证据认定案情应当注意以下几点：

(1)重证据，重调查研究，不轻信口供。法律规定，对一切案件的判处都要重证据，重调查研究，不轻信口供。只有被告人供述，没有其他证据的，不能认定被告人有罪和处以刑罚；没有被告人供述，其他证据确实、充分的，可以认定被告人有罪和处以刑罚。

(2)一切证据必须经过查证属实，才能作为认定案件事实的根据。审判人员必须在法庭上亲自审查核实各种证据，据以定案的所有证据都必须经过法庭调查核实，并且给予当事人及其辩护人、代理人充分发表意见的机会。所有证据必须经过法庭调查核实以后，才能作为定案的根据，但法律和相关司法解释另有规定的除外。

(3)案件事实情节清楚，并有相应的证据予以证明。证据确实、充分，在证据之间、证据与案情之间，排除了所有疑问与其他的可能性，应当依法作出认定结论。经法庭审理后，对于证据不足，不能认定被告人有罪的，应当作出证据不足，指控罪名不能成立的无罪判决。

(4)必须忠实于事实真相。公安机关提请批准逮捕书、人民检察院起诉书、人民法院判决书，必须忠实于事实真相，故意隐瞒事实真相的，应当追究责任。

中央政法委《关于切实防止冤假错案的规定》第12条规定：建立健全合议庭、独任法官、检察官、人民警察权责一致的办案责任制，法官、检察官、人民警察在职责范围内对办案质量终身负责。对法官、检察院、人民警察的违法办案行为，依照有关法律和规定追究责任。第13条规定：明确冤假错案的标准、纠错启动主体和程序，建立健全冤假错案的责任追究机制。对于刑讯逼供、暴力取证、隐匿伪造证据等行为，依法严肃查处。

直击命题：

对于上述各种证据的审查判断，应当注意区分何种情形下“不得作为定案的根据(绝对排除)”和何种情形下“不能补正或者作出合理解释的，不得作为定案的根据(相对排除)”。

▶ 经典考题

7-2. 甲、乙二人系药材公司仓库保管员，涉嫌5次共同盗窃其保管的名贵药材，涉案金额40余万元。一审开庭审理时，药材公司法定代表人丙参加庭审。经审理，法院认定了其中4起盗窃事实，另一起因证据不足未予认定，甲和乙以职务侵占罪分别被判处有期徒刑3年和1年。关于本案证据，下列选项正确的是：(2017-卷二-92不定项)①

A. 侦查机关制作的失窃药材清单是书证

B. 为查实销赃情况而从通信公司调取的通话记录清单是书证

C. 甲将部分销赃所得10万元存入某银行的存折是物证

D. 因部分失窃药材不宜保存而在法庭上出示的药材照片是物证案的根据

▶ 经典考题

7-3. 某小学发生一起猥亵儿童案件，三年级女生甲向校长许某报称被老师杨某猥亵。许某报案后，侦查人员通过询问许某了解了甲向其陈述的被杨某猥亵的经过。侦查人员还通过询问甲了解到，另外两名女生乙和丙也可能被杨某猥亵，乙曾和甲谈到被杨某猥亵的经过，甲曾目睹杨某在课间猥亵丙。讯问杨某时，杨某否认实施猥亵行为，并表示他曾举报许某贪污，许某报案是对他的打击报复。关于本案证据，下列选

① 【答案】B

项正确的是：(2017-卷二-96 不定项)①

A. 甲向公安机关反映的情况，既是被害人陈述，也是证人证言

B. 关于甲被猥亵的经过，许某的证言可作为甲陈述的补强证据

C. 关于乙被猥亵的经过，甲的证言属于传闻证据，不得作为定案的依据

D. 甲、乙、丙因年幼，其陈述或证言必须有其他证据印证才能采信

第三节 刑事证据的分类

刑事证据的分类是学理上的分类，是按照证据的不同特点，从不同角度，在理论上将证据划分为不同的类别：

根据：证据材料的来源不同——→原始证据、传来证据

证据证明的方向不同——→有罪证据、无罪证据

证据的表现形式不同——→言词证据、实物证据

单个证据的证明程度不同——→直接证据、间接证据

一、原始证据与传来证据

1. 原始证据

凡是出自原始出处，即直接来源于案件事实的证据材料，是原始证据。如：犯罪嫌疑人、被告人对自己罪行的供认，文件的原本、物证的原件等。

原始证据更接近于事实，相对于传来证据，证明价值更大，且传来的证据，中间环节越多，其证明价值递减。故此，办案时应尽可能收集原始证据。收集传来证据材料时，一定要查明、核实原始出处，能依此取得物证、书证原件或第一手资料的，应尽量提取原始证据材料。

2. 传来证据

凡是不直接来源于案件事实，而是从间接的非第一来源获得的证据材料，称为传来证据。如：物证的复制品、照片；书证的抄件、复印件等。

传来证据在实践运用中具有必然性，一是其他客观因素可能导致原始证据无法取得；二是案件的实际处理中，传来证据大量存在，也起到不可忽视的证明作用。如：根据传来证据发现原始证据；帮助审查原始证据是否真实；强化原始证据的证明作用；当原始证据灭失或无法获得时，只要传来证据查证属实，且与其它证据相印证，也可作为定案的根据。

运用传来证据认定案件事实特别程序规则：(1)来源不明的，不能作为证据使用；(2)只有在原始证据不能取得或者确有困难时，才能用传来证据代替；(3)尽可采用传来距离最近、转述复制次数最少的传来证据；(4)如果案件只有传来证据，没有任何原

① 【答案】A

始证据，不得认定有罪。

二、有罪证据与无罪证据

1. 有罪证据

证明犯罪事实存在和犯罪行为系犯罪嫌疑人、被告人所为，以及在认定有罪的前提下，证明犯罪嫌疑人、被告人具有从轻、减轻、免除处罚或者从重、加重情节的证据，都属于有罪证据。

2. 无罪证据

(1)证明犯罪事实不存在，如：证明被害人系自杀或意外死亡。

(2)证明犯罪并非犯罪嫌疑人、被告人所为，如：没有作案时间或者他不在犯罪现场的证明。

(3)证明犯罪嫌疑人、被告人的行为不应当被追诉、不应当承担刑事责任，如：证明正当防卫、无刑事责任能力等的证明。

3. 有罪证据与无罪证据的运用

(1)专门机关的办案人员有义务依照法定程序，全面收集各种证据，包括有罪证据和无罪证据。

(2)要防止片面收集有罪证据，而忽视无罪证据的收集与提取。

(3)对被告人作出有罪的认定，证明达到证据确实、充分，应排除无罪或他人犯罪的可能，否则不能认定有罪。

三、言词证据与实物证据

凡是表现为人的陈述，即以言词作为表现形式的证据，是言词证据。如：证人证言、被害人陈述、犯罪嫌疑人、被告人供述和辩解、鉴定意见，都是言词证据。

凡是表现为物品、痕迹和书证等，以实物作为表现形式的证据，是实物证据。如：物证、书证、勘验、检查笔录属于实物证据；视听资料、电子数据，一般认为属于实物证据。

【注意】讯问犯罪嫌疑人、被告人以及询问证人、被害人时的录音、录像，属于收集、固定证据的方法，没有形成新的证据，也不属于法定证据种类中的视听资料、电子数据，应按原始证据形式，分属于犯罪嫌疑人、被告人供述和辩解、证人证言、被害人陈述。

1. 言词证据的运用

将证据划分为言词证据与实物证据，是为了有助于司法工作人员把握证据特点，有针对性地收集、固定和运用，以助正确判断案件事实。

言词证据的优点：能够比较形象、生动地反映客观事物，可以从动态上揭示案件发生的原因、过程、后果和具体情节，而且，能让提供证据的人及时补充、修正、重述所了解的事实，回答办案人员提出的问题，帮助澄清事实认定中的疑点。

言词证据的劣势：由于言词证据是经证人、被害人、犯罪嫌疑人、被告人感知、记忆、陈述和鉴定人判断形成的，这些过程都人为“加工”过程，受个人的感受力、记忆力、判断力、表达能力、利害关系和思想感情等因素的影响，对客观事物的反映容易出现偏差、曲解和遗漏，甚至隐瞒也是不可避免的。

针对言词证据上述特点，在收集和运用时应当特别注意：

(1)严禁采用刑讯逼供、引诱以及其他非法方法收集言词证据；取证前，应告知证人和被害人作伪证和虚假陈述所负的法律责任，以及如实提供证据的义务。

(2)收集言词证据一定要及时，特别是对于年老、重病、重伤等人员，更应当及时收集。

(3)针对言词证据易变性、可塑性较大的特点，应当十分注意固定程序，对陈述要全面、如实地进行记录，并依法核对和签名，予以固定。

(4)审查、判断言词证据时，除了要审查内容的真实性和关联性，要特别注意陈述主体的个人情况，与案件的关系，感知、记忆、陈述的能力和条件，以及有无外界社会因素的影响等。

(5)尽可能收集实物证据来印证言词证据，在只有言词证据，而无实物证据印证的情况下，对被告人定罪处刑应当特别慎重。

(6)作为定案根据的言词证据必须在法庭上查证属实，法庭审查言词证据的方式主要是询问和质证。

2. 实物证据的运用

与言词证据相比，实物证据的优点在于：更为客观、固定、可靠，较少受人为因素的影响。

实物证据的劣势是：除视听资料、电子数据外，实物证据所反映的案件事实，远不如言词证据形象、生动和具体，单个实物证据所含信息量相对单一，通常只能证明案件事实的某个片段，对案件主要事实的证明，多是间接的。此外，实物证据的证明作用，多需运用科学技术手段才能揭示出来，对科学技术手段的依赖性较强。

四、直接证据与间接证据

根据单个证据是否可以单独证明案件主要事实，可将证据划分为：直接证据与间接证据。凡是能单独证明案件主要事实的证据，为直接证据；凡不能单独证明案件主要事实的证据，为间接证据。

所谓刑事“案件主要事实”是指犯罪事实“是否发生”“是谁人所为”之事实。所谓“单独”证明，指的是无需其他证据相协同，无需间接推导，就可以直接反映案件主要事实。

直接证据是能够单独、直接证明该犯罪事实发生、且系该犯罪嫌疑人、被告人所为的证据。刑事诉讼中的直接证据主要有：(1)被害人陈述；(2)犯罪嫌疑人、被告人的供述和辩解；(3)证人证言；(4)记载有关犯罪内容的书证；(5)某些通过监控设备摄录的能够再现犯罪经过的视听资料、电子数据。

间接证据是不能单独、直接证明刑事案件主要事实，需要与其他证据相结合才能共同证明案件的主要事实。刑事诉讼中常见间接证据：(1)现场提取的犯罪嫌疑人的痕迹、遗留的物品、犯罪工具，反映犯罪动机、目的的证据，认定案发现场的勘验笔录等。(2)各种物证都是间接证据，一般只能证明案件事实中的某个方面或事实片段，而不能独立证明案件是否发生、是谁人所为。

1. 直接证据与间接证据的辨析与区分

(1)划分直接证据和间接证据的标准是证据与案件主要事实的关系，完全不考虑与非主要事实的关系。

(2)直接证据可以分为肯定性直接证据和否定性直接证据。肯定性直接证据必须能够证明发生犯罪事实，还能证明谁是犯罪嫌疑人这两个关键要素；而否定性直接证据，则只要足以否定这两个要素中的一个要素，就足可以完成对案件主要事实的否定性证明，或证明案件事实不存在，不是刑事案件，或者证明非犯罪嫌疑人、被告人所为。

(3)直接证据和间接证据既可以是原始证据，也可以是传来证据。

【注意】虽然直接证据能够单独地、直接地证明案件主要事实，但是，要坚持孤证不能定案的原则。因为，如果仅有一个直接证据，则无法得其他证据的印证。此外，直接证据多是言词证据，言词证据本身易受主观因素和外界因素的影响，存在虚假的可能，而且，还会受证据取得方式的影响，如刑讯逼供或以威胁、引诱、欺骗等非法方法收集的言词证据，皆可能导致言词证据合法性、真实可靠性受到根本的影响。因此，在收集、审查和运用直接证据时，应严格依照法定程序，严禁采用刑讯逼供和以威胁、引诱、欺骗等非法方法收集直接证据。

2. 间接证据的运用规则

根据诉讼证明理论和司法实践经验，在没有直接证据，凭间接证据确认有罪时，必须遵守以下规则：

(1)必须逐一审查间接证据的客观性、关联性和合法性，确保该间接证据是客观存在的、与案件事实存在客观联系且为法律容许的证据。

(2)全案间接证据必须形成一个完整的证明体系。

(3)间接证据与案件事实之间，间接证据与间接证据之间必须协调一致，没有矛盾，如有矛盾必须合理地予以排除。

(4)间接证据的证明体系必须足以排除其他人犯罪的可能性，结论必须是唯一的，确定无疑的。

(5)运用间接证据需进行的推理符合逻辑和经验。

(6)根据间接证据定案的，判处死刑应当特别慎重。

将证据划分为直接证据与间接证据，是为了正确认识不同类型的证据，在证明案件主要事实中的不同作用，防止片面认定案件事实。当然，依据不同标准对刑事证据进行学理分类，都会有助于我们掌握证据运用的一般规律，从而有效收集固定证据，准确地审查判断、运用证据认定案情。

▶ 经典考题

7-4. 甲驾车将昏迷的乙送往医院，并垫付了医疗费用。随后赶来的乙的家属报警称甲驾车撞倒乙。急救中，乙曾短暂清醒并告诉医生自己系被车辆撞倒。医生将此话告知警察，并称从甲送乙入院时的神态看，甲应该就是肇事者。关于本案证据，下列哪些选项是正确的？(2016-卷二-67 多项题)①

A. 甲垫付医疗费的行为与交通肇事不具有关联性

B. 乙告知医生"自己系被车辆撞倒"属于直接证据

C. 医生基于之前乙的陈述，告知警察乙系被车辆撞倒，属于传来证据

D. 医生认为甲是肇事者的证词属于符合一般生活经验的推断性证言，可作为定案依据

▶ 经典考题

7-5. 甲涉嫌盗窃室友乙存放在储物柜中的笔记本电脑一台并转卖他人，但甲辩称该电脑系其本人所有，只是暂存于乙处。下列哪一选项既属于原始证据，又属于直接证据？(2015-卷二-25 单选题)②

A. 侦查人员在乙储物柜的把手上提取的甲的一枚指纹

B. 侦查人员在室友丙手机中直接提取的视频，内容为丙偶然拍下的甲打开储物柜取走电脑的过程

C. 室友丁的证言，内容是曾看到甲将一台相同的笔记本电脑交给乙保管

D. 甲转卖电脑时出具的现金收条

第四节 刑事证据规则

一、刑事证据规则的概念、意义及分类

刑事证据规则，是指在刑事诉讼中，控、辩双方依法收集和出示证据，法官通过审查判断证据、运用证据认定案件事实所应遵循的证据行为准则。

从内容上看，证据规则大体包括两类：(1)调整证据能力的规则，如传闻证据规则、非法证据排除规则、意见证据规则、最佳证据规则等；(2)调整证明力的规则，如关联性规则、补强证据规则等。

我国立法，没有专门规定"刑事证据规则"，但《刑事诉讼法》及司法解释的相关规定，实际上对一些刑事证据规则有所确认和吸收。

---

① 【答案】AC

② 【答案】C

二、关联性规则

关联性规则，是指只有与案件事实有关的证据材料，才能作为本案证据使用。

关联性是证据被采纳的首要条件，没有关联性的证据不具有可采性。按照关联性规则，公检法机关在运用证据时，应当限于与有关联的证据材料，审查判断证据时，应当排除无关的证据材料。

英美证据法中，认为不具关联性证据不得作为认定案件事实的依据，下列证据或事实被认为属于不具有关联性，不能被采用：

(1)品格证据。一般规则是，表明一个人的品格或者品格特征的证据，对于证明这个人于特定环境下是否实施了与此品格相一致的行为问题上，不具有关联性。

(2)类似行为。一般规则是，被告人在其他场合的某一行为与他在当前场合的类似行为通常没有关联性。

(3)特定的诉讼行为。例如曾作有罪答辩后来又撤回等，不得作为不利于被告人的证据采纳。

(4)特定的事实行为。例如，关于事件发生后某人实施补救措施的事实等，一般情况下，不得作为证明行为人对该事实负有责任的证据加以采用。

(5)被害人过去的行为。例如在性犯罪案件中，有关受害人过去性行为方面的名声或评价的证据，一律不予采纳。

但是，上述证据不具关联性也并非绝对，也可通过判例设置一些例外而予以采用。

【注意】具有关联性的证据未必都具有可采性，仍有可能出于利益考虑，或者由于某种特殊规则，而不具有可采性。

我国证据制度对关联性的规制主要体现在：

(1)对于与本案无关的证据，法官有权不予调查。最高院《刑诉解释》第214条规定：控辩双方的讯问、发问方式不当或者内容与本案无关的，对方可以提出异议，申请审判长制止，审判长应当判明情况予以支持或者驳回：对方未提出异议的，审判长也可以根据情况予以制止。

(2)要求控、辩双方提交的证据必须具有关联性，法庭才允许其进入法庭调查，无关或重复的证据，法庭不予采纳。最高院《刑诉解释》第203条规定：控辩双方申请证人出庭作证，出示证据，应当说明证据的名称、来源和拟证明的事实。法庭认为有必要的，应当准许；对方提出异议，认为有关证据与案件无关或者明显重复、不必要，法庭经审查异议成立的，可以不予准许。

(3)法官应审查物证、书证、鉴定意见、视听资料、电子数据的证明内容，与案件事实有无关联性。最高院《刑诉解释》第104条规定：对证据的证明力，应当根据具体情况，从证据与待证事实的关联程度、证据之间的联系等方面进行审查判断。

三、非法证据排除规则

非法证据排除规则，是指违反法定程序，以非法方法获取的证据，除非法律明确规定，原则上不具有证据能力，不能为法庭采纳。

非法证据排除规则的确立，都是查明事实以惩罚犯罪与保障公民基本人权两个价值选择之间的权衡的结果，权衡主要体现在非法证据强制性排除范围的确定上。

为保证证据收集的合法性，我国刑事诉讼法及相关司法解释已规定了比较严明的证据收集、固定、保全、审查判断、查证核实等程序，法律严格禁止刑讯逼供和威胁、引诱、欺骗以及其他非法方法收集证据，规定不得强迫任何人证实自己有罪。

（一）非法证据排除规则的基本内容

1. 非法证据排除的范围

(1)采用刑讯逼供等非法方法收集的犯罪嫌疑人、被告人供述。

(2)采用暴力、威胁等非法方法收集的证人证言、被害人陈述，应当予以排除。

(3)收集物证、书证不符合法定程序，可能严重影响司法公正的，应当予以补正或者作出合理解释；不能补正或者作出合理解释的，对该证据应当予以排除。

对于什么是"刑讯逼供等其他非法方法"，最高检和最高院分别作了司法解释进行明确，指的是使用肉刑或者变相使用肉刑，使犯罪嫌疑人在肉体或者精神上遭受剧烈疼痛或痛苦，以迫使嫌疑人、被告人供述的行为。

收集的物证、书证不符合法定程序的，应同时满足"可能严重影响司法公正"的情形才予以排除，至于达到什么程度会"可能严重影响司法公正"，则应当综合考虑收集物证、书证时，违反法定程序的程度和所造成后果的严重程度等情况进行综合考虑。所以，非法取得物证、书证的实物证据，只有在可能影响公正审判，且无法补正或作出合理解释的情况下才予以排除。

▶ 经典考题

7-6. 在法庭审理过程中，被告人屠某、沈某和证人朱某提出在侦查期间遭到非法取证，要求确认其审前供述或证言不具备证据能力。下列哪些情形下应当根据法律规定排除上述证据？（2013-卷二-68 单选题）①

A. 将屠某"大"字型吊铐在窗户的铁栏杆上，双脚离地

B. 对沈某进行引诱，说"讲了就可以回去"

C. 对沈某进行威胁，说"不讲就把你老婆一起抓进来"

D. 对朱某进行威胁，说"不配合我们的工作就把你关进来"

2. 排除非法证据的职责主体

职责主体包括侦查机关、检察机关、人民法院。专门机关在侦查、审查起诉、审判时，发现证据属于法律规定的排除范围而应当排除的，应当依法予以排除，不得作为起诉意见、起诉决定和判决的依据，也不能作为批准逮捕和提起公诉的根据。

---

① 【答案】AD

（二）非法证据排除程序

1. 申请权主体

当事人及其辩护人、诉讼代理人有权申请专门机关排除非法证据。

2. 申请和审查非法证据排除的诉讼期间

被告人及辩护人一般应当在开庭审理前提出排除非法证据的申请，庭审期间才发现非法证据线索的，也可以在庭审提出；人民法院向被告人及辩护人送达起诉书副本时，应当告知其有权申请排除非法证据。

3. 申请排除非法证据应当提供相关线索或材料

被告人及其辩护人提出被告人审判前供述是非法取得的，法庭应当要求其提供涉嫌非法取证的人员、时间、地点、方式、内容等相关线索或者证据。

4. 法庭对非法证据排除申请的处理

庭审法庭在公诉人宣读起诉书之后，应当先行当庭调查被告人审判前供述的合法性。法庭辩论结束前，被告人及其辩护人提出被告人审判前供述是非法取得的，法庭也应当进行调查。

5. 证据收集合法性的审查和调查的启动

(1)开庭审理前，对排除非法证据申请，法庭先进行审查，待开庭后调查。当事人及其辩护人、诉讼代理人申请排除非法证据，人民法院审查认为证据收集的合法性有疑问的，可以召开庭前会议，了解情况、听取意见。人民检察院可在庭前会中出示有关证据材料，对证据收集的合法性加以说明。

(2)庭审中，当事人及其辩护人、诉讼代理人申请排除非法证据的，法庭审查认为有疑问的，应进行调查；没有疑问的，当庭说明情况和理由，继续法庭审理。当事人及其辩护人、诉讼代理人以相同理由再次申请排除非法证据的，法庭不再次进行审查。

人民法院在开庭后对证据收集合法性的调查，既可以在当事人及其辩护人、诉讼代理人提交申请并进行审查后随即进行调查，也可以在法庭调查程序结束前庭审调查与排除非法证据调查一并进行。

对当事人及其辩护人、诉讼代理人开庭后提出排除非法证据申请，属于可以在开庭前提出，而不是在庭审期间才发现相关线索或者材料的，法院应在法庭调查结束前进行审查，审查后决定是否进行证据合法性调查程序。

(3)法庭自主决定进行合法性调查。法庭审理过程中，审判人员认为可能存在以非法方法收集证据情形的，应当对证据的合法性进行法庭调查。

6. 法庭对证据合法性调查的程序

(1)公诉方承担证明责任。经审查，法庭对被告人审判前供述取得的合法性有疑问的，公诉人应采取以下证明手段或证明方式，向法庭证明取证程序的合法性。①当向法庭提供讯问笔录、原始的讯问过程录音录像或者其他证据。②提请法庭通知讯问时其他在场人员或者其他证人出庭作证。③提请法庭通知讯问人员出庭作证，对该供述取得的合法性予以证明；经依法通知，讯问人员或者其他人员应当出庭作证；公诉人提交加盖公章的说明材料，未经有关讯问人员签名或者盖章的，不能作为证明取证合法性的证据。

(2)控、辩双方就被告人审判前供述取得的合法性问题进行质证、辩论。

(3)休庭、延期审理以调查核实、补充证明。法庭对于控辩双方提供的证据有疑问的，可以宣布休庭，对证据进行调查核实。必要时，可以通知检察人员、辩护人到场。

庭审中，公诉人因为提供新的证据需要补充侦查，建议延期审理的，法庭应当同意。被告人及其辩护人申请通知讯问人员、讯问时其他在场人员或者其他证人到庭，法庭认为有必要的，可以宣布延期审理。

(4)当庭宣读、质证被告人审判前供述。经法庭审查，具有下列情形之一的，被告人审判前供述才可以当庭宣读、质证，否则，不予当庭宣读、质证：①被告人及其辩护人未提供非法取证的相关线索或者证据的。②被告人及其辩护人已提供非法取证的相关线索或者证据，法庭对被告人审判前供述取得的合法性没有疑问的。③公诉人提供的证据确实、充分，能够排除被告人审判前供述属非法取得的。

对于当庭宣读的被告人审判前供述，应当结合被告人当庭供述以及其他证据确定能否作为定案的根据，即并非当庭宣读的庭前供述都能作为定案的根据。

(5)对被告人审判前供述的合法性，公诉人不提供证据加以证明，或者已提供的证据不够确实、充分的，该供述不能作为定案的根据。

7. 法庭对证据合法性调查的结果

经法院审查和调查后，确认或不能排除存在《刑事诉讼法》第56条规定的，以非法方法收集证据情形的，对有关证据应当排除。

人民法院对证据收集的合法性进行调查后，应当将调查结论告知公诉人、当事人及其辩护人、诉讼代理人。

8. 第二审程序中的证据合法性审查

具有下列情形之一的第一审人民法院应当对证据收集的合法性进行审查：

(1)第一审人民法院对于被告人及其辩护人提出的排除非法证据的申请没有审查，并以被告人该审判前供述作为定案根据的。

(2)控、辩一方不服第一审人民法院作出的有关证据合法调查结论，提出抗诉或上诉的。

(3)当事人及其辩护人、诉讼代理人第一审结束后，发现非法取证线索或材料，申请人民法院排除非法证据的。

总之，检察人员不提供证据加以证明，或者已提供的证据不够确实、充分的，被告人该供述不能作为定案的根据。

▶ 经典考题

7-7. 某公司被盗手提电脑一台，侦查人员怀疑是王某所为，王某一开始不承认，但后来经过刑讯承认了盗窃事实，并供述已将电脑卖给刘某，同时还说他之所以拿公司的电脑是因为公司拖欠了6个月的工资。侦查人员找到刘某后，刘某说电脑又倒卖给了秦某。秦某起初不承认，侦查人员威胁他："如果不承认就按共同盗窃论罪!"秦某害怕，承认了购买电脑一事，并交出了电脑。此案中下列哪些证据不能作为定案的根据？（2003-卷二-65 任选题）①

A. 王某承认盗窃事实的供述

B. 王某有关公司拖欠他工资的辩解

C. 秦某的证言

D. 手提电脑

四、自白任意规则

自白任意规则，又称非任意自白排除规则，是指在刑事诉讼中，只有基于被追诉人自由意志而作出的自白（即承认有罪的供述）才具有可采性；违背当事人意愿或违反法定程序而强制作出的供述是非任意性自白，是带有强迫性的逼供，不具有可采性，必须排除。

程序上，非任意性自白原则上不能进入法庭调查，在法庭审判过程中，辩护方一旦提出违反自白任意性规则的抗辩，主持庭审的法官应当独立审查判定，一旦确认，法官会禁止控方向法庭提交该证据，更不可能作为裁判的依据。

我国《刑事诉讼法》第52条规定：严禁刑讯逼供和以威胁、引诱、欺骗以及其他非法方法收集证据，不得强迫任何人证实自己有罪。第56条规定：采用刑讯逼供等非法方法收集的犯罪嫌疑人、被告人供述和采用暴力、威胁等非法方法收集的证人证言、被害人陈述，应当予以排除。可见，我国在一定程度上认可、借鉴自白任意性规则。

▶ 经典考题

7-8. 下列哪一选项表明我国基本确立了自白任意性规则？（2012-卷二-28 单选题）②

A. 侦查人员在讯问犯罪嫌疑人的时候，可以对讯问过程进行录音或者录像

B. 不得强迫任何人证实自己有罪

C. 逮捕后应当立即将被逮捕人送交看守所羁押

D. 不得以连续拘传的方式变相拘禁犯罪嫌疑人、被告人

五、传闻证据规则

传闻证据规则，也称传闻证据排除规则，即排除传闻证据作为认定犯罪事实的根据的法律规则。根据这一规则，除非法定的理由，非庭审期间所作陈述，皆都视为传闻证据，不得作为认定被告人有罪的证据。

① 【答案】AC

② 【答案】B

1. 传闻证据的形式

(1)书面传闻证据，即将证人的证言在庭外转换成证人证言的书面证词，包括警察、检察人员所作的对证询问时，对证人所述制作的笔录。

(2)言词传闻证据，即证人并非就自己亲身感知的事实进行作证，而是向法庭转述从别人那里听到的案件情况，即使是当庭转述他人在庭外所言，所言内容也是庭外陈述，属于传闻证据。

2. 排除传闻证据的理由

(1)传闻证据有可能失真。

(2)程序上无法对传闻证据进行交叉询问，无法当面对质，妨碍当事人质证权的行使，也无法以最接近事实的方式查明真实；三是传闻证据并非在裁判官面前的陈述，违背直接言词原则。

3. 传闻证据规则在我国刑事诉讼中的体现

《刑事诉讼法》第 61 条规定，证人证言必须在法庭上经过公诉人、被害人和被告人、辩护人双方质证并且查实以后，才能作为定案的根据。要求证人应该出庭作证，如果证人不出庭而只提交书面陈述的，不具有证据能力。

《刑事诉讼法》第 192 条规定，公诉人、当事人或者辩护人、诉讼代理人对证人证言有异议，且该证人证言对案件定罪量刑有重大影响，人民法院认为证人有必要出庭作证的，证人应当出庭作证。人民警察就其执行职务时目击的犯罪情况作为证人出庭作证，适用前款规定。公诉人、当事人或者辩护人、诉讼代理人对鉴定意见有异议，人民法院认为鉴定人有必要出庭的，鉴定人应当出庭作证。经人民法院通知，鉴定人拒不出庭作证的，鉴定意见不得作为定案的根据。

《刑事诉讼法》第 195 条规定，对未到庭的证人的证言笔录、鉴定人的鉴定意见、勘验笔录和其他作为证据的文书，应当当庭宣读。

综合以上法律规定，可以认为，立法上为部分证人不出庭开了一扇门。我国现行立法并没有全面贯彻传闻证据排除规则的要求，只是部分地体现了该规则的精神。

▶ 经典考题

7-9. 下列哪一选项属于传闻证据？（2015-卷二-26 单选题）①

A. 甲作为专家辅助人在法庭上就一起伤害案的鉴定意见提出的意见

B. 乙了解案件情况但因重病无法出庭，法官自行前往调查核实的证人证言

C. 丙作为技术人员“就证明讯问过程合法性的同步录音录像是否经过剪辑”在法庭上所作的说明

D. 丁曾路过发生杀人案的院子，其开庭审理时所作的“当时看到一个人从那里走出来，好像喝了许多酒”的证言

---

① 【答案】B

六、意见证据规则

意见证据规则，实际上也是排除意见证据规则，是指普通证人，而非专家证人，只能就自己亲身感受和经历的事实提供直接陈述，而不能是超出一般生活经验判断的，或经过推理的判断性意见。

英美国家将证人分为“专家证人”与“普通证人”，允许专家证人基于专业知识提供意见证据，而普通证人则只能陈述他们的直观感受和根据一般生活经验的判断，不可以提供意见、推论或者结论。

普通证人的意见证据之所以不可采用，因为一般人的推理判断很容易产生误导，与证人证言对案件事实的直接反映相违背，更何况，普通证人缺乏专业性判断的能力。

我国有证人、鉴定人、专家辅助人的区分，鉴定人作为某一专门领域的专家，是就案件中除法律以外的专门性问题提供判断性意见的人，不受意见证据规则约束。《刑事诉讼法》第 197 条第 2 款规定：公诉人、当事人和辩护人、诉讼代理人可以申请法庭通知有专门知识的人出庭，就鉴定人作出的鉴定意见提出意见。关于普通证人的意见证据规范，最高院《刑诉解释》第 75 条第 2 款进一步明确规定：证人的猜测性、评论性、推断性的证言，不得作为证据使用，但根据一般生活经验判断符合事实的除外。

七、补强证据规则

补强证据规则，是指为了防止事实误认的危险性，在运用那些证明力显然薄弱的证据来认定案情时，必须有其他证据补强其证明力，才能被法庭采信，作为定案根据的要求。一开始收集到的对证实案情有重要意义的证据，为“主证据”，而用以印证本证据真实性的其他证据，为“补强证据”。

一般来说，在刑事诉讼中，通常需要补强是被追诉人的供述，在特定情况下，也可能需要对证人证言、被害人陈述等特定证据进行补强。

用来增强证明力的补强证据，必须满足以下条件：

（1）补强证据本身必须具有证据能力。

（2）补强证据必须具有增强主证据客观、真实性的能力。如查证属实的实物证据有利于增强言词证据客观真实性，从而降低仅仅根据主证据而误认事实的风险。

（3）补强证据必须具有独立的来源。如根据被告人供述从他家里提取作案工具的菜刀是物证，就不能作为对其有罪供述的补强证据，因为主证据和补强证据共同来源于犯罪嫌疑人、被告人的供认。更不能认为，被告人供述有其它物证相印证，就满足了“只有被告人供述，没有其他证据的，不能认定被告人有罪”的定罪要求，必须有鉴定、指纹、勘查笔录等独立来源的证据来补强被告人有罪供述。

《刑事诉讼法》第 55 条规定：只有被告人供述，没有其他证据的，不能认定被告人有罪和处以刑罚；没有被告人供述，证据确实、充分的，可以认定被告人有罪和处以刑罚。强调口供必须得到其他证据的补强才能认定被告人有罪。最高院《刑诉解释》第

109 条对证据的补强进行了具体的指引：下列证据应当慎重使用，有其他证据印证的，可以采信：①生理上、精神上有缺陷对案件事实的认知和表达存在一定困难，但尚未丧失正确认知、表达能力的被害人、证人和被告人所作的陈述、证言和供述。②与被告人有亲属关系或者其他密切关系的证人所作的有利被告人的证言，或者与被告人有利害冲突的证人所作的不利被告人的证言。由此可见，我国刑事诉讼法认可证据补强规则。

经典考题

7-10. 下列哪一选项所列举的证据属于补强证据？（2014-卷二-28 单选题）①

A. 证明讯问过程合法的同步录像材料

B. 证明获取被告人口供过程合法，经侦查人员签名并加盖公章的书面说明材料

C. 根据被告人供述提取到的隐蔽性极强、并能与被告人供述和其他证据相印证的物证

D. 对与被告人有利害冲突的证人所作的不利被告人的证言的真实性进行佐证的书证

八、最佳证据规则

最佳证据规则，又称原始证据规则，是指以文字、符号、图形等方式记载的内容来证明案情时，原件才是最佳证据。该规则要求书证的提供者，应尽量提供原件，如果提供副本、抄本、复制本等非原始材料，则必须提供充足理由加以说明有采用的必要，否则，该书证不具有可采性。

最佳证据规则着眼于保证书证的真实性、可靠性，书证原件的真实、可靠程度相对高于抄件和复制件。

我国《刑事诉讼法》没有明确规定最佳证据规则。最高院《刑诉解释》第 70 条规定：据以定案的物证应当是原物。原物不便搬运，不易保存，依法应当由有关部门保管、处理，或者依法应当返还的，可以拍摄、制作足以反映原物外形和特征的照片、录像、复制品。

第五节 刑事诉讼证明

一、刑事诉讼证明

刑事诉讼证明是指国家公诉机关和诉讼当事人在法庭审理中，依照法律规定的程序和要求，向审判机关提出证据，运用证据阐明系争事实，论证诉讼主张成立的活动。

---

① 【答案】D

我国刑事证明具有以下特征：

(1)证明的主体是国家公诉机关和诉讼当事人。公诉机关和自诉人负有向法庭提出证据证明被告人有罪的责任。被告人原则上不负证明责任，仅在特定情况下承担证明责任。

公安机关和人民法院不是刑事证明的主体。公安机关通过侦查活动，为检察机关行刑诉证明做准备，不把公安机关当作独立的刑事证明主体，而法院的职责是居中裁判，对控诉双方的证明活动作出评价其没有自己的诉讼主张，故法院不可能是证明主体。

(2)刑诉证明的客体是诉讼中，需要运用证据加以证明的事项。

(3)严格意义上的刑事诉讼证明只存在于审判阶段。侦查人员、检察人员在审前阶段对证据的收集审查活动属于“查明”，而非“证明”。

(4)刑事诉讼证明受证明责任的影响或支配。根据证明责任的要求，如果依法承担证明责任的诉讼主体对待证事实的证明未能达到法律要求的标准，要承担败诉的风险。

(5)刑事诉讼证明是一种诉讼行为，受诉讼法律的规范和调整。

二、刑事诉讼证明对象

刑事诉讼的证明对象也称证明客体、待证事实或要证事实，是证明主体运用证据，采用证明方法所要证明的法律要件事实。

刑事诉讼证明对象是必须运用证据予以证明的案件事实，包括实体法事实和程序法事实。

（一）实体法事实

实体法事实是由实体法所规定的，被追诉者的行为是否构成犯罪，应当处以何种刑罚的事实。理论上，实体法事实又可以分为几类：

(1)犯罪构成要件事实，即犯罪主体、犯罪客体、犯罪的主观方面和客观方面的事实。有学者将应予犯罪构成要件事实概括为“七何”要素：何人，何时，何地，基于何种动机、目的，采用何种方法、手段，实施了何种犯罪行为，造成了何种危害结果。

(2)各种量刑事实，即影响量刑的从重或者从轻、减轻、免除处罚理由的法定情节或者酌定情节。

(3)排除行为违法性、可罚性和行为人刑事责任的事实，即所谓违法阻却事由和责任阻却事由。如：正当防卫、紧急避险、行使职权以及意外事件等，客观上造成了损害后果，法律上排除其违法性的事实；再如，《刑事诉讼法》第16条规定的几种不追究刑事责任的情形，排除该情形出现时行为的可罚性，以及行为人没有达到法定的刑事责任年龄的事实，精神病人在不能辨认或者控制自己行为期间实施危害行为的事实等。

（二）程序法事实

诉讼中，对案件解决的诉讼程序，具有法律意义的事实，也应当予以证明。成为证明对象的程序法事实主要包括：是否对犯罪嫌疑人、被告人采取强制措施的事实；回避的事实；不能抗拒的原因或者其他正当理由而耽误诉讼期限的事实；违反法定程序的事实；有关管辖争议的事实；与执行的合法性有关的事实，如关于罪犯"是否怀孕"的事实；其他需要证明的程序性事实。

【注意】案件事实情况是证明对象，但是证据事实不是证明对象，而是证明手段。

（三）免证事实

刑事诉讼中的事实一般分为待证事实和免证事实两大类。免证事实是免除控、辩双方举证，可由法院直接认定的事实。免证事实一般包括：司法认知、推定和自认三种。

根据最高检《刑诉规则》第437条规定，免证事实有：(1)为一般人共同知晓的常识性事实；(2)人民法院生效裁判所确认的并且未依审判监督程序重新审理的事实；(3)法律、法规的内容以及适用等属于审判人员履行职务所应当知晓的事实；(4)在法庭审理中不存在异议的程序事实；(5)法律规定的推定事实；(6)自然规律或者定律。

三、刑事诉讼证明责任

证明责任也称举证责任，是指控诉方所承担的，收集、提供证据并予以证明，以获得法律上有利于本方诉讼主张认定的法律责任，举证不能则将承担其主张不能成立的法律危险。

（一）证明责任的特点

(1)证明责任总是与一定的诉讼主张相联系。

(2)证明责任是提供证据责任与说服责任的统一。所谓提供证据的责任，即就主张的事实或者反驳的事实，提供证据加以证明的责任。所谓说服责任，即运用证据对主张所根据案件事实进行说明、论证，以获得法官确认的责任。

证明责任者要承担后果责任，在刑事诉讼中，如果控诉方不能提供确实充分的证据或诉讼结束时案件仍处于事实真伪不明的状态，指控的罪名便不能成立，被告人将被宣告无罪，这一结果对控告方而言，显然是"不利后果"。

（二）证明责任的分担

我国证明责任的承担主体分公诉与自诉，公诉案件中的公诉机关，自诉案件中的自诉人，承担证明责任。

诉讼证明理论中一贯强调"谁主张，谁举证"，"否认者不负证明责任"的法则，犯罪嫌疑人、被告人不负证明自己无罪的责任。只在少数持有类的特定案件中，如巨额财产来源不明犯罪案件及非法持有属于国家绝密、机密文件、资料、物品罪的案件中，犯罪嫌疑人、被告人也负有对巨额财产的合法来源，以及持有国家绝密、机密材料的合法性，有提出证据予以证明的责任。

【注意】尽管刑事诉讼法规定，"不得强迫任何人证实自己有罪"，但是，它还规定

“对于侦查人员的提问”，犯罪嫌疑人应当如实回答。(与本案无关的，可以拒绝回答)

四、刑事诉讼证明标准

（一）刑事诉讼中的证明标准

刑事证明标准是指证明责任主体，包括检察机关和当事人，运用证据证明案件事实所要求达到的证明程度。

根据我国《刑事诉讼法》第 200 条规定：案件事实清楚，证据确实、充分，依据法律认定被告人有罪的，应当作出有罪判决。普遍认为，我国认定被告人有罪的证明标准是“犯罪事实清楚，证据确实、充分”。

(1)“证据确实”要求据以定案的每一个证据均已经法定程序查证属实。

(2)“证据充分”要求定罪量刑的事实都有证据证明。

(3)“犯罪事实清楚”指的是犯罪构成的事实、量刑情节的全案事实，都必须有证据证明是清楚、真实的。整体上，综合全案证据，证据与证据之间、证据与案件事实之间不存在矛盾，即使有怀疑也可以合理排除；对于共同犯罪的案件，被告人的地位、作用也均已查清；根据证据认定案件事实的过程符合逻辑和经验规则；从证据得出被告人有罪结论应当是唯一的。

【注意】法院认定被告人有罪应当达到“事实清楚，证据确实充分”的标准，但是认定被告人无罪不需要达到“事实清楚，证据确实充分”，在事实不清、证据不足的情况下，法院也作证据不足、指控的犯罪不能成立的无罪判决。

（二）疑罪的处理程序

所谓疑罪，是指既有相当的证据说明犯罪嫌疑人、被告人有犯罪嫌疑，但全案证据又未达到确实、充分的要求，不能确定无疑地作出犯罪嫌疑人、被告人犯罪的结论。

1. 审查起诉阶段

检察机关应当作出不起诉的决定(《刑事诉讼法》第 177 条)。

2. 审判阶段

(1)一审程序中，经过法庭审理，证据不足，不能认定被告人有罪的，应当作出证据不足、指控的犯罪不能成立的无罪判决(《刑事诉讼法》第 200 条)。

(2)二审程序中，经过审理后，原判决事实不清楚或者证据不足的，可以在查清事实后改判，也可以裁定撤销原判，发回原审人民法院重新审判(《刑诉法》第 236 条)。

(3)再审程序中，再审案件经过重新审理后，原判决、裁定事实不清或者证据不足，经审理事实仍无法查清，证据不足，不能认定被告人有罪的，应当撤销原判决、裁定，判决宣告被告人无罪(最高院《刑诉解释》第 389 条)。

(4)死刑缓期执行案件的复核程序中，高级人民法院复核死刑缓期执行案件，原判事实不清、证据不足的，可以裁定不予核准，并撤销原判，发回重新审判，或者依法改判(最高院《刑诉解释》第 349 条)。

(5)最高人民法院复核死刑案件，原判事实不清、证据不足的，应当裁定不予核准，并撤销原判，发回重新审判(最高院《刑诉解释》第350条)。

对于疑罪，应当坚持刑事诉讼法所规定的疑罪从无的原则。定罪证据不足的案件，应当坚持疑罪从无原则，依法宣告被告人无罪，不得降格作出“留有余地”的判决。定罪证据确实、充分，影响量刑证据存疑的，应当在量刑时作出有利于被告人的处理，即“疑义作有利于被告人的认定”。死刑案件，认定对被告人适用死刑的事实证据不足的，不得判处死刑(最高院《关于建立健全防范冤假错案工作机制的意见》第6条)。

▶ 经典考题

7-11. 案情：张某——某国企副总经理(2010-卷四-03)

石某——某投资管理有限公司董事长

杨某——张某的朋友

姜某——石某公司出纳

石某请张某帮助融资，允诺事成后给张某好处，被张某拒绝。石某请出杨某帮忙说服张某，允诺事成后各给张某、杨某400万股的股份。后经杨某多次撮合，2006年3月6日，张某指令下属分公司将5000万元打入石某公司账户，用于股权收购项目。2006年5月10日，杨某因石某允诺的400万股未兑现，遂将石某诉至法院，并提交了张某出具的书面证明作为重要证据，证明石某曾有给杨某股份的允诺。石某因此对张某大为不满，即向某区检察院揭发了张某收受贿赂的行为。检察院立案侦查，查得证据及事实如下：

石某称：2006年3月14日，在张某办公室将15万元现金交给张某。同年4月17日，在杨某催促下，让姜某与杨某一起给张某送去40万元。因担心杨某私吞，特别告诉姜某一定与杨某同到张某处(石某讲述了张某办公室桌椅、沙发等摆放的具体位置)。

姜某称：取出40万元后与杨某约好见面时间和地点，但杨某称堵车迟到很久。自己因有重要事情需要处理，就将钱交杨某送与张某。

杨某称：确曾介绍张某与石某认识，并积极撮合张某为石某融资。与姜某见面时因堵车迟到，姜某将钱交给他后匆匆离开。他随后在自己车上将钱交给张某，张某拿出10万元给他，说是辛苦费(案发后，杨某将10万元交检察院)。

张某称：帮助石某公司融资，是受杨某所托(检察院共对张某讯问六次，每次都否认收受过任何贿赂)。

据石某公司日记帐、记帐凭证、银行对帐单等记载，2006年3月6日张某公司的下属分公司将5000万元打入石某公司账户。同年3月14日和4月17日，分别有15万元和40万元现金被提出。

问题：依据有关法律、司法解释规定和刑事证明理论，运用本案现有证据，分析能否认定张某构成受贿罪，请说明理由。

答题要求：①能够根据法律、司法解释相关规定及对刑事证明理论的理解，运用本案证据作出能否认定犯罪的判断，指出法院依法应当作出何种判决。

②观点明确，分析有据，逻辑清晰，文字通畅。

【解答】从本案现有证据综合分析，尚不能充分认定被告人张某构成受贿罪。理由如下：

(1)相关法律依据：

①实体法依据：《刑法》第385条规定：国家工作人员利用职务上的便利，索取他人财物的，或者非法收受他人财物，为他人谋取利益的，是受贿罪。故受贿罪的法律构成要件：一是主体身份要件，即国家工作人员；二是行为要件，即利用职务便利，收受或索取他人财物；客观方面，即为他人谋取利益。此实体法要件事实应有相应的证据证明才能认定被告人行为构成犯罪。

②程序法依据：一是要满足证据证明要求，《刑事诉讼法》第55条规定：对一切案件的判处都要重证据，重调查研究，不轻信口供。只有被告人供述，没有其他证据的，不能认定被告人有罪和处以刑罚；没有被告人供述，证据确实、充分的，可以认定被告人有罪和处以刑罚。证据确实、充分，应当符合以下条件：定罪量刑的事实都有证据证明；据以定案的证据均经法定程序查证属实；综合全案证据，对所认定事实已排除合理怀疑。二是要依照证据裁判原则依法裁判，《刑事诉讼法》第200条规定：在被告人最后陈述后，审判长宣布休庭，合议庭进行评议，根据已经查明的事实、证据和有关的法律规定，分别作出以下判决：案件事实清楚，证据确实、充分，依据法律认定被告人有罪的，应当作出有罪判决；依据法律认定被告人无罪的，应当作出无罪判决；证据不足，不能认定被告人有罪的，应当作出证据不足、指控的犯罪不能成立的无罪判决。

(2)张某是否构罪的分析：

①从张某所实施犯罪行为方面分析，证明张某收受15万元和30万元的两笔款项的证据，还只是我们俗称的“一对一”证据，既没有涉案人的供述，也没有其它证据相印证，这两笔款项确实到达了被告人张某的控制范围，被张某所收受。

②从证明标准的要求分析，不仅每项证据都要查证属实，而且，综合全案证据要能相互印证，排除他人犯罪、或者没有实施犯罪的可能。石某、杨某均为本案利害关系人，有可能为了推脱罪责，所作陈述或证言有不实之处，由于没有其它证据相印证，导致无法查明其各自的证言或供述的真实性所在，也无法据此认定张某受贿罪行。

(3)对本案的恰当处理。如果在张某是否收受15万和30万这两笔款项事实问题，除了行贿行为人的证言，没有其他证据佐证，就无法排除并没有收受的怀疑，只能依法作出证据不足，指控的犯罪不能成立的无罪判决。

本案中第一笔款项是石某证明自己亲手交给张某的15万现金，所述虽不能称为虚构，但除了石某的陈述，没有其它证据可以佐证，被告人张某也予以否认，所以，受贿15万这一事实的证明程度达不到证据充分的证明的标准。第二笔款项是30万元(另外10万被杨侵吞后已交待后上交司法机关)，另一证人姜某本与杨某一同送款给张某，但中途姜某离开，由杨某一人去送钱给张某，这个钱到达张某之前的过程，分别有姜某、杨某对这一事实证言证明，但钱是否送到张某手上，张某是否收到杨某去送的40万，只有杨某的供述，且杨某与张某在本案中有共同利害关系，到底杨某是否送达张某款项，送达多少款项，没有其它证据佐证。

综上所述，关于张某受贿一案，由于证据不充分，不能证明张某利用职务收受贿赂，不能认定构成受贿罪。法院应当依法作出证据不足、指控的犯罪不能成立的无罪判决。

第八章 强制措施

基本要求

了解与把握：强制措施的概念与特点，公民的扭送，适用强制措施的原则和应当考虑的因素，拘留与行政拘留、司法拘留的区别，五种强制措施的适用对象或者条件、适用机关、审批程序和执行程序。

理解与运用：《刑事诉讼法》以及相关法律解释对强制措施的规定。

考情分析

强制措施是刑事诉讼中比较典型的程序制度，也是往年司法考试必考章节，分值在2~7分之间。本章主要内容是各种强制措施适用的情形、适用的条件、适用的主体、程序，内容相当具体，学习时要深入、细致，可以采取对不同强制措施进行比较的方式进行学习和掌握，如将取保候审与监视居住进行比较学习，将拘传与传唤进行区别学习，将适用拘留、逮捕的条件、决定、程序进行重点学习。

近十年考题在本章的分布情况如下：

	年 度	单选题	多选题	不定项题	案例分析	分值
1	2017	卷二/27	卷二/68、71、72			7
2	2016	卷二/31、32	卷二/70	卷二/93		6
3	2015	卷二/27、28、29				3
4	2014	卷二/30、31				2
5	2013	卷二/31	卷二/67			3
6	2012	卷二/26、29	卷二/67、72			6
7	2011		卷二/67			2
8	2010	卷二/26	卷二/68			3
9	2009		卷二/72			2
10	2008	卷二/28、33、34	卷二/76			5

内容概览

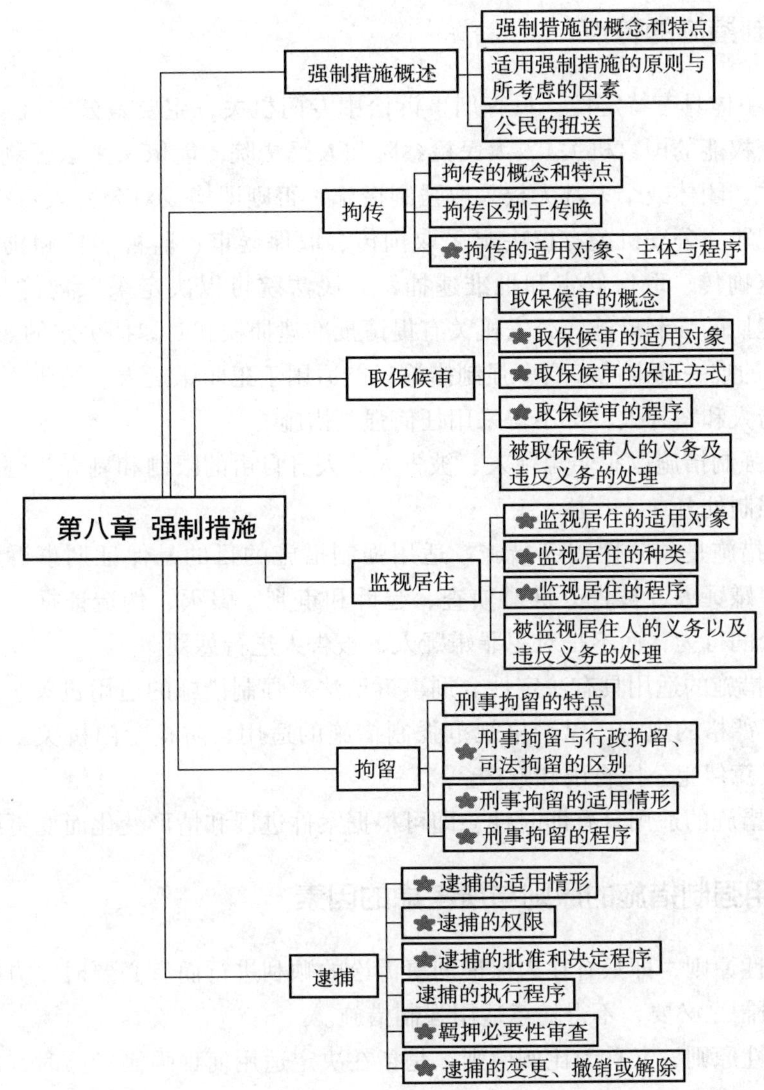

第一节　强制措施概述

刑事诉讼强制措施，是指公安机关、人民检察院和人民法院为了保证刑事诉讼的顺利进行，依法对犯罪嫌疑人、被告人的人身自由进行限制或者剥夺的各种强制性方法。

刑事诉讼法规定五种强制措施：拘传、取保候审、监视居住、拘留和逮捕。拘传、取保候审、监视居住属于限制人身自由的强制措施，拘留、逮捕是剥夺人身自由的强制措施。

【**注意**】强制措施专指对人身自由予以限制或剥夺的强制方法，不包括对财产、场所采取的搜查、扣押等强制方法。另外，鼓励人民群众与犯罪行为作斗争的扭送也不是强制措施。

一、强制措施的特点

（1）实施主体具有特定性。只有刑事诉讼中专门机关，主要是公安机关（包括其他依法享有侦查权能的国家机关）、人民检察院和人民法院才能依法采取强制措施，其他任何国家机关、团体或个人都无权采取强制措施，否则即构成对公民人身权利的侵犯，严重的构成犯罪。公安机关有权决定采取拘传、取保候审、监视居住和拘留，人民检察院有权决定拘传、取保候审和批准逮捕，人民法院可以决定采取拘传、取保候审、监视居住和逮捕的强制措施。公安机关有提请批准逮捕权和对逮捕决定的执行权。

（2）对象的唯一确定性。刑事强制措施只能适用于犯罪嫌疑人、被告人，对于其他任何诉讼参与人和案外人，都不得采用任何强制措施。

（3）刑事强制措施以犯罪嫌疑人、被告人的人身自由的限制和剥夺为强制内容，不包括对物的强制处分。

（4）强制措施是预防性程序措施。适用强制措施的目的是保证刑事诉讼的顺利进行，防止犯罪嫌疑人、被告人逃避侦查、起诉和审判，毁灭、伪造证据，继续犯罪等妨害刑事诉讼的行为，而不是对犯罪嫌疑人、被告人进行惩罚。

（5）强制措施的适用具有法定性。刑事诉讼法对强制措施的适用机关、适用条件和程序都进行了严格的规定，以严格规范强制措施的适用，防止专门机关工作人员滥用强制措施而任意侵犯公民自由和财产。

（6）强制措施的适用具有即时性，即可根据案件进展和情形变化而变更或解除。

二、适用强制措施的原则与所考虑的因素

（1）必要性原则，即只有在为保证刑事诉讼的顺利进行而有必要时，方能采取强制措施；若无强制之必要，不得随意适用强制措施。

（2）相当性原则，又称为比例原则，是指在决定适用何种强制措施时，应当根据犯罪嫌疑人、被告人的人身危险性程度，涉嫌犯罪危害性程度和继续犯罪的可能性大小而采用相应的强制措施。

（3）变更性原则，即强制措施的适用，需要随着诉讼的进展、犯罪嫌疑人、被告人及案件情况的变化而及时变更或解除。

（4）适用强制措施综合考虑的系列因素：

①犯罪嫌疑人、被告人所实施行为的社会危害性。社会危害性越大，采取强制措施的必要性也就越大，适用的强制措施的强制程度也就越强。

②犯罪嫌疑人、被告人逃避侦查、起诉和审判或者进行各种妨害刑事诉讼的行为的可能性。可能性越大，采取强制措施的必要性及强度就越高。

③公安司法机关对案件事实的调查情况和对证据调查进展情况。适用强制措施除了有必要性条件，还有相应的证据条件，要根据已经查明的案件事实和已有的证据，确定对犯罪嫌疑人、被告人采用适当的强制措施。

④犯罪嫌疑人、被告人的个人情况。如其身体健康状况，是否正在怀孕、哺乳自己婴儿的妇女等，以确定是否对其采用强制措施和采用何种强制措施。

【注意】刑事诉讼中无论是强制措施，还是对物品、场所采取的强制性调查方法，都应当是在立案以后才能采取或实施。

三、公民的扭送

扭送是公民将具有法定情形的人立即送交公、检、法机关处理的行为。对有下列情形的人，任何公民都可以将其立即扭送至专门机关：(1)正在实行犯罪或者在犯罪后即时被发觉的；(2)通缉在案的；(3)越狱逃跑的；(4)正在被追捕的。

扭送是鼓励公民积极协助公安司法机关抓获犯罪嫌疑人、被告人和查明犯罪人的程序手段，不是刑事强制措施。

第二节　拘传

一、拘传的概念和特点

拘传是指公安机关、人民检察院和人民法院对未被羁押的犯罪嫌疑人、被告人，依法强制其到案接受讯问的一种强制措施。拘传是我国刑事诉讼强制措施体系中强制力度最轻的一种，公安机关、人民检察院和人民法院在刑事诉讼过程中，均有权决定适用。

拘传具有如下特点：

(1)拘传的对象是未被羁押的犯罪嫌疑人、被告人。

(2)适用拘传的目的是强制犯罪嫌疑人、被告人到案接受讯问。

(3)拘传不是羁押性强制措施，不得超期或连续拘传，通过拘传而进行的讯问完结后，应当将被拘传人立即放回。

二、拘传区别于传唤

传唤是公安司法机关使用传票的形式，通知当事人在指定的时间，自行到指定的地点接受讯问、询问或审理。传唤是一种比较正式的通知，不具有强制性，而拘传具有一定的强制性，对不愿到案接受讯问的犯罪嫌疑人、被告人可以强制到案接受讯问，在其抗拒的情况下可以使用戒具。

拘传和传唤具有如下区别：

(1)强制力不同。传唤是自动到案，拘传则是强制到案。

(2)适用的对象不同。传唤适用于所有当事人，包括犯罪嫌疑人、被告人、自诉人、被害人、附带民事诉讼的原告人和被告人；拘传则仅适用于犯罪嫌疑人、被告人。

(3)适用时对是否出示法律文书的要求不同。拘传时必须出示《拘传证》，传唤则需出示《传唤通知书》，情况紧急时，只能口头传唤，不能口头拘传。《刑事诉讼法》第119条规定，对在现场发现的犯罪嫌疑人，侦查人员经出示工作证件，可以口头传唤，但应当在讯问笔录中注明。

直击命题：

传唤不是拘传的必经程序，专门机关可根据案件的具体情况，对犯罪嫌疑人、被告人先传唤，后适用拘传；也可不经传唤，直接拘传犯罪嫌疑人、被告人。

三、拘传的适用对象、主体与程序

1. 拘传的适用对象

拘传是刑事强制措施，只能适用于犯罪嫌疑人、被告人，不能对自诉人、被害人、附带民事诉讼的原告人和被告人，以及证人、鉴定人、翻译人员等诉讼参与人适用。

2. 拘传的适用主体

有权决定适用拘传的机关包括公安机关、检察机关和人民法院、国家安全机关、军队保卫部门、海关缉私局。

3. 拘传的适用程序

(1)拘传由各办案公安机关负责人、人民检察院检察长、人民法院院长批准，签发拘传证(法院称为拘传票)。

(2)拘传应当在被拘传人所在的市、县内进行。被拘传人工作单位与居住地不在同一市、县的，应当在工作单位所在的市、县进行；特殊情况下，也可以在居住地所在的市、县内进行。

(3)拘传时，应当向被拘传人出示《拘传证》。执行拘传的公安司法人员不得少于2人，对于抗拒拘传的，可以使用诸如警棍、警绳、手铐等戒具，强制其到案。

(4)犯罪嫌疑人到案后，应当立即进行讯问。

(5)一次拘传的时间不得超过12小时；案情特别重大、复杂，需要采取拘留、逮捕措施的，拘传持续的时间最长也不得超过24小时。不得以连续拘传的形式变相拘禁，两次拘传间隔的时间，一般不得少于12小时。拘传犯罪嫌疑人、被告人，拘传期间，应当保证被拘传人饮食和必要的休息时间，对不需要采取其他强制措施的被拘传人，应当结束拘传，应恢复其人身自由。

经典考题

8-1. 关于拘传，下列哪些说法是正确的？（2012-卷二-66 多选题）[①]

A. 对在现场发现的犯罪嫌疑人，经出示工作证件可以口头拘传，并在笔录中注明

B. 拘传持续的时间不得超过 12 小时

C. 案情特别重大、复杂，需要采取拘留、逮捕措施的，拘传持续的时间不得超过 24 小时

D. 对于被拘传的犯罪嫌疑人，可以连续讯问 24 小时

第三节 取保候审

一、取保候审的概念

取保候审是在刑事诉讼过程中，公、检、法等专门机关责令犯罪嫌疑人、被告人提出保证人或者交纳保证金，保证犯罪嫌疑人、被告人不逃避或妨碍侦查、起诉和审判，并随传随到的一种强制措施。取保候审是限制犯罪嫌疑人、被告人的人身自由的强制措施，强制程度相对较轻。

二、取保候审的适用对象

（1）可能判处管制、拘役或者独立适用附加刑的。

（2）可能判处有期徒刑以上刑罚，采取取保候审不致发生社会危险性的。

（3）患有严重疾病、生活不能自理，怀孕或者正在哺乳自己婴儿的妇女，采取取保候审不致发生社会危险性的。

（4）羁押期限届满，案件尚未办结，需要采取取保候审的。这种情形指的是犯罪嫌疑人、被告人之前已被羁押，案件不能在刑事诉讼法规定的侦查期限、审查起诉期限、一审和二审期限内办结的，需要继续查证、审理的。

根据最高检《刑诉规则》第 84 条规定：人民检察院对于严重危害社会治安的犯罪嫌疑人，以及其他犯罪性质恶劣、情节严重的犯罪嫌疑人不得取保候审。

三、取保候审的保证方式

《刑事诉讼法》第 68 条规定：人民法院、人民检察院和公安机关决定对犯罪嫌疑人、被告人取保候审，应当责令犯罪嫌疑人、被告人提出保证人或者交纳保证金。因此，取保候审有两种方式：保证人保证和保证金保证，不能对犯罪嫌疑人、被告人同时采用保证人保证和保证金保证两种方式取保候审。

① 【答案】BC

（一）保证人保证

保证人保证又称人保，是指公安司法机关责令犯罪嫌疑人、被告人提出保证人并出具保证书，保证被保证人在取保候审期间履行法定义务和酌定义务，不逃避和妨碍侦查、起诉和审判，并随传随到的保证方式。

1. 适用保证人保证的情形

符合取保候审条件，具有下列情形之一的犯罪嫌疑人、被告人，公安司法机关决定取保候审时，可以采用保证人保证：

（1）无力交纳保证金的。

（2）未成年人或者已满75周岁的人。

（3）其他不宜收取保证金的情形。

2. 保证人的条件

（1）与本案无牵连。

（2）有能力履行保证义务。

（3）享有政治权利，人身自由未受到限制。

（4）有固定的住处和收入。

3. 保证人的数量

对犯罪嫌疑人、被告人决定适用取保候审的，可以责令其提出1~2名保证人。

4. 保证人的义务

（1）监督被保证人遵守《刑事诉讼法》第71条规定的、在取保候审期间应当履行的义务。

（2）发现被保证人可能发生或者已经发生违反《刑事诉讼法》第71条规定的行为的，应当及时向执行机关报告。

5. 保证人的法律责任

（1）取保候审期间，如果被取保候审人有违反《刑事诉讼法》第71条规定的行为，而保证人未履行监督和及时报告的义务，查证属实后，将对保证人处1000元以上2万元以下的罚款。

（2）保证人是否履行了保证义务，由公安机关认定，对保证人的罚款决定，由公安机关作出。

（3）最高院《刑诉解释》第122条规定，根据案件事实和法律规定，认为已经构成犯罪的被告人在取保候审期间逃匿的，如果系保证人协助被告人逃匿，或者保证人明知藏匿地点但拒绝向公安司法机关提供的，对保证人应当依法追究刑事责任。

（二）保证金保证

保证金保证又称财产保，是指公安司法机关责令犯罪嫌疑人、被告人交纳保证金，并出具保证书，保证被保证人在取保候审期间履行法定义务和酌定义务，不逃避和妨碍侦查、起诉和审判，并随传随到的保证方式。

1. 保证金的数额与收取管理

取保候审的决定机关审查确定保证金的数额。决定机关应综合考虑保证诉讼活动正常进行的需要，根据被取保候审人的社会危险性，案件的性质、情节，可能判处刑罚的轻重，被取保候审人的经济状况等情况，来确定保证金的数额。

保证金存入执行机关指定的银行专门帐户。保证金应以人民币交纳。县级以上执行机关应当在其指定的银行设立取保候审保证金专门账户，委托银行代为收取和保管保证金。提供保证金的人应当将保证金存人执行机关指定银行的专门账户，如被保证人一旦违反法定义务，没收保证金的决定、退还保证金的决定，也由县级以上执行机关作出。

保证金的起点数额为1000元，对于未成年犯罪嫌疑人取保候审的，检察机关可以责令交纳500元以上的保证金。公安机关决定对犯罪嫌疑人取保候审的，案件移送人民检察院审查起诉后，检察机关决定继续采取保证金方式取保候审的，被取保候审人如没有违反取保候审义务情形的，不变更保证金数额，也不再重新收取保证金。

2. 保证金的退还

犯罪嫌疑人、被告人在取保候审期间未违反《刑事诉讼法》第71条规定的义务，取保候审结束时，凭解除取保候审的通知或者有关法律文书到银行领取退还的保证金。

被取保候审的被告人的判决、裁定生效后，应当解除取保候审、退还保证金。如保证金属于被告人的个人财产，人民法院可以书面通知公安机关将保证金移交人民法院，用以退赔被害人、履行附带民事赔偿义务或者执行财产刑，剩余部分应当退还被告人。

3. 保证金的暂扣及其后的处理

被取保候审人在取保候审期间涉嫌重新犯罪而被公安司法机关立案侦查的，执行机关应当暂扣其保证金，待人民法院判决生效后，决定是否没收。在取保候审期间故意重新犯罪的，应当没收保证金；属于过失重新犯罪或者不构成犯罪的，应当退还保证金。

四、取保候审的程序

（一）取保候审的决定或申请

1. 取保候审的决定

公安司法机关可以根据案件具体情况，直接依职权决定对犯罪嫌疑人、被告人取保候审，由县级以上公安机关负责人、人民检察院检察长或者人民法院院长审批决定。

2. 申请取保候审

根据《刑事诉讼法》第97条的规定：犯罪嫌疑人、被告人及其法定代理人、近亲属或者辩护人有权申请变更强制措施。人民法院、人民检察院和公安机关收到申请后，应当在3日以内作出决定；不同意变更强制措施的，应当告知申请人，并说明不同意的理由。

（二）取保候审的执行

取保候审一般由公安机关执行。国家安全机关决定取保候审的，以及人民检察院、人民法院在办理国家安全机关移送的犯罪的案件中决定取保候审的，由国家安全机关执行。

被取保候审的犯罪嫌疑人、被告人有正当理由需要离开所居住的市、县的，应当经执行机关批准。如果取保候审是由人民检察院、人民法院决定的，执行机关在批准犯罪嫌疑人、被告人离开所居住的市、县前，应当征得决定机关同意。

（三）取保候审的解除

取保候审期限届满或者发现不应追究犯罪嫌疑人、被告人刑事责任的，应当及时解除取保候审。

取保候审即将到期的，执行机关应当在期限届满 15 日前书面通知决定机关，由决定机关作出解除取保候审或者变更强制措施的决定，并于期限届满前书面通知执行机关。

解除取保候审由公安机关负责人、人民检察院检察长或者人民法院院长决定。解除取保候审的决定，应当及时通知执行机关，并将解除取保候审的决定书送达犯罪嫌疑人、被告人；有保证人的，还应当通知保证人解除保证义务。

执行机关接到决定机关的解除取保候审决定或者变更强制措施的通知后，应当立即执行，并将执行情况及时通知决定机关。

（四）取保候审的期限

（1）取保候审的期限最长不超过 12 个月。

（2）被取保候审人违反《刑事诉讼法》第 71 条规定，被依法没收部分或全部保证金后，人民检察院或者人民法院仍决定对其取保候审的，取保候审的期限连续计算。

（3）公安机关、人民检察院、人民法院在案件的各个诉讼阶段都决定对犯罪嫌疑人采取取保候审的，在各个诉讼阶段的专门机关都应对被告人重新办理取保候审，取保候审的期限重新计算。

五、被取保候审人的义务及违反义务的处理

1. 法定义务

法定义务是法律明确规定的，所有被取保候审的犯罪嫌疑人、被告人在取保候审期间，必须履行的义务。根据《刑事诉讼法》第 71 条规定，被取保候审人的法定义务包括：

（1）未经执行机关批准不得离开所居住的市、县。

（2）住址、工作单位和联系方式发生变动的，在 24 小时以内向执行机关报告。

（3）在传讯的时候及时到案。

（4）不得以任何形式干扰证人作证。

（5）不得毁灭、伪造证据或者串供。

2. 酌定义务

酌定义务是被取保候审人于取保候审期间在履行以上法定义务的同时，由公安司法机关根据个案和被取保候审人的具体情况，责令被取保候审人履行的义务。酌定义务可以是下列项中的一项或多项：

（1）不得进入特定的场所。

（2）不得与特定的人员会见或者通信。

（3）不得从事特定的活动。

（4）将护照等出入境证件、驾驶证件交执行机关保存。

办案机关根据犯罪嫌疑人、被告人涉嫌犯罪的性质、危害后果、社会影响、犯罪嫌疑人、被告人的具体情况等，有针对性地确定被取保候审人的一项或多项酌定义务。

被取保候审的人在取保候审期间违反上述法定义务或酌定义务，则应视情节轻重没收保证金的全部或者一部分，并根据案件的具体情况，责令犯罪嫌疑人、被告人具结悔过，重新交纳保证金或提出保证人。对于不宜再取保候审的，可以监视居住或者予以逮捕；对于需要予以逮捕的，可以对犯罪嫌疑人、被告人先行拘留。

3. 没收保证金决定的复议和复核

依据公安部《规定》，执行机关作出没收部分或全部保证金的决定后，应当向被取保候审人宣布没收保证金的决定，并告知其如对没收保证金的决定不服，被取保候审人或者其法定代理人有权在收到决定5日以内，向作出决定的公安机关申请复议。公安机关应在收到复议申请后，7日以内作出决定。

被取保候审人或者其法定代理人对复议决定不服的，可以在收到复议决定书后5日以内向上一级公安机关申请复核一次。上一级公安机关应在收到复核申请后7日以内作出决定。

没收保证金的决定没被申请复议，复议期限已过，或者经上级公安机关复核后维持原决定的，公安机关应当及时通知指定银行按照国家的有关规定将保证金上缴国库，并在3日以内通知决定取保候审的机关。

4. 人民法院和人民检察院决定的取保候审

对于人民法院和人民检察院决定的取保候审，执行机关发现被取保候审人违反《刑事诉讼法》第71条规定的义务，县级公安机关应当及时通知作出取保候审决定的人民法院和人民检察院，提出没收保证金或者变更强制措施的意见，由人民检察院或人民法院根据案件的具体情况决定，并通知公安机关没收部分或者全部保证金，或责令犯罪嫌疑人具结悔过，重新交纳保证金、提出保证人，或决定监视居住、予以逮捕。

▶ 经典考题

8-2. 甲与邻居乙发生冲突致乙轻伤，甲被刑事拘留期间，甲的父亲代为与乙达成和解，公安机关决定对甲取保候审。关于甲在取保候审期间应遵守的义务，下列哪一

选项是正确的？（2016-卷二-31 单选题）①

A. 将驾驶证件交执行机关保存

B. 不得与乙接触

C. 工作单位调动的，在 24 小时内报告执行机关

D. 未经公安机关批准，不得进入特定的娱乐场所

第四节　监视居住

监视居住是在刑事诉讼过程中，公安司法机关对于符合逮捕条件，但具有法定情形的犯罪嫌疑人、被告人，责令在一定期限内不得离开住处或者指定的居所，并对其活动予以监视和控制的一种强制措施。

一、监视居住的适用对象

刑事诉讼法将监视居住定位为逮捕的替代措施，犯罪嫌疑人、被告人符合逮捕条件，但同时具有特殊情形时，适用监视居住。主要包括以下情形：

（1）患有严重疾病、生活不能自理的。

（2）怀孕或者正在哺乳自己婴儿的妇女。

（3）系生活不能自理的人的唯一扶养人。这种情况一般指的是犯罪嫌疑人、被告人是年老、年幼、严重残疾人或者患有严重疾病人的唯一扶养人。

根据最高检《刑诉规则》第 109 条的规定，“扶养”包括父母、祖父母、外祖父母对子女、孙子女、外孙子女的抚养和子女、孙子女、外孙子女对父母、祖父母、外祖父母的赡养以及配偶、兄弟姐妹之间的相互扶养。

（4）因为案件的特殊情况或者办理案件的需要，采取监视居住措施更为适宜的。

（5）羁押期限届满，案件尚未办结，需要采取监视居住措施的。人民法院、人民检察院和公安机关对符合逮捕条件，有上述情形之一的犯罪嫌疑人、被告人，可以监视居住。

此外，对符合取保候审条件，但犯罪嫌疑人、被告人不能提出保证人，也不交纳保证金的，也可以监视居住。

二、监视居住的种类

根据《刑事诉讼法》第 75 条的规定，监视居住分为住处监视居住和指定居所监视居住两种。住处监视居住是指在犯罪嫌疑人、被告人的住处执行的监视居住；指定居所监视居住是指在由公安司法机关指定的居住场所执行的监视居住。

原则上，监视居住都应当在犯罪嫌疑人、被告人的住处执行，只有在法定情形下，

① 【答案】C

才可以指定居所监视居住：

(1)犯罪嫌疑人、被告人无固定住处的。

(2)对于涉嫌危害国家安全犯罪、恐怖活动犯罪，在住处执行可能有碍侦查的，经上一级公安机关批准，也可以在指定的居所执行。相关解释对指定居所监视居住的具体适用进行了明确：

1)“无固定住处”是指犯罪嫌疑人在办案机关所在地的市、县内，没有工作、生活的合法居所。

2)“在住处执行可能有碍侦查”的具体情形是指：①可能毁灭、伪造证据，干扰证人作证或者串供的；②可能自杀、自残或者逃跑的；③可能导致同案犯逃避、妨碍侦查的；④在住处执行监视居住可能导致犯罪嫌疑人、被告人有人身危险的；⑤犯罪嫌疑人的家属或者其所在单位的人员与犯罪有牵连的；⑥可能对举报人、控告人、证人及其他人员等实施打击报复的。

(3)指定居所的具体程序要求

1)不得在看守所、拘留所、监狱等羁押、监管场所以及留置室、讯问室等专门的办案场所、办公区域执行。

2)指定的居所应当符合下列条件：①具备正常的生活、休息条件；②便于监视、管理；③能够保证办案安全。

另外，指定居所监视居住的，不得要求被监视居住人支付费用。

三、监视居住的程序

1. 监视居住的决定

人民法院、人民检察院和公安机关对犯罪嫌疑人、被告人采取监视居住，由公安机关负责人、人民检察院检察长、人民法院院长批准。

2. 监视居住的执行

监视居住由公安机关执行，人民法院和人民检察院决定监视居住的，由犯罪嫌疑人、被告人住处或指定居所所在地的同级公安机关执行。

执行机关对被监视居住的犯罪嫌疑人、被告人，可以采取电子监控、不定期检查等监视方法，对被监视居住人进行监督。在侦查期间，可以对被监视居住的犯罪嫌疑人的电话、传真、信函、邮件、网络等通信进行监控。

3. 监视居住的解除

在监视居住期间，不中断对案件的侦查、起诉和审判。

监视居住期限届满或者发现不应追究犯罪嫌疑人、被告人刑事责任的，应当及时解除监视居住。解除监视居住由公安机关负责人、人民检察院检察长或者人民法院院长决定。解除监视居住的决定，应当及时通知执行机关，并将解除或撤销监视居住的决定书送达犯罪嫌疑人、被告人。

犯罪嫌疑人、被告人及其法定代理人、近亲属或者辩护人认为监视居住期限届满或不应继续监视居住的，有权向决定监视居住的专门机关申请解除监视居住。人民法院、人民检察院和公安机关收到申请后，应当在3日以内作出决定；不同意解除或变更的，应当告知申请人，并说明不同意的理由。

4. 监视居住的期限

监视居住的期限最长不超过6个月，在此期限内不得中断对案件的侦查、起诉和审判。

起诉或审判阶段的办案机关，对在前面诉讼阶段已被采取监视居住的犯罪嫌疑人、被告人，认为符合监视居住条件的，应当依法重新办理监视居住手续，监视居住的期限重新计算。

5. 执行指定居所监视居住的特殊规定

指定居所监视居住对犯罪嫌疑人、被告人的人身自由限制相对严格，法律和相关解释特别设置程序要求：

(1)侦查期间，涉嫌危害国家安全犯罪、恐怖活动犯罪，在住处执行可能有碍侦查而需要指定居所的，需经上一级公安机关批准。

(2)除无法通知的以外，指定居所监视居住应当在执行后24小时以内，通知被监视居住人的家属。通知的内容包括指定居所监视居住的原因和地点。

无法通知的具体情形包括：①犯罪嫌疑人、被告人不讲真实姓名、住址、身份不明的；②没有家属的；③提供的家属联系方式无法取得联系的；④因自然灾害等不可抗力导致无法通知的。

(3)人民检察院对指定居所监视居住的决定和执行是否合法实行监督。根据最高检《刑诉规则》第119条的规定：人民检察院发现侦查机关、人民法院在决定适用指定居所监视居住过程中存在下列违法情形的，应当及时通知有关机关纠正：①不符合指定居所监视居住的适用条件的；②未按法定程序履行批准手续的；③在决定过程中有其他违反刑事诉讼法规定的行为的。

根据最高检《刑诉规则》第120条的规定：人民检察院监所检察部门依法对指定居所监视居住的执行活动是否合法实行监督。发现下列违法情形的，应当及时提出纠正意见：①在执行指定居所监视居住后24小时以内没有通知被监视居住人的家属的；②在羁押场所、专门的办案场所执行监视居住的；③为被监视居住人通风报信、私自传递信件、物品的；④对被监视居住人刑讯逼供、体罚、虐待或者变相体罚、虐待的；⑤有其他侵犯被监视居住人合法权利或者其他违法行为的。

被指定居所监视居住人及其法定代理人、近亲属或者辩护人，发现在决定和执行指定居所监视居住过程中存在违法行为的，可以向人民检察院控告或举报。

(4)指定居所监视居住可以折抵刑期。被判处管制的，监视居住1日折抵刑期1日；被判处拘役、有期徒刑的，监视居住2日折抵刑期1日。

四、被监视居住人的义务以及违反义务的处理

(1)未经执行机关批准不得离开执行监视居住的处所。所谓“处所”，包括犯罪嫌疑

人、被告人的住处，也包括办案机关为其指定的执行监视居住的居所。如果被监视居住人有正当理由要求离开处所，必须经过公安机关批准。人民法院、人民检察院决定监视居住的，公安机关在作出批准决定前，应当征得决定机关同意。

(2)未经执行机关批准不得会见他人或者通信。“他人”是指与被监视居住人共同居住的家庭成员和辩护律师以外的人。被监视居住的犯罪嫌疑人、被告人会见辩护律师一般不需要经过批准，但危害国家安全犯罪、恐怖活动犯罪，被监视居住人会见辩护律师的，一般案件会见他人的，必须经过执行机关批准方能会见。

(3)被监视居住人受到传讯时应及时到案。

(4)被监视居住人不得以任何形式干扰证人作证。

(5)被监视居住人不得毁灭、伪造证据或者串供。

(6)被监视居住人应将护照等出入境证件、身份证件、驾驶证件交执行机关保存。

被监视居住的犯罪嫌疑人、被告人有违反上述义务情形，情节严重的，可以予以逮捕；需要予以逮捕的，可以对犯罪嫌疑人、被告人先行拘留。

【注意】监视居住需要将出入境证件、身份证件、驾驶证件交执行机关保存，而取保候审中的酌定义务只需要将出入境证件、驾驶证件交执行机关，没有身份证件，注意区分。

第五节　拘留

刑事诉讼强制措施中的拘留(通称刑事拘留)，是指公安机关等侦查机关对受理的案件，在侦查过程中遇有紧急情况时，依法临时剥夺现行犯或者重大嫌疑分子人身自由的强制方法。

一、刑事拘留的特点

(1)有权决定采用拘留的机关是一般是公安机关。

(2)拘留是在紧急情况下采用的一种处置办法。

(3)拘留是一种临时性措施。因此，拘留的期限较短，随着诉讼进程，拘留或者转为逮捕，或者采取取保候审或监视居住，或者释放被拘留的人。

二、刑事拘留与行政拘留、司法拘留的区别

（一）刑事拘留与行政拘留的区别

(1)法律性质不同。刑事拘留是刑事诉讼中的程序性保障措施，刑事拘留不具有惩罚性；而行政拘留是治安管理中的一种处罚方式，实质上是一种行政制裁，具有惩罚性。

(2)适用对象不同。刑事拘留适用于实施犯罪行为的现行犯或者重大嫌疑分子，可

能被追究的是刑事责任；行政拘留则适用于尚未构成犯罪的一般违法行为人。

(3)适用目的不同。刑事拘留的适用目的是保证刑事诉讼活动顺利进行，而行政拘留的目的则是惩罚和教育一般违法行为人。

(4)羁押期限不同。刑事拘留的期限，加上7天的审查批准逮捕期间，一般不超过10日，案情重大、复杂的不超过14日，对流窜作案、多次作案、结伙作案重大嫌疑分子的拘留不超过37日。行政拘留的期限则限定在1至15日。

(5)适用机关不同。有权决定适用刑事拘留的机关是公安等侦查机关，而行政拘留只能由公安机关适用。

（二）刑事拘留与司法拘留的区别

(1)法律性质不同。刑事拘留是一种预防性保障措施，针对可能逃避或妨碍刑事诉讼活动的行为而采用的；司法拘留则是一种排除性保障措施，针对已经出现了的严重妨碍诉讼程序的行为而采取的。

(2)适用机关不同。刑事拘留由公安机关决定，由公安机关执行；司法拘留则由人民法院决定，并由人民法院的司法警察执行，然后交公安机关有关场所看管。

(3)适用对象不同。刑事拘留只适用于现行犯或者重大犯罪嫌疑分子；司法拘留则适用于实施了妨碍诉讼程序行为的人员，可能是案件的当事人、诉讼参与人和证人，也可能是妨碍诉讼的案外人。

(4)羁押期限不同。刑事拘留期限已于前述，司法拘留则最长为15日。

(5)与判决的关系不同。刑事拘留的羁押期限可以折抵刑期；司法拘留与判决结果没有关系，不因被司法拘留过而要求减轻或者免除判决应负的刑罚。

三、刑事拘留的适用情形

根据《刑事诉讼法》第82条的规定，公安机关对于现行犯或者重大嫌疑分子，如果有下列情形之一的，可以先行拘留：

(1)正在预备犯罪、实行犯罪或者在犯罪后即时被发觉的。所谓预备犯罪是指为了犯罪准备工具，制造条件的。所谓实行犯罪是指正在进行犯罪的活动，应当有一定的证据证明现行犯、重大嫌疑分子正在预备犯罪、实施犯罪，或者犯罪后立刻被发觉。

(2)被害人或者在场亲眼看见的人指认他犯罪的。

(3)在身边或者住处发现有犯罪证据的。所谓身边是指其身体、衣服、随身携带的物品等。所谓住处包括永久性住处和临时居所、办公地点等。

(4)犯罪后企图自杀、逃跑或者在逃的。犯罪后有一定证据证明其有自杀、逃跑的企图或迹象，或者犯罪后已经逃跑的。

(5)有毁灭、伪造证据或者串供可能的。

(6)不讲真实姓名、住址，身份不明的。是指其本人拒不说明其姓名、住址、职业等基本情况的。

(7)有流窜作案、多次作案、结伙作案重大嫌疑的。根据公安部《规定》第125条规定，流窜作案，是指跨市、县范围连续作案，或者在居住地作案后逃跑到外市、县继续作案；多次作案，是指3次以上作案；结伙作案，是指2人以上共同作案。

此外，根据《刑事诉讼法》第71条第4款和第77条第2款的规定，被取保候审、监视居住的犯罪嫌疑人、被告人因违反取保候审、监视居住的规定，需要予以逮捕的，可以先行拘留，以避免在审查批准逮捕期间发生逃跑等的风险。

【注意】不要混淆了扭送的情形与拘留的情形，如“正在预备犯罪的”不是扭送适用的情形，但却是先行拘留适用的情形。

四、刑事拘留的程序

1. 拘留的决定

公安机关依法需要拘留现行犯或者重大嫌疑分子，由县级以上公安机关负责人批准，制作《拘留证》，由提请批准拘留的单位负责执行。

【注意】法律规定拘留人民代表大会代表，应当直接或层报该代表所属的人民代表大会主席团或者常务委员会报告或报请许可。

2. 拘留的执行

公安机关和国家安全机关（办理危害国家安全犯罪时）有权执行拘留。

执行拘留的时候，必须出示《拘留证》。如遇被拘留人反抗，可以适度使用武器和戒具等强制方法。异地执行拘留时，应当通知被拘留人所在地的公安机关，被拘留人所在地的公安机关应当予以配合。

公安机关应当在拘留后立即送看守所羁押，至迟不得超过24小时。异地执行拘留的，应当在到达管辖地后24小时以内将犯罪嫌疑人送看守所羁押。公安机关应当在拘留后24小时以内进行讯问。在发现不应当拘留时，必须立即释放，发给释放证明。除无法通知或者涉嫌危害国家安全犯罪、恐怖活动犯罪通知可能有碍侦查的情形以外，决定拘留的专门机关应当在拘留后24小时内，通知被拘留人的家属。

所谓“无法通知”的具体情形是指：①犯罪嫌疑人、被告人不讲真实姓名、住址、身份不明的；没有家属的；②提供的家属联系方式无法取得联系的；③因自然灾害等不可抗力导致无法通知的。

“有碍侦查”的具体情形是指：①可能毁灭、伪造证据，干扰证人作证或者串供的；②可能引起同案犯逃避、妨碍侦查的；③犯罪嫌疑人的家属与犯罪有牵连的。有碍侦查的情形消失以后，应当立即通知被拘留人的家属。

3. 拘留的期限

拘留的期限是公安机关提请人民检察院批准逮捕期限，而实际被执行的拘留羁押期间，是公安机关决定拘留的期限与提请批准逮捕后检察院审查批准逮捕的期限之和。

公安机关决定拘留的，认为需要逮捕的，应当在拘留后3日以内，提请人民检察院审查批准。在特殊情况下，经县级以上公安机关负责人批准，提请审查批准的时间可以延长1日至4日。对于流窜作案、多次作案、结伙作案的重大嫌疑分子，提请审查批准的时间可以延长至30日。人民检察院应当自接到公安机关提请批准逮捕书后的7日内，作出批准逮捕或者不批准逮捕的决定。

直击命题：

(1)对于公安机关的拘留，后7天能否继续拘留由检察院的审查批捕决定。

(2)拘留后的最长羁押期限是37日，仅限于流窜作案、多次作案、结伙作案的重大嫌疑分子。

▶ 经典考题

8-3. 章某涉嫌故意伤害致人死亡，因犯罪后企图逃跑被公安机关先行拘留。关于本案程序，下列哪一选项是正确的？(2015-卷二-28单选)①

A. 拘留章某时，必须出示拘留证

B. 拘留章某后，应在12小时内将其送看守所羁押

C. 拘留后对章某的所有讯问都必须在看守所内进行

D. 因怀疑章某携带管制刀具，拘留时公安机关无需搜查证即可搜查其身体

第六节　逮捕

逮捕，是指公安机关、人民检察院和人民法院，为了防止犯罪嫌疑人或者被告人实施妨碍刑事诉讼的行为，防止逃避侦查、起诉、审判或者发生社会危险性，依法采取的暂时剥夺其人身自由的一种刑事强制措施。

一、逮捕的适用情形

根据《刑事诉讼法》第81条的规定，按逮捕适用情形，逮捕分为一般逮捕、径行逮捕和转逮捕。

（一）一般逮捕的适用情形

《刑事诉讼法》第81条第1款规定的情形，是对有证据证明有犯罪事实，可能判处徒刑以上刑罚的犯罪嫌疑人、被告人，采取取保候审尚不足以防止发生社会危险性，应当予以逮捕。因此，这一类逮捕须同时具备以下三个条件：

(1)有证据证明有犯罪事实。根据最高检《刑诉规则》第139条第2款的规定，“有证据证明有犯罪事实”指应同时具备“有证据证明”和“有犯罪事实”的条件：

①有证据证明发生了犯罪事实。

②有证据证明该犯罪事实是犯罪嫌疑人实施的。

③证明犯罪嫌疑人实施犯罪行为的证据已经查证属实的。

④“有犯罪事实”既可以是单一犯罪行为的事实，也可以是数个犯罪行为中任何一

① 【答案】D

个犯罪行为的事实。对实施多个犯罪行为或者共同犯罪案件的犯罪嫌疑人，具有下列情形之一即符合上述“有证据证明有犯罪事实”这一条件：①有证据证明犯有数罪中的一罪的；②有证据证明实施多次犯罪中的一次犯罪的；③共同犯罪中，已有证据证明有犯罪事实的犯罪嫌疑人。

(2)可能判处徒刑以上刑罚。这是关于犯罪严重程度的规定，要求办案机关初步判定犯罪嫌疑人、被告人可能被判处的刑罚是有期徒刑以上刑罚，而不是可能被判处管制、拘役、独立适用附加刑等轻刑，更不能是有可能被免除刑罚的较轻罪行，才具有逮捕的必要。

(3)采取取保候审尚不足以防止发生社会危险性。可能发生的“社会危险性“是以下五项的一个或多个：

①可能实施新的犯罪的。

②有危害国家安全、公共安全或者社会秩序的现实危险的。

③可能毁灭、伪造证据，干扰证人作证或者串供的。

④可能对被害人、举报人、控告人实施打击报复的。

⑤企图自杀或者逃跑的。

批准或者决定逮捕，应当将犯罪嫌疑人、被告人涉嫌犯罪的性质、情节，认罪认罚等情况，作为是否可能发生社会危险性的考虑因素。

（二）径行逮捕的情形

所谓径行逮捕，是在该法律情形下，应当逮捕，不予其它强制措施的考虑。我国《刑事诉讼法》第 81 条第 3 款规定了径行逮捕的三种情形，具备任何一种情况，即当径行逮捕：

(1)对有证据证明有犯罪事实，可能判处 10 年有期徒刑以上刑罚的。

(2)有证据证明有犯罪事实，可能判处徒刑以上刑罚，曾经故意犯罪的。

(3)有证据证明有犯罪事实，可能判处徒刑以上刑罚，不讲真实姓名、住址，身份不明的。

（三）转逮捕的情形

转逮捕，是指被取保候审、监视居住的犯罪嫌疑人、被告人，违反取保候审、监视居住规定，情节严重的，依法可予以逮捕。

根据《刑事诉讼法》第 81 条第 4 款规定：被取保候审、监视居住的犯罪嫌疑人、被告人违反取保候审、监视居住规定，情节严重的，可以予以逮捕。2014 年 4 月 24 日全国人大常委通过的《关于〈中华人民共和国刑事诉讼法〉第 79 条第 3 款的解释》进一步明确规定，对于被取保候审、监视居住的可能判处徒刑以下刑罚的犯罪嫌疑人、被告人，违反取保候审、监视居住规定，严重影响诉讼活动正常进行的，可以予以逮捕。

因此，由于严重影响诉讼活动，被取保候审、监视居住的犯罪嫌疑人、被告人，即使可能被判处徒刑以下刑罚，也可以予以逮捕，以保护诉讼活动的顺利进行。

1. 取保候审转逮捕的情形

人民检察院作为审查批捕机关，根据最高检《刑诉规则》第100条规定，违反取保候审规定行为的犯罪嫌疑人，分为应当予以逮捕和可以予以逮捕两种适用情形。

（1）应当转逮捕的情形：①故意实施新的犯罪的；②企图自杀、逃跑，逃避侦查、审查起诉的；③实施毁灭、伪造证据，串供或者干扰证人作证，足以影响侦查、审查起诉工作正常进行的；④对被害人、证人举报人、控告人实施打击报复的。

（2）可以转逮捕的情形：①未经批准，擅自离开所居住的市、县，造成严重后果，或者两次未经批准，擅自离开所居住的市、县的；②经传讯不到案，造成严重后果，或者经两次传讯不到案的；③住址、工作单位和联系方式发生变动，未在24小时以内向公安机关报告，造成严重后果的；④违反规定进入特定场所、与特定人员会见或者通信、从事特定活动，严重妨碍诉讼程序正常进行的。

2. 监视居住转逮捕的情形

（1）根据最高检《刑诉规则》第121条规定，犯罪嫌疑人违反监视居住规定，应当予以逮捕的情形：①故意实施新的犯罪行为的；②企图自杀、逃跑，逃避侦查、审查起诉的；③实施毁灭、伪造证据或者串供、干扰证人作证行为，足以影响侦查、审查起诉工作正常进行的；④对被害人、证人、举报人、控告人及其他人员实施打击报复的。

（2）犯罪嫌疑人违反监视居住规定，可予以逮捕的情形：①未经批准，擅自离开执行监视居住的处所，造成严重后果，或者两次未经批准，擅自离开执行监视居住的处所的；②未经批准，擅自会见他人或者通信，造成严重后果，或者两次未经批准，擅自会见他人或者通信的；③经传讯不到案，造成严重后果，或者经两次传讯不到案的。

（四）不予逮捕的情形

1. 应当不予逮捕的情形

根据最高检《刑诉规则》第143条规定，具有下列情形之一的犯罪嫌疑人，人民检察院应当作出不批准逮捕的决定或者不予逮捕：

（1）不具有法律规定应当或可以逮捕条件的。

（2）具有《刑事诉讼法》第16条规定的情形之一的。

2. 可以不予逮捕情形

根据最高检《刑诉规则》第144条规定，犯罪嫌疑人涉嫌的罪行较轻，且没有其他重大犯罪嫌疑，具有以下情形之一的，可以作出不批准逮捕的决定或者不予逮捕：

（1）属于预备犯、中止犯，或者防卫过当、避险过当的。

（2）主观恶性较小的初犯，共同犯罪中的从犯、胁从犯，犯罪后自首、有立功表现或者积极退赃、赔偿损失、确有悔罪表现的。

（3）过失犯罪的犯罪嫌疑人，犯罪后有悔罪表现，有效控制损失或者积极赔偿损失的。

（4）犯罪嫌疑人与被害人双方根据刑事诉讼法的有关规定达成和解协议，经审查，认为和解系自愿、合法且已经履行或者提供担保的。

(5)犯罪嫌疑人系已满14周岁未满18周岁的未成年人或者在校学生，本人有悔罪表现，其家庭、学校或者所在社区以及居民委员会、村民委员会具备监护、帮教条件的。

(6)年满75周岁以上的老年人。

二、逮捕的权限

(一)逮捕的批准、决定和执行机关

我国《宪法》第37条规定：任何公民，非经人民检察院批准或者决定或者人民法院决定，并由公安机关执行，不受逮捕。《刑事诉讼法》第80条规定：逮捕犯罪嫌疑人、被告人，必须经过人民检察院批准或者人民法院决定，由公安机关执行。可见，逮捕的批准权、决定权属于人民检察院和人民法院，执行权属于公安机关。

(1)人民检察院批准、决定逮捕。对于公安机关移送要求审查批准逮捕的案件，人民检察院有批准权。人民检察院在审查起诉中，认为犯罪嫌疑人符合法律规定的逮捕条件，应予逮捕的，依法有权自行决定逮捕。

(2)人民法院决定逮捕：①法院直接受理的自诉案件中，对被告人需要逮捕的，人民法院有权决定逮捕；②人民检察院提起公诉的案件，人民法院在审判阶段发现需要逮捕被告人的，有权决定逮捕。

公安机关无权决定逮捕，但人民检察院和人民法院决定或批准逮捕，都必须交付公安机关执行。

(二)几种特殊情况下逮捕的审批程序

根据最高检《刑诉规则》第146条、第312条和第313条规定，对几种特殊犯罪嫌疑人进行逮捕时，要经过有关部门批准或报请有关部门备案。

(1)人民检察院对担任本级人民代表大会代表的犯罪嫌疑人批准或者决定逮捕，应当报请本级人民代表大会主席团或者常务委员会许可。报请许可手续的办理由侦查机关负责。

对担任上级人民代表大会代表的犯罪嫌疑人批准或者决定逮捕，应当层报该代表所属的人民代表大会同级的人民检察院报请许可。

对担任下级人民代表大会代表的犯罪嫌疑人批准或者决定逮捕，可以直接报请该代表所属的人民代表大会主席团或者常务委员会许可，也可以委托该代表所属的人民代表大会同级的人民检察院报请许可；对担任乡、民族乡、镇的人民代表大会代表的犯罪嫌疑人批准或者决定逮捕，由县级人民检察院报告乡、民族乡、镇的人民代表大会。

对担任办案单位所在省、市、县(区)以外的其他地区人民代表大会代表的犯罪嫌疑人批准或者决定逮捕，应当委托该代表所属的人民代表大会同级的人民检察院报请许可；担任两级以上人民代表大会代表的，应当分别委托该代表所属的人民代表大会

同级的人民检察院报请许可。对担任本单位所在省、市、县(区)以外的其他地区人民代表大会代表的犯罪嫌疑人批准或者决定逮捕，应当委托该代表所属的人民代表大会同级的人民检察院报请许可。

(2)外国人、无国籍人涉嫌危害国家安全犯罪的案件或者涉及国与国之间政治、外交关系的案件以及在适用法律上确有疑难的案件，认为需要逮捕犯罪嫌疑人的，由承担案件的基层人民检察院或者分、州、市人民检察院审查并提出意见，层报最高人民检察院审查。最高人民检察院经审查认为需要逮捕的，经征求外交部的意见后，作出批准逮捕的批复，经审查认为不需要逮捕的，作出不批准逮捕的批复。承办案件的人民检察院根据批复，依法作出批准或者不批准逮捕的决定。层报过程中，上级人民检察院经审查认为不需要逮捕的，应当作出不批准逮捕的批复，报送的人民检察院根据批复依法作出不批准逮捕的决定。承办案件的人民检察院经审查认为不需要逮捕的，可以直接依法作出不批准逮捕的决定。

外国人、无国籍人涉嫌其他犯罪案件的，决定批准逮捕的人民检察院应当在作出批准逮捕决定后48小时以内报上一级人民检察院备案，同时向同级人民政府外事部门通报。上一级人民检察院对备案材料经审查发现错误的，应当依法及时纠正。

(3)人民检察院办理审查逮捕的危害国家安全的案件，应当报上一级人民检察院备案。上一级人民检察院对报送的备案材料经审查发现错误的，应当依法及时纠正。

三、逮捕的批准和决定程序

(一)人民检察院对公安机关提请逮捕的批准程序

1. 审查批捕基本程序

办案的公安机关认为需要逮捕犯罪嫌疑人时，应当经县级以上公安机关负责人批准，制作《提请批准逮捕书》，连同案卷材料、证据，一并移送同级人民检察院审查批准。

检察机关在接到公安机关的报捕材料后，在查阅案卷材料，讯问犯罪嫌疑人、询问证人等诉讼参与人和听取辩护律师意见，部门负责人审核后，报请检察长批准或者决定；重大案件应当经检察委员会讨论决定。

公安机关提请批准逮捕的犯罪嫌疑人已被拘留的，人民检察院应当在7日内作出是否批准逮捕的决定；犯罪嫌疑人未被拘留的，应当在15日以内作出是否批准逮捕的决定，重大、复杂的案件不得超过20日。

检察机关经审查应当分别作出以下决定：

(1)对于符合逮捕条件的，作出批准逮捕的决定，连同案卷材料送达公安机关执行，并可以对收集证据、适用法律提出意见。

(2)对于不符合逮捕条件的，作出不批准逮捕的决定，说明不批准逮捕的理由，需要补充侦查的，应当同时通知公安机关。

对于人民检察院批准逮捕的决定，公安机关应当立即执行，并且将执行回执及时送达批准逮捕的人民检察院。如果未能执行，也应当将执行回执送达人民检察院，并写明未能执行的原因。对于人民检察院决定不批准逮捕的，公安机关在收到不批准逮捕决定书后，应当立即释放在押的犯罪嫌疑人或者变更强制措施，并将执行回执在收到不批准逮捕决定书后的 3 日以内送达人民检察院。

公安机关对人民检察院不批准逮捕的决定，认为有错误的时候，可以向同级人民检察院要求复议，但是必须将被拘留的人立即释放。如果意见不被接受，可以向上一级人民检察院提请复核。上级人民检察院复核后作出是否变更的决定，通知下级人民检察院和公安机关执行。必要时，上级人民检察院也可以直接作出批准逮捕决定，通知下级人民检察院送达公安机关执行。

此外，人民检察院办理审查逮捕案件，发现应当逮捕而公安机关未提请批准逮捕的犯罪嫌疑人的，应当建议公安机关提请批准逮捕。如果公安机关仍不提请批准逮捕或者不提请批准逮捕的理由不能成立的，人民检察院也可以直接作出逮捕决定，送达公安机关执行。

2. 审查批捕中讯问犯罪嫌疑人

根据《刑事诉讼法》第 88 条和最高检《刑诉规则》第 305 条的规定，人民检察院审查批准逮捕，存在下列情形之一的，应当讯问犯罪嫌疑人：

(1)对是否符合逮捕条件有疑问的，主要包括罪与非罪界限不清的，据以定罪的证据之间存在矛盾的，犯罪嫌疑人的供述前后矛盾或者违背常理的，有无社会危险性难以把握的，以及犯罪嫌疑人是否达到刑事责任年龄需要确认等情形。

(2)犯罪嫌疑人要求向检察人员当面陈述的。

(3)侦查活动可能有重大违法行为的，即办案严重违反法律规定的程序，或者存在刑讯逼供等严重侵犯犯罪嫌疑人人身权利和其他诉讼权利等情形。

(4)案情重大疑难复杂的。

(5)犯罪嫌疑人系未成年人的。

(6)犯罪嫌疑人是盲、聋、哑人或者是尚未完全丧失辨认或者控制自己行为能力的精神病人的。

根据最高检《刑诉规则》第 306 条规定，在审查逮捕中，对被拘留的犯罪嫌疑人不予讯问的，应当送达《听取犯罪嫌疑人意见书》，由犯罪嫌疑人填写后及时收回审查并附卷。经审查发现应当讯问犯罪嫌疑人的，应当及时讯问。

3. 审查批捕中听取律师意见

人民检察院审查批准逮捕，可以听取辩护律师的意见。如果辩护律师提出表达意见的要求的，人民检察院办案人员应当听取辩护律师的意见。对于犯罪嫌疑人、被告人是未成年人的，应当听取辩护律师的意见。

根据最高检《刑诉规则》第 309 条第 2 款规定，如果辩护律师提出不构成犯罪、无社会危险性、不适宜羁押、侦查活动有违法犯罪情形等书面意见的，办案人员应当审查，并在审查逮捕意见书中说明是否采纳的情况和理由。

4. 审查批捕中排除非法证据

人民检察院在审查批捕过程中，发现存在《刑事诉讼法》第56条规定的非法取证行为，依法对该证据予以排除后，其他证据不能证明犯罪嫌疑人实施犯罪行为的，应当不批准逮捕。

为了查清公安机关是否存在非法取证的行为以及是否需要排除非法证据的问题，人民检察院发现可能存在非法取证行为的，可以调取公安机关讯问犯罪嫌疑人的录音、录像以进行审查，对于重大、疑难、复杂的案件，必要时可以审查全部录音、录像。经审查，发现侦查机关讯问不规范，讯问过程存在违法行为，录音、录像内容与讯问笔录不一致等情形的，应当逐一列明并向侦查机关书面提出，要求侦查机关予以纠正、补正或者书面作出合理解释。发现讯问笔录与讯问犯罪嫌疑人录音、录像内容有重大实质性差异的，或者侦查机关不能补正或者作出合理解释的，该讯问笔录不能作为批准逮捕或者决定逮捕的依据。

（二）人民检察院决定逮捕的程序

人民检察院对于公安机关移送审查起诉的案件，认为需要对尚未逮捕犯罪嫌疑人予以逮捕的，有权决定逮捕。

程序上，由审查起诉部门填写《逮捕犯罪嫌疑人审批表》，连同案卷材料和证据，移送审查批捕部门审查，再报检察长或检察委员会批准。

人民检察决定逮捕的，由检察长签发《决定逮捕通知书》，通知公安机关执行。

（三）人民法院决定逮捕的程序

人民法院对于直接受理的自诉案件，认为需要逮捕被告人时，可以决定逮捕。

人民法院对于检察机关提起公诉时未予逮捕的被告人，人民法院认为符合逮捕条件应予逮捕的，由办案人员提交法院院长决定，对于重大、疑难、复杂案件的被告人的逮捕，提交审判委员会讨论决定。

人民法院决定逮捕的，由法院院长签发《决定逮捕通知书》，通知公安机关执行。如果是公诉案件，还应当通知人民检察院。

四、逮捕的执行程序

逮捕犯罪嫌疑人、被告人，一律由公安机关执行。

公安机关在接到执行逮捕的通知后，必须立即执行，并将执行的情况通知人民检察院、人民法院。公安机关执行逮捕的程序是：

(1)对于人民检察院批准或者决定，人民法院决定逮捕的犯罪嫌疑人、被告人，应当由县级以上公安机关负责人签发逮捕证，立即执行。

(2)执行逮捕的人员不得少于2人。执行逮捕时，必须向被逮捕人出示逮捕证，并责令被逮捕人在逮捕证上签名、捺指印。被逮捕人拒绝在逮捕证上签字、捺指印的，应在逮捕证上注明。

(3)逮捕犯罪嫌疑人、被告人后，应当立即送看守所羁押。除无法通知的以外，应当在逮捕后24小时以内，通知被逮捕人的家属。人民法院、人民检察院对于各自决定逮捕的人，公安饥关对于经人民检察院批准逮捕的人，都必须在逮捕后的24小时以内进行讯问。在发现不立当逮捕的时候，必须立即释放，发给释放证明。

(4)到异地逮捕的，公安机关应当通知被逮捕人所在地的公安机关，被逮捕人所在地的公安机关应当协助执行。

▶ 经典考题

8-4. 甲、乙(户籍地均为M省A市)共同运营一条登记注册于A市的远洋渔船。某次在公海捕鱼时，甲乙二人共谋杀害了与他们素有嫌隙的水手丙。该船回国后首泊于M省B市港口以作休整，然后再航行至A市。从B市起航后，在途经M省C市航行至A市过程中，甲因害怕乙投案自首一直将乙捆绑拘禁于船舱。该船于A市靠岸后案发。(2016-卷二-93任选题)①

关于本案强制措施的适用，下列选项正确的是：

A. 拘留甲后，应在送看守所羁押后24小时以内通知甲的家属

B. 如有证据证明甲参与了故意杀害丙，应逮捕甲

C. 拘留乙后，应在24小时内进行讯问

D. 如乙因捆绑拘禁时间过长致身体极度虚弱而生活无法自理的，可在拘留后转为监视居住

五、羁押必要性审查

《刑事诉讼法》第95条规定：犯罪嫌疑人、被告人被逮捕后，人民检察院仍应当对羁押的必要性进行审查。对不需要继续羁押的，应当建议予以释放或者变更强制措施。有关机关应当在10日以内将处理情况通知人民检察院。

检察机关对羁押必要性的审查是依职权进行的，不以有关诉讼参与人提出审查的申请为前提。但犯罪嫌疑人、被告人及其法定代理人、近亲属或者辩护人也可以申请人民检察院进行羁押必要性审查，申请时应当说明不需要继续羁押的理由，有相关证据或者其他材料的，应当提供。

2016年1月出台的《人民检察院办理羁押必要性审查案件规定(试行)》，专门针对检察机关进行羁押必要性审查作出详细规定：

(1)羁押必要性审查案件由办案机关对应的同级人民检察院刑事执行检察部门统一办理，侦查监督、公诉、侦查、案件管理、检察技术等部门予以配合。

(2)人民检察院进行羁押必要性审查的方式：

①审查犯罪嫌疑人，被告人不需要继续羁押的理由和证明材料。

① 【答案】BCD

②听取犯罪嫌疑人、被告人及其法定代理人、辩护人的意见。

③听取被害人及其法定代理人、诉讼代理人的意见，了解是否达成和解协议。

④听取现阶段办案机关的意见。

⑤听取侦查监督部门或者公诉部门的意见。

⑥调查核实犯罪嫌疑人、被告人的身体状况。

⑦其他方式。

(3)除涉及国家秘密、商业秘密、个人隐私的案件外，人民检察院可以对羁押必要性审查案件进行公开审查，邀请与案件没有利害关系的人大代表、政协委员、人民监督员、特约检察员参加。

(4)羁押必要性审查结果。人民检察院应当根据犯罪嫌疑人、被告人涉嫌犯罪事实、主观恶性、悔罪表现、身体状况、案件进展情况、可能判处的刑罚和有无再危害社会的危险等因素，综合评估有无必要继续羁押犯罪嫌疑人、被告人。经审查，根据案件及涉案人不同情形，进行处理：

1)经审查，当具有下列情形之一的，应当向办案机关提出释放或者变更强制措施的建议：①案件证据发生重大变化，没有证据证明有犯罪事实或者犯罪行为系犯罪嫌疑人、被告人所为的；②案件事实或者情节发生变化，犯罪嫌疑人、被告人可能被判处拘役、管制、独立适用附加刑、免予刑事处罚或者判决无罪的；③继续羁押犯罪嫌疑人、被告人，羁押期限将超过依法可能判处的刑期的；④案件事实基本查清，证据已经收集固定，符合取保候审或者监视居住条件的。

2)经审查，发现犯罪嫌疑人、被告人具有下列情形之一，且具有悔罪表现，不予羁押不致发生社会危险性的，可以向办案机关提出释放或者变更强制措施的建议：①预备犯或者中止犯；②共同犯罪中的从犯或者胁从犯；③过失犯罪的；④防卫过当或者避险过当的；⑤主观恶性较小的初犯；⑥系未成年人或者年满75周岁的人；⑦与被害方依法自愿达成和解协议，且已经履行或者提供担保的；⑧患有严重疾病、生活不能自理的；⑨系怀孕或者正在哺乳自己婴儿的妇女；⑩系生活不能自理的人的唯一扶养人；⑪可能被判处1年以下有期徒刑或者宣告缓刑的；⑫其他不需要继续羁押犯罪嫌疑人、被告人的情形。

▶ 经典考题

8-5. 甲涉嫌盗窃罪被逮捕。在侦查阶段，甲父向检察院申请进行羁押必要性审查。关于羁押必要性审查的程序，下列哪一选项是正确的？(2017-卷二-27单)①

A. 由检察院侦查监督部门负责

B. 审查应不公开进行

C. 检察院可向公安机关了解本案侦查取证的进展情况

D. 如对甲父的申请决定不予立案的，应由检察长批准

① 【答案】C

▶ 经典考题

8-6. 甲、乙涉嫌非法拘禁罪被取保候审。本案提起公诉后，法院认为对甲可继续适用取保候审，乙因有伪造证据的行为而应予逮捕。对于法院适用强制措施，下列哪些选项是正确的？（2017-卷二-72 多选题）①

A. 对甲可变更为保证人保证

B. 决定逮捕之前可先行拘留乙

C. 逮捕乙后应在24小时内讯问

D. 逮捕乙后，同级检察院可主动启动对乙的羁押必要性审查

六、逮捕的变更、撤销或解除

根据强制措施适用变更性原则，强制措施的适用，要随着诉讼的进展，犯罪嫌疑人、被告人个体情况以及案件情况的发展变化，及时变更或解除强制措施。

有关司法解释明确了具体变更犯罪嫌疑人、被告人强制措施的情形，具备这些规定情形之一的，公安司法机关应当将逮捕予以变更、撤销或解除：

（1）案件不能在法律规定的期限内办结的。《刑事诉讼法》第98条规定：犯罪嫌疑人、被告人被羁押的案件，不能在本法规定的侦查羁押、审查起诉、一审、二审期限内办结的，对犯罪嫌疑人、被告人应当解除羁押、予以释放；需要继续查证、审理的，对犯罪嫌疑人、被告人可以取保候审或者监视居住。

（2）对于已经被逮捕的犯罪嫌疑人、被告人，如果具有下列情形之一的，可以变更强制措施：

①患有严重疾病，生活不能自理的。

②怀孕或正在哺乳自己婴儿的妇女。

③系生活不能自理的人的唯一扶养人。

（3）第一审法院判决被告人无罪、不负刑事责任或者免除刑事处罚的，被告人在押的，应当在宣判后立即释放。

（4）第一审人民法院判处管制、宣告缓刑以及单独适用附加刑，判决尚未发生法律效力的。

（5）被告人被羁押的时间已到第一审人民法院对其判处的刑期期限的。

（6）不符合逮捕的适用条件。人民法院、人民检察院和公安机关如发现对犯罪嫌疑人、被告人采取强制措施不当的，应当及时撤销或者变更。公安机关释放被逮捕的人或者变更逮捕措施的，应当通知原批准的人民检察院。对被羁押的犯罪嫌疑人、被告人需要变更强制措施或者释放的，决定机关应当将变更强制措施决定书或者释放通知书送交公安机关执行。

---

① 【答案】ACD

最高检《刑诉规则》第 337 条规定：对于上一级人民检察院决定逮捕的，下级人民检察院在发现不应当逮捕的时候，应当自行决定立即释放犯罪嫌疑人或者变更强制措施，并向上一级人民检察院报告。

▶ 经典考题

8-7. 我国强制措施的适用应遵循变更性原则。下列哪些情形符合变更性原则的要求？(2017-卷二-71 多选题)①

A. 拘传期间因在身边发现犯罪证据而直接予以拘留

B. 犯罪嫌疑人在取保候审期间被发现另有其他罪行，要求其相应地增加保证金的数额

C. 犯罪嫌疑人在取保候审期间违反规定后对其先行拘留

D. 犯罪嫌疑人被羁押的案件，不能在法律规定的侦查羁押期限内办结的，予以释放

① 【答案】ACD

第九章　附带民事诉讼

基本要求

了解与把握：附带民事诉讼的概念，附带民事诉讼的赔偿范围和成立条件，当事人资格、提起和审判程序、刑事部分和民事部分的关系。

理解与运用：《刑事诉讼法》以及相关法律解释对附带民事诉讼的规定。

考情分析

本章内容兼具刑事诉讼和民事诉讼的特点，是在解决刑事责任问题的同时解决民事责任问题的程度制度设置，是刑事诉讼中比较有特色的制度，也是往年司考必考的章节，但各年度在本章的分值分配上下波动很大，多的年份，本章分值达到20分，较少的年份，仅配值1分。

对本章知识要从整体上把握，对附带民事诉讼成立的条件、主体、提起方式、诉讼保全以及一审和二审审理程序，要能系统掌握，甚至要能掌握附带民事诉讼起诉状的书写格式和要求。细节上要注意：附带民事诉讼成立的条件，尤其是司法解释明确规定的不予受理的情形；检察机关提起附带民事诉讼的，检察机关列为附事民事诉讼原告人；附带民事诉讼中的被告，除危害行为人以外，还可以是对物质损害依法应当承担赔偿责任的单位和个人；附带民事诉讼的赔偿范围应当依据被害人实际遭受的物质损失，除被告人确有赔偿能力的以外，原则上不应将死亡赔偿金、残疾赔偿金纳入赔偿的范围。附带民事诉讼原则上不解决精神损害赔偿的问题，但是，被害人因受侵害而导致精神问题，所支付医疗费用则可属于因犯罪而导致的物质损失而请求获偿；附带民事诉讼调解结案的程序性规定。

近十年考题在本章的分布情况如下：

	年　度	单选题	多选题	不定项题	案例分析	分值
1	2017	卷二/28				1
2	2016		卷二/71			2
3	2015	卷二/30	卷二/75			3
4	2014	卷二/32			卷四/三	6
5	2013	卷二/32		卷二/95、96		5
6	2012	卷二/30				1
7	2011	卷二/28				1
8	2010		卷二/76			2
9	2009	卷二/28				1
10	2008				卷四/三	20

内容概览

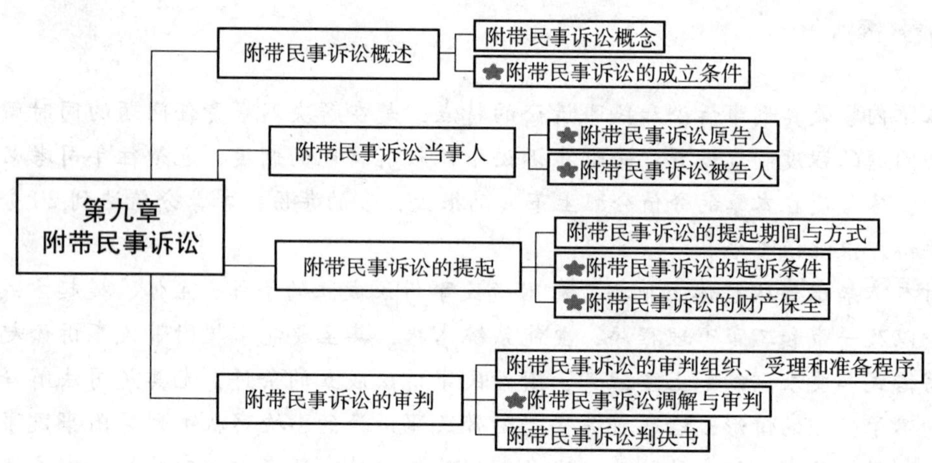

第一节　附带民事诉讼概述

一、附带民事诉讼概念

附带民事诉讼是指司法机关在刑事诉讼过程中，在解决被告人刑事责任的同时，附带解决因被告人的犯罪行为所造成的物质损失的赔偿问题而进行的诉讼活动。

《刑事诉讼法》第 101 条规定：被害人由于被告人的犯罪行为而遭受物质损失的，在刑事诉讼过程中，有权提起附带民事诉讼。被害人死亡或者丧失行为能力的，被害人的法定代理人、近亲属有权提起附带民事诉讼。如果是国家、集体财产遭受损失的，人民检察院在提起公诉的时候，可以提起附带民事诉讼。

人民法院审理附带民事诉讼案件，除适用刑法、刑事诉讼法以及刑事司法解释已有规定的以外，还可以适用民事法律的有关规定。

二、附带民事诉讼的成立条件

（一）附带民事诉讼成立的前提是刑事诉讼已经存在

附带民事诉讼必须以刑事诉讼的成立为前提，只有刑事诉讼立案了，因其刑事涉嫌行为遭受损失的人才可以提起附带民事诉讼。如果刑事诉讼没有立案，受侵害人只能独立提起民事诉讼。

最高院《刑诉解释》第160条规定：人民法院认定公诉案件被告人的行为不构成犯罪，对已经提起的附带民事诉讼，经调解不能达成协议的，应当一并作出刑事附带民事判决。人民法院准许人民检察院撤回起诉的公诉案件，对已经提起的附带民事诉讼，可以进行调解；不宜调解或者经调解不能达成协议的，应当裁定驳回起诉，并告知附带民事诉讼原告人可以另行提起民事诉讼。

直击命题：

(1)在侦查和起诉阶段，刑事部分作了撤销案件或不起诉的处理决定的，附带民事诉讼失去存在前提，被害人只能向法院提起独立的民事赔偿之诉。

(2)审判阶段，被害人提起附带民事诉讼，如果法院经过审理，就刑事部分终止审理或作出无罪判决，附带民事部分仍然要依法判决。

(3)审判阶段，人民检察院撤回起诉的公诉案件，调解不成，法院应裁定驳回起诉，当事人可另行提起独立的民事诉讼。

（二）被害人遭受的必须是物质损失，且符合法律规定的情形

附带民事诉讼的受理或赔偿范围仅限于被害人因人身权利受到犯罪侵犯或者财物被犯罪分子毁坏而遭受物质损失。因受到犯罪侵犯，提起附带民事诉讼要求赔偿精神损失的，人民法院不予受理；单独提起民事诉讼要求赔偿精神损失的，人民法院亦不受理。

下列两种情况人民法院不予受理：

(1)被告人非法占有、处置被害人财产的，被害人提起附带民事诉讼的，人民法院不予受理。但人民法院应当依法予以追缴或者责令退赔，追缴、退赔的情况，并将这些情况作为量刑情节考虑。

(2)国家机关工作人员在行使职权时，侵犯他人人身、财产权利构成犯罪，被害人或者其法定代理人、近亲属提起附带民事诉讼的，人民法院不予受理，但应当告知其可以依法申请国家赔偿。

（三）物质损失须是因被告人的犯罪行为造成的实际损失

“犯罪行为”可以是被告人诉讼中被指控的、涉嫌犯罪的行为，但该行为不一定被

判定构成犯罪。也就是说，只要行为被追诉，因其行为遭受损失的人就可以提起附带民事诉讼。即使最终该行为没有被人民法院的生效裁判确定为犯罪，也不影响附带民事诉讼的提起和裁判。最高人民法院《刑诉解释》第160条规定，人民法院认定公诉案件被告人的行为不构成犯罪的，对已经提起的附带民事诉讼，经调解不能达成协议的，应当一并作出刑事附带民事判决。

"物质损失"应当是受害人实际遭受的物质损失，还应当是犯罪行为导致的必然损失。受害人提起附带民事诉讼的具体物质损失范围如下：

(1)犯罪分子在作案中破坏的物质财产损失，如门窗、车辆、物品、被害人的治疗和康复支付的合理费用，以及因误工减少的收入，造成被害人残疾的残疾生活辅助具费等费用。

(2)受害人因遭犯罪行为侵害而没能获得的可期待利益，不属于可提起附带民事诉讼的范围，如丧失订立合同机会而导致利益损失，由此而失去获得的奖金、劳务费等，需要经过进一步努力或付出才能获得的物质损失等。

(3)除被告人确有赔偿能力的以外，一般不将死亡赔偿金、残疾赔偿金纳入赔偿的范围。但造成被害人死亡的，应赔偿丧葬费等费用。

(4)附带民事诉讼不解决精神损害赔偿的问题，但是，犯罪行为导致的被害人精神问题，因治疗而支付的医疗费用，则属于因犯罪而导致的物质损失，可以纳入附带民事诉讼赔偿请求范围。

(5)驾驶机动车致人伤亡或者造成公私财产重大损失而构成犯罪的，依照《道路交通安全法》第76条确定赔偿责任。

▶ 经典考题

9-1. 法院可以受理被害人提起的下列哪一附带民事诉讼案件？(2015-卷二-30单选题)①

A. 抢夺案，要求被告人赔偿被夺走并变卖的手机

B. 寻衅滋事案，要求被告人赔偿所造成的物质损失

C. 虐待被监管人案，要求被告人赔偿因体罚虐待致身体损害所产生的医疗费

D. 非法搜查案，要求被告人赔偿因非法搜查所导致的物质损失

第二节 附带民事诉讼当事人

一、附带民事诉讼原告人

附带民事诉讼原告人，是指以自己的名义，向司法机关提起附带民事诉讼赔偿请

① 【答案】B

求的人。根据刑事诉讼法和有关司法解释的规定，以下主体有权提起附带民事诉讼：

(1)因犯罪行为遭受物质损失的公民。

(2)因犯罪行为遭受物质损失的企业、事业单位、机关、团体等。企业、事业单位、机关、团体等，受到犯罪侵害的，有权提起附带民事诉讼。

(3)被害人死亡或者丧失行为能力的，其法定代理人、近亲属有权提起附带民事诉讼。“法定代理人”是指被代理人的父母、养父母、监护人和负有保护责任的机关、团体的代表；“近亲属”是指夫、妻、父、母、子、女、同胞兄弟姊妹。

(4)当被害人是未成年人或限制行为能力人时，其法定代理人可以代为提起附带民事诉讼。

(5)如果是国家财产、集体财产遭受损失的，受损失的单位未提起附带民事诉讼，人民检察院可以在提起公诉时提起附带民事诉讼。

二、附带民事诉讼被告人

附带民事诉讼被告人，是指对其涉嫌犯罪行为造成被害人物质损失负有赔偿责任的人。附带民事诉讼中依法负有赔偿责任的人可能是自然人或者单位，主要包括以下几种：

(1)刑事案件的被告人以及未被追究刑事责任的其他共同侵害人。

(2)未成年刑事被告人或限制刑事责任能力刑事被告人的监护人。

(3)死刑罪犯的遗产继承人应当在所继承的遗产范围内承担赔偿责任。

(4)共同犯罪案件中，案件审结前死亡的被告人的遗产继承人。遗产继承人应当在所继承的遗产范围内承担赔偿责任。

(5)对被害人的物质损失依法应当承担赔偿责任的其他单位和个人。

附带民事诉讼被告人的亲友自愿代为赔偿的，应当准许。共同犯罪案件，同案犯在逃的，不应列为附带民事诉讼被告人。逃跑的同案犯到案后，被害人或者其法定代理人、近亲属可以对其提起附带民事诉讼，但已经从其他共同犯罪人处获得足额赔偿的除外。

▶ 经典考题

9-2. 张一、李二、王三因口角与赵四发生斗殴，赵四因伤势过重死亡。其中张一系未成年人，王三情节轻微未被起诉，李二在一审开庭前意外死亡。请回答：本案依法负有民事赔偿责任的人是：(2013-卷二-32 单选题)①

A. 张一、李二

B. 张一父母、李二父母

C. 张一父母、王三

D. 张一父母、李二父母、王三

① 【答案】D

第三节　附带民事诉讼的提起

一、附带民事诉讼的提起期间与方式

（一）提起附带民事诉讼的期间

附带民事诉讼应当在刑事案件立案以后提起，第一审期间未提起附带民事诉讼，在第二审期间提起的，第二审人民法院可以依法进行调解；调解不成的，告知当事人可以在刑事判决、裁定生效后另行提起民事诉讼。被害人或者其法定代理人、近亲属在刑事诉讼过程中未提起附带民事诉讼，另行提起民事诉讼的，人民法院可以进行调解，或者根据物质损失情况作出判决。

在刑事诉讼的侦查、审查起诉期间，有权提起附带民事诉讼的人可以提出赔偿要求，但在刑事案件起诉后，必须向人民法院依法提起附带民事诉讼的，人民法院才按照附带民事诉讼案件受理。在侦查、审查起诉期间，经公安机关、人民检察院调解，当事人双方已经达成协议并全部履行，被害人或者其法定代理人、近亲属又提起附带民事诉讼的，人民法院不予受理，但有证据证明调解违反自愿、合法原则的除外。

（二）提起附带民事诉讼的方式

(1)一般提起附带民事诉讼应当提交附带民事诉状，以写清有关当事人的情况、案发详细经过及具体的诉讼请求，并提出相应的证据。

(2)人民法院受理刑事案件后，对符合附带民事诉讼成立条件的，可以告知被害人或者其法定代理人、近亲属有权提起附带民事诉讼。有权提起附带民事诉讼的人放弃诉讼权利的，应当准许，并记录在案。被害人或者其法定代理人、近亲属仅对部分共同侵害人提起附带民事诉讼的，人民法院应当告知其可以对其他共同侵害人，包括没有被追究刑事责任的共同侵害人，一并提起附带民事诉讼，但共同犯罪案件中同案犯在逃的除外。被害人或者其法定代理人、近亲属放弃对其他共同侵害人的诉讼权利的，人民法院应当告知其相应法律后果，并在裁判文书中说明其放弃诉讼请求的情况。

二、附带民事诉讼的起诉条件

（一）起诉条件

(1)提起附带民事诉讼的起诉人符合法定条件。

(2)有明确的被告人。

(3)有请求赔偿的具体要求和事实、理由。

(4)属于人民法院受理附带民事诉讼的范围。

（二）附带民事起诉状的形式

刑事附带民事起诉状由首部、正文和尾部组成。

（1）首部。首部包括：

①文书名称，即“刑事附带民事起诉状”。

②当事人的基本信息，如附带民事诉讼原告人、附带民事诉讼被告人的姓名、性别、出生年月日、民族、出生地、文化程度、职业或者工作单位和职业、住址等。

（2）正文。正文包括三项内容：

①诉讼请求，应当写明请求附带民事诉讼被告人赔偿的项目和具体数额。

②事实与理由。事实部分应当写明因附带民事诉讼被告人的犯罪行为给附带民事诉讼原告人造成实际物质损失的情况。理由部分应当根据有关法律规定，写明为什么应当由附带民事诉讼被告人承担民事赔偿责任。

③证明损失的证据，应当列明名称、种类及来源。

（3）尾部。尾部应当写明致送人民法院的名称、附带民事起诉状的份数、附带民事诉讼原告人签名或者盖章以及具状时间。

三、附带民事诉讼的财产保全

刑事诉讼中提附带民事诉讼的，可以申请财产保全，在刑事诉讼过程中，在可能因被告人或其他人的行为导致将来发生法律效力的附带民事诉讼判决不能或难以得到执行时，由司法机关对被告人的财产采取一定的保全措施，从而保证附带民事判决能够得到执行。

附带民事诉讼的财产保全可采取诉前和诉中两种保全方式。

1. 诉中财产保全

人民法院可以根据附带民事诉讼原告人的申请，裁定采取保全措施，查封、扣押或者冻结被告人的财产；必要时，人民法院也可以主动采取保全措施。

人民法院采取诉中财产保全措施，可以责令申请人提供担保，申请人不提供担保的，裁定驳回申请。人民法院接受申请后，对情况紧急的，必须在 48 小时内作出裁定；裁定采取保全措施的，应当立即开始执行。

2. 诉前财产保全

有权提起附带民事诉讼的人因情况紧急，不立即申请保全将会使其合法权益受到难以弥补的损害的，可以在提起附带民事诉讼前，向被保全财产所在地、被申请人居住地或者对案件有管辖权的人民法院申请采取保全措施。

申请人在人民法院受理刑事案件后 15 日内未提起附带民事诉讼的，人民法院应当解除保全措施。对于诉前财产保全，申请人应当提供担保，不提供担保的，裁定驳回申请。人民法院接受申请后，必须在 48 小时内作出裁定；裁定采取保全措施的，应当立即开始执行。

财产保全的对象限于附带民事诉讼被告人的财产，非附带民事诉讼被告人的财产不得进行保全。人民法院保全财产后，应当立即通知被保全财产的人。财产已被查封、冻结的，不得重复查封、冻结。被申请人提供担保的，人民法院应当裁定解除保全。

申请有错误的，申请人应当赔偿被申请人因保全所遭受的损失。

经典考题

9-3. 甲、乙殴打丙，致丙长期昏迷，乙在案发后潜逃，检察院以故意伤害罪对甲提起公诉。关于本案，下列哪些选项是正确的？（2016-卷二-71 多选题）①

A. 丙的妻子、儿子和弟弟都可成为附带民事诉讼原告人

B. 甲、乙可作为附带民事诉讼共同被告人，对故意伤害丙造成的物质损失承担连带赔偿责任

C. 丙因昏迷无法继续履行与某公司签订的合同造成的财产损失不属于附带民事诉讼的赔偿范围

D. 如甲的朋友愿意代为赔偿，法院应准许并可作为酌定量刑情节考虑

第四节 附带民事诉讼的审判

一、附带民事诉讼的审判组织、受理和准备程序

（一）附带民事诉讼的审判组织

附带民事诉讼的审判组织，原则上与刑事案件的审判组织同一，以便于全面查清案件事实和节省诉讼成本。附带民事诉讼应当同刑事案件一并审判，只有为了防止刑事案件审判的过分迟延，才可以在刑事案件审判后，由同一审判组织继续审理附带民事诉讼。

对审理案件中刑事部分与附带民事部分之间的关系，应当按照“先刑后民”的原则处理：

（1）如果刑事部分与附带民事部分要分开审理，也须先审理刑事部分，后审理附带民事部分。

（2）即使刑事部分与附带民事部分要分开审理，也必须由同一审判组织先后审理刑事部分，再继续审理附带民事部分，而不得另行组成合议庭。如果审判组织中的个别成员确实不能继续参加审判的，可以更换。

（3）附带民事诉讼部分的判决对案件事实的认定不得同刑事判决相抵触。

（4）附带民事诉讼部分的延期审理，一般不影响刑事判决的生效。

（二）附带民事诉讼的受理和准备程序

人民法院收到附带民事诉状进行审查，并在 7 日内决定是否立案。符合法定条件的，应当受理；不符合的，应当裁定不予受理。

---

① 【答案】ACD

人民法院受理附带民事诉讼后，应当在5日内向附带民事诉讼的被告人送达附带民事起诉状副本，或者将口头起诉的内容及时通知附带民事诉讼的被告人及其法定代理人，并制作笔录。人民法院送达附带民事起诉状副本时，应当根据刑事案件审理的期限，确定被告人及其法定代理人提交民事答辩状的时间。

二、附带民事诉讼调解与审判

(1)附带民事诉讼的原告人经传唤，无正当理由拒不到庭，或者未经法庭许可中途退庭的，应当按撤诉处理。

刑事被告人以外的附带民事诉讼被告人经传唤，无正当理由拒不到庭，或者未经法庭许可中途退庭的，附带民事部分可以缺席判决。

(2)附带民事诉讼当事人对自己提出的主张，有责任提供证据。

(3)审理附带民事诉讼案件，可以进行调解。调解应当根据自愿、合法的原则进行。经调解达成协议的，审判人员应当制作调解书。调解书经双方当事人签收后即发生法律效力。调解达成协议并即时旅行完毕的，可以不制作调解书，但应当制作笔录，经双方当事人、审判人员、书记员签名或者盖章后即发生法律效力。经调解无法达成协议或者调解书签收前当事人一方反悔的，附带民事诉讼应当同刑事诉讼一并判决，根据物质损失情况作出判决。

(4)人民法院审理刑事附带民事诉讼案件，结合被告人赔偿被害人物质损失的情况，认定其悔罪表现，并在量刑时予以适当考虑。

(5)对附带民事诉讼作出判决，应当根据犯罪行为造成的物质损失，结合案件具体情况，确定被告人应当赔偿的数额。

①犯罪行为造成被害人人身损害的，应当赔偿医疗费、护理费、交通费等为治疗和康复支付的合理费用，以及因误工减少的收入。

②造成被害人残疾的，还应当赔偿残疾生活辅助具费等费用；造成被害人死亡的，还应当赔偿丧葬费等费用。

③驾驶机动车致人伤亡或者造成公私财产重大损失，构成犯罪的，依照《中华人民共和国道路交通安全法》第76条①的规定确定赔偿责任。

附带民事诉讼当事人就民事赔偿问题达成调解、和解协议的，赔偿范围、数额不受上述规定的限制。

---

① 《中华人民共和国道路交通安全法》第七十六条：机动车发生交通事故造成人身伤亡、财产损失的，由保险公司在机动车第三者责任强制保险责任限额范围内予以赔偿；不足的部分，按照下列规定承担赔偿责任：

(一)机动车之间发生交通事故的，由有过错的一方承担赔偿责任；双方都有过错的，按照各自过错的比例分担责任。

(二)机动车与非机动车驾驶人、行人之间发生交通事故，非机动车驾驶人、行人没有过错的，由机动车一方承担赔偿责任；有证据证明非机动车驾驶人、行人有过错的，根据过错程度适当减轻机动车一方的赔偿责任；机动车一方没有过错的，承担不超过百分之十的赔偿责任

交通事故的损失是由非机动车驾驶人、行人故意碰撞机动车造成的，机动车一方不承担赔偿责任。

(6)人民检察院提起附带民事诉讼的，人民法院经审理，认为附带民事诉讼被告人依法应当承担赔偿责任的，应当判令附带民事诉讼被告人直接向遭受损失的单位作出赔偿；遭受损失的单位已经终止，有权利义务继受人的，应当判令其向继受人作出赔偿；没有权利义务继受人的，应当判令其向人民检察院交付赔偿款，由人民检察院上缴国库。

(7)人民法院审理刑事附带民事诉讼案件，不收取诉讼费。

(8)人民法院在受理刑事附带民事诉讼案件后3个月内无法审结的，经上一级人民法院批准，可以延长3个月的审理期限。

直击命题：

(1)对附带民事判决、裁定的上诉、抗诉期限，应当按照刑事部分上诉、抗诉期限确定。附带民事部分另行审判的，上诉也应当按照刑事诉讼法规定的期限确定。

(2)刑事附带民事诉讼案件，只有附带民事诉讼当事人及其法定代理人上诉的，第一审刑事部分的判决在上诉期满后即发生法律效力。

(3)刑事附带民事诉讼案件，只有附带民事诉讼当事人及其法定代理人上诉的，第二审人民法院也应当对全案进行审查。

(4)第二审人民法院审理对刑事部分提出上诉、抗诉，附带民事部分已经发生法律效力的案件，发现第一审判决、裁定中的民事部分确有错误的，应当依照审判监督程序对附带民事部分予以纠正。

(5)第二审人民法院审理对附带民事部分提出上诉，刑事部分已经发生法律效力的案件，发现第一审判决、裁定中的刑事部分确有错误，应当依照审判监督程序对刑事部分进行再审，并将附带民事部分与刑事部分一并审理。

(6)第二审期间，第一审附带民事诉讼原告人增加独立的诉讼请求或者第一审附带民事诉讼被告人提出反诉的，第二审人民法院可以根据自愿、合法的原则进行调解；调解不成的，告知当事人另行起诉。

三、附带民事诉讼判决书

刑事附带民事诉讼判决书，是人民法院依照刑事诉讼法和民事诉讼法，对审理终结的刑事附带民事案件，依法就被告人的行为是否构成犯罪和需要追究刑事责任以及是否需要承担民事责任作出的书面决定。

刑事附带民事诉讼的判决由以下部分组成：

(1)首部。首部应当写明以下内容：

①判决书的名称、案号。名称应写明是刑事附带民事判决书。

②附带民事诉讼当事人的身份，包括姓名、性别、出生年月日、民族、出生地、文化程度、职业或者工作单位和职务、住址等。委托了诉讼代理人的，要列明诉讼代理人。

③案件由来、审判组织、审判方式和审判过程。要写明附带民事诉讼原告人向法

院提起了附带民事诉讼。

(2)事实。事实部分通常要写明以下内容，对简单案件可直接用5个自然段叙述：

①概述人民检察院指控被告人犯罪的事实、证据和适用法律的意见。

②简述附带民事诉讼原告人起诉的内容，即要求附带民事诉讼被告人赔偿经济损失的诉讼请求。

③写明被告人对人民检察院指控的犯罪事实和附带民事诉讼原告人的诉讼请求所作的供述、辩解、自行辩护的意见和有关证据；辩护人提出的辩护意见和有关证据。

④写明经法庭审理查明的全部事实。既要写明法庭审理认定的犯罪事实，又要写明由于被告人的犯罪行为使被害人遭受物质损失的事实。

⑤写明据以定案的证据。并对控辩双方有异议的事实、证据进行分析、论证。

(3)理由。根据法庭已经查明的事实、证据和有关法律规定，除应当充分论证公诉机关(或者自诉人)指控的犯罪是否成立，被告人的行为是否构成犯罪，犯什么罪，应否追究刑事责任以及应适用的法律以外，还应当充分论证被害人是否由于被告人的犯罪行为而遭受物质损失以及物质损失的大小，被告人对被害人的物质损失是否应当承担民事赔偿责任以及法律依据。对于控辩双方关于事实认定和法律适用方面的意见，应当说明是否采纳并分析是否采纳的理由。对法律依据不仅应当引用刑事法律的有关规定，还应当引用民事法律的有关规定。

(4)判决结果。除写明被告人构成了何罪，应受何种刑罚处罚或者免予刑罚处罚，或者宣告无罪以外，还应当写明附带民事诉讼部分如何解决。从司法实践来看，刑事附带民事判决可能有四种情形：

①被告人构成犯罪并应赔偿物质损失。

②被告人构成犯罪但不赔偿物质损失。

③被告人不构成犯罪但应赔偿物质损失。

④被告人不构成犯罪又不赔偿物质损失。

(5)尾部，这一部分要告知上诉权、上诉期限和上诉方法，合议庭组成人员署名，作出判决的时间，加盖人民法院印章，书记员署名。

▶ 经典考题

9-4. 甲系某地交通运输管理所工作人员，在巡查执法时致一辆出租车发生重大交通事故，司机乙重伤，乘客丙当场死亡，出租车严重受损。甲以滥用职权罪被提起公诉。关于本案处理，下列哪一选项是正确的？(2017-卷二-28单选题)①

A. 乙可成为附带民事诉讼原告人

B. 交通运输管理所可成为附带民事诉讼被告人

C. 丙的妻子提起附带民事诉讼的，法院应裁定不予受理

D. 乙和丙的近亲属可与甲达成刑事和解

---

① 【答案】C

▶ 经典考题

9-5. 张一、李二、王三因口角与赵四发生斗殴，赵四因伤势过重死亡。其中张一系未成年人，王三情节轻微未被起诉，李二在一审开庭前意外死亡。在一审过程中，如果发生附带民事诉讼原、被告当事人不到庭情形，法院的下列做法正确的是：(2013-二-96 任选题)①

A. 赵四父母经传唤，无正当理由不到庭，法庭应当择期审理

B. 赵四父母到庭后未经法庭许可中途退庭，法庭应当按撤诉处理

C. 王三经传唤，无正当理由不到庭，法庭应当采取强制手段强制其到庭

D. 李二父母未经法庭许可中途退庭，就附带民事诉讼部分，法庭应当缺席判决

① 【答案】B

第十章　期间、送达

基本要求

了解与把握：期间与期日的区别、期间的计算、期间的恢复以及送达的种类。

理解与运用：《刑事诉讼法》以及相关法律解释对期间和送达的规定。

考情分析

本章在往年的司法考试中分值很少，且只是偶尔考到，但本章出题相对简易，容易拿分。学习本章，应从细节处把握，如：刑事诉讼法所规定的各种法定期间、期间的计算、期间的恢复和送达的种类。需掌握期间如何具体计算，哪些具体情形下办案期限可以重新计算。对其他章节程序进行学习时，要对各专门机关办理案件、进行诉讼活动的期间，尤其是与当事人权利有效行使相关的期间一定要留心，不要混淆。知悉送达的方式，要注意在学习其他章节程序内容时，当事人受送达程序与期间、裁判文书的生效结合起来掌握。

近十年考题在本章的分布情况如下：

	年　度	单选题	多选题	不定项题	案例分析	分值
1	2017	卷二/29				1
2	2016					无
3	2015	卷二/31				1
4	2014	卷二/33				1
5	2013	卷二/33	卷二/70			3
6	2012					无
7	2011	卷二/29				1
8	2010	卷二/34				1
9	2009					无
10	2008	卷二/22				1

内容概览

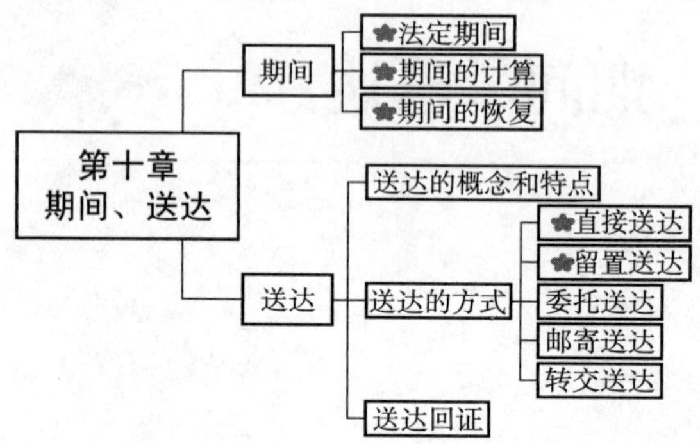

第一节　期间

刑事诉讼的期间，是指公安司法机关和诉讼参与人完成刑事诉讼行为，必须遵守的法定期限。刑事诉讼期间分为法定期间和指定期间两种。所谓法定期间，是指由法律明确规定的期间；所谓指定期间，是指由公安司法机关指定的期间。

刑事诉讼期间考虑以下因素确定：(1)保证查明犯罪事实，正确处理案件；(2)能够及时惩罚犯罪；(3)保障公民依法行使诉讼权利；(4)督促公安司法机关提高办案效率，保障公民合法权利。

期日是公安司法机关和诉讼参与人共同进行刑事诉讼活动的特定时间。期日是一个特定的单位时间，如某日、某时，期日由公安司法机关指定。期日只规定开始的时间，不规定终止的时间。

一、法定期间

（一）辩护与代理相关的主要期间

(1)犯罪嫌疑人自被侦查机关第一次讯问或者采取强制措施之日起，有权委托辩护人。被告人有权随时委托辩护人。

(2)侦查机关在第一次讯问犯罪嫌疑人或者对犯罪嫌疑人采取强制措施的时候，应当告知犯罪嫌疑人有权委托辩护人。人民检察院自收到移送审查起诉的案件材料之日起3日以内，应当告知犯罪嫌疑人有权委托辩护人。人民法院自受理案件之日起3日以内，应当告知被告人有权委托辩护人。

(3)辩护律师要求会见在押的犯罪嫌疑人、被告人的，看守所应当及时安排会见，至迟不得超过48小时。

(4)委托代理期间。公诉案件的被害人及其法定代理人或者近亲属，附带民事诉讼的当事人及其法定代理人，自案件移送审查起诉之日起，有权委托诉讼代理人。人民检察院自收到移送审查起诉的案件材料之日起3日以内，应当告知被害人及其法定代理人或者其近亲属、附带民事诉讼的当事人及其法定代理人有权委托诉讼代理人。自诉案件的自诉人及其法定代理人，附带民事诉讼的当事人及其法定代理人，有权随时委托诉讼代理人。人民法院自受理自诉案件之日起3日以内，应当告知自诉人及其法定代理人、附带民事诉讼的当事人及其法定代理人有权委托诉讼代理人。

（二）强制措施期间

(1)传唤、拘传持续的时间不得超过12小时；案情特别重大、复杂，需要采取拘留、逮捕措施的，传唤、拘传持续的时间不得超过24小时。

(2)取保候审最长不得超过12个月，监视居住最长不得超过6个月。

(3)被取保候审的犯罪嫌疑人、被告人住址、工作单位和联系方式发生变动的，应在24小时内向执行机关报告。

(4)指定居所监视居住的，除无法通知的以外，应当在执行监视居住后24小时以内，通知被监视居住人的家属。

(5)拘留后，应当立即将被拘留人送看守所羁押，至迟不得超过24小时。除无法通知或者涉嫌危害国家安全犯罪、恐怖活动犯罪通知可能有碍侦查的情形以外，应当在拘留后24小时以内，通知被拘留人的家属。有碍侦查的情形消失以后，应当立即通知被拘留人的家属。公安机关应当在拘留后的24小时以内进行讯问。

(6)逮捕后，应当立即将被逮捕人送看守所羁押。除无法通知的以外，应当在逮捕后24小时以内，通知被逮捕人的家属。人民法院、人民检察院对于各自决定逮捕的人，公安机关对于经人民检察院批准逮捕的人，都必须在逮捕后的24小时以内进行讯问。

(7)公安机关对被拘留的人认为需要逮捕的，应当在拘留后3日内提请人民检察院审查批准。特殊情况下，可以将提请审查批准的时间延长1日至4日；对于流窜作案、多次作案、结伙作案的重大嫌疑分子，提请审查批准的时间可以延长至30日。人民检察院应当在接到公安机关提请批准逮捕书的7日以内，作出批准逮捕或者不批准逮捕的决定。

(8)犯罪嫌疑人、被告人及其法定代理人、近亲属或者辩护人申请变更强制措施的，人民法院、人民检察院和公安机关收到申请后，应当在3日以内作出决定。

《刑事诉讼法》第170条："人民检察院对于监察机关移送起诉的案件，依照本法和监察法的有关规定进行审查。人民检察院经审查，认为需要补充核实的，应当退回监察机关补充调查，必要时可以自行补充侦查。

对于监察机关移送起诉的已采取留置措施的案件，人民检察院应当对犯罪嫌疑人先行拘留，留置措施自动解除。人民检察院应当在拘留后的十日以内作出是否逮捕、取保候审或者监视居住的决定。在特殊情况下，决定的时间可以延长一日至四日。人民检察院决定采取强制措施的期间不计入审查起诉期限。"

（三）侦查羁押期间

对犯罪嫌疑人逮捕后的侦查羁押期限不得超过 2 个月。案情复杂、期限届满不能终结的案件，可以经上一级人民检察院批准延长 1 个月。对于交通十分不便的边远地区的重大复杂案件，重大的犯罪集团案件，流窜作案的重大、复杂案件以及犯罪涉及面广、取证困难的重大复杂案件，在上述 3 个月侦查羁押期限内不能办结的，经省、自治区、直辖市人民检察院批准或者决定，可以延长 2 个月。对于犯罪嫌疑人可能判处 10 年有期徒刑以上刑罚，在上述 5 个月内仍不能侦查终结的，经省、自治区、直辖市人民检察院批准或决定，可以再延长 2 个月。因为特殊原因，在较长时间内不宜交付审判的特别重大复杂的案件，由最高人民检察院报请全国人民代表大会常务委员会批准延长。

（四）解除查封、扣押、冻结期间

对查封、扣押的财物、文件、邮件、电报或者冻结的存款、汇款、债券、股票、基金份额等财产，经查明确实与案件无关的，应当在 3 日以内解除查封、扣押、冻结，予以退还。

（五）技术侦查期间

批准技术侦查的决定自签发之日起 3 个月以内有效，期限届满仍有必要继续采取技术侦查措施的，经过批准，有效期可以延长，每次不得超过 3 个月。

（六）审查起诉期间

人民检察院对于公安机关移送起诉的案件，应当在 1 个月以内作出决定，重大、复杂的案件，可以延长半个月。对于补充侦查的案件，应当在 1 个月以内补充侦查完毕。补充侦查以两次为限。

《刑事诉讼法》第 172 条："人民检察院对于监察机关、公安机关移送起诉的案件，应当在一个月以内作出决定，重大、复杂的案件，可以延长十五日；犯罪嫌疑人认罪认罚，符合速裁程序适用条件的，应当在十日以内作出决定，对可能判处的有期徒刑超过一年的，可以延长至十五日。"

（七）对不起诉决定的申诉期间

被害人对于人民检察院作出的不起诉决定不服的，可以在收到决定书后 7 日内向上一级人民检察院提出申诉。被不起诉人对于人民检察院因"犯罪情节轻微，依照刑法规定不需要判处刑罚或者免除刑罚"而作出的不起诉决定不服，可以在接到决定书后 7 日内向人民检察院申诉。

（八）附条件不起诉的考验期限

对未成年犯罪嫌疑人决定附条件不起诉的考验期限为 6 个月以上 1 年以下，从人民检察院作出附条件不起诉的决定之日起计算。

（九）审理程序期间

1. 庭前告知期间

人民法院应当在开庭10日以前将人民检察院的起诉书副本送达被告人及其辩护人，至迟应当在开庭3日以前将传票和通知书送达当事人、辩护人、诉讼代理人、证人、鉴定人和翻译人员；公开审判的案件，在开庭3日以前先期公布案由、被告人姓名、开庭时间和地点。

2. 补充侦查期间

检察人员在庭审中发现提起公诉的案件需要补充侦查并提出延期审理建议的，合议庭应当同意。人民检察院应当在1个月以内补充侦查完毕。提出此种延期审理建议的次数不得超过两次。

3. 公诉案件审理期限

人民法院审理公诉案件，应当在受理后2个月内宣判，至迟不得超过3个月。对于可能判处死刑的案件、附带民事诉讼的案件、交通十分不便的边远地区的重大复杂案件，重大的犯罪集团案件，流窜作案的重大、复杂案件以及犯罪涉及面广、取证困难的重大复杂案件，经上一级人民法院批准，可以延长3个月。申请上级人民法院批准延长审理期限，应当在期限届满15日前层报。有权决定的人民法院不同意延长的，应当在审理期限届满5日前作出决定。因特殊情况还需要延长的，报请最高人民法院批准。最高人民法院经审查予以批准的，可以延长审理期限1~3个月。期限届满案件仍然不能审结的，可以再次提出申请。

4. 自诉案件审理期限

人民法院适用普通程序审理被告人被羁押的自诉案件，审理期限与上述公诉案件的审理期限相同。被告人未被羁押的自诉案件，应当在立案后6个月内宣判。

5. 简易程序审理期间

适用简易程序审理案件，人民法院应当在受理后20日以内审结；对可能判处的有期徒刑超过3年的，可以延长至一个半月。

《刑事诉讼法》第225条：“适用速裁程序审理案件，人民法院应当在受理后十日以内审结；对可能判处的有期徒刑超过一年的，可以延长至十五日。”

6. 判决宣告期间

人民法院当庭宣判的，应当在5日以内送达判决书；定期宣判的，应当在宣判后立即送达判决书。判决被告人无罪、免予刑事处罚的，如果被告人在押，在宣判后应当立即释放。

（十）上诉、抗诉期限

不服判决的上诉、抗诉的期限为10日；不服裁定的上诉、抗诉的期限为5日。被害人及其法定代理人不服地方各级人民法院一审判决，有权自收到判决书后5日内请求人民检察院提出抗诉；人民检察院应在收到请求后5日内作出是否抗诉的决定并且答复请求人。

（十一）二审程序期间

通过原审人民法院提出上诉的，原审人民法院应当在 3 日以内将上诉状连同案卷、证据移送上一级人民法院，同时将上诉状副本送交同级人民检察院和对方当事人；直接向第二审人民法院提出上诉的，第二审人民法院应当在 3 日以内将上诉状交原审人民法院送交同级人民检察院和对方当事人。人民检察院提出抗诉的案件或者第二审人民法院开庭审理的公诉案件，第二审人民法院应当在决定开庭审理后及时通知人民检察院查阅案卷，人民检察院应当在 1 个月以内查阅完毕，人民检察院查阅案卷的时间不计入审理期限。

第二审人民法院受理上诉、抗诉案件后，应当在 2 个月以内审结。对于可能判处死刑的案件、附带民事诉讼的案件、交通十分不便的边远地区的重大复杂案件、重大的犯罪集团案件，流窜作案的重大、复杂案件以及犯罪涉及面广、取证困难的重大复杂案件，经省、自治区、直辖市高级人民法院批准或者决定，可以再延长 2 个月；因特殊情况还需要延长的，报请最高人民法院批准。但是最高人民法院受理的上诉、抗诉案件的审理期限，由最高人民法院决定。

（十二）再审程序期间

人民法院按照审判监督程序重新审判的案件，应当在作出提审、再审决定之日起 3 个月以内审结，需要延长期限的，不得超过 6 个月。接受抗诉的人民法院按照审判监督程序审判抗诉的案件，审理期限适用前述规定；对需要指令下级人民法院再审的，应当自接受抗诉之日起 1 个月以内作出决定，下级人民法院审理案件的期限适用前述规定。

（十三）执行期间

(1) 下级人民法院接到最高人民法院执行死刑的命令后，应当在 7 日以内交付执行。

(2) 罪犯被交付执行刑罚的时候，应当由交付执行的人民法院在判决生效后 10 日以内将有关的法律文书送达公安机关、监狱或者其他执行机关。

(3) 人民检察院认为暂予监外执行不当的，应当自接到通知之日起 1 个月以内将书面意见送交决定或者批准暂予监外执行的机关，决定或者批准暂予监外执行的机关接到人民检察院的书面意见后，应当立即对该决定进行重新核查。

(4) 不符合暂予监外执行条件的罪犯通过贿赂等非法手段被暂予监外执行的，在监外执行的期间不计入执行刑期。罪犯在暂予监外执行期间脱逃的，脱逃的期间不计入执行刑期。

(5) 对被判处死刑缓期执行的罪犯的减刑和对被判处拘役、管制的罪犯的减刑，人民法院应当在收到减刑建议书后 1 个月内作出裁定；对被判处无期徒刑的罪犯的减刑、假释和对被判处有期徒刑及被减为有期徒刑的罪犯的减刑、假释，人民法院应当在收到减刑、假释建议书后 1 个月内作出裁定，案情复杂或者情况特殊的，可以延长 1

个月。

(6)人民检察院认为人民法院减刑、假释的裁定不当，应当在收到裁定书副本后20日以内，向人民法院提出书面纠正意见，人民法院应当在收到纠正意见后1个月以内重新组成合议庭进行审理，作出最终裁定。

（十四）犯罪嫌疑人、被告人逃匿、死亡案件违法所得的没收程序的期间

人民法院受理没收违法所得的申请后，应当发出公告，公告期间为6个月，人民法院在公告期满后对没收违法所得的申请进行审理。

（十五）依法不负刑事责任的精神病人的强制医疗程序的期间

人民法院对强制医疗申请进行审理后，对于被申请人或者被告人符合强制医疗条件的，应当在1个月以内作出强制医疗的决定。

二、期间的计算

1. 期间的计算单位

期间以时、日、月为单位计算，不包含“年”计算单位。

2. 期间的计算方法

(1)以时为单位的，从期间开始的下一时起算，期间开始的时不计算在期间以内。期间期间届满以法定期间时数的最后一时完了为止。

(2)以日为单位的，从期间开始的次日起算，期间开始的日不计算在期间以内。期间届满以法定期间日数的最后一日完了为止。

(3)以月为单位的，自本月某日至下月同日为一个月。期限起算日为本月最后一日的，至下月最后一日为一个月。下月同日不存在的，自本月某日至下月最后一日为一个月。半个月一律按十五日计算。

实战演练：

甲某于5月1日接到第一审法院的未生效的裁定书，如果他不服此裁定，决定上诉，甲某的上诉期限是从哪一天至哪一天？

解答：对裁定的上诉期限为5日，期间的计算不包括开始的时、日，所以，甲某的有效期限是从5月2日至5月6日。

3. 特殊情形下期间的计算

(1)期间的最后一日为节假日的，以节假日后的第一日为期间届满日期。节假日包括公休日(星期六、星期日)和法定假日(如元旦、春节、五一劳动节、国庆节、清明节、端午节、中秋节等)。如果节假日不是期间的最后一日，而是在期间的开始或中间则均应计算在期间以内。

为了保障犯罪嫌疑人、被告人的人身权利，对于犯罪嫌疑人、被告人或者罪犯在押期间，应当至期间届满之日为止，不得因节假日而延长在押期限至节假日后的第一日。

(2)上诉状或者其他文件在期满前已经交邮的，不算过期。就是说，通过邮寄的上诉状或者其他法律文件，只要是在法定期间内交邮的，即使司法机关收到时已过法定期限，也不算过期。上诉状或其他文件是否在法定期限内交邮以当地邮局所盖邮戳为准。

(3)法定期间不包括路途上的时间。有关诉讼文书材料在公安、司法机关之间传递过程中的时间，也应当在法定期间内予以扣除。

4. 期间的重新计算

由于发生了法定的情况，原来已进行的期间归于无效，法定情况发生后，重新计算办案期间。

(1)在侦查期间，发现犯罪嫌疑人另有重要罪行的，自发现之日起，重新计算侦查羁押期限。另有重要罪行是指与逮捕时的罪行不同种的重大犯罪，或者是同种的、影响罪名认定和量刑档次的重大犯罪。犯罪嫌疑人不讲真实姓名、住址，身份不明的，侦查羁押期限自查清其身份之日起计算。

(2)对犯罪嫌疑人作精神病鉴定的期间不计入办案期限。犯罪嫌疑人、被告人在押的案件，除对犯罪嫌疑人、被告人做精神病鉴定期间不计入办案期限外，其他鉴定期间都应当计入办案期限。对于因鉴定时间较长，办案期限届满仍不能终结的案件，自期限届满之日起，应当对被羁押的犯罪嫌疑人、被告人变更强制措施，改为取保候审或者监视居住。

(3)公安机关或者人民检察院补充侦查完毕移送人民检察院或者人民法院后，人民检察院或者人民法院重新计算审查起诉或者审理期限。第二审人民法院发回原审人民法院重新审判的案件，原审人民法院从收到发回案件之日起，重新计算审理期限。

【注意】重新计算期间仅适用于公安司法机关的办案期限。

三、期间的恢复

期间的恢复是当事人由于不能抗拒的原因，或者有其他正当理由而耽误期限的，在障碍消除后5日以内，可以提出申请，要求继续完成诉讼活动的一种期间补救措施。

期间的恢复必须具备以下法定条件：

(1)当事人提出恢复期间的申请。提出申请期间恢复的主体限定为当事人，其他诉讼参与人无权提出这一申请。

(2)期间的耽误是由于不能抗拒的原因或有其他正当理由。例如，发生地震、洪水、台风、战争、大火等当事人本身无法抗拒的自然和社会现象或者是当事人发生车祸、突患严重疾病等情况，使当事人无法如期进行诉讼行为的事由。

(3)当事人的申请应在障碍消除后的5日以内提出。

(4)期间恢复的申请经人民法院裁定批准。对有些当事人的申请，人民法院可能认为不符合法定条件而作出裁定不予批准。由此可见，期间恢复当事人只有申请权，人民法院有批准权。

▶ 经典考题

10-1. 卢某妨害公务案于2016年9月21日一审宣判，并当庭送达判决书。卢某于9月30日将上诉书交给看守所监管人员黄某，但黄某因忙于个人事务直至10月8日上班时才寄出，上诉书于10月10日寄到法院。关于一审判决生效，下列哪一选项是正确的？（2017-卷二-29单选）①

A. 一审判决于9月30日生效

B. 因黄某耽误上诉期间，卢某将上诉书交予黄某时，上诉期间中止

C. 因黄某过失耽误上诉期间，卢某可申请期间恢复

D. 上诉书寄到法院时一审判决尚未生效

第二节 送达

一、送达的概念和特点

刑事诉讼中的送达，是指人民法院、人民检察院和公安机关依照法定程序和方式，将诉讼文件送交诉讼参与人、有关机关和单位的诉讼活动。送达实质上是公安司法机关的告知行为。

送达具有以下特点：

(1)送达是公、检、法机关的诉讼活动。

(2)送达必须依照法定的程序和方式进行。

(3)送达的内容是各种诉讼文件，如传票、通知书、起诉书、不起诉决定书、裁定书、判决书等。

(4)送达的收件人可以是公民个人，也可以是机关、单位。例如，接收判决书的被告人、接收开庭通知的人民检察院等都可以成为收件人。

二、送达的方式

1. 直接送达

直接送达是指公安司法机关派员将诉讼文件直接交付给收件人。送达诉讼文书，原则上应当采用由收件人直接签收的直接送达方式。

直接送达的程序是，送达人员将诉讼文件交给收件人，收件人在送达回证上记明收到日期，并且签名或者盖章。如果收件人不在，由他的成年家属或所在单位的负责收件的人员代收，代收人也应当在送达回证上记明收到日期，并且签名或者盖章。收件人或者代收人在送达回证上签收的日期为送达的日期。

① 【答案】D

2. 留置送达

留置送达是指收件人本人或者代收人拒绝接收诉讼文件或者拒绝签名、盖章时，送达人员将诉讼文件放置在收件人或代收人的住处的一种送达方式。

留置送达是有一定条件的，即收件人或代收人拒绝接收诉讼文件或者拒绝签名、盖章时，才能采用留置送达。找不到收件人，同时也找不到代收人时，不能采用留置送达。

留置送达的程序是，在收件人或者代收入拒绝接收或者拒绝签名、盖章的情况下，送达人邀请见证人到场，说明情况，在送达回证上记明拒收的事由和日期，由送达人、见证人签名或者盖章，并将诉讼文书留在收件人或者代收人住处或者单位，也可以把诉讼文书留在受送达人的住处，并采用拍照、录像等方式记录送达过程，即视为送达。诉讼文件的留置送达与交给收件人或代收人具有同样的法律效力。

3. 委托送达

委托送达是指承办案件的公安司法机关委托收件人所在地的公安司法机关代为送达的一种方式。委托送达一般是在收件人不住在承办案件的公安司法机关所在地，直接送达有困难的情况下所采用的送达方式。

委托送达程序是，委托送达的公安司法机关应当将委托函、送达的诉讼文件及送达回证，寄送受托的公安司法机关。受托的公安司法机关收到委托送达的诉讼文件，应当登记，并在 10 日内送交收件人，然后将送达回证及时寄送委托送达的公安司法机关。受委托的公安司法机关无法送达时，应当将不能送达的原因及时告知委托的公安司法机关，并将诉讼文件及送达回证退回。

4. 邮寄送达

邮寄送达是公安司法机关将诉讼文件挂号邮寄给收件人的一种送达方式。邮寄送达一般是在直接送达有困难的情况下采用的送达方式。

邮寄送达程序是，公安司法机关将诉讼文件、送达回证挂号邮寄给收件人，收件人签收挂号邮寄的诉讼文件后即认为已经送达，挂号回执上注明的日期为送达的日期。

5. 转交送达

转交送达是指对特殊的收件人由有关部门转交诉讼文件的送达方式。特殊的收件人是指军人、正在服刑的犯人和正被采取强制性教育措施的人。

转交送达的程序是，诉讼文件的收件人是军人的，可以通过所在部队团以上单位的政治部门转交。收件人正在服刑的，可以通过执行机关转交。收件人正在被采取强制性教育措施的，应当通过强制性教育机构转交。代为转交的部门、单位收到诉讼文件后，应当立即交收件人签收，并将送达回证及时寄送送达的公安司法机关。

三、送达回证

送达诉讼文件必须有送达回证。在司法实践中，送达回证的内容包括送达诉讼文件的机关，收件人的姓名，送达诉讼文件的名称，送达的时间、地点、方式，送达人、收件人的签名、盖章，签收日期，等等。

公安司法机关直接送达诉讼文件时，向收件人出示送达回证，由收件人、代收人在送达回证上记明收到日期，并且签名或者盖章。

遇到拒收或拒绝签名、盖章等，在实施留置送达程序中，送达人应当在送达回证上注明拒绝的事由、送达的日期，并且签名或者盖章。送达程序进行完毕后，将送达回证带回入卷。

采用委托送达、转交送达的也必须按照上述程序进行，并将送达回证寄送承办案件的公安司法机关。

邮寄送达的，应当将送达回证和诉讼文件一起挂号邮寄给收件人，送达回证由收件人寄回。在这种情况下，收件人在送达回证上签收的日期可能与挂号回执上注明的日期不一致，公安司法机关应在送达回证上作出说明，并以挂号回执上注明的日期为送达日期。

送达回证是公安司法机关依法送达诉讼文件的证明文件，是计算期间的根据，因此，在送达诉讼文件时必须使用送达回证，并且将送达回证入卷归档。

▶ 经典考题

10-2. 被告人徐某为未成年人，法院书记员到其住处送达起诉书副本，徐某及其父母拒绝签收。关于该书记员处理这一问题的做法，下列哪些选项是正确的？（2013-卷二-70 多选题）①

A. 邀请见证人到场

B. 在起诉书副本上注明拒收的事由和日期，该书记员和见证人签名或盖章

C. 采取拍照、录像等方式记录送达过程

D. 将起诉书副本留在徐某住处

① 【答案】ACD

第十一章 立案

基本要求

了解与把握：立案的概念、特征，立案监督的概念。

理解与运用：《刑事诉讼法》以及相关法律解释对立案的材料来源、立案的条件、立案的程序、立案监督制度的规定。

考情分析

立案是刑事诉讼程序的开始，是刑事诉讼程序启动的标志。本章需要掌握的内容主要是立案的条件，立案前的接受、初查，立案监督；立案监督有控告人的监督和检察机关的监督两种途径，立案监督的实现程序，公安机关对立案监督的异议程序；报案、举报与控告的区别。

近十年考题在本章的分布情况如下：

	年　度	单选题	多选题	不定项题	案例分析	分值
1	2017	卷二/23、30				2
2	2016		卷二/72			2
3	2015	卷二/32				1
4	2014					无
5	2013	卷二/34				1
6	2012					无
7	2011		卷二/68			2
8	2010					无
9	2009	卷二/26				1
10	2008					无

内容概览

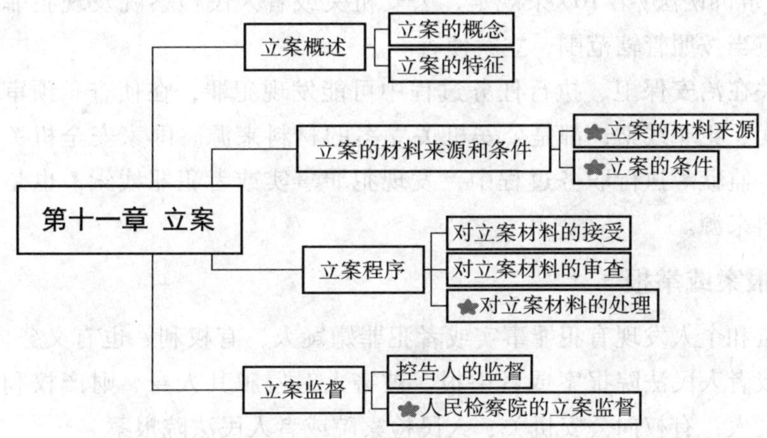

第一节　立案概述

一、立案的概念

刑事立案，是公安机关、人民检察院发现犯罪事实或者犯罪嫌疑人，或者公安机关、人民检察院、人民法院对于报案、控告、举报和自首，以及自诉人的起诉，按照各自的管辖范围进行审查，决定进行侦查或者审判的诉讼活动。

二、立案的特征

(1)立案是刑事诉讼的起始程序。刑事诉讼程序依次分为立案、侦查、起诉、审判和执行五个诉讼阶段，前一个诉讼阶段任务完成之后，才能进行下一阶段的诉讼活动，立案程序是整个刑事诉讼活动的开始。

(2)立案是刑事诉讼的必经程序。任何刑事案件进入刑事诉讼程序都必须经过立案阶段，这是刑事诉讼的必经程序。

(3)立案是法定机关的专门活动。刑事案件的立案，是法律赋予公安机关、国家安全机关、人民法院的专门职权，其他任何单位或个人都无权立案。

第二节　立案的材料来源和条件

一、立案的材料来源

立案即刑事诉讼的开始，但必须有证明犯罪事实和犯罪嫌疑人存在的材料。立案材料是公安司法机关审查决定是否立案的根据。立案材料的来源主要有：

（一）公安机关或者人民检察院自行发现的犯罪事实或者获得的犯罪线索

根据《刑事诉讼法》第109条规定，公安机关或者人民检察院发现犯罪事实或者犯罪嫌疑人，应当按照管辖范围，立案侦查。

公安机关在治安保卫、执行任务过程中可能发现犯罪，在侦查、预审工作中可能发现犯罪事实、犯罪线索，都是公安机关立案的材料来源。国家安全机关、军队内部的保卫部门、监狱等执行职务过程中，发现犯罪事实或者犯罪线索，也是审查确定是否立案的材料来源。

（二）报案或举报

任何单位和个人发现有犯罪事实或者犯罪嫌疑人，有权利、也有义务向公安机关、人民检察院或者人民法院报案或者举报。被害人对侵犯其人身、财产权利的犯罪事实或者犯罪嫌疑人，有权向公安机关、人民检察院或者人民法院报案。

报案是指单位、个人以及被害人，尚不知何人实施犯罪的情况下，对所发现的犯罪事实，向公安机关、人民检察院、人民法院告发的行为。

举报是指单位和个人，发现的犯罪事实、犯罪嫌疑人，向公安机关、人民检察院和人民法院进行告发、揭露的行为。

直击命题：

公民对正在进行的犯罪或实施犯罪以后正在逃跑的人，扭送至专门机关的行为，也可成为案件来源之一，可归入举报一类。

（三）提起自诉与控告

控告是指被害人（包括自诉人和被害单位）就其人身权利、财产权利遭受不法侵害的事实及犯罪嫌疑人的有关情况，向公安司法机关揭露和告发，要求依法追究其刑事责任的诉讼行为。

提起自诉是被害人、法定代理人及其近亲属对侵犯其人身、财产权利的犯罪行为，向法院直接起诉，请求法院依法审理并追究被告人刑事责任。

报案、控告和举报是公民的民主权利，受国家法律保护，任何单位或个人都不得以任何借口对报案人、控告人、举报人进行阻止、压制或者打击报复。对报案人、控告人、举报人进行报复、陷害构成犯罪的，依法追究刑事责任。

（四）自首

自首，是指犯罪人作案以后自动投案，如实供述自己罪行，并接受公安司法机关的审查和裁判的行为。

公安机关、人民检察院或者人民法院对于犯罪人的自首，都应当接受。对于不属于自己管辖的，应当移送主管机关处理；对于不属于自己管辖而又必须采取紧急措施的，应当先采取紧急措施，然后移送主管机关。

直击命题：

报案、举报、控告都能指出犯罪事实，三者的区别如下：

(1)主体不同。报案的主体是被害人或者第三人；举报的主体是第三人；控告的主体是被害人。

(2)能否指出犯罪人不同。报案不能指出犯罪人是谁；举报能指出犯罪嫌疑人是谁；控告也能指出犯罪嫌疑人是谁。

二、立案的条件

根据《刑事诉讼法》第112条规定，人民法院、人民检察院或者公安机关对于报案、控告、举报和自首的材料，应当按照管辖范围，迅速进行审查，认为有犯罪事实需要追究刑事责任的时候，应当立案；认为没有犯罪事实，或者犯罪事实显著轻微，不需要追究刑事责任的时候，不予立案，并且将不立案的原因通知控告人。控告人如果不服，可以申请复议。可见，立案必须同时具备两个法定条件：

（一）公安机关的立案条件

1. 有犯罪事实

有犯罪事实，是指客观上存在着某种危害社会的犯罪行为，这是立案的首要条件。“有犯罪事实”指的是：

(1)该行为涉嫌违反《刑法》规定危害社会的犯罪行为，而不只是一般违法行为。《刑事诉讼法》第16条第1项规定，有危害社会的违法行为，但是情节显著轻微，危害不大，不认为是犯罪的，就不应立案。

(2)要有一定的证据材料证明犯罪事实确已发生。所谓“确已发生”，是指犯罪事实确已存在，或犯罪行为已经实施，或是正在实施，或是正着手预备犯罪，而不能是有人声称要犯罪，也不是道听途说、凭空捏造或者捕风捉影。

【注意】立案是追究犯罪的开始，此时的犯罪事实仅是指发现有某种危害社会而又触犯刑律的犯罪行为发生。至于整个犯罪过程、犯罪的具体情节、犯罪人是谁，并不要求在立案时就全部弄清楚，这些问题应当通过立案后的侦查或审理活动来解决。

2. 需要追究刑事责任

需要追究刑事责任，是指依法应当追究犯罪行为人的刑事责任。对存在《刑事诉讼法》第16条规定情形的，专门机关不应当立案。

（二）自诉案件受理条件

自诉案件是自诉人向人民法院提起诉讼，人民法院根据自诉案件的立案条件，进行审查决定是否受理，一经受理，直接进入审判程序。因此，自诉案件的立案条件除了应具备刑事立案的两个立案条件以外，应当具备人民法院受理自诉进行审判的条件：

(1)属于刑事自诉案件的范围。

(2)属于该人民法院管辖。

(3)刑事案件的被害人告诉或符合法定条件的其他人告诉。如果被害人死亡、丧失行为能力，或者受到强制、威胁而无法告诉，或者被害人是限制行为能力人及年老、患病、盲、聋、哑等客观原因导致不能亲自告诉的，可由其法定代理人告诉或近亲属代为告诉，人民法院依法受理。法定代理人近亲属代为告诉的，应当提供与被害人关系证明和被害人不能亲自告诉原因的证明。

(4)有明确的被告人、具体的诉讼请求和能证明被告人犯罪事实的证据。

实战演练：

李某的朋友戴某将代为保管的李某电脑(价值1万元)占为己有，李某多次协商均退回，李某又碍于情面，没有提起诉讼。李某的妻子非常气氛，决心到法院起诉戴某侵占罪，法院是否应当予以受理？

解答：法院不应当受理。侵占罪虽然属于告诉才处理的案件，但是李某是碍于情面并非近亲属代为告诉的情形，故法院不应受理。

第三节　立案程序和立案监督

一、立案程序

(一)对立案材料的接受

(1)公安机关、人民检察院和人民法院对于报案、控告、举报、自首和扭送都应当接受，然后依法处理，不得以任何理由拒绝或推诿。对于不属于自己管辖的，应当移送主管机关处理，并且通知报案人、控告人、举报人；对于不属于自己管辖而又必须采取紧急措施的，应当先采取紧急措施，然后移送主管机关。这里的“紧急措施”包括保护现场、先行拘留嫌疑人、扣押证据等措施。

(2)报案、控告和举报可以用书面或口头形式提出。接受口头报案、控告、举报、扭送的，专门机关应问清情况，做好笔录，并向报案人、控告人、举报人宣读，经确认无误后，由其签名或者盖章。

(3)接受控告、举报的工作人员应当向控告人、举报人说明诬告应负的法律责任。

(4)公安司法机关应当为报案人、控告人、举报人保密，并保障他们及其近亲属的安全。报案人、控告人、举报人如果不愿公开自己的姓名和报案、控告、举报行为的，专门机关及工作人员应当为他们保密。

(二)对立案材料的审查

根据《刑事诉讼法》第112条规定，人民法院、公安机关对于报案、控告、举报和自首的材料，应当按照管辖范围，迅速进行审查。通过审查，应当查明：材料所反映的事件是否属于犯罪行为；如果属于犯罪行为，有无确实可靠的证据材料证明；依法是否需要追究行为人的刑事责任；有无法定不追究刑事责任的情形。

司法实践中，公安司法机关对立案材料进行审查时，可以要求报案、控告、举报的单位和个人提供补充材料，或者要求他们作补充说明，公安机关还可以进行必要的调查。所谓必要的调查，是指公安司法机关所进行的一般性调查活动，立案调查中，不得采取限制人身自由的强制措施，不得采取对财产的查封、扣押、冻结强制性方法，不得采取技术侦查措施。

法院对自诉案件的审查，有一定的特定性。自诉人应向人民法院提起自诉，在提起自诉的同时，应提供证明犯罪事实发生的相应证据。人民法院经审查，认为证据不充分的，可以要求自诉人提出补充证据材料，但不得进行证据调查。

【注意】初查和侦查不同，初查是在立案之前，侦查是在立案之后。初查阶段只能使用任意性侦查措施，不能使用强制措施和强制性侦查手段。

（三）对立案材料的处理

(1)公安司法机关通过对立案材料进行审查后，应针对不同案情，作出立案或者不立案的决定。

公安司法机关对立案材料审查后，认为有犯罪事实需要追究刑事责任的时候，应当立案；认为没有犯罪事实，或者犯罪事实显著轻微，不需要追究刑事责任的时候，不予立案。

人民法院会根据自诉案件的受理条件进行审查和要求补充证据，符合立案条件的决定立案；不符合受理条件的，说服自诉人撤回起诉，不撤回自诉的，裁定不予受理。

(2)无论是决定立案还是决定不立案，都必须作出书面决定。

(3)决定不予立案的，应当制作书面法律文书，并将不立案的原因通知控告人。控告人对不立案决定不服，可以申请复议。对控告人的复议申请，应当及时审核并作出答复。

人民法院对于不符合自诉条件的案件，或说服自诉人撤回起诉或裁定不予受理。自诉人对不予受理的裁定，可以提起上诉。

(4)对于虽不具备立案条件，但有严重错误或一般的违法乱纪行为，需要其他部门处理的，应当将报案、控告或者举报材料移送有关部门处理。

▶ 经典考题

11-1. 1996 年 11 月，某市发生一起故意杀人案。2017 年 3 月，当地公安机关根据案发时现场物证中提取的 DNA 抓获犯罪嫌疑人陆某。2017 年 7 月，最高检察院对陆某涉嫌故意杀人案核准追诉。在最高检察院核准前，关于本案处理，下列哪一选项是正确的？(2017-卷二-23 单选题)①

A. 不得侦查本案　　B. 可对陆某先行拘留

C. 不得对陆某批准逮捕　　D. 可对陆某提起公诉

① 【答案】B

二、立案监督

立案监督是有监督权的机关和公民依法对立案活动进行监视、督促或者审核的诉讼活动。我国立案监督是通过控告人和人民检察院对立案活动实施监督：

（一）控告人的监督

控告人对立案活动的监督，通过申请复议进行。

控告人对公安机关的不立案决定不服的，可以在收到《不予立案通知书》后 7 日内向作出决定的原公安机关申请复议。原决定公安机关应当在收到复议申请后 7 日内作出决定，并书面通知控告人。控告人对不予立案的复议决定不服的，可以在收到复议决定书后 7 日内向上一级公安机关申请复核；上一级公安机关应当在收到复核申请后 7 日内作出决定。对上级公安机关撤销案件不予立案决定后，下级公安机关应当执行。

【注意】控告人是向作出不立案决定的机关申请复议，向上一级机关申请复核。

（二）人民检察院的立案监督

《刑事诉讼法》第 113 条规定：人民检察院认为公安机关对应当立案侦查的案件而不立案侦查的，或者被害人认为公安机关对应当立案侦查的案件而不立案侦查，向人民检察院提出的，人民检察院应当要求公安机关说明不立案的理由。人民检察院认为公安机关不立案的理由不能成立的，应当通知公安机关立案，公安机关接到通知后应当立案。

1. 人民检察院对公安机关立案活动监督的材料来源

（1）人民检察院履行职责活动中发现对公安机关立案监督的线索。

（2）通过被害人的申诉获得。被害人及其法定代理人、近亲属或者行政执法机关，认为公安机关对其控告或者移送的案件应当立案侦查而不立案侦查，或者当事人认为公安机关不应当立案而立案，向人民检察院提出的，人民检察院应当受理并进行审查。

2. 人民检察院对立案监督材料的审查处理

（1）人民检察院接到控告、举报或自行发现行政执法机关该移送而不移送犯罪案件的，可向行政执法机关提出检察意见，要求其按照管辖规定，向专门机关移送涉嫌犯罪的案件。

（2）人民检察院控告检察部门受理并审查对公安机关不当立案问题的控告与申请进行审查。认为需要公安机关说明立案或者不立案理由时，将案件移送侦查监督部门办理。

（3）要求公安机关说明理由：

①侦查监督部门调查、核实有关证据材料，经检察长批准，要求公安机关书面说明不立案的理由。

②有证据证明公安机关可能存在违法动用刑事手段插手民事、经济纠纷，或者利用立案事实报复陷害、敲诈勒索以及谋取其他非法利益等违法立案情形，尚未提请批

准逮捕或者移送审查起诉的，经检察长批准，应当要求公安机关书面说明立案理由。

③人民检察院制作并送达“要求说明不立案理由通知书”或者“要求说明立案理由通知书”，并告知公安机关收到通知书后的7日以内，书面说明“不立案或者立案的情况、依据和理由”，连同有关证据材料回复人民检察院。

(4)通知公安机关立案或者撤销案件。人民检察院侦查监督部门对“说明不立案或者立案的理由”进行审查，认为理由不能成立的，经检察长或者检察委员会讨论决定，通知公安机关立案或者撤销案件。侦查监督部门认为“不立案或者立案理由成立”的，应当通知控告检察部门，由控告检察部门在10日内，告知被害人及其法定代理人、近亲属或者行政执法机关。

3. 公安机关对立案监督的复议与复核

公安机关认为人民检察院撤销案件通知有错误的，可以要求同级人民检察院复议。人民检察院应当在收到要求复议的意见书和案卷材料后7日以内重新审查并作出是否变更的决定，并通知公安机关。

公安机关不接受人民检察院复议决定，可以提请上一级人民检察院复核。上级人民检察院应当在收到提请复核的意见书和案卷材料后15日以内，作出是否变更的决定。上级人民检察院复核认为撤销案件通知有错误的，下级人民检察院应当立即纠正；下级人民检察院复核认为撤销案件通知正确的，应当作出复核决定并送达下级公安机关。

4. 跟踪监督

人民检察院通知公安机关立案或者撤销案件的，依法对执行情况进行监督。公安机关在收到通知立案书或者通知撤销案件书后，超过15日不予立案或者既不提出复议、复核，也不撤销案件的，人民检察院发出《纠正违法通知书》予以纠正。公安机关仍不纠正的，报上一级人民检察院协商同级公安机关处理。公安机关立案后3个月内未侦查终结的，可以向公安机关发出《立案监督案件催办函》，要求公安机关及时向人民检察院反馈侦查工作进展情况。

▶ 经典考题

11-2. 环卫工人马某在垃圾桶内发现一名刚出生的婴儿后向公安机关报案，公安机关紧急将婴儿送医院成功抢救后未予立案。关于本案的立案程序，下列哪一选项是正确的？(2017-卷二-30 单选题)①

A. 确定遗弃婴儿的原因后才能立案

B. 马某对公安机关不予立案的决定可申请复议

C. 了解婴儿被谁遗弃的知情人可向检察院控告

D. 检察院可向公安机关发出要求说明不立案理由通知书

① 【答案】D

第十二章　侦查

基本要求

了解与把握：侦查、侦查权、侦查程序的概念，各种侦查行为的概念，侦查终结与补充侦查的概念，侦查监督的概念，侦查的任务，侦查工作的原则，侦查的司法控制。

理解与运用：《刑事诉讼法》以及相关法律解释对各种侦查行为的法定程序，侦查终结的条件和处理程序，补充侦查的种类，对违法侦查行为的申诉、控告程序，侦查监督程序的规定。

考情分析

从以往的考试情况来看，该章属必考内容，分值重镇，每年约在3~9分之间，因此复习时应重点关注本章的内容。本章主要掌握刑事诉讼法关于各种侦查行为的程序性规定，准确把握各侦查措施的区别和特殊要求。要理解和把握侦查活动的申诉、控告以及技术侦查措施等内容以及关于侦查终结、人民检察院补充侦查、侦查监督的规定，还需结合非法证据排除规则进行掌握，要熟悉司法解释对讯问、询问、采样、搜查、查封、查询、冻结、鉴定和技术侦查等的规定。

近十年考题在本章的分布情况如下：

	年　度	单选题	多选题	不定项题	案例分析	分值
1	2017	卷二/31	卷二/64、73	卷二/95		7
2	2016	卷二/34		卷二/94		4
3	2015	卷二/24	卷二/70	卷二/92、94		7
4	2014	卷二/34	卷二/70	卷二/92		5
5	2013	卷二/30、35	卷二/69			4
6	2012	卷二/41	卷二/71	卷二/92、93、94		9

续表

	年 度	单选题	多选题	不定项题	案例分析	分值
7	2011	卷二/30	卷二/69			3
8	2010	卷二/28、29	卷二/67、69			6
9	2009	卷二/27	卷二/68			3
10	2008					无

内容概览

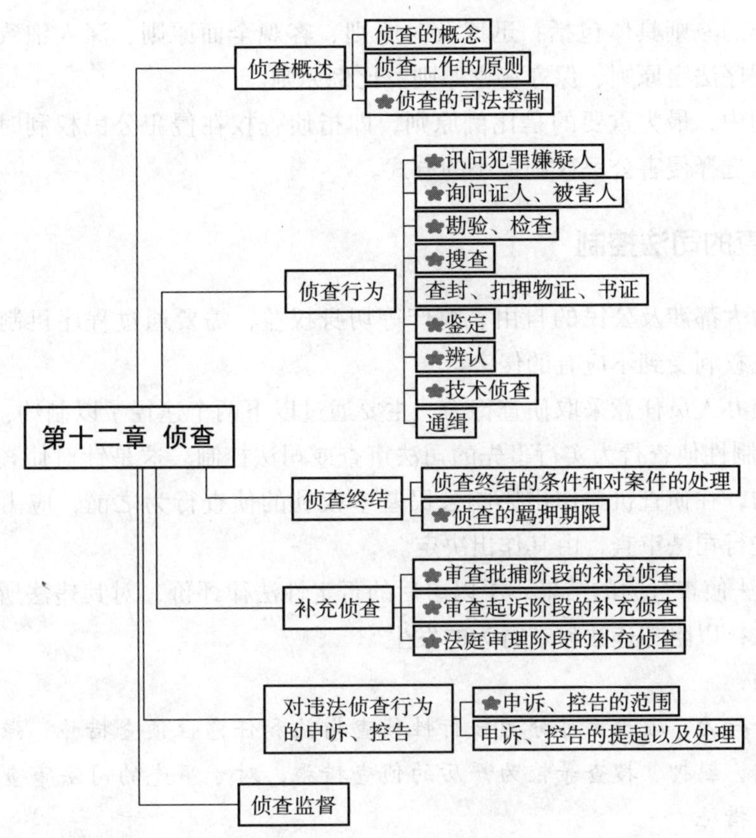

第一节 侦查概述

一、侦查的概念

侦查是指公安机关、人民检察院对于刑事案件，依照法律进行的收集证据、查明案情的工作和有关的强制性措施。

军队保卫部门对军队内部发生的刑事案件行使侦查权。

中国海警局履行海上维权执法职责，对海上发生的刑事案件行使侦查权。

对罪犯在监狱内犯罪的案件由监狱进行侦查。

侦查是独立的诉讼阶段。公诉案件必须经过侦查，进入起诉和审判程序。侦查所进行的调查是专门性调查，既不同于行政调查、一般的社会调查，也不同于人民法院的法庭调查或庭外调查。

二、侦查工作的原则

侦查工作的原则是指侦查机关在刑事诉讼活动中应当遵守的基本原则，它是一系列的基本行为准则，侦查人员在刑事诉讼活动中必须予以遵守。

侦查工作的原则具体包括：迅速及时原则、客观全面原则、深入细致原则、依靠群众原则、程序法定原则、保守秘密原则、比例原则。

上述原则中，最为重要的是比例原则，即指侦查权在侵犯公民权利时，必须在法律规定范围内选择侵害公民权利最小的方式。

三、侦查的司法控制

侦查行为大都涉及公民的自由、财产等切身权益，需要通过程序机制予以相应限制，防止公民权利受到不应有的侵害。

为防止侦办人员任意采取侦查行为，主要通过以下两个途径予以制约：

(1)对强制性侦查行为实行事先的司法审查或司法控制。这是针对侦查手段的滥用而进行的制约，在侦查机关作出影响公民基本权利的侦查行为之前，应由裁判主体也就是法官来进行司法审查，由其作出决定。

(2)对违法侦查行为的结果，予以事后的否定性法律评价，对其违法所获取的证据效力予以否认，以阻却违法侦查行为的发生。

直击命题：

对于侦查行为，理论上可分为强行性侦查措施和任意性侦查措施，强行性侦查措施主要是逮捕、羁押、搜查等较为严厉的侦查措施，对于事先的司法审查主要是针对强行性的侦查措施。

▶ 经典考题

12-1. 对侦查所实施的司法控制，包括对某些侦查行为进行事后审查。下列哪一选项是正确的？(2013-卷二-35 单选题)①

A. 事后审查的对象主要包括逮捕、羁押、搜查等

B. 事后审查主要针对的是强行性侦查措施

① 【答案】D

C. 采取这类侦查行为不可以由侦查机关独立作出决定

D. 对于这类行为，公民认为侦查机关侵犯其合法权益的，可以寻求司法途径进行救济

第二节 侦查行为

侦查行为，是指侦查机关在办理案件过程中，依照法律进行的各种专门调查活动。刑事诉讼法规定的侦查行为有以下九种。

一、讯问犯罪嫌疑人

讯问犯罪嫌疑人，是指侦查人员依照法定程序以言词方式向犯罪嫌疑人查问案件事实的一种侦查行为。

讯问犯罪嫌疑人的程序和方法如下：

(1) 讯问犯罪嫌疑人必须由侦查人员负责进行，讯问侦查人员不得少于 2 人，讯问同案的犯罪嫌疑人，应当分别进行。

(2) 对于不需要逮捕、拘留的犯罪嫌疑人，可以传唤到犯罪嫌疑人所在市、县内的指定地点或者到他的住处进行讯问，但是应当出示公安机关的证明文件。

对在现场发现的犯罪嫌疑人，经出示工作证件，可以口头传唤，但应当在讯问笔录中注明。

犯罪嫌疑人被送交看守所羁押以后，侦查人员对其进行讯问，应当在看守所内进行。

传唤、拘传持续的时间最长不得超过 12 小时，案情特别重大、复杂，需要采取拘留、逮捕措施的，传唤、拘传持续的时间不得超过 24 小时。两次传唤间隔的时间一般不得少于 12 小时，不得以连续传唤、拘传的形式变相拘禁犯罪嫌疑人。

对于已经被拘留或者逮捕的犯罪嫌疑人，应当在拘留或者逮捕后的 24 小时以内讯问，在发现不应当拘留或者逮捕的时候，必须立即释放。

(3) 侦查人员在讯问犯罪嫌疑人的时候，应当首先讯问犯罪嫌疑人是否有犯罪行为。

犯罪嫌疑人对侦查人员的提问，应当如实回答，但是对与本案无关的问题，有权拒绝回答。

侦查人员在讯问犯罪嫌疑人的时候，应当告知犯罪嫌疑人享有的诉讼权利，如实供述自己罪行可以从宽处理和认罪认罚的法律规定。

(4) 讯问聋、哑犯罪嫌疑人，应当有通晓聋、哑手势的人参加，并且将这种情况记明笔录。

(5) 讯问犯罪嫌疑人应当制作讯问笔录。笔录应当如实记载提问、回答和其他在场人的情况。笔录应当交犯罪嫌疑人核对，对于没有阅读能力的，应当向他宣读。如果

记载有遗漏或差错，犯罪嫌疑人可以提出补充或改正。犯罪嫌疑人承认笔录没有错误后，应当签名或者盖章。侦查人员也应当在笔录上签名。

犯罪嫌疑人请求自行书写供述的，应当准许。必要时，侦查人员也可以要求犯罪嫌疑人亲笔书写供词。

(6)讯问录音录像。侦查人员在讯问犯罪嫌疑人的时候，可以对讯问过程进行录音或者录像；对于可能判处无期徒刑、死刑的案件或者其他重大犯罪案件，应当对讯问过程进行录音或者录像。录音或者录像应当全程进行，保持完整性，应当在讯问笔录中注明。

(7)讯问犯罪嫌疑人，严禁刑讯逼供，也不准诱供、骗供、指名问供。对于实行刑讯逼供的人，犯罪嫌疑人有权提出控告；构成犯罪的，应当依法追究其刑事责任。

直击命题：

对于未成年人刑事案件，在讯问的时候，应当通知未成年犯罪嫌疑人的法定代理人到场。无法通知、法定代理人不能到场或者法定代理人是共犯的，也可以通知未成年犯罪嫌疑人的其他成年亲属，所在学校、单位、居住地基层组织或者未成年人保护组织的代表到场，并将有关情况记录在案。讯问女性未成年犯罪嫌疑人，应当有女工作人员在场。

二、询问证人、被害人

询问证人、被害人，是指侦查人员依照法定程序，以言词方式向证人、鉴定人调查了解案件情况的侦查行为。询问证人、被害人的程序和方式如下：

(1)询问证人只能由侦查人员进行。

(2)侦查人员询问证人，可以在现场进行，也可以到证人的所在单位、住处或者证人提出的地点进行，但是必须出示公安机关的证明文件。在必要的时候，也可以通知证人到公安机关提供证言。侦查人员询问证人，不得另行指定上述地点外的其他地点。

(3)询问证人应当个别进行。避免证人之间交叉串供，保证证人证言的真实性。

(4)为了保证证人如实提供证据，询问证人时，应当告知证人有意作伪证或者隐匿罪证要负的法律责任。

(5)询问不满18岁的证人，应当通知其法定代理人到场，无法通知、法定代理人不能到场或者法定代理人是共犯的，也可以通知未成年人的其他成年亲属，所在学校、单位、居住地的村民委员会、居民委员会或者未成年人保护组织的代表到场。询问的地点也可以选择未成年人所熟悉和习惯的场所。询问聋、哑证人，应当有通晓聋、哑手势的人做翻译，并将这种情况记人笔录。询问不通晓当地语言文字的人、外国人，应当为其聘请翻译。

(6)询问证人，一般应先让证人就他所知道的情况作连续的详细叙述，并问明所叙述的事实的来源，然后根据其叙述结合案件中应当判明的事实和有关情节，向证人提出问题，让证人回答。询问证人必须保证其有客观、充分地提供证言的条件。

(7)对证人的叙述，应当制作笔录，交证人核对或者向他宣读。如记载有遗漏或者差错，证人可以提出补充或者改正。证人承认笔录没有错误，应当签名或者盖章，侦查人员也应当在笔录上签名。证人请求自行书写证言的，应当允许。必要时，侦查人员也可以要求证人写出书面证言。

(8)询问被害人，适用询问证人的程序。

三、勘验、检查

勘验、检查，是侦查人员对于与犯罪有关的场所、物品、尸体、人身进行勘查和检验的一种侦查行为。勘验和检查的性质是相同的，只是对象有所不同。勘验的对象是现场、物品和尸体，而检查的对象是活人的身体。

根据刑事诉讼法的规定，勘验、检查可以分为现场勘验、物证检验、尸体检验、人身检查和侦查实验五种。

1. 现场勘验

现场勘验，是侦查人员对刑事案件的犯罪现场进行勘查和检验的一种侦查活动。现场勘验应当注意以下几点：

(1)保护好现场。任何单位和个人都有义务保护犯罪现场，并且立即通知公安机关派员勘验。接案后，侦查人员应当迅速赶到案发现场，并保护好现场。

(2)侦查人员勘验现场，必须持有公安机关的证明文件。

(3)勘验现场在必要时可以指派或聘请具有专门知识的人在侦查人员的主持下进行。为了保护勘验的客观性，应当邀请两名与案件无关的见证人在场。

(4)在勘验现场时，侦查人员还应当及时向被害人、目睹人、报案人和其他群众调查访问，以便了解发案前和发案当时的状况，发现和收集同案件有关的各种情况，并及时采取紧急措施收集证据。

(5)勘验现场的情况应当写成笔录，由侦查人员、其他参加勘验的人员和见证人签名或者盖章。对于重大案件、特别重大案件的现场，应当录像。

2. 物证检验

检验物证，是指对在侦查活动中收集到的物品或者痕迹进行检查、验证，以确定该物证与案件事实之间关系的一种侦查活动。

检验物证，需要经专门技术人员进行检验和鉴定的，应当指派或聘请鉴定人进行。检验物证，应制作检验笔录，参加检验的人员和见证人均应签名或者盖章。

3. 尸体检验

尸体检验是指由于侦查机关指派或聘请的法医或医师对非正常死亡的尸体进行尸表检验或者尸体解剖的一种侦查活动。

对于死因不明的尸体，为了确定死因，经县级以上公安机关负责人批准，可以解剖尸体或者开棺检验，并通知死者家属到场。检验尸体，应当在侦查人员主持下，由法医或者医师进行尸表检验或者尸体解剖。尸体检验的情况，应当详细写成笔录，并由侦查人员和法医或医师签名或者盖章。

4. 人身检查

人身检查是指为了确定被害人、犯罪嫌疑人的某些特征、伤害情况或者生理状态，依法对其身体进行检验、查看，提取指纹信息，采取血液、尿液等生物样本的侦查行为。人身检查是对活人身体进行的一种特殊检验。

根据刑事诉讼法的规定，对被害人、犯罪嫌疑人进行人身检查，必须由侦查人员进行。必要时也可以在侦查人员主持下，聘请法医或医师严格依法进行，但不得有侮辱被害人、犯罪嫌疑人的人格或其他合法权益的行为。对犯罪嫌疑人进行人身检查，如果有必要，可以强制进行。但对于被害人的人身检查，应征求本人的同意，不得强制进行。检查妇女的身体，应当由女工作人员或者医师进行。

人身检查应制作笔录，详细记载检查情况和结果，并由侦查人员和进行检查的法医或医师签名或者盖章。

【注意】强制检查只能针对犯罪嫌疑人，不能针对被害人。

5. 侦查实验

侦查实验是指侦查人员为了确定与案件有关的某一事实在某种情况下能否发生或者是怎样发生的，而按当时的情况和条件进行实验的一种侦查活动。

根据刑事诉讼法以及公安部《规定》的有关规定，为了查明案情，在必要的时候，经公安机关负责人批准，可以进行侦查实验。进行侦查实验时，禁止一切足以造成危险、侮辱人格或者有伤风化的行为。

侦查实验，在必要的时候可以聘请有关人员参加，也可以要求犯罪嫌疑人、被害人、证人参加。侦查实验，应当制作笔录，记明侦查实验的条件、经过和结果，由参加侦查实验的人员签名或者盖章。

【注意】侦查实验不能有足以造成危险，侮辱人格和有伤风化的行为，但是可以进行相关行为，如可以对证人在描述的时间、地点能否目击到强奸行为进行侦查实验。

6. 复验、复查

这一程序的规定，目的在于保证和提高勘验、检查的质量，防止和纠正可能出现的差错。同时也是检察机关依法实施侦查监督的形式。复验、复查可以退回公安机关进行，也可以由人民检察院自己进行。对于退回公安机关的，人民检察院也可以派员参加。

复验、复查的情况应制作笔录，并由参加复验、复查的人员签名或者盖章。

四、搜查

搜查，是指侦查人员对犯罪嫌疑人以及可能隐藏罪犯或者罪证的人的身体、物品、住处和其他有关的地方进行搜索、检查的一种侦查行为。搜查是一种强制性的侦查措施，搜查的程序和要求如下：

(1)搜查只能由侦查人员进行。搜查的对象，可以是犯罪嫌疑人，也可以是其他可能隐藏罪犯或者犯罪证据的人；可以对人身进行，也可以对被搜查人的住处、物品和其他有关场所进行。

(2)任何单位和个人，有义务按照公安机关的要求，交出可以证明犯罪嫌疑人有罪或者无罪的物证、书证、视听资料等证据。

(3)搜查时，必须向被搜查人出示搜查证，否则，被搜查人有权拒绝搜查。公安机关的搜查证，要由县级以上公安机关负责人签发。在执行逮捕、拘留的时候，遇有下列紧急情况，不另用搜查证也可以进行搜查：

①身带行凶、自杀器具的。

②可能隐藏爆炸、剧毒等危险物品的。

③可能毁弃、转移犯罪证据的。

④可能隐匿其他犯罪嫌疑人的。

实战演练：

甲某涉嫌爆炸罪被指定居所监视居住，侦查机关对其所居住的居所搜查时，发现其身上可能藏有爆炸物，侦查机关是否可以不出示搜查证？

解答：不可以，侦查机关只有在执行拘留、逮捕时，遇有紧急情况，才能不出示搜查证。而本案是监视居住，不满足条件。

(4)搜查的时候，应当有被搜查人或者他的家属、邻居或者其他见证人在场。

(5)搜查妇女的身体，应当由女工作人员进行。

【注意】在人身检查中，检查妇女的身体，应当由女工作人员或者医师进行，但在搜查时妇女的身体时，应当由女工作人员进行，没有医师，注意区分。

(6)搜查的情况应当写成笔录，由侦查人员和被搜查人或者他的家属、邻居或者其他见证人签名或者盖章。如果被搜查人或者他的家属在逃或者拒绝签名、盖章，应当在笔录上注明。

五、查封、扣押物证、书证

查封、扣押物证、书证，是指侦查机关依法对与案件有关的物品、文件、款项等强制查封、扣留或者冻结的一种侦查行为。查封、扣押物证、书证的目的在于取得和保全证据，防止其损毁或者被隐匿。

查封、扣押时不需要专门出示查封、扣押证，其具体程序如下：

(1)在侦查活动中发现的可用以证明犯罪嫌疑人有罪或者无罪的各种财物、文件，应当查封、扣押；与案件无关的财物、文件，不得查封、扣押。

(2)对于查封、扣押的财物、文件，应当会同在场见证人和被查封、扣押财物、文件持有人查点清楚，当场开列清单一式两份，由侦查人员、见证人和持有人签名或者盖章，一份交给持有人，另一份附卷备查。

(3)对于查封、扣押的财物、文件，要妥善保管或者封存，不得使用、调换或者损毁。

(4)侦查人员认为需要扣押犯罪嫌疑人的邮件、电报的时候，经公安机关，即可通知邮电机关将有关的邮件、电报检交扣押。不需要继续扣押的时候，应立即通知邮电机关。

(5)公安机关根据侦查犯罪的需要，可以依照规定查询、冻结犯罪嫌疑人的存款、汇款、债券、股票、基金份额等财产。有关单位和个人应当配合。该财产已被冻结的，不得重复冻结，但可轮候冻结。

(6)对于扣押的物品、文件、邮件、电报或者冻结的存款、汇款，经查明确实与案件无关的，应当在3日以内解除查封、扣押、冻结，退还原主或者原邮电机关。

六、鉴定

鉴定是指公安机关为了查明案情，指派或者聘请具有专门知识的人对案件中的专业技术问题进行鉴别和判断的一种活动。

在侦查实践中，鉴定适用的范围十分广泛，鉴定的程序和要求如下：

(1)选派鉴定人。鉴定人的选定有两种方式：一是指派，二是聘请。被选派的鉴定人应当是具有某项专门知识，而且与本案和本案当事人没有利害关系，能够保证客观、公正地进行鉴定的人。

(2)侦查机关应当为鉴定人进行鉴定提供必要条件，及时向鉴定人送交有关检材和对比样本等原始材料，介绍与鉴定有关的情况，并且明确提出要求鉴定解决的问题，但是，不得暗示或者强迫鉴定人作出某种鉴定意见。

(3)鉴定人进行鉴定时，应当遵守自己的职业道德，坚持实事求是的原则。鉴定人故意作虚假鉴定的，应当承担法律责任。

(4)鉴定人进行鉴定后，应当写出鉴定意见，并且签名。鉴定意见应当对侦查人员提出的问题作出明确的回答，并说明其科学或者技术上的根据。

(5)侦查人员对鉴定人作出的鉴定意见，应当进行审查，如果有疑问，可以要求鉴定人作补充鉴定。必要时，也可以另行指派或者聘请鉴定人重新鉴定。

完成鉴定后，侦查机关有义务将用作证据的鉴定意见告知犯罪嫌疑人、被害人。犯罪嫌疑人、被害人可以申请补充鉴定或者重新鉴定，以保障犯罪嫌疑人、被害人的合法权益。

【注意】关于鉴定，2005年《全国人民代表大会常务委员会关于司法鉴定管理问题的决定》对鉴定的内容进行了详细的规定。

七、辨认

辨认，是指侦查人员为了查明案情，在必要时让被害人、证人以及犯罪嫌疑人对与犯罪有关的物品、文件、场所或者犯罪嫌疑人进行辨认的一种侦查行为。

辨认应当遵循以下程序：

(1)辨认应当在侦查人员的主持下进行，主持辨认的侦查人员不得少于2人。在辨认前要避免辨认人见到被辨认对象。

(2)多个辨认人对同一辨认对象进行辨认时，应当由每位辨认人单独进行辨认。必要时，可以有见证人在场。

(3)公安机关侦查的案件，在辨认犯罪嫌疑人时，人数不得少于7人；辨认照片时，不得少于10人的照片；辨认物品时，同类物品不得少于5件；对场所、尸体等特定辨认对象进行辨认，或者辨认人能够准确描述物品独有特征的，陪衬物不受数量的限制。

(4)对犯罪嫌疑人的辨认，辨认人不愿公开进行的，可以在不暴露辨认人的情况下进行，侦查人员应当为其保密。

(5)辨认过程应当制作笔录，由主持和参加辨认的侦查人员、辨认人、见证人签名或盖章。公安机关侦查的案件，必要时，应当对辨认过程进行录音或者录像。

直击命题：

勘验、检查，扣押物证、书证，搜查，辨认种侦查行为有两个共同点：①有见证人在场；②都要形成笔录。

八、技术侦查

技术侦查，是国家安全机关和公安机关为了侦查犯罪而采取的特殊侦查措施，包括电子侦听、电话监听、电子监控、秘密拍照或录像、秘密获取某些物证、邮件等秘密的专门侦查手段。新修订《刑事诉讼法》第150条规定，公安机关在立案后，对于危害国家安全犯罪、恐怖活动犯罪、黑社会性质的组织犯罪、重大毒品犯罪或者其他严重危害社会的犯罪案件，根据侦查犯罪的需要，经过严格的批准手续，可以采取技术侦查措施。

人民检察院在立案后，对于利用职权实施的严重侵犯公民人身权利的重大犯罪案件，根据侦查犯罪的需要，经过严格的批准手续，可以采取技术侦查措施，按照规定交有关机关执行。

追捕被通缉或者批准、决定逮捕的在逃的犯罪嫌疑人、被告人，经过批准，可以采取追捕所必需的技术侦查措施。

技术侦查的程序和要求如下：

(1)技术侦查措施的使用主体只能是公安机关和国家安全机关。公安机关、国家安全机关可以依照严格的批准程序，自行决定与执行技术侦查措施。

(2)技术侦查依法适用于：危害国家安全犯罪、恐怖活动犯罪、黑社会性质的组织犯罪、重大毒品犯罪或者其他严重危害社会的犯罪案件；利用职权实施的严重侵犯公民人身权利的重大犯罪案件；被通缉或者被批准、决定逮捕的犯罪嫌疑人、被告人在逃的。

(3)采取技术侦查措施，必须是在立案以后，严格按照批准的措施种类、适用对象和期限执行。批准决定自签发之日起3个月以内有效。批准后，对于不需要继续采取技术侦查措施的，应当及时解除；对于复杂、疑难案件，期限届满仍有必要继续采取技术侦查措施的，经过批准，有效期可以延长，每次不得超过3个月。

(4)侦查人员对采取技术侦查措施过程中知悉的国家秘密、商业秘密和个人隐私，应当保密；对采取技术侦查措施获取的与案件无关的材料，必须及时销毁。并且采取技术侦查措施获取的材料，只能用于对犯罪的侦查、起诉和审判，不得用于其他用途。

(5)相关单位与个人的配合义务，并对有关情况予以保密。

(6)《刑事诉讼法》特别强调了以下两种秘密侦查措施的使用：

①"隐匿身份"的侦查。为了查明案情，在必要时，经公安机关负责人决定，可以隐匿有关人员身份实施侦查。但不得诱使他人犯罪，不得采用可能危害公共安全或者发生重大人身危险的方法。

②对毒品犯罪、违禁品或者财物的犯罪活动的侦查，可在秘密监控下实行控制下交付的侦查方法。

(7)依法采取技术侦查措施收集的材料，可以在刑事诉讼中作为证据使用。并且，是否用作刑事证据使用，检察机关有决定权。对由技术侦查措施所获取证据的使用，不能危及有关人员的人身安全，要避免导致其他严重后果。如有必要，应当采取不暴露有关人员身份方式，或采取相应技术方法的保护措施；必要的时候，对此类证据的审查，可以采取"庭外核实"的方式，由审判人员在庭外对证据进行核实，无须经过当庭质证。

九、通缉

通缉，是公安机关发布通令，缉拿应当逮捕而在逃的犯罪嫌疑人的一种侦查行为。通缉的程序和要求如下：

(1)只有公安机关有权在辖区内发布通缉令，需要超出管辖区域进行通缉的，应当报请有权决定的上级机关发布通缉令。

(2)通缉的对象是依法应当逮捕或者逮捕后，在逃的犯罪嫌疑人、被告人。

(3)通缉令中应写明被通缉人的姓名、性别、年龄、籍贯、衣着和体貌特征，并应附上照片。除了必须保密的事项外，应当写明发案时间、地点、案情性质等简要情况，加盖发布机关的印章。

(4)被通缉的人已经归案、死亡或者通缉的原因已经消失而无通缉必要的，发布机关应当在原发布范围内立即通知撤销通缉令。

实战演练：

甲县属于湖南省，乙县属于湖北省。甲县公安局应当逮捕的犯罪嫌疑人杨某逃亡湖北省，甲县公安局欲对杨某在湖北省发布通缉令，应当由哪个机关决定？

解答：公安部。甲县属于湖南省，不属于湖北省的辖区，只能逐级报请公安部发布通缉令。

▶ 经典考题

12-2. 关于讯问犯罪嫌疑人，下列哪些选项是正确的？（2014-卷二-70 多选题）①

---

① 【答案】BC

A. 在拘留犯罪嫌疑人之前，一律不得对其进行讯问

B. 在拘留犯罪嫌疑人之后，可在送看守所羁押前进行讯问

C. 犯罪嫌疑人被拘留送看守所之后，讯问应当在看守所内进行

D. 对于被指定居所监视居住的犯罪嫌疑人，应当在指定的居所进行讯问

第三节　侦查终结

侦查终结，是侦查机关对立案侦查的案件，经过侦查，认为事实已经查明，证据已经固定，依法对案件作出移送起诉或者撤销案件的决定而终结侦查的诉讼活动。

一、侦查终结的条件和对案件的处理

（一）侦查终结的条件

(1) 犯罪事实已经查清。

(2) 案件的证据确实、充分。

(3) 法律手续完备。

以上三个条件必须同时具备，缺一不可。

（二）对案件的处理

(1) 移送检察院审查起诉。公安机关侦查终结的案件，应当做到犯罪事实清楚，证据确实、充分，并且写出起诉意见书，连同案卷材料、证据一并移送同级人民检察院审查决定；同时将案件移送情况告知犯罪嫌疑人及其辩护律师。

犯罪嫌疑人自愿认罪的，应当记录在案，随案移送，并在起诉意见书中写明有关情况。

(2) 撤销案件。对于不应当对犯罪嫌疑人追究刑事责任的，应当撤销案件；犯罪嫌疑人已经被逮捕的，应当立即释放，发给释放证明，并且通知原批准的人民检察院。

(3) 在案件侦查终结前，辩护律师提出要求的，侦查机关应当听取辩护律师的意见，并记录在案。辩护律师提出书面意见的，应当附卷。

二、侦查的羁押期限

侦查中的羁押期限，是指犯罪嫌疑人在侦查中被逮捕以后到侦查终结的期限。

（一）一般羁押期限

对犯罪嫌疑人逮捕后的侦查羁押期限不得超过 2 个月。如果犯罪嫌疑人在逮捕以前已被拘留的，拘留的期限不包括在侦查羁押期限内。

（二）特殊羁押期限

特殊羁押期限，是根据案件的特殊需要，法律特别规定法定条件，履行相应审批

手续，可延长侦查羁押期限。

(1)案情复杂、期限届满不能终结的案件，可以经上一级人民检察院批准延长1个月。

(2)下列案件在《刑事诉讼法》第156条规定的期限仍不能侦查终结的，经省、自治区、直辖市人民检察院批准或者决定，可以延长2个月：

①交通十分不便的边远地区的重大复杂案件。

②重大的犯罪集团案件。

③流窜作案的重大复杂案件。

④犯罪涉及面广，取证困难的重大犯罪案件。

(3)对犯罪嫌疑人可能判处10年有期徒刑以上刑罚，各延长期限届满，仍不能侦查终结的，经省、自治区、直辖市人民检察院批准或者决定，可以再延长2个月。

(4)因为特殊原因，在较长时间内不宜交付审判的特别重大复杂的案件，由最高人民检察院报请全国人大常委会批准延期审理。

根据六机关《规定》第21条的规定，公安机关对案件提请延长羁押期限时，应当在羁押期间届满7日前提出并附相关理由，人民检察院应当在羁押期限届满前作出决定。

（三）重新计算羁押期限

(1)在侦查期间，发现犯罪嫌疑人另有重要罪行的，自发现之日起重新计算侦查羁押期限。重新计算侦查羁押期限的，由公安机关决定，不再经人民检察院批准。但须报人民检察院备案，并受人民检察院监督。

(2)犯罪嫌疑人不讲真实姓名、住址，身份不明的，应当对其身份进行调查，侦查羁押期限自查清其身份之日起计算，但不得停止对犯罪行为的侦查取证。对于犯罪事实清楚，证据确实、充分的，确实无法查明其身份的，也可以按其自报的姓名起诉、审判。

(3)对被羁押的犯罪嫌疑人做精神病鉴定的时间，不计入侦查羁押期限。其他鉴定时间则应当计入羁押期间。

【注意】在侦查期间，只有发现犯罪嫌疑人另有重要罪行，侦查羁押期限才能重新计算，一般罪行不重新计算。这里的“另有重要罪行”，是指与逮捕时的罪行不同种的重大犯罪以及同种犯罪并将影响罪名认定、量刑档次的重大犯罪。

▶ 经典考题

12-3. 黄某住甲市A区，因涉嫌诈骗罪被甲市检察院批准逮捕。由于案情复杂，期限届满侦查不能终结，侦查机关报请有关检察机关批准延长一个月。其后，由于该案重大复杂，涉及面广，取证困难，侦查机关报请有关检察机关批准后，又延长了二个月。但是，延长二个月后，仍不能侦查终结，且根据已查明的犯罪事实，对黄某可能判处无期徒刑，侦查机关第三次报请检察院批准再延长二个月。在报请延长手续问

题上，下列哪一选项是错误的？（2006-卷二-33 单选题）[①]

A. 第一次延长，须经甲市检察院批准

B. 第二次延长，须经甲市检察院的上一级检察院批准

C. 第二次延长，须经甲市所属的省检察院批准

D. 第三次延长，须经甲市所属的省检察院批准

第四节 补充侦查

补充侦查，是指公安机关或者人民检察院依照法定程序，在原有侦查工作的基础上进行补充收集证据的一种侦查活动。补充侦查并不是每个案件都必须进行的活动，它只适用于事实不清、证据不足或者遗漏罪行、遗漏同案犯罪嫌疑人的案件。补充侦查由人民检察院决定，公安机关或者人民检察院实施。

一、审查批捕阶段的补充侦查

人民检察院对于公安机关提请批准逮捕的案件进行审查后，应当根据情况分别作出批准逮捕或者不批准逮捕的决定。对于批准逮捕的决定，公安机关应当立即执行，并且将执行情况通知人民检察院。对于不批准逮捕的，人民检察院应当说明理由，需要补充侦查的，应当同时通知公安机关。

二、审查起诉阶段的补充侦查

1. 补充侦查的形式

可以退回公安机关补充侦查，也可以自行侦查，必要时可以要求公安机关提供协助。

2. 补充侦查的期限和次数

对于公安机关移送的案件，人民检察院认为犯罪事实不清、证据不足或者遗漏罪刑、遗漏同案犯罪嫌疑人等情形需要补充侦查的，应当提出具体的书面意见，连同案卷材料一并退回公安机关补充侦查；人民检察院也可以自行侦查，必要时可以要求公安机关提供协助。

补充侦查应当在1个月以内补充侦查完毕。补充侦查以两次为限。

补充侦查完毕移送审查起诉后，人民检察院重新计算审查起诉期限。

3. 补充侦查后的处理

(1)经过一次补充侦查的案件，人民检察院仍然认为证据不足，不符合起诉条件的，可以作出不起诉决定。

(2)对于经过两次补充侦查的案件，人民检察院仍然证据不足，不符合起诉条件

① 【答案】A

的，人民检察院应当作出不起诉决定。

【注意】人民检察院对已经退回侦查机关二次补充侦查的案件，在审查起诉中又发现新的犯罪事实的，应当移送侦查机关立案侦查；对已经查清的犯罪事实，应当依法提起公诉。

三、法庭审理阶段的补充侦查

1. 补充侦查的形式

（1）公诉人在庭审过程中发现案件需要补充侦查而提出延期审理建议的，合议庭应当同意，但该建议以两次为限。人民检察院应当自行侦查，必要时可以要求公安机关提供协助。

（2）合议庭在案件审理过程中，发现被告人可能有自首、立功等法定量刑情节，而起诉和移送的证据材料没有这方面的证据材料的，应当通知人民检察院补充侦查。审判期间，被告人提出新的立功线索的，人民法院可以建议人民检察院补充侦查。

【注意】在审判阶段，补充侦查应当由检察院自行侦查。

2. 补充侦查的期限

人民检察院应当在1个月以内补充侦查完毕。

补充侦查完毕后，移送法院后，人民法院重新计算第一审期限。

补充侦查期限届满后，经法庭通知，人民检察院未将案件移送人民法院，且未说明原因的，人民法院可以决定按人民检察院撤诉处理。

▶ 经典考题

12-4. 关于补充侦查，下列哪些选项是正确的？（2015-卷二-70 多选题）①

A. 审查批捕阶段，只有不批准逮捕的，才能通知公安机关补充侦查

B. 审查起诉阶段的补充侦查以两次为限

C. 审判阶段检察院应自行侦查，不得退回公安机关补充侦查

D. 审判阶段法院不得建议检察院补充侦查

第五节　对违法侦查行为的申诉、控告

一、申诉、控告的范围

《刑事诉讼法》第117条明确了当事人、辩护人、诉讼代理人及利害关系人有权申诉和控告的范围。根据该条的规定，对于司法机关及其工作人员有下列行为之一的，有权向该机关申诉或者控告：

① 【答案】ABC

(1)采取强制措施法定期限届满，不依法予以释放、解除或者变更强制措施的。

(2)应当退还取保候审保证金不退还的。

(3)对与案件无关的财物采取查封、扣押、冻结措施的。

(4)应当解除查封、扣押、冻结不解除的。

(5)贪污、挪用、私分、调换、违反规定使用查封、扣押、冻结的财物的。

二、申诉、控告的提起以及处理

(1)申诉、控告的提起主体包括当事人、辩护人、诉讼代理人以及利害关系人。

(2)申诉、控告的受理主体只能是该司法机关。这里的司法机关，并不是我们通常意义上的司法机关，还包括了公安机关。

(3)对申诉、控告的处理。对于当事人、辩护人、诉讼代理人以及利害关系人的申诉、控告，受理机关应当及时处理。对于处理不服的，当事人、辩护人、诉讼代理人以及利害关系人还可以向同级人民检察院申诉。

人民检察院对于当事人、辩护人、诉讼代理人以及利害关系人的申诉应当及时进行审查，情况属实的，要通知有关机关予以纠正。

第六节 侦查监督

侦查监督是指人民检察院依法对侦查机关的侦查活动是否合法进行的监督。侦查监督的途径和措施主要有：

(1)人民检察院通过审查逮捕、审查起诉来审查公安机关的侦查活动是否合法。

(2)人民检察院根据案件需要，通过派员参加公安机关对于重大案件的讨论和其他侦查活动，发现公安机关在侦查活动中的违法行为。人民检察院发现后，情节较轻的可以口头纠正，情节较重的应当报请检察长批准后，向公安机关发出纠正违法通知书。

(3)人民检察院通过接受诉讼参与人对侦查机关或侦查人员侵犯其诉讼权利和人身侮辱的行为提出的控告，行使侦查监督权。

(4)人民检察院通过审查公安机关执行人民检察院批准或不批准逮捕决定情况的通知、释放被逮捕的犯罪嫌疑人或者变更逮捕措施的通知，发现侦查活动中的违法行为，履行侦查监督职能。对于情节较轻的违法行为，由检察人员以口头方式向侦查人员或者公安机关负责人提出纠正，并及时向本部门负责人汇报；必要的时候，由部门负责人提出。对于情节较重的违法行为，应当报请检察长批准后，向公安机关发出纠正违法通知书。

▶ 经典考题

12-5. 某市发生一起社会影响较大的绑架杀人案。在侦查阶段，因案情重大复杂，市检察院提前介入侦查工作。检察官在开展勘验、检查等侦查措施时在场，并就如何进一步收集、固定和完善证据以及适用法律向公安机关提出了意见，对已发现的侦查

活动中的违法行为提出了纠正意见。关于检察院提前介入侦查，下列哪些选项是正确的？（2017 年-卷二-64 多选题）①

A. 侵犯了公安机关的侦查权，违反了侦查权、检察权、审判权由专门机关依法行使的原则

B. 体现了分工负责，互相配合，互相制约的原则

C. 体现了检察院依法对刑事诉讼实行法律监督的原则

D. 有助于严格遵守法律程序原则的实现

① 【答案】BCD

第十三章 起诉

基本要求

了解与把握：起诉、审查起诉、提起公诉、不起诉、附条件不起诉及出庭支持公诉、提起自诉等概念，刑事公诉的一般理论，提起公诉的任务和意义，审查起诉的内容、程序、提起自诉的程序特点。

理解与运用：审查起诉的步骤和方法，提起公诉、不起诉的条件，附条件不起诉制度，起诉书的制作，自诉状的制作。

考情分析

起诉是侦查的终点和审判的起点，介于侦查和审判之间，是历年考试的必考内容，但分值不会太高。本章重点在于人民检察院提起公诉必须具备的条件以及不起诉的种类，不起诉包括法定不起诉、酌定不起诉、存疑不起诉、附条件不起诉四类，其中每种不起诉又包含了多种不同的情形，考生需要注意区分。

近十年考题在本章的分布情况如下：

	年　度	单选题	多选题	不定项题	案例分析	分值
1	2017	卷二/32				1
2	2016	卷二/35				1
3	2015	卷二/33				1
4	2014	卷二/35				1
5	2013	卷二/25、36				4
6	2012					无
7	2011	卷二/31				1
8	2010	卷二/32	卷二/70			3
9	2009	卷二/29				1
10	2008	卷二/24、36、37				3

内容概览

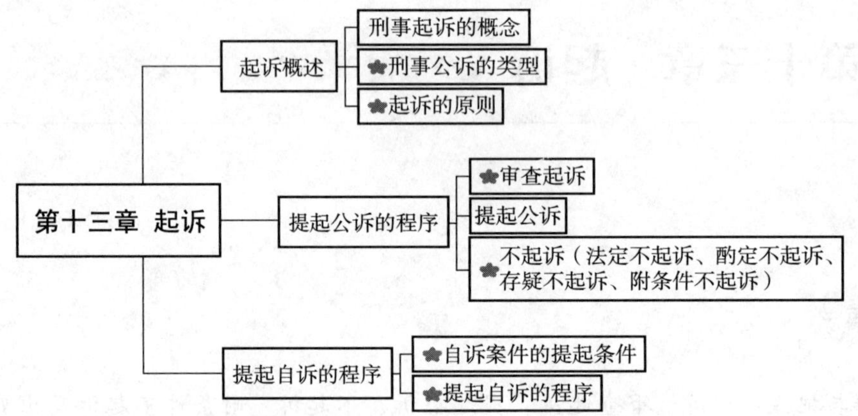

第一节　起诉概述

一、刑事起诉的概念

刑事起诉，是指享有控诉权的国家机关和公民依法向法院提起诉讼，请求法院对指控的内容进行审判，以确定被告人刑事责任并依法予以刑事制裁的诉讼活动。根据我国刑事诉讼法的有关规定，刑事起诉可分为公诉和自诉两种。

公诉是指依法享有刑事起诉权的国家专门机关代表国家向法院提起诉讼，要求法院通过审判确定被告人犯有被指控的罪行并给予相应的刑事制裁的诉讼活动。

自诉是指刑事被害人及其法定代理人、近亲属等，以个人的名义向法院起诉，要求保护被害人的合法权益，追究被告人刑事责任的诉讼活动。

二、刑事公诉的类型

(1)刑事公诉独占主义，即刑事案件的起诉权被国家垄断，排除被害人自诉。

(2)刑事公诉兼自诉制度，即较为严重的刑事案件的起诉权由检察机关代表国家行使，而少数轻微的刑事案件允许公民自诉。

(3)我国刑事诉讼实行以公诉为主、自诉为辅的犯罪追诉机制，即在对刑事犯罪实行国家追诉的同时，兼采被害人追诉主义。

三、起诉的原则

(1)起诉法定主义或起诉合法主义，即只要被告人的行为符合法定起诉条件，公诉机关就必须起诉，不享有自由裁量权，且不论具体情节。

(2)起诉便宜主义或起诉合理主义，即被告人的行为在具备起诉条件时，是否起诉，由检察官根据被告人及其行为的具体情况以及刑事政策等因素自由裁量。

(3)在起诉原则上，我国采用以起诉法定主义为主，兼采起诉便宜主义，检察官的起诉裁量权受到严格限制。

▶ 经典考题

13-1. 只要有足够证据证明犯罪嫌疑人构成犯罪，检察机关就必须提起公诉。关于这一制度的法理基础，下列哪一选项是正确的？(2013-卷二-36 单选题)①

A. 起诉便宜主义　　B. 起诉法定主义

C. 公诉垄断主义　　D. 私人诉追主义

第二节 提起公诉的程序

一、审查起诉

审查起诉，是指人民检察院在提起公诉阶段，为了确定经侦查终结的刑事案件是否应当提起公诉，而对侦查机关确认的犯罪事实和证据、犯罪性质和罪名进行审查核实，并作出处理决定的一项诉讼活动。

人民检察院对于监察机关移送起诉的案件，依照本法和监察法的有关规定进行审查。人民检察院经审查，认为需要补充核实的，应当退回监察机关补充调查，必要时可以自行补充侦查。

对于监察机关移送起诉的已采取留置措施的案件，人民检察院应当对犯罪嫌疑人先行拘留，留置措施自动解除。人民检察院应当在拘留后的十日以内作出是否逮捕、取保候审或者监视居住的决定。在特殊情况下，决定的时间可以延长一日至四日。人民检察院决定采取强制措施的期间不计入审查起诉期限。

(一)移送审查起诉案件的受理

1. 受理案件的条件

根据我国刑事诉讼法的规定，人民检察院对于公安机关移送审查起诉的案件，应当在7日内进行审查，审查的期限计入审查起诉的期限。人民检察院收到公安机关的起诉意见书后，应当审查下列内容：

(1)指定检察人员审查案件是否属于本院管辖。

(2)起诉意见书以及案卷材料是否齐备，案卷装订、移送是否符合有关规定和要求，诉讼文书、技术性鉴定材料是否单独装订成卷。

(3)作为证据使用的实物是否随案移送及移送的实物与物品清单是否相符。

---

① 【答案】B

(4)犯罪嫌疑人是否在案及采取强制措施的情况。

2. 对移送案件的处理

经过审查，对具备受理条件的，填写受理审查起诉登记表。对移送的起诉意见书及其他材料不符合有关规定和要求或者有遗漏的，应当要求公安机关按照要求制作后移送或者在3日内补送。

对于犯罪嫌疑人在逃的，应当要求公安机关采取措施保证在逃的犯罪嫌疑人到案后另案移送审查起诉，对在案的犯罪嫌疑人的审查起诉应当照常进行。

3. 受理案件的机关

各级人民检察院审查起诉的案件应与人民法院审判管辖相适应。

人民检察院受理同级公安机关移送审查起诉的案件，经审查认为属于上级人民法院管辖的第一审案件时，应当写出审查报告，连同案卷材料报送上一级人民检察院，同时通知移送起诉的公安机关；认为属于同级其他人民法院管辖的第一审案件时，应当写出审查报告，连同案卷材料移送有管辖权的人民检察院或者报送共同的上级人民检察院指定管辖，同时通知移送审查起诉的公安机关。上级人民检察院受理同级公安机关移送审查起诉的案件，认为属于下级人民法院管辖时，可以直接交由下级人民检察院审查，由下级人民检察院向同级人民法院提起公诉，同时通知移送审查起诉的公安机关。

一人犯数罪、共同犯罪和其他需要并案审理的案件，只要其中一人或一罪属于上级人民检察院管辖的，全案由上级人民检察院审查起诉。

（二）审查起诉的内容

人民检察院审查案件，应当讯问犯罪嫌疑人，听取辩护人或者值班律师、被害人及其诉讼代理人的意见，并记录在案。辩护人或者值班律师、被害人及其诉讼代理人提出书面意见的，应当附卷。

犯罪嫌疑人认罪认罚的，人民检察院应当告知其享有的诉讼权利和认罪认罚的法律规定，听取犯罪嫌疑人、辩护人或者值班律师、被害人及其诉讼代理人对下列事项的意见，并记录在案：

(1)涉嫌的犯罪事实、罪名及适用的法律规定；

(2)从轻、减轻或者免除处罚等从宽处罚的建议；

(3)认罪认罚后案件审理适用的程序；

(4)其他需要听取意见的事项。

人民检察院依照前两款规定听取值班律师意见的，应当提前为值班律师了解案件有关情况提供必要的便利。

犯罪嫌疑人自愿认罪，同意量刑建议和程序适用的，应当在辩护人或者值班律师在场的情况下签署认罪认罚具结书。

犯罪嫌疑人认罪认罚，有下列情形之一的，不需要签署认罪认罚具结书：

(1)犯罪嫌疑人是盲、聋、哑人，或者是尚未完全丧失辨认或者控制自己行为能力的精神病人的；

(2)未成年犯罪嫌疑人的法定代理人、辩护人对未成年人认罪认罚有异议的；

(3)其他不需要签署认罪认罚具结书的情形。

（三）审查起诉的步骤和方法

1. 审阅案卷材料

办案人员接到案件后，应当及时地审查公安机关或其他刑事侦查部门移送的案件材料是否齐备，有无《起诉意见书》、证据材料和其他法律文书。如果犯罪嫌疑人被拘留、逮捕和被搜查过，审查有无拘留证、逮捕证和搜查证。然后，全面分析起诉意见书，了解犯罪嫌疑人的犯罪事实、情节，犯罪性质和罪名以及要求起诉的理由，详细审阅案卷中的证据材料，按照法定审查起诉的五项内容，逐项进行审查。人民检察院审查案件，可以要求公安机关提供法庭审判所必需的证据材料；发现疑问，可以向侦查人员询问；认为存在以非法方法收集证据情形的，可以要求公安机关对证据收集的合法性作出说明。审阅案卷要认真细致，并应制作阅卷笔录。

2. 讯问犯罪嫌疑人

讯问犯罪嫌疑人是人民检察院审查起诉的必经程序。讯问犯罪嫌疑人只能由检察人员进行，应当告知其有申请回避的权利。检察人员在讯问时不得少于2人。

3. 听取辩护人、被害人及其诉讼代理人的意见

听取辩护人、被害人及其诉讼代理人的意见是人民检察院审查起诉的必经程序，应当由两个以上检察人员进行，并须向他们出示人民检察院的证明文件。

4. 补充侦查

(1)由人民检察院退回公安机关的补充侦查。这种形式一般适用于主要犯罪事实不清、证据不足，或者遗漏了重要犯罪事实及应追究刑事责任的同案犯的案件。

(2)由人民检察院自行侦查。这种方式一般适用于只有某些次要的犯罪事实、情节不清，证据不足，公安机关侦查活动中有违法情况，在认定事实和证据上与公安机关有较大分歧或者已经退查过但仍未查清的案件。

(3)人民检察院在补充侦查中，对各种证据有疑问的都要进行重新收集或鉴定。对于补充侦查的案件，应当在1个月以内补充侦查完毕。补充侦查以两次为限。

(4)退回补充侦查的案件，如果在主要事实或证据上发生了重大变化，侦查机关就应当重新制作起诉意见书；如果只是在个别情节上补充了有关材料，可以书面意见的形式移送人民检察院；如果认为应当撤销案件的，侦查机关应当将撤销案件的决定通知人民检察院。

5. 作出决定

一般来说，人民检察院的检察人员根据审查的具体情况，提出起诉或者不起诉以及是否需要提起附带民事诉讼的意见，报请审查起诉部门负责人审核，审查起诉部门负责人对案件进行审核后，应当提出审核意见，报请检察长或者检察委员会决定起诉或者不起诉。

（四）审查起诉的期限

人民检察院对于监察机关、公安机关移送起诉的案件，应当在一个月以内作出决定，重大、复杂的案件，可以延长十五日；犯罪嫌疑人认罪认罚，符合速裁程序适用条件的，应当在十日以内作出决定，对可能判处的有期徒刑超过一年的，可以延长至十五日。

人民检察院审查起诉的案件，改变管辖的，从改变后的人民检察院收到案件之日起计算审查起诉期限。

对补充侦查的案件，补充侦查完毕移送人民检察院后，人民检察院也要重新计算审查起诉期限。以上规定的审查起诉的期限是针对犯罪嫌疑人被羁押的案件来说的，实践中对犯罪嫌疑人未被羁押的案件，人民检察院不受1个月至一个半月期限的限制。

二、提起公诉

《刑事诉讼法》第176条规定：人民检察院认为犯罪嫌疑人的犯罪事实已经查清，证据确实、充分，依法应当追究刑事责任的，应当作出起诉决定，按照审判管辖的规定，向人民法院提起公诉，并将案卷材料、证据移送人民法院。

犯罪嫌疑人认罪认罚的，人民检察院应当就主刑、附加刑、是否适用缓刑等提出量刑建议，并随案移送认罪认罚具结书等材料。

（一）提起公诉的条件

(1)犯罪嫌疑人的犯罪事实已经查清。实践中具有下列情形之一的，可以确认犯罪事实已经查清：

①属于单一罪行的案件，与定罪量刑有关的事实已经查清，不影响定罪量刑的事实无法查清的。

②属于数个罪行的案件，部分罪行已经查清并符合起诉条件，其他罪行无法查清的。

③无法查清作案工具、赃物去向，但有其他证据足以对被告人定罪量刑的。

④言词证据中主要情节一致，只有个别情节不一致且不影响定罪的。

(2)证据确实、充分。

(3)依法应当追究刑事责任。

对犯罪嫌疑人决定提起公诉，必须同时具备上述三项条件，缺少上述三项条件中的任何一项，都不能对犯罪嫌疑人提起公诉。

（二）起诉书的制作和移送

1. 首部

(1)标题。主要写明“×人民检察院起诉书”字样。其右下方注明案号：(年度)×检×字第×号。

(2)被告人的基本情况。主要写明被告人的姓名、性别、年龄、籍贯、身份证号码、民族、文化程度、职业、住址、主要简历(包括有无前科)、何时被拘留、逮捕、在押被告人的关押处所等。共同犯罪的案件，应当逐个写明被告人的上述情况。

(3)案由和案件来源。这部分是说明人民检察院对案件所认定的罪名和案件从何处来的。采用何种方式表述，可根据具体情况决定，但必须将“案由”、“案件来源”和“查明的犯罪事实”这三个项目交代清楚。

2. 犯罪事实和证据

犯罪事实和证据是起诉书的主要部分。起诉书要写明被告人的罪名、罪状、罪证以及认罪态度。在记叙被告人的犯罪事实时，一定要写明犯罪的时间、地点、经过、手段、动机、目的、危害后果七大要素。

3. 结论

结论的具体内容主要包括：被告人触犯的刑法条款、犯罪的性质、对社会危害性大小；有从重、从轻或减轻的情节，还应根据被告人认罪态度及其他原因，说明从宽或从严处罚的理由；共同犯罪各被告人应负的罪责：在公诉案件中，如果被告人的罪行给被害人造成了物质损失，有附带民事诉讼情况的，也应写明。

这部分结束时，还应写明：此致，×××人民法院。并由检察长(员)署名，注明具文的时间，加盖公章。

4. 附项

附项部分应写明：被告人的住址或羁押处所；证据目录、主要证据复印件或者照片；证人名单及其住址或单位地址；鉴定人的住址或单位地址；随案移送案卷的册数、页数；随卷移送的赃物、证物。

人民检察院提起公诉的案件，应当向人民法院移送起诉书、案卷材料和证据。人民检察院应当按照审判管辖的规定向同级人民法院起诉。

(三)适用简易程序审理案件的移送

简易程序是指基层人民法院审理某些事实清楚、情节简单、犯罪轻微的刑事案件所适用的比普通程序相对简化的第一审程序。

对于基层人民法院管辖的案件，同时符合下列条件的，人民法院可以适用简易程序审判：

(1)案件事实清楚、证据充分的；

(2)被告人承认自己所犯罪行，对起诉书指控的犯罪事实没有异议的；

(3)被告人对适用简易程序没有异议的。

人民检察院在提起公诉时，可以建议人民法院适用简易程序。属于人民检察院建议适用简易程序的公诉案件，在人民检察院向人民法院提起公诉时，应当同时提出适用简易程序的书面建议，并随案移送全案卷宗和证据。

另外，有下列情形之一的，不适用简易程序：

(1)被告人是盲、聋、哑人，或者是尚未完全丧失辨认或者控制自己行为能力的精神病人的。

(2)有重大社会影响的。

(3)共同犯罪案件中部分被告人不认罪或者对适用简易程序有异议的。

(4)其他不宜适用简易程序审理的。

三、不起诉

不起诉，是指人民检察院对公安机关侦查终结移送起诉的案件或者对自行侦查终结的案件，经过审查后，认为犯罪嫌疑人没有犯罪事实或者具有《刑事诉讼法》第 16 条规定的不追究刑事责任的情形，或者犯罪嫌疑人犯罪情节轻微依法不需要判处刑罚或免除刑罚，或者经两次补充侦查尚未达到起诉条件，而作出的不将案件移送人民法院进行审判的决定。

人民检察院决定不起诉的案件，应当同时对侦查中查封、扣押、冻结的财物解除查封、扣押、冻结。对被不起诉人需要给予行政处罚、处分或者需要没收其违法所得的，人民检察院应当提出检察意见，移送有关主管机关处理。有关主管机关应当将处理结果及时通知人民检察院。

（一）不起诉的种类

1. 法定不起诉

法定不起诉，又称绝对不起诉或应当不起诉，是指犯罪嫌疑人没有犯罪事实或者具有《刑事诉讼法》第 16 条规定的不追究刑事责任情形之一的，人民检察院应当作出的不起诉决定。根据刑事诉讼法的规定，法定不起诉有以下七种情形：

(1)犯罪嫌疑人没有犯罪事实；

(2)犯罪嫌疑人实施的行为情节显著轻微，危害不大，不认为是犯罪的；

(3)犯罪嫌疑人的犯罪已过追诉时效期限的；

(4)犯罪嫌疑人的犯罪经特赦令免除刑罚的；

(5)依照刑法告诉才处理的犯罪，没有告诉或者撤回告诉的；

(6)犯罪嫌疑人、被告人死亡的；

(7)其他法律规定免予刑事责任的。

对于具有上述情形之一的，人民检察院应当作出不起诉决定，这是法定不起诉不同于酌定不起诉的重要特征之一。

2. 酌定不起诉

酌定不起诉，又称相对不起诉，是指人民检察院认为犯罪嫌疑人的犯罪情节轻微，依照刑法规定不需要判处刑罚或者免除刑罚的案件，可以作出的不起诉决定。

根据刑事诉讼法的规定，酌定不起诉必须同时具备两个条件：一是犯罪嫌疑人实施的行为触犯了刑律，符合犯罪构成的要件，已经构成犯罪。二是犯罪行为情节轻微，依照刑法规定不需要判处刑罚或者免除刑罚。依照刑法规定免除刑罚的情形主要是指：

(1)犯罪嫌疑人在中华人民共和国领域外犯罪，依照我国刑法规定应当负刑事责任，但在外国已经受过刑事处罚的；

(2)犯罪嫌疑人又聋又哑，或者是盲人犯罪的；

(3)犯罪嫌疑人因防卫过当或紧急避险超过必要限度，并造成不应有危害而犯罪的；

(4)为犯罪准备工具，制造条件的；

(5)在犯罪过程中自动中止或自动有效地防止犯罪结果发生的；

(6)在共同犯罪中，起次要或辅助作用的；

(7)被胁迫、被诱骗参加犯罪的；

(8)犯罪嫌疑人自首或者在自首后有立功表现的。

在司法实践中，人民检察院在确认犯罪嫌疑人具有上述情形之一时，还必须在其犯罪情节轻微的前提条件下才可以作出不起诉决定。

3. 存疑不起诉

存疑不起诉，又称证据不足的不起诉，是指人民检察院对于经过补充侦查的案件，仍然认为证据不足，不符合起诉条件的，经检察委员会讨论决定，可以作出不起诉决定。

补充侦查的案件应在 1 个月内补充侦查完毕，补充侦查以两次为限。第一次补充侦查后，如果人民检察院认为证据不足，不符合起诉条件，且没有退回补充侦查必要的，可以作出不起诉决定；人民检察院对于两次退回补充侦查，仍然认为事实未查清、证据不足的案件，人民检察院应当作出不起诉的决定。

案件经过两次补充侦查，具有下列情形之一，不能确定犯罪嫌疑人构成犯罪和需要追究刑事责任的，属于证据不足，不符合起诉条件：

(1)据以定案的证据存在疑问、无法查证属实的；

(2)犯罪构成要件事实缺乏必要的证据予以证明的；

(3)证据之间的矛盾不能合理排除的；

(4)根据证据得出的结论具有其他可能性而无法排除的。

人民检察院根据上述情形作出不起诉决定后，如果发现了新的证据，证明案件符合起诉条件时，可以撤销不起诉决定，提起公诉。

4. 附条件不起诉(对于附条件不起诉的具体内容，将在本书第二十章“未成年犯罪嫌疑人诉讼程序”中具体阐述)。

【**注意**】上述不起诉的决定主体都是检察长或者检察委员会。

5. 特殊条件不起诉

犯罪嫌疑人自愿如实供述涉嫌犯罪的事实，有重大立功或者案件涉及国家重大利益的，经最高人民检察院核准，公安机关可以撤销案件，人民检察院可以作出不起诉决定，也可以对涉嫌数罪中的一项或者多项不起诉。

根据前款规定不起诉或者撤销案件的，人民检察院、公安机关应当及时对查封、扣押、冻结的财物及其孳息作出处理。

（二）不起诉的程序

1. 制作不起诉决定书

凡是不起诉的案件，人民检察院都应当制作《不起诉决定书》，这是人民检察院代表国家依法确认不追究犯罪嫌疑人刑事责任的决定性法律文书，具有法律效力。

2. 不起诉决定书的宣布和送达

依照刑事诉讼法的规定，不起诉的决定书应当公开宣布，同时应当将不起诉决定书分别送达下列机关和人员：（1）被不起诉人和他的所在单位。如果被不起诉人在押的，应当立即释放。（2）对于公安机关移送起诉的案件，应当将不起诉决定书送达公安机关。（3）对于有被害人的案件．应当将不起诉决定书送达被害人。

3. 解除查封、扣押、冻结

人民检察院对案件作出不起诉决定后，应当同时对侦查中查封、扣押、冻结的财物解除查封、扣押、冻结。

4. 移送有关主管机关处理

人民检察院决定不起诉的案件，对被不起诉人需要给予行政处罚、处分或者需要没收其违法所得的，人民检察院应当提出检察意见，连同不起诉决定书一并移送有关主管机关处理，有关主管机关应当将处理结果及时通知人民检察院。

5. 对公安机关的意见进行复议、复核

对于公安机关移送起诉的案件，人民检察院决定不起诉的，应当将不起诉决定书送达公安机关。公安机关认为不起诉决定有错误的时候，可以要求复议，人民检察院应当在收到要求复议意见书后的30日内作出复议决定，通知公安机关。如果公安机关认为复议决定有错误的，还可以向上一级人民检察院申请复核，上一级人民检察院应当在收到提请复核意见书后的30日内作出复核决定，通知下级人民检察院和公安机关。改变下级人民检察院的决定的，应当撤销下级人民检察院作出的不起诉决定，交由下级人民检察院执行。

6. 对被害人、被不起诉人的申诉进行复查

对于有被害人的案件决定不起诉的，人民检察院应当将不起诉决定书送达被害人。被害人如果不服，可以收到决定书后7日以内向上一级人民检察院申诉，请求提起公诉。人民检察院应当将复查决定告知被害人。对于人民检察院依照《刑事诉讼法》第177条第2款规定作出的不起诉决定，被不起诉人如果不服，可以自收到决定书后7日以内向人民检察院申诉。人民检察院应当作出复查决定，通知被不起诉的人，同时抄送公安机关。

对人民检察院维持不起诉决定的，被害人可以向人民法院起诉，被害人也可以不经申诉，直接向人民法院起诉。人民法院受理案件后，人民检察院应当将有关案件材料移送人民法院。

【注意】被害人可以针对法定不起诉、酌定不起诉、存疑不起诉决定向上一级人民检察院申诉，而被不起诉人只能对酌定不起诉向作出不起诉决定的人民检察院申诉。

经典考题

13-2. 叶某涉嫌飞车抢夺行人财物被立案侦查。移送审查起诉后，检察院认为实施该抢夺行为的另有其人。关于本案处理，下列哪一选项是正确的？（2017-卷二-32单选题）①

A. 检察院可将案卷材料退回公安机关并建议公安机关撤销案件

B. 在两次退回公安机关补充侦查后，检察院应作出证据不足不起诉的决定

C. 检察院作出不起诉决定后，被害人不服向法院提起自诉，法院受理后，不起诉决定视为自动撤销

D. 如最高检察院认为对叶某的不起诉决定确有错误的，可直接撤销不起诉决定

第三节 提起自诉的程序

一、自诉案件的提起条件

（一）有适格的自诉人

在法律规定的自诉案件范围内，遭受犯罪行为直接侵害的被害人有权向人民法院提起自诉。被害人死亡、丧失行为能力或者因受强制威吓等原因无法告诉，或者是限制行为能力以及由于年老、患病、盲、聋、哑等原因不能亲自告诉的，被害人的法定代理人、近亲属有权向人民法院起诉。

（二）有明确的被告人和具体的诉讼请求

自诉人起诉时应明确提出控诉的对象，如果不能提出明确的被告人或者被告人下落不明的，自诉案件不能成立。自诉人起诉时还应提出具体的起诉请求，包括指明控诉的罪名和要求人民法院追究被告人何种刑事责任。如果提起刑事自诉附带民事诉讼，还应提出具体的赔偿请求。

（三）属于自诉案件范围

自诉案件范围，就是属于《刑事诉讼法》第210条规定的告诉才处理的案件；被害人有证据证明的轻微刑事案件；被害人有证据证明对被告人侵犯自己人身权利、财产权利的行为应当依法追究刑事责任，而公安机关或者人民检察院不予追究被告人刑事责任的案件。

（四）被害人有证据证明

被害人提起刑事自诉必须有能够证明被告人犯有被指控的犯罪事实的证据。

---

① 【答案】D

（五）属于受诉人民法院管辖

自诉人应当依据刑事诉讼法关于级别管辖和地区管辖的规定，向有管辖权的人民法院提起自诉。

三、提起自诉的程序

（1）自诉人应当向人民法院提交刑事自诉状。

（2）提起附带民事诉讼的，还应当提交刑事附带民事自诉状。

（3）自诉状或者告诉笔录应当包括以下内容：

①自诉人、被告人、代为告诉人的姓名、性别、年龄、民族、出生地、文化程度、职业、工作单位、住址；

②被告人犯罪行为的时间、地点、手段、情节和危害后果等；

③具体的诉讼请求；

④致送人民法院的名称及具状时间；

⑤证人的姓名、住址及其他证据的名称、来源等。

（4）对自诉案件，人民法院应当在 15 日内审查完毕。经审查，符合受理条件的，应当决定立案，并书面通知自诉人或者代为告诉人。

具有下列情形之一的，应当说服自诉人撤回起诉；自诉人不撤回起诉的，裁定不予受理：

①不属于自诉案件的范围的；

②缺乏罪证的；

③犯罪已过追诉时效的；

④被告人死亡的；

⑤被告人下落不明的；

⑥自诉人撤诉后，就同一事实又告诉的，因证据不足而撤诉的除外；

⑦经人民法院调解结案后，自诉人反悔，就同一事实再行告诉的。

（5）自诉人对不予受理或者驳回起诉的裁定不服的，可以提起上诉。第二审人民法院查明第一审人民法院作出的不予受理裁定有错误的，应当在撤销原裁定的同时，指令第一审人民法院立案受理；查明第一审人民法院驳回起诉裁定有错误的，应当在撤销原裁定的同时，指令第一审人民法院进行审理。

▶ 经典考题

13-3. 甲涉嫌过失致人重伤。在审查起诉阶段，检察院认为证据不足，遂作出不起诉决定。如果被害人对不起诉决定不服，依法可以采取下列哪些诉讼行为？（2006-卷二-71 多选题）①

① 【答案】ABC

A. 可以向上一级检察院提起申诉

B. 可以直接向法院起诉

C. 向法院起诉后，可以与被告人自行和解

D. 向法院起诉后，可以请求法院调解

第十四章　刑事审判概述

基本要求

了解与把握：刑事审判的概念，各种刑事审判的概念和特征，刑事审判各项原则的概念，审判组织的概念，我国刑事审判模式的改革，刑事审判原理。

理解与运用：各项审判原则的内容，两审终审制，审判组织的组成和运行。

考情分析

该章几乎每年必考，分值大概在1~3分。学习本章，要了解刑事审判、刑事审判各项原则以及审判组织的概念，理解刑事审判的特征、任务和意义，我国刑事审判模式改革问题，各项审判原则的内容，两审终审制，审判组织的组成和运行规则。要重点掌握我国刑事审判模式的特征，几项刑事审判原则的内容以及各种审判组织的组成和运行规则。

近十年考题在本章的分布情况如下：

	年　度	单选题	多选题	不定项题	案例分析	分值
1	2017	卷二/33	卷二/74			3
2	2016	卷二/22				1
3	2015	卷二/34、35				2
4	2014	卷二/36				1
5	2013	卷二/26、37	卷二/73			4
6	2012					无
7	2011	卷二/32、34、35				3
8	2010	卷二/30	卷二/72、73			5
9	2009	卷二/25、32	卷二/75			4
10	2008					无

内容概览

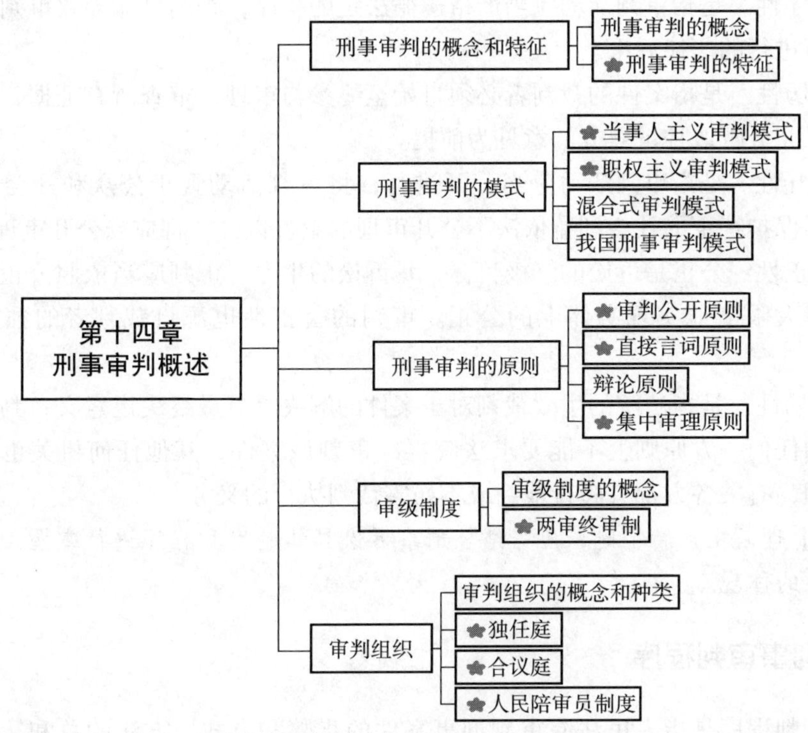

第一节 刑事审判的概念和特征

一、刑事审判的概念

刑事审判是指人民法院在控辩双方和其他诉讼参与人的参加下，依照法定的程序对于提交审判的刑事案件进行审理并作出裁判的活动。刑事审判活动由审理和裁判两部分活动所组成。审理是裁判的前提和基础，裁判是审理的目的和结果。

二、刑事审判的特征

(1)审判程序启动的被动性。是指人民法院审判案件奉行“不告不理”原则，没有起诉，就没有审判。

(2)独立性。是指人民法院依法独立行使职权，法官也应当具有独立性，在评议时有权独立地、平等地发表意见。

(3)中立性。是指法院在审判中相对于控辩双方保持中立的诉讼地位，具体体现为与案件有利害关系的人不能担任该案件的法官，法官不得与案件的结果或纠纷各方有利益上或其他方面的关系，法官不应存在支持或反对某一方诉讼参与者的偏见。

(4)职权性。是指刑事案件一经起诉到法院，就产生诉讼系属的法律效力，法院就应当进行审理并作出裁判。

(5)程序性。是指审判活动应当严格遵循法定的程序，否则可能导致审判活动无效并需要重新进行的法律后果。

(6)亲历性。是指案件的裁判者必须自始至终参与审理，审查所有证据，对案件作出判决须以充分听取控辩双方的意见为前提。

(7)公开性。是指审判活动应当公开进行，将审判活动置于公众和社会的监督之下，除为了保护特定的社会利益依法不公开审理的案件以外，都应当公开审理。

(8)公正性。公正是诉讼的终极目标，是诉讼的生命，审判应当依照公正的程序进行，进而最大限度地实现实体上的公正。审判的公正性也源自裁判者的独立性和中立性。

(9)终局性。是指法院的生效裁判对于案件的解决具有最终决定意义，判决一旦生效，诉讼的任何一方原则上不能要求法院再次审判该案件，其他任何机关也不得对该案重新审理，有关各方都有履行裁判或不妨害裁判执行的义务。

【注意】理解上述特征时，应当结合刑事诉讼具体制度和程序进行掌握，如回避制度是中立性的体现。

三、刑事审判程序

刑事审判程序是指人民法院审判刑事案件的步骤和方式、方法的总和。我国刑事诉讼法规定了以下四种基本的审判程序：

(1)第一审程序。是指人民法院根据审判管辖的规定，对人民检察院提起公诉和自诉人自诉的案件进行初次审判的程序。

(2)第二审程序。是指人民法院对上诉、抗诉案件进行审判的程序。

(3)特殊案件的复核程序。包括死刑复核程序以及在法定刑以下判处刑罚的案件的复核程序。

(4)审判监督程序。是指对已经发生法律效力的判决、裁定，在发现确有错误时，进行重新审判的程序。根据审判监督程序进行审判的案件，如果原来是第一审案件，依照第一审程序进行审判；如果原来是第二审案件，则依照第二审程序进行审判。

▶ 经典考题

14-1. 刑事审判具有亲历性特征。下列哪一选项不符合亲历性要求？(2014-卷二-36 单选题)①

A. 证人因路途遥远无法出庭，采用远程作证方式在庭审过程中作证

B. 首次开庭并对出庭证人的证言质证后，某合议庭成员因病无法参与审理，由另

① 【答案】B

一人民陪审员担任合议庭成员继续审理并作出判决

C. 某案件独任审判员在公诉人和辩护人共同参与下对部分证据进行庭外调查核实

D. 第二审法院对决定不开庭审理的案件，通过讯问被告人，听取被害人、辩护人和诉讼代理人的意见进行审理

第二节 刑事审判的模式

刑事审判模式，是指控诉、辩护、审判三方在刑事审判程序中的诉讼地位和相互关系，以及与之相适应的审判程序组合方式。

现代刑事审判模式大体上分为当事人主义和职权主义两种，前者主要实行于英美法系国家，后者主要实行于大陆法系国家。两种审判模式各有所长，长期以来相互之间取长补短。此外，还出现了兼采当事人主义和职权主义审判模式优点的混合式审判模式。

一、当事人主义审判模式

当事人主义审判模式，又称对抗制审判模式、抗辩式审判模式，是指法官(陪审团)居于中立且被动的裁判者地位，法庭审判的进行由控方的举证和辩方的反驳共同推动和控制的一种审判模式。当事人主义审判模式有三个基本特征：

(1)法官消极中立。

(2)控辩双方积极主动和平等对抗。

(3)控辩双方共同控制法庭审理的进程。

二、职权主义审判模式

职权主义审判模式，又称审问式审判模式，是指法官在审判程序中居于主导和控制地位，限制控辩双方积极性的审判模式。职权主义审判模式也有三个基本特征：

(1)法官居于中心地位，主导法庭审理的进行。

(2)控辩双方的积极性受到抑制，处于消极被动的地位。

(3)法官掌握程序控制权。

三、混合式审判模式

混合式审判模式，是指充分吸收当事人主义审判模式和职权主义审判模式的长处，使两种审判模式高度融合的一种审判模式。日本和意大利的审判模式就是较为典型的混合式审判模式。

四、我国刑事审判模式

我国1979年《刑事诉讼法》确立的刑事审判模式体现出超职权主义的特点，1996年

修正的刑事诉讼法对审判模式进行了重大改革，主要是吸收了英美法系当事人主义的对抗性因素，并保留了职权主义的某些特征。

2012 年《刑事诉讼法》的再次修改，沿着控辩式庭审方式改革的方向取得了新的进展。如完善了回避制度，规定辩护人有权申请回避及复议；改革辩护制度，完善了法律援助辩护，扩大了强制辩护的适用范围，强化了辩护律师的会见权、阅卷权、申请调取证据权及保守职业秘密权；修改证据制度，建立了非法证据排除规则；完善了证人保护制度，建立了证人作证补偿制度；完善审判程序，建立了强制证人出庭作证制度等等。

▶ 经典考题

14-2. 我国刑事审判模式正处于由职权主义走向控辩式的改革过程之中，2012 年《刑事诉讼法》修改内容中，下列哪一选项体现了这一趋势？（2015-卷二-34 单选题）①

A. 扩大刑事简易程序的适用范围

B. 延长第一审程序的审理期限

C. 允许法院强制证人出庭作证

D. 增设当事人和解的公诉案件诉讼程序

第三节　刑事审判的原则

一、审判公开原则

（一）审判公开原则的概念

审判公开原则，是指人民法院审理案件和宣告判决，都公开进行，允许公民到法庭旁听，允许新闻记者采访和报道，即把法庭审判的全部过程，除休庭评议案件外，都公之于众。

就公开的内容而言，审判公开包括审理过程的公开和审判结果公开，也可以说审理公开和判决公开。审理过程公开就是要公开开庭，当庭调查事实和证据，当庭进行辩论；审判结果公开就是要公开宣告判决，包括公开判决的内容、判决的理由和依据。

就公开的对象而言，审判公开包括向当事人公开和向社会公开。向当事人公开要求法庭开庭审理，而不得进行书面审理，案件事实与证据的调查应当在当事人的参加下进行。向社会公开就是允许公民到场旁听审判过程，允许新闻记者向社会公开报道审判活动和审判结果。实际上，允许公民旁听和允许记者公开报道也可以理解为审判公开的形式。

【注意】精神病人、醉酒的人、未经人民法院批准的未成年人以及其他不宜旁听的

① 【答案】C

人不得旁听案件审理。

（二）审判公开原则的例外

主要表现在两个方面：一是法庭评议不公开；二是对部分案件不公开审理。

1. 绝对不公开的案件

(1)有关国家秘密的案件。该案件必须是案情本身涉及国家秘密，而不能以侦查工作的秘密性作为理由。

(2)有关个人隐私的案件。如强奸案件等，其目的是保护被害人或者其他人的名誉，防止对社会产生不利影响。

2. 相对不公开的案件

涉及商业秘密的案件，当事人申请不公开审理的，可以不公开审理。

（三）不公开审理的程序处理

(1)不公开审理的案件，应当在开庭审理时说明不公开审理的理由。

(2)不公开审理的案件，任何人不得旁听，并应当当庭宣布不公开审理的理由。不公开审理的案件，宣告判决一律公开进行。

(3)不公开审理的案件只是不向社会的其他公众公开，并不是要向当事人和诉讼参与人保密。

(4)未成年被告的年龄以开庭时为准，开庭时不满 18 周岁的一律不公开审理，但宣告判决应当公开进行，只是不得采取召开大会的形式。

对于依法应当封存犯罪记录的案件，宣判时不得组织人员旁听；有旁听人员的，应当告知其不得传播案件信息。

(5)共同犯罪案件中只要有一人符合不公开审理的条件，全案都应不公开审理。

【注意】不公开审理和不开庭审理不同，不公开审理时没有旁听人员，不开庭审理即法庭无须举行正式的庭审，采用阅卷、询问和讯问等方式审理案件，我国的第二审程序、审判监督程序、违法所得没收程序、强制医疗程序都可能出现不开庭审理的情形，死刑复核程序不开庭审理。

二、直接言词原则

直接言词原则，是指法官必须在法庭上亲自听取当事人、证人及其他诉讼参与人的口头陈述，案件事实和证据必须由控辩双方当庭口头提出并以口头辩论和质证的方式进行调查。直接言词原则包括直接原则和言词原则。

(1)直接原则，是指法官必须与诉讼当事人和诉讼参与人直接接触，直接审查案件事实材料和证据。直接原则又可分为：

①直接审理原则，即法官审理案件时，公诉人、当事人及其他诉讼参与人应当在场，除法律另有特别规定外，如果上述人员不在场，审判活动无效。

②直接采证原则，即法官对证据的调查必须亲自进行，不能由他人代为实施，而

且必须当庭直接听证和直接查证，不得将未经当庭亲自听证和查证的证据加以采纳，不得以书面审查方式采信证据。

(2)言词原则，是指法庭审理须以口头陈述的方式进行。包括控辩双方要以口头的形式进行陈述、举证和辩论，证人、鉴定人要口头作证或陈述，法官要以口头的形式进行询问调查。

(3)直接言词原则的适用。依据刑事诉讼法的规定，贯彻直接言词原则，人民法院应做到以下几点：

①及时通知并保证有关人员出庭。证人出庭作证应作为一般原则，不出庭只能是例外。

②开庭审理过程中，合议庭的审判人员必须始终在庭，参加庭审的全过程。

③所有证据包括法庭依当事人申请或依职权收集的证据，都必须当庭出示，当庭质证。

④保证控辩双方有充分的陈述和辩论的机会和时间。

【注意】直接言词原则在普通程序审理的过程中应当严格遵循，但是简易程序审理时有例外。

三、辩论原则

辩论原则是指在法庭审理中，控辩双方应以口头的方式进行辩论，法院裁判的作出应以充分的辩论为必经程序。

(1)辩论的主体是控辩双方和其他当事人。处于对抗地位的控诉方和辩护方、附带民事诉讼的原告方和被告方是辩论的主体，都享有辩论的权利。

(2)辩论的内容包括证据问题、事实问题、程序问题和法律适用问题。

(3)辩论原则在我国的适用，需要注意以下两点：

①除了在法庭辩论阶段集中进行辩论以外，在法庭调查过程中，控辩双方也可以围绕某一证据的合法性、相关性问题进行辩论。

②法庭应当保障控辩双方有平等、充分的辩论机会。法庭应当引导辩论双方围绕案件争议焦点进行辩论。

【注意】实践中有的法官预先规定辩护人发言的时间，这构成对辩护方辩论权的限制，违反了辩论原则。

四、集中审理原则

集中审理原则，又称不中断审理原则，是指法院开庭审理案件，应在不更换审判人员的条件下连续进行，不得中断审理的诉讼原则。集中审理原则的内容主要包括：

(1)一个案件组成一个审判庭进行审理，每起案件自始至终亦应由同一法庭进行审判，而且在案件审理已经开始尚未结束以前不允许法庭再审理任何其他案件。

(2)法庭成员不可更换。法庭成员(包括法官和陪审员)必须始终在场参加审理。对于法庭成员因故不能继续参加审理的，应由始终在场的候补法官、候补陪审员替换之。如果没有足够的法官、陪审员可以替换，则应重新审判。

(3)集中证据调查与法庭辩论。证据调查必须在法庭成员与控辩双方以及有关诉讼参与人均在场的情况下进行，证据调查与辩论应在法庭内集中完成。

(4)庭审不中断并迅速作出裁判。法庭审理应不中断地进行，法庭因故延期审理较长时间者，应重新进行以前的庭审。庭审结束后，应迅速作出裁判并予以宣告。

最高人民法院于 2002 年 8 月 12 日公布的《关于人民法院合议庭工作的若干规定》第 3 条关于合议庭成员不得更换的规定、第 9 条关于合议庭评议案件时限的规定以及第 14 条关于裁判文书制作期限的规定，均体现了集中审理原则的精神。

▶ 经典考题

14-3. 审判长在法庭审理过程中突发心脏病，无法继续参与审判，需在庭外另行指派其他审判人员参加审判。法院院长的下列哪一做法是正确的？（2011-卷二-32 单选题）①

A. 指派一名陪审员担任审判长重新审理

B. 指派一名审判员担任审判长继续审理

C. 指派一名陪审员并指定原合议庭一名审判员担任审判长继续审理

D. 指定一名审判员担任审判长重新审理

第四节 审级制度

一、审级制度的概念

审级制度是指法律规定案件起诉后最多经过几级法院审判即告终结的诉讼制度。

我国实行两审终审制的审级制度。我国人民法院分为四级，即最高人民法院、高级人民法院、中级人民法院和基层人民法院。

二、两审终审制

两审终审制，是指一个案件至多经过两级人民法院审判即告终结的制度，对于第二审人民法院作出的终审判决、裁定，当事人等不得再提出上诉，人民检察院不得按照上诉审程序提出抗诉。

根据两审终审制的要求，地方各级人民法院按照第一审程序对案件审理后所作的判决、裁定，尚不能立即发生法律效力；只有在法定上诉期限内，有上诉权的人没有上诉，同级人民检察院也没有抗诉，第一审法院所作出的判决、裁定才发生法律效力。

---

① 【答案】D

在法定期限内，如果有上诉权的人提出上诉，或者同级人民检察院提出了抗诉，上一级人民法院应依照第二审程序对该案件进行审判。上一级人民法院审理第二审案件作出的判决、裁定，是终审的判决、裁定，立即发生法律效力。这样经过两级法院对案件审判后，该案的审判即告终结。

两审终审制的实质是允许一个案件经过两级法院审理，也最多只能经过两级法院审理的审级限制。但我国的两审终审制有以下三种例外：

(1)最高人民法院审理的第一审案件为一审终审，其判决、裁定一经作出，立即发生法律效力，不存在启动二审程序的问题。

(2)判处死刑的案件，必须依法经过死刑复核程序核准后，才能发生法律效力，交付执行。

(3)在法定刑以下判处刑罚的案件，必须经最高人民法院的核准，其判决、裁定才能发生法律效力并交付执行。

▶ 经典考题

14-4. 关于两审终审制度，下列哪一选项是正确的？(2009-卷二-32 单选题)①

A. 一个案件只有经过两级法院审理裁判才能生效

B. 经过两级法院审判所作的裁判都是生效裁判

C. 一个案件经过两级法院审判后对所作的裁判不能上诉

D. 一个案件经过两级法院审判后当事人就不能对判决、裁定提出异议

第五节 审判组织

一、审判组织的概念和种类

审判组织是指人民法院审判案件的组织形式。根据《刑事诉讼法》和《人民法院组织法》的规定，人民法院审判刑事案件的组织形式有三种，即独任庭、合议庭和审判委员会。

二、独任庭

独任庭，是指由审判员一人独任审判的制度。独任庭仅限于基层人民法院适用简易程序、速裁程序审判的案件。

审判员依法独任审判时，行使与审判长同样的职权。适用独任审判，须按照刑事诉讼法规定的简易程序进行，依法应当公开审理的案件，都应当公开审理，并要认真执行回避、辩护、上诉等各项审判制度，切实保障当事人和其他诉讼参与人的诉讼

① 【答案】C

权利。

【注意】独任审判由一名审判员进行审理，不能由人民陪审员进行。

直击命题：

适用简易程序审理案件，对可能判处三年有期徒刑以下刑罚的，可以组成合议庭进行审判，也可以由审判员一人独任审判；对可能判处有期徒刑超过三年的，应当组成合议庭进行审判。适用简易程序独任审判过程中，发现犯罪嫌疑人可能判处有期徒刑超过三年的，应当转由合议庭进行审理。

三、合议庭

合议庭是人民法院的基本审判组织。除基层人民法院适用简易程序、速裁程序审判案件可以采用独任庭外，人民法院审判刑事案件均须采取合议庭的组织形式。

（一）合议庭的组成方式

(1)基层人民法院和中级人民法院审判第一审案件，应当由审判员三人或者由审判员和人民陪审员共三人或者七人组成合议庭进行。

(2)高级人民法院审判第一审案件，应当由审判员三人至七人或者由审判员和人民陪审员共三人或者七人组成合议庭进行。

(3)最高人民法院审判第一审案件，应当由审判员三人至七人组成合议庭进行。

(4)人民法院审判上诉和抗诉案件，由审判员三人或者五人组成合议庭进行。

(5)合议庭的成员人数应当是单数。

（二）合议庭的组成原则

(1)合议庭的成员人数应当是单数。

(2)合议庭由审判员、助理审判员或者人民陪审员随机组成。

(3)合议庭由院长或者庭长指定审判员1人担任审判长；院长或者庭长参加审判案件的时候，自己担任审判长；助理审判员由本院院长提出，经审判委员会通过，可以临时代行审判员职务，并可以担任审判长。

【注意】人民陪审员参加合议庭审判案件时，不能担任审判长。

(4)不得随意更换合议庭成员。合议庭组成人员确定后，除因回避或者其他特殊情况，不能继续参加案件审理的之外，不得在案件审理过程中更换。更换合议庭成员，应当报请院长或者庭长决定。合议庭成员的更换情况应当及时通知诉讼当事人。

（三）合议庭的活动原则和方式

(1)合议庭成员地位与权责平等原则。

(2)合议庭全体成员参加审理与评议原则。

(3)审判长最后发表评议意见原则。

(4)合议庭审理案件时必须实行少数服从多数的原则，少数意见应当写入笔录。审判长不能以自己的意见代替合议庭多数成员的意见。审判长与合议庭其他成员意见有重大分歧时，应当提请院长提交审判委员会讨论决定。

(5)审理并且评议后作出判决原则。合议庭审理并且评议后，应当及时作出判决或者裁定，但对于下列案件可以由审判长提请院长或者庭长决定组织相关审判人员共同讨论，合议庭成员应当参加：

①疑难、复杂、重大的案件。

②合议庭在事实认定或法律适用上有重大分歧的案件。

③合议庭意见与本院或上级法院以往同类型案件的裁判有可能不一致的案件。

④当事人反映强烈的群体性纠纷案件。

⑤经审判长提请且院长或者庭长认为确有必要讨论的其他案件。

上述案件的讨论意见供合议庭参考，不影响合议庭依法作出裁判。

（四）审判委员会

审判委员会是人民法院内部设立的对审判工作实行集体领导的组织。

拟判处死刑的案件、人民检察院抗诉的案件，合议庭应当提请院长决定提交审判委员会讨论决定。

对合议庭成员意见有重大分歧的案件、新类型案件、社会影响重大的案件以及其他疑难、复杂、重大的案件，合议庭认为难以作出决定的，可以提请院长决定提交审判委员会讨论决定。

独任审判的案件，审判员认为有必要的，也可以提请院长决定提交审判委员会讨论决定。

审判委员会会议由院长主持。在审判实践中，院长不能主持时可以委托副院长主持。

审判委员会讨论案件和其他问题，实行民主集中制，各委员权利平等。审判委员会的决定，合议庭、独任审判员应当执行；有不同意见的，可以建议院长提交审判委员会复议。复议后作出的决定，合议庭必须执行。

直击命题：

合议庭组成人员存在违法审判行为的，应当按照《人民法院陪审人员违法审判责任追究办法(试行)》等规定追究相应责任。合议庭审理案件有下列情形之一的，合议庭成员不承担责任：

(1)因对法律理解和认识上的偏差而导致案件被改判或者发回重审的。

(2)因对案件事实和证据认识上的偏差而导致案件被改判或者发回重审的。

(3)因新的证据而导致案件被改判或者发回重审的。

(4)因法律修订或者政策调整而导致案件被改判或者发回重审的。

(5)因裁判所依据的其他法律文书被撤销或变更而导致案件被改判或者发回重审的。

(6)其他依法履行审判职责不应当承担责任的情形。

四、人民陪审员制度

各级人民法院审判第一审案件，均可吸收人民陪审员作为合议庭成员参与审判。

（一）陪审的案件范围

根据《中华人民共和国人民陪审员法》第 15 条规定，人民法院审判第一审刑事、民事、行政案件，有下列情形之一的，由人民陪审员和法官组成合议庭进行：

(1) 涉及群体利益、公共利益的；

(2) 人民群众广泛关注或者其他社会影响较大的；

(3) 案情复杂或者有其他情形，需要由人民陪审员参加审判的。

第 16 条规定，人民法院审判下列第一审案件，由人民陪审员和法官组成七人合议庭进行：

(1) 可能判处十年以上有期徒刑、无期徒刑、死刑，社会影响重大的刑事案件；

(2) 根据民事诉讼法、行政诉讼法提起的公益诉讼案件；

(3) 涉及征地拆迁、生态环境保护、食品药品安全，社会影响重大的案件；

(4) 其他社会影响重大的案件。

第 17 条规定，第一审刑事案件被告人、民事案件原告或者被告、行政案件原告申请由人民陪审员参加合议庭审判的，人民法院可以决定由人民陪审员和法官组成合议庭审判。

（二）人民陪审员的条件

根据《中华人民共和国人民陪审员法》第 5 条规定，公民担任人民陪审员，应当具备下列条件：

(1) 拥护中华人民共和国宪法；

(2) 年满二十八周岁；

(3) 遵纪守法、品行良好、公道正派；

(4) 具有正常履行职责的身体条件。

担任人民陪审员，一般应当具有高中以上文化程度。

根据《中华人民共和国人民陪审员法》第 6 条规定，下列人员不得担任人民陪审员：

(1) 人民代表大会常务委员会的组成人员，监察委员会、人民法院、人民检察院、公安机关、国家安全机关、司法行政机关的工作人员；

(2) 律师、公证员、仲裁员、基层法律服务工作者；

(3) 其他因职务原因不适宜担任人民陪审员的人员。

根据《中华人民共和国人民陪审员法》第 7 条规定，有下列情形之一的，不得担任人民陪审员：

(1) 受过刑事处罚的；

(2) 被开除公职的；

(3)被吊销律师、公证员执业证书的;

(4)被纳入失信被执行人名单的;

(5)因受惩戒被免除人民陪审员职务的;

(6)其他有严重违法违纪行为，可能影响司法公信的。

（三）人民陪审员的产生与任期

根据《中华人民共和国人民陪审员法》第8条规定，人民陪审员的名额，由基层人民法院根据审判案件的需要，提请同级人民代表大会常务委员会确定。人民陪审员的名额数不低于本院法官数的三倍。

第9条规定，司法行政机关会同基层人民法院、公安机关，从辖区内的常住居民名单中随机抽选拟任命人民陪审员数五倍以上的人员作为人民陪审员候选人，对人民陪审员候选人进行资格审查，征求候选人意见。

第10条规定，司法行政机关会同基层人民法院，从通过资格审查的人民陪审员候选人名单中随机抽选确定人民陪审员人选，由基层人民法院院长提请同级人民代表大会常务委员会任命。

第11条规定，因审判活动需要，可以通过个人申请和所在单位、户籍所在地或者经常居住地的基层群众性自治组织、人民团体推荐的方式产生人民陪审员候选人，经司法行政机关会同基层人民法院、公安机关进行资格审查，确定人民陪审员人选，由基层人民法院院长提请同级人民代表大会常务委员会任命。依照前款规定产生的人民陪审员，不得超过人民陪审员名额数的五分之一。

第12条的规定，人民陪审员经人民代表大会常务委员会任命后，应当公开进行就职宣誓。宣誓仪式由基层人民法院会同司法行政机关组织。

第13条的规定，人民陪审员的任期为五年，一般不得连任。

（四）人民陪审员的职务保障

根据《中华人民共和国人民陪审员法》第4条规定，人民陪审员依法参加审判活动，受法律保护。人民法院应当依法保障人民陪审员履行审判职责。人民陪审员所在单位、户籍所在地或者经常居住地的基层群众性自治组织应当依法保障人民陪审员参加审判活动。

第28条规定，人民陪审员的人身和住所安全受法律保护。任何单位和个人不得对人民陪审员及其近亲属打击报复。对报复陷害、侮辱诽谤、暴力侵害人民陪审员及其近亲属的，依法追究法律责任。

第29条规定，人民陪审员参加审判活动期间，所在单位不得克扣或者变相克扣其工资、奖金及其他福利待遇。人民陪审员所在单位违反前款规定的，基层人民法院应当及时向人民陪审员所在单位或者所在单位的主管部门、上级部门提出纠正意见。

第30条规定，人民陪审员参加审判活动期间，由人民法院依照有关规定按实际工作日给予补助。人民陪审员因参加审判活动而支出的交通、就餐等费用，由人民法院依照有关规定给予补助。

第31条规定，人民陪审员因参加审判活动应当享受的补助，人民法院和司法行政机关为实施人民陪审员制度所必需的开支，列入人民法院和司法行政机关业务经费，由相应政府财政予以保障。具体办法由最高人民法院、国务院司法行政部门会同国务院财政部门制定。

（五）人民陪审员在合议庭中的人数

根据《中华人民共和国人民陪审员法》第14条规定，人民陪审员和法官组成合议庭审判案件，由法官担任审判长，可以组成三人合议庭，也可以由法官三人与人民陪审员四人组成七人合议庭。

（六）人民陪审员的权利

根据《中华人民共和国人民陪审员法》第2条规定，公民有依法担任人民陪审员的权利和义务。人民陪审员依照本法产生，依法参加人民法院的审判活动，除法律另有规定外，同法官有同等权利。

第21条规定，人民陪审员参加三人合议庭审判案件，对事实认定、法律适用，独立发表意见，行使表决权。

第22条规定，人民陪审员参加七人合议庭审判案件，对事实认定，独立发表意见，并与法官共同表决；对法律适用，可以发表意见，但不参加表决。

第23条规定，合议庭评议案件，实行少数服从多数的原则。人民陪审员同合议庭其他组成人员意见分歧的，应当将其意见写入笔录。合议庭组成人员意见有重大分歧的，人民陪审员或者法官可以要求合议庭将案件提请院长决定是否提交审判委员会讨论决定。

（七）人民陪审员的回避与职务要求

根据《中华人民共和国人民陪审员法》第18条规定，人民陪审员的回避，适用审判人员回避的法律规定。

第3条规定，人民陪审员依法享有参加审判活动、独立发表意见、获得履职保障等权利。人民陪审员应当忠实履行审判职责，保守审判秘密，注重司法礼仪，维护司法形象。

（八）人民陪审员的抽选

根据《中华人民共和国人民陪审员法》第19条规定，基层人民法院审判案件需要由人民陪审员参加合议庭审判的，应当在人民陪审员名单中随机抽取确定。中级人民法院、高级人民法院审判案件需要由人民陪审员参加合议庭审判的，在其辖区内的基层人民法院的人民陪审员名单中随机抽取确定。

（九）人民陪审员的培训与考核

根据《中华人民共和国人民陪审员法》第24条规定，人民法院应当结合本辖区实际情况，合理确定每名人民陪审员年度参加审判案件的数量上限，并向社会公告。

第 25 条规定，人民陪审员的培训、考核和奖惩等日常管理工作，由基层人民法院会同司法行政机关负责。对人民陪审员应当有计划地进行培训。人民陪审员应当按照要求参加培训。

第 26 条规定，对于在审判工作中有显著成绩或者有其他突出事迹的人民陪审员，依照有关规定给予表彰和奖励。

第 27 条规定，人民陪审员有下列情形之一，经所在基层人民法院会同司法行政机关查证属实的，由院长提请同级人民代表大会常务委员会免除其人民陪审员职务：

(1)本人因正当理由申请辞去人民陪审员职务的；

(2)具有本法第六条、第七条所列情形之一的；

(3)无正当理由，拒绝参加审判活动，影响审判工作正常进行的；

(4)违反与审判工作有关的法律及相关规定，徇私舞弊，造成错误裁判或者其他严重后果的。

人民陪审员有前款第三项、第四项所列行为的，可以采取通知其所在单位、户籍所在地或者经常居住地的基层群众性自治组织、人民团体，在辖区范围内公开通报等措施进行惩戒；构成犯罪的，依法追究刑事责任。

▶ 经典考题

14-5. 根据《最高人民法院关于进一步加强合议庭职责的若干规定》，关于合议庭，下列哪些说法是正确的？(2010-卷二-72 多选题)①

A. 合议庭是法院的基本审判组织，由审判员和人民陪审员随机组成

B. 合议庭成员因对案件事实和证据认识上的偏差而导致案件被改判或者发回重审的不承担责任

C. 合议庭成员因法律修订或者政策调整而导致案件被改判或者发回重审的不承担责任

D. 开庭审理时，合议庭成员从事与该庭审无关的活动，当事人提出异议合议庭不纠正的，当事人可以要求延期审理，并将有关情况记入庭审笔录

① 【答案】BC

第十五章　第一审程序

基本要求

了解与把握：第一审程序的概念、分类，公诉案件庭前审查的概念，反诉的概念，简易程序的概念，自诉案件第一审程序的特点。

理解与运用：《刑事诉讼法》以及相关法律解释对第一审程序的规定，简易程序的内容，判决、裁定、决定的区别与制作。

考情分析

第一审程序是一个完整的审判程序，所以往年考查的分值很多，在10分左右。另外，第一审程序也是2012年刑事诉讼法修改的重要内容之一，2012年刑事诉讼法修改庭前审查程序，建立了强制证人出庭作证制度，规定人民法院审判公诉案件人民检察院应当派员出席法庭支持公诉，明确了中止审理的情形，对简易程序进行了重大改革，进一步完善了第一审程序，所以近几年考查的可能性也会更大。学习本章应重点掌握公诉案件庭前审查、法庭审判、简易程序、法庭秩序、延期审理、中止审理、休庭、第一审程序的审限、自诉案件的一审程序、简易程序、判决裁定和决定以及三者之间的区别。

近十年考题在本章的分布情况如下：

	年　度	单选题	多选题	不定项题	案例分析	分值
1	2017	卷二/34、35				2
2	2016	卷二/36、37		卷二/96	卷四/3	7
3	2015	卷二/36	卷二/72		卷四/3	23
4	2014	卷二/37	卷二/71、72、73			7
5	2013	卷二/39	卷二/66、74	卷二/92-94		9
6	2012	卷二/31、32	卷二/69、70			6

续表

	年　度	单选题	多选题	不定项题	案例分析	分值
7	2011		卷二/70、71、72			6
8	2010	卷二/31、33、35	卷二/71、74			7
9	2009	卷二/33、34	卷二/75、76	卷二/95-97		12
10	2008	卷二/23、29、31、38	卷二/70、71、72、 卷二/77、78			14

内容概览

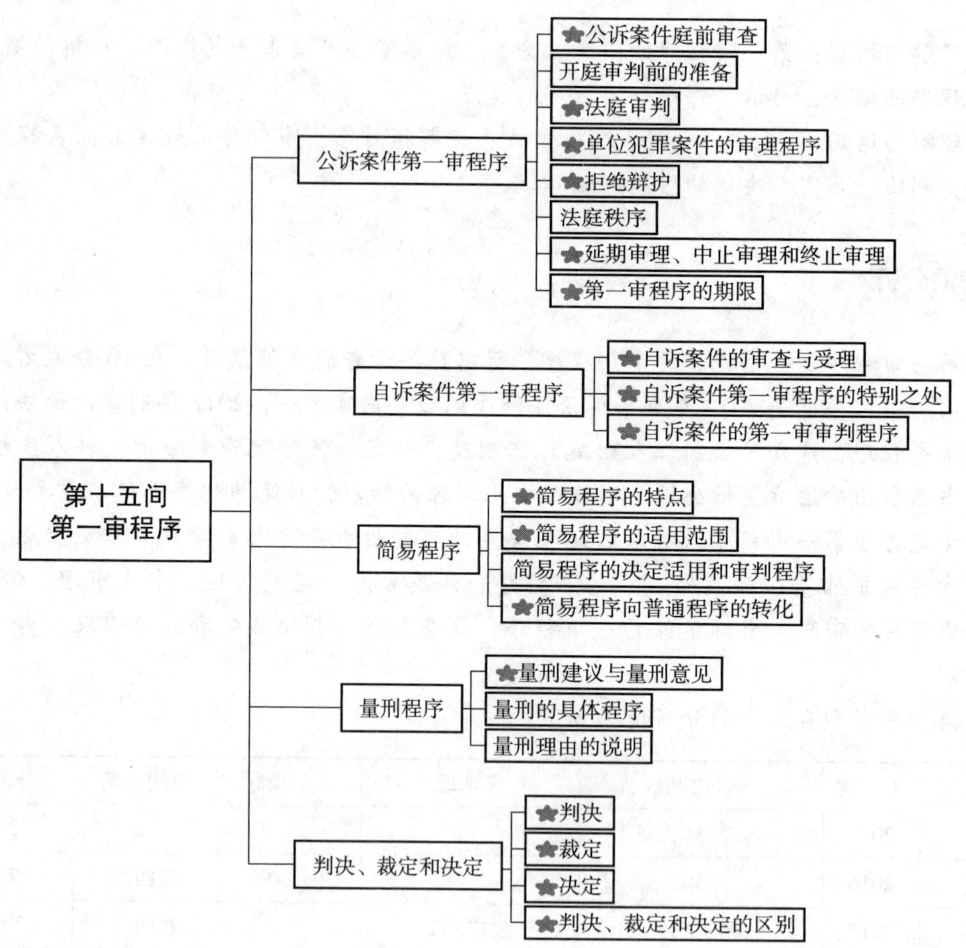

第一节 公诉案件第一审程序

公诉案件第一审程序，是指人民法院对人民检察院提起公诉的案件进行初次审判时应当遵循的步骤、方式和方法。公诉案件第一审程序包括庭前审查、庭前准备、法庭审判等诉讼环节。

一、公诉案件庭前审查

公诉案件庭前审查，是指人民法院对人民检察院提起公诉的案件进行庭前审查，以决定是否开庭审判的活动。

人民法院对人民检察院提起公诉的案件，并非径直开庭审判，而是需要经过初步审查，然后才能决定是否开庭审判。因此，对公诉案件的审查是公诉案件第一审程序中的一个必经程序。

（一）审查的内容和方法

(1)是否属于本院管辖。

(2)起诉书是否写明被告人的身份，是否受过或者正在接受刑事处罚，被采取强制措施的种类、羁押地点，犯罪的时间、地点、手段、后果以及其他可能影响定罪量刑的情节。

(3)是否移送证明指控犯罪事实的证据材料，包括采取技术侦查措施的批准决定和所收集的证据材料。

(4)是否查封、扣押、冻结被告人的违法所得或者其他涉案财物，并附证明相关财物依法应当追缴的证据材料。

(5)是否列明被害人的姓名、住址、联系方式；是否附有证人、鉴定人名单；是否申请法庭通知证人、鉴定人、有专门知识的人出庭，并列明有关人员的姓名、性别、年龄、职业、住址、联系方式；是否附有需要保护的被害人、证人、鉴定人名单。

(6)当事人已委托辩护人、诉讼代理人，或者已接受法律援助的，是否列明辩护人、诉讼代理人的姓名、住址、联系方式。

(7)是否提起附带民事诉讼；提起附带民事诉讼的，是否列明附带民事诉讼当事人的姓名、住址、联系方式，是否附有相关证据材料。

(8)侦查、审查起诉程序的各种法律手续和诉讼文书是否齐全。

(9)有无《刑事诉讼法》第16条第2项至第6项规定的不追究刑事责任的情形。

庭前审查的方法，应为书面审查，即通过审阅起诉书等，并围绕上述内容逐项予以审查。

【注意】在公诉案件的庭前审查程序，法院采用的是程序审查，并不对案件进行审理，不解决被告人的定罪量刑问题，因此，无须讯问被告人和听取辩护人的意见。

（二）审查后的处理

(1)属于告诉才处理的案件，应当退回人民检察院，并告知被害人有权提起自诉。

(2)不属于本院管辖或者被告人不在案的，应当退回人民检察院。

(3)需要补充材料的，应当通知人民检察院在3日内补送。

(4)依照《刑事诉讼法》第200条第3项规定宣告被告人无罪后，人民检察院根据新的事实、证据重新起诉的，应当依法受理。

(5)依照最高院《刑诉解释》第242条规定裁定准许撤诉的案件，没有新的事实、证据，重新起诉的，应当退回人民检察院。

(6)符合《刑事诉讼法》第16条第2项至第6项规定情形的，应当裁定终止审理或者退回人民检察院。

(7)被告人真实身份不明，但符合《刑事诉讼法》第160条第2款规定的，应当依法受理。

（三）审查的期限

对公诉案件是否受理，应当在7日内审查完毕。人民法院对提起公诉的案件进行审查的期限，计入人民法院的审理期限。

二、开庭审判前的准备

(1)确定审判长及合议庭组成人员。

【注意】人民法院的书记员，其职责是担任审判庭的记录工作，并办理有关审判的其他事项，不属于合议庭的组成人员。

(2)开庭10日前将起诉书副本送达被告人、辩护人。

(3)通知当事人、法定代理人、辩护人、诉讼代理人在开庭5日前提供证人、鉴定人名单，以及拟当庭出示的证据；申请证人、鉴定人、有专门知识的人出庭的，应当列明有关人员的姓名、性别、年龄、职业、住址、联系方式。

(4)开庭3日前将开庭的时间、地点通知人民检察院。

(5)开庭3日前将传唤当事人的传票和通知辩护人、诉讼代理人、法定代理人、证人、鉴定人等出庭的通知书送达；通知有关人员出庭，也可以采取电话、短信、传真、电子邮件等能够确认对方收悉的方式。

(6)公开审理的案件，在开庭3日前公布案由、被告人姓名、开庭时间和地点。

(7)庭前会议。在开庭以前，案件具有下列情形之一的，审判人员可以召集公诉人、当事人和辩护人、诉讼代理人，召开庭前会议：

①当事人及其辩护人、诉讼代理人申请排除非法证据的。

②证据材料较多、案情重大复杂的。

③社会影响重大的。

④需要召开庭前会议的其他情形。

召开庭前会议，审判人员可以就下列问题向控辩双方了解情况，听取意见：

①是否对案件管辖有异议。

②是否申请有关人员回避。

③是否申请调取侦查、审查起诉期间公安机关、人民检察院收集但未随案移送的证明被告人无罪或者罪轻的证据材料。

④是否提供新的证据。

⑤是否对出庭证人、鉴定人、有专门知识的人的名单有异议。

⑥是否申请排除非法证据。

⑦是否申请不公开审理。

⑧与审判相关的其他问题。

审判人员可以询问控辩双方对证据材料有无异议，对有异议的证据，应当在庭审时重点调查；无异议的，庭审时举证、质证可以简化。被害人或者其法定代理人、近亲属提起附带民事诉讼的，可以调解。庭前会议情况应当制作笔录。

【注意】召开庭前会议，根据案件情况，可以通知被告人参加，而不是必须通知被告人参加。

三、法庭审判

法庭审判由合议庭的审判长主持。合议庭的其他成员则应协助审判长。诉讼参与人也都应当听从审判长的指挥，遵守法庭秩序。

法庭审判程序大体可分为开庭、法庭调查、法庭辩论、被告人最后陈述、评议和宣判五个阶段。

（一）开庭

在开庭阶段，应当掌握审判长和书记员之间的分工。

1. 书记员的工作

(1)受审判长委托，查明公诉人、当事人、证人及其他诉讼参与人是否到庭。

(2)宣读法庭规则。

(3)请公诉人及相关诉讼参与人入庭。

(4)请审判长、审判员(人民陪审员)入庭。

(5)审判人员就座后，当庭向审判长报告开庭前的准备工作已经就绪。

2. 审判长的工作

(1)宣布开庭，传被告人到庭后，应当查明被告人的情况。被告人较多的，可以在开庭前查明上述情况，但开庭时审判长应当作出说明。

(2)宣布案件的来源、起诉的案由、附带民事诉讼当事人的姓名及是否公开审理；不公开审理的，应当宣布理由。

(3)审判长宣布合议庭组成人员、书记员、公诉人、辩护人、鉴定人、翻译人员等诉讼参与人的名单。

（4）审判长应当告知当事人及其法定代理人、辩护人、诉讼代理人在法庭审理过程中依法享有的诉讼权利。

（5）审判长分别询问当事人、法定代理人、辩护人、诉讼代理人是否申请回避，申请何人回避和申请回避的理由。同意或者驳回回避申请的决定及复议决定，由审判长宣布，并说明理由。必要时，也可以由院长到庭宣布。

对于共同犯罪案件，应将各被告人同时传唤到庭，逐一查明身份及基本情况后，集中宣布上述事项和被告人在法庭审理过程中享有的权利，询问是否申请回避，以避免重复，节省开庭时间。

被告人认罪认罚的，审判长应当告知被告人享有的诉讼权利和认罪认罚的法律规定，审查认罪认罚的自愿性和认罪认罚具结书内容的真实性、合法性。

【注意】开庭的时候，审判长查明当事人是否到庭。

（二）法庭调查

开庭阶段的事项进行完毕后，由审判长宣布开始法庭调查。法庭调查的程序是：

1. 公诉人宣读起诉书

审判长宣布法庭调查开始后，先由公诉人宣读起诉书；有附带民事诉讼的，再由附带民事诉讼原告人或者其法定代理人、诉讼代理人宣读附带民事起诉状。

宣读起诉书时，如果一案有数名被告人，应同时在场。起诉书指控的被告人的犯罪事实为两起以上的，法庭调查一般应当分别进行。

2. 被告人、被害人陈述

在公诉人宣读完起诉书后，在审判长主持下，被告人、被害人可以就起诉书指控的犯罪事实分别陈述。

3. 讯问、发问被告人、被害人

（1）公诉人讯问被告人。在审判长支持下，公诉人可以就起诉书指控的犯罪事实讯问犯罪被告人。讯问被告人时，应当避免可能影响陈述客观真实的诱导性讯问以及其他不当讯问。

（2）经审判长准许，被害人及其法定代理人、诉讼代理人、附带民事诉讼原告人及其法定代理人、诉讼代理人、被告人的法定代理人、辩护人、附带民事诉讼被告人及其法定代理人、诉讼代理人，可以向被告人发问。对于同案审理的被告人，应当分别进行，以免被告人相互影响，作虚假口供。必要时，可以传唤同案被告人等到庭对质。

（3）经审判长准许，控辩双方可以向被害人、附带民事诉讼原告人发问。讯问、发问被告人和发问被害人，必须在审判长主持下进行。控辩双方的讯问、发问方式不当或者内容与本案无关的，对方可以提出异议，申请审判长制止，审判长应当判明情况予以支持或者驳回；对方未提出异议的，审判长也可以根据情况予以制止。

（4）审判人员讯问被告人，向被害人、附带民事诉讼当事人发问。审判人员为了澄清疑问，可以讯问被告人，必要时，可以向被害人、附带民事诉讼当事人发问。

4. 出示、核实证据

证据只有经过查证核实才能成为定案的根据。核查证据应从控方向法庭举证开始。

公诉人可以提请审判长通知证人、鉴定人出庭作证，或者出示证据。被害人及其法定代理人、诉讼代理人，附带民事诉讼原告人及其诉讼代理人也可以提出申请。

在控诉一方举证后，被告人及其法定代理人、辩护人可以提请审判长通知证人、鉴定人出庭作证，或者出示证据。

控辩双方申请证人出庭作证，出示证据，应当说明证据的名称、来源和拟证明的事实。法庭认为有必要的，应当准许；对方提出异议，认为有关证据与案件无关或者明显重复、不必要，法庭经审查异议成立的，可以不予准许。已经移送人民法院的证据，控辩双方需要出示的，可以向法庭提出申请。法庭同意的，应当指令值庭法警出示、播放；需要宣读的，由值庭法警交由申请人宣读。

控辩双方向法庭提供的证据，都应当经当庭质证、辨认和辩论。具体程序是：

(1)询问证人。

证人出庭作证需同时满足如下几个条件：①公诉人、当事人或者辩护人、诉讼代理人对证人证言有异议；②该证人证言对案件定罪量刑有重大影响；③人民法院认为证人有必要出庭作证的。

证人具有下列情形之一，无法出庭作证的，人民法院可以准许其不出庭：①在庭审期间身患严重疾病或者行动极为不便的；②居所远离开庭地点且交通极为不便的；③身处国外短期无法回国的；④有其他客观原因，确实无法出庭的。具有前述规定情形的，可以通过视频等方式作证。

经人民法院通知，证人没有正当理由不出庭作证的，人民法院可以强制其到庭，但是被告人的配偶、父母、子女除外。强制证人出庭的，应当由院长签发强制证人出庭令。证人没有正当理由逃避出庭或者出庭后拒绝作证的，予以训诫，情节严重的，经院长批准，处以10日以下拘留。被处罚人对拘留决定不服的，可以向上一级人民法院申请复议。复议期间不停止执行。

证人到庭后，审判人员应当核实其身份、与当事人以及本案的关系，并告知其应当如实地提供证言和有意作伪证或者隐匿罪证要负的法律责任。证人作证前，应当保证向法庭如实提供证言，并在保证书上签名。

向证人发问，应当先由提请通知的一方进行；发问完毕后，经审判长准许，对方也可以发问。询问证人应当遵循以下规则：①发问的内容应当与本案事实有关；②不得以诱导方式发问；③不得威胁证人；④不得损害证人的人格尊严。审判长对于向证人发问的内容与本案无关或者发问的方式不当的，应当制止。对于控辩双方认为对方发问的内容与本案无关或者发问的方式不当并提出异议的，审判长应当判明情况予以支持或者驳回。审判人员认为必要时，可以询问证人。向证人发问应当分别进行。证人经控辩双方发问或者审判人员询问后，审判长应当告其退庭。证人不得旁听对本案的审理。

(2)询问鉴定人。

鉴定人出庭作证的情形：公诉人、当事人或者辩护人、诉讼代理人对鉴定意见有异议，人民法院认为鉴定人有必要出庭的，鉴定人应当出庭作证。

经人民法院通知，鉴定人拒不出庭作证的，鉴定意见不得作为定案的依据。鉴定人由于不能抗拒的原因或者有其他正当理由无法出庭的，人民法院可以根据案件审理情况决定延期审理。

鉴定人到庭后，审判人员应当核实身份、与当事人及本案的关系，如实告知法律责任。在保证书上签名。

对鉴定人的询问，适用以上询问证人的程序和规则。

(3)有专门知识的人出庭作证。

为核实鉴定人的鉴定意见，刑事诉讼法还规定了控辩双方申请有专门知识的人出庭作证的制度。法庭对于上述申请，应当作出是否同意的决定。有专门知识的人出庭，适用鉴定人的有关规定。最高院《刑诉解释》规定，申请法庭通知有专门知识的人出庭，就鉴定意见提出意见的，应当说明理由；法庭认为有必要的，应当通知有专门知识的人出庭；申请有专门知识的人出庭，不得超过两人；有多种类鉴定意见的，可以相应增加人数。

审判危害国家安全犯罪、恐怖活动犯罪、黑社会性质的组织犯罪、毒品犯罪等案件，证人、鉴定人、被害人因出庭作证，本人或者其近亲属的人身安全面临危险的，人民法院应当采取不公开其真实姓名、住址和工作单位等个人信息，或者不暴露其外貌、真实声音等保护措施。审判期间，证人、鉴定人、被害人提出保护请求的，人民法院应当立即审查；认为确有保护必要的，应当及时决定采取相应保护措施。同时，在判决书、裁定书等法律文书中可以使用化名代替其个人信息。

(4)出示、宣读证据。

举证方应当向法庭出示物证，让当事人辨认，对未到庭的证人的证言笔录、鉴定人的鉴定意见、勘验笔录和其他作为证据的文书，应当当庭宣读。当庭出示的物证、书证、视听资料等证据，应当先由出示证据的一方就所出示的证据的来源、特征等做必要的说明，然后由另一方进行辨认并发表意见。控辩双方可以互相质问、辩论。当庭出示的证据，尚未移送人民法院的，应当在质证后移交法庭。

法庭审理过程中，对与量刑有关的事实、证据，应当进行调查。人民法院除应当审查被告人是否具有法定量刑情节外，还应当根据案件情况审查以下影响量刑的情节：①案件起因；②被害人有无过错及过错程度，是否对矛盾激化负有责任及责任大小；③被告人的近亲属是否协助抓获被告人；④被告人平时表现，有无悔罪态度；⑤退赃、退赔及赔偿情况；⑥被告人是否取得被害人或者其近亲属谅解；⑦影响量刑的其他情节。

公诉人申请出示开庭前未移送人民法院的证据，辩护方提出异议的，审判长应当要求公诉人说明理由；理由成立并确有出示必要的，应当准许。辩护方提出需要对新的证据作辩护准备的，法庭可以宣布休庭，并确定准备辩护的时间。辩护方申请出示开庭前未提交的证据，适用以上规定。

5. 调取新证据

当事人及其辩护人、诉讼代理人申请通知新的证人到庭，调取新的证据，申请重新鉴定或者勘验的，应当提供证人的姓名、证据的存放地点，说明拟证明的案件事实，要求重新鉴定或者勘验的理由。法庭认为有必要的，应当同意，并宣布延期审理；不同意的，应当告知理由并继续审理。延期审理的案件，符合《刑事诉讼法》第204条第1款规定的，可以报请上级人民法院批准延长审理期限。人民法院同意重新鉴定申请的，应当及时委托鉴定，并将鉴定意见告知人民检察院、当事人及其辩护人、诉讼代理人。

审判期间，合议庭发现被告人可能有自首、坦白、立功等法定量刑情节，而人民检察院移送的案卷中没有相关证据材料的，应当通知人民检察院移送。被告人提出新的立功线索的，人民法院可以建议人民检察院补充侦查。

审判期间，公诉人发现案件需要补充侦查，建议延期审理的，合议庭应当同意，但建议延期审理不得超过两次，每次不得超过1个月。人民检察院将补充收集的证据移送人民法院的，人民法院应当通知辩护人、诉讼代理人查阅、摘抄、复制。补充侦查期限届满后，经法庭通知，人民检察院未将案件移送人民法院，且未说明原因的，人民法院可以决定按人民检察院撤诉处理。

人民法院向人民检察院调取需要调查核实的证据材料，或者根据被告人、辩护人的申请，向人民检察院调取在侦查、审查起诉期间收集的有关被告人无罪或者罪轻的证据材料，应当通知人民检察院在收到调取证据材料决定书后3日内移交。

6. 合议庭调查核实证据

法庭对证据有疑问的，可以告知公诉人、当事人及其法定代理人、辩护人、诉讼代理人补充证据或者作出说明；必要时，可以宣布休庭，对该证据调查核实。人民法院调查核实证据时，可以进行勘验、检查、查封、扣押、鉴定和查询、冻结。必要时，可以通知检察人员、辩护人到场。上述人员未到场的，应当记录在案。在法庭审理过程中，审判人员对量刑证据有疑问的，可以宣布休庭，对证据进行调查核实，必要时也可以要求人民检察院补充调查核实。人民检察院应当补充调查核实有关证据，必要时可以要求侦查机关提供协助。

人民法院调查核实证据时，发现对定罪量刑有重大影响的新的证据材料的，应当告知检察人员、辩护人。必要时，也可以直接提取，并及时通知检察人员、辩护人查阅、摘抄、复制。对公诉人、当事人及其法定代理人、辩护人、诉讼代理人补充的和法庭庭外调查核实取得的证据，应当经过当庭质证才能作为定案的根据。但是，经庭外征求意见，控辩双方没有异议的除外。有关情况，应当记录在案。

当庭出示的证据、宣读的证人证言、鉴定意见和勘验、检查笔录等，在出示、宣读后，应立即将原件移交法庭。对于确实无法当庭移送的，应当要求出示、宣读证据的一方在休庭后3日内移交。

（三）法庭辩论

法庭辩论，是在法庭调查的基础上，控诉方与辩护方就被告人的行为是否构成犯罪、犯罪的性质、罪责轻重、证据是否确实充分，以及如何适用刑罚等问题，进行互相争论和反驳的一种诉讼活动。

合议庭认为案件事实已经调查清楚的，应当由审判长宣布法庭调查结束，开始就定罪、量刑的事实、证据和适用法律等问题进行法庭辩论。

法庭辩论应当在审判长的主持下，按照下列顺序进行：(1)公诉人发言；(2)被害人及其诉讼代理人发言；(3)被告人自行辩护；(4)辩护人辩护；(5)控辩双方进行辩论。

人民检察院可以提出量刑建议并说明理由，量刑建议一般应当具有一定的幅度。当事人及其辩护人、诉讼代理人可以对量刑提出意见并说明理由。

对被告人认罪的案件，法庭辩论时，可以引导控辩双方主要围绕量刑和其他有争议的问题进行。对被告人不认罪或者辩护人作无罪辩护的案件，法庭辩论时，可以引导控辩双方先辩论定罪问题，后辩论量刑问题。

附带民事诉讼部分的辩论应当在刑事部分的辩论结束后进行，其辩论顺序是：先由附带民事诉讼原告人及其诉讼代理人发言，后由附带民事诉讼被告人及其诉讼代理人答辩。

法庭辩论过程中，合议庭发现与定罪、量刑有关的新的事实，有必要调查的，审判长可以宣布暂停辩论，恢复法庭调查，在对新的事实调查后，继续法庭辩论。

经过几轮辩论，审判长认为控辩双方的发言中已经没有新的问题和意见提出，没有继续辩论必要时，即应终止双方发言，宣布辩论终结。

（四）被告人最后陈述

审判长在宣布辩论终结后，被告人有最后陈述的权利。这是被告人的一项重要诉讼权利，审判长应当告知被告人享有此项权利。被告人在最后陈述中提出新的事实、证据，合议庭认为可能影响正确裁判的，应当恢复法庭调查；被告人提出新的辩解理由，合议庭认为可能影响正确裁判的，应当恢复法庭辩论。

附带民事诉讼部分可以在法庭辩论结束后当庭调解。不能达成协议的，可以同刑事部分一并判决。

【注意】被告人最后陈述是被告人的一项不可剥夺的权利，无论是普通程序，还是简易程序，被告人都享有这项权利。

（五）评议和宣判

1. 评议

被告人最后陈述后，审判长应当宣布休庭，由合议庭进行评议。

合议庭评议案件，应当根据已经查明的事实、证据和有关法律规定，在充分考虑控辩双方意见的基础上，确定被告人是否有罪、构成何罪，有无从重、从轻、减轻或者免除处罚的情节，应否处以刑罚、判处何种刑罚，附带民事诉讼如何解决，查封、扣押、冻结的财物及其孳息如何处理等，并依法作出判决、裁定。

对第一审公诉案件，人民法院审理后，应当按照下列情形分别作出判决、裁定：

(1)起诉指控的事实清楚，证据确实、充分，依据法律认定指控被告人的罪名成立的，应当作出有罪判决。

(2)起诉指控的事实清楚，证据确实、充分，指控的罪名与审理认定的罪名不一致的，应当按照审理认定的罪名作出有罪判决。

(3)案件事实清楚，证据确实、充分，依据法律认定被告人无罪的，应当判决宣告被告人无罪。

(4)证据不足，不能认定被告人有罪的，应当以证据不足、指控的犯罪不能成立，判决宣告被告人无罪。

(5)案件部分事实清楚，证据确实、充分的，应当作出有罪或者无罪的判决；对事实不清、证据不足的部分，不予认定。

(6)被告人因不满16周岁，不予刑事处罚的，应当判决宣告被告人不负刑事责任。

(7)被告人是精神病人，在不能辨认或者不能控制自己行为时造成危害结果，不予刑事处罚的，应当判决宣告被告人不负刑事责任。

(8)犯罪已过追诉时效期限且不是必须追诉，或者经特赦令免除刑罚的，应当裁定终止审理。

(9)被告人死亡的，应当裁定终止审理；根据已查明的案件事实和认定的证据，能够确认无罪的，应当判决宣告被告人无罪。

对于认罪认罚案件，人民法院依法作出判决时，一般应当采纳人民检察院指控的罪名和量刑建议，但有下列情形的除外：

1)被告人的行为不构成犯罪或者不应当追究其刑事责任的；

2)被告人违背意愿认罪认罚的；

3)被告人否认指控的犯罪事实的；

4)起诉指控的罪名与审理认定的罪名不一致的；

5)其他可能影响公正审判的情形。

人民法院经审理认为量刑建议明显不当，或者被告人、辩护人对量刑建议提出异议的，人民检察院可以调整量刑建议。人民检察院不调整量刑建议或者调整量刑建议后仍然明显不当的，人民法院应当依法作出判决。

宣告判决前，人民检察院要求撤回起诉的，人民法院应当审查撤回起诉的理由，作出是否准许的裁定。审判期间，人民法院发现新的事实，可能影响定罪的，可以建议人民检察院补充或者变更起诉；人民检察院不同意或者在7日内未回复意见的，人民法院应当就起诉指控的犯罪事实作出判决、裁定。

合议庭成员应当在评议笔录上签名，在判决书、裁定书等法律文书上署名。

人民法院的刑事裁判文书中应当说明量刑理由。量刑理由主要包括：①已经查明的量刑事实及其对量刑的作用；②是否采纳公诉人、当事人和辩护人、诉讼代理人发表的量刑建议、意见及理由；③人民法院量刑的理由和法律依据。

2. 宣判

合议庭经过评议作出裁判后，应当宣判。宣判有当庭宣判和定期宣判两种形式。

当庭宣告判决的，应当在5日内送达判决书。定期宣告判决的，应当在宣判前，先期公告宣判的时间和地点，传唤当事人并通知公诉人、法定代理人、辩护人和诉讼代理人；判决宣告后，应当立即送达判决书。判决书应当送达人民检察院、当事人、法定代理人、辩护人、诉讼代理人，并可以送达被告人的近亲属。判决生效后，还应当送达被告人的所在单位或者原户籍地的公安派出所，或者被告单位的注册登记机关。

地方各级人民法院在宣告第一审判决、裁定时，应当告知被告人、自诉人及其法定代理人不服判决、裁定的，有权在法定期限内以书面或者口头形式，通过本院或者直接向上一级人民法院提出上诉；被告人的辩护人、近亲属经被告人同意，也可以提出上诉；附带民事诉讼当事人及其法定代理人，可以对判决、裁定中的附带民事部分提出上诉。被告人、自诉人、附带民事诉讼当事人及其法定代理人是否提出上诉，以其在上诉期满前最后一次的意思表示为准。

四、单位犯罪案件的审理程序

我国刑事诉讼法所规定的刑事诉讼基本原则、诉讼制度、诉讼权利与义务同样适用于公、检、法机关处理单位犯罪的案件。此外，最高院《刑诉解释》还就单位犯罪案件的审理程序作了以下特别规定：

(1)人民法院受理单位犯罪案件，除依照有关规定进行审查外，还应当审查起诉书是否列明被告单位的名称、住所地、联系方式，法定代表人、主要负责人以及代表被告单位出庭的诉讼代表人的姓名、职务、联系方式。需要人民检察院补充材料的，应当通知人民检察院在 3 日内补送。

(2)被告单位的诉讼代表人，应当是法定代表人或者主要负责人；法定代表人或者主要负责人被指控为单位犯罪直接负责的主管人员或者因客观原因无法出庭的，应当由被告单位委托其他负责人或者职工作为诉讼代表人。但是，有关人员被指控为单位犯罪的其他直接责任人员或者知道案件情况、负有作证义务的除外。

(3)开庭审理单位犯罪案件，应当通知被告单位的诉讼代表人出庭。没有诉讼代表人参与诉讼的，应当要求人民检察院确定。被告单位的诉讼代表人不出庭的，应当按照下列情形分别处理：

①诉讼代表人系被告单位的法定代表人或者主要负责人，无正当理由拒不出庭的，可以拘传其到庭；因客观原因无法出庭，或者下落不明的，应当要求人民检察院另行确定诉讼代表人。

②诉讼代表人系被告单位的其他人员的，应当要求人民检察院另行确定诉讼代表人出庭。

(4)被告单位的诉讼代表人享有刑事诉讼法规定的有关被告人的诉讼权利。开庭时，诉讼代表人席位于审判台左侧，与辩护人席并列。被告单位委托辩护人的，参照有关规定办理。

(5)对应当认定为单位犯罪的案件，人民检察院只作为自然人犯罪起诉的，人民法院应当建议人民检察院对犯罪单位补充起诉。人民检察院仍以自然人犯罪起诉的，人民法院应当依法审理，按照单位犯罪中的直接负责的主管人员或者其他直接责任人员追究刑事责任，并援引刑法分则关于追究单位犯罪中直接负责的主管人员和其他直接责任人员刑事责任的条款。

【注意】如此规定主要法院要遵循“不告不理”原则，法院的审判范围要受到检察院起诉范围的限制。

(6)被告单位的违法所得及其孳息，尚未被依法追缴或者查封、扣押、冻结的，人民法院应当决定追缴或者查封、扣押、冻结。人民法院为了保证判决的执行，根据案件具体情况，可以先行扣押、冻结被告单位的财产或者由被告单位提供担保。

(7)人民法院审理单位犯罪案件，被告单位被注销或者宣告破产，但单位犯罪直接负责的主管人员和其他直接责任人员应当负刑事责任的，应当继续审理。

直击命题：

(1)诉讼代表人，不是被告人，而是在单位犯罪案件中，代表被告单位参加刑事诉讼，行使诉讼权利的人。

(2)诉讼代表人由被告单位“委托”，由检察院“确定”，主要是基于法院的居中裁判地位，不应由法院确定被告单位的诉讼代表人。

五、拒绝辩护

被告人当庭拒绝辩护人辩护，要求另行委托辩护人或者指派律师的，合议庭应当准许。被告人拒绝辩护人辩护后，没有辩护人的，应当宣布休庭；仍有辩护人的，庭审可以继续进行。有多名被告人的案件，部分被告人拒绝辩护人辩护后，没有辩护人的，根据案件情况，可以对该被告人另案处理，对其他被告人的庭审继续进行。

重新开庭后，被告人再次当庭拒绝辩护人辩护的，可以准许，但被告人不得再次另行委托辩护人或者要求另行指派律师，由其自行辩护。被告人属于应当提供法律援助的情形，重新开庭后再次当庭拒绝辩护人辩护的，不予准许。

法庭审理过程中，辩护人拒绝为被告人辩护的，应当准许；是否继续庭审，参照前述规定。

依照上述规定另行委托辩护人或者指派律师的，自案件宣布休庭之同起至第 15 日止，由辩护人准备辩护，但被告人及其辩护人自愿缩短时间的除外。

六、法庭秩序

法庭审理过程中，诉讼参与人、旁听人员应当遵守以下纪律：(1)服从法庭指挥，遵守法庭礼仪；(2)不得鼓掌、喧哗、哄闹、随意走动；(3)不得对庭审活动进行录音、录像、摄影，或者通过发送邮件、博客、微博客等方式传播庭审情况，但经人民法院许可的新闻记者除外；(4)旁听人员不得发言、提问；(5)不得实施其他扰乱法庭秩序的行为。

法庭审理过程中，诉讼参与人或者旁听人员扰乱违反法庭秩序的，审判长应当按照下列情形分别处理：

(1)情节较轻的，应当警告制止并进行训诫。

(2)不听制止的，可以指令法警强行带出法庭。

(3)情节严重的，报经院长批准后，可以对行为人处1000元以下的罚款或者15日以下拘留。诉讼参与人、旁听人员对人民法院罚款、拘留的决定不服的，可以直接向上一级人民法院申请复议，也可以通过决定罚款、拘留的人民法院向上一级人民法院申请复议。通过决定罚款、拘留的人民法院申请复议的，该人民法院应当自收到复议申请之日起3日内，将复议申请、罚款或者拘留决定书和有关事实、证据材料一并报上一级人民法院复议。复议期间，不停止决定的执行。

(4)未经许可录音、录像、摄影或者通过邮件、博客、微博客等方式传播庭审情况的，可以暂扣存储介质或者相关设备。

(5)聚众哄闹、冲击法庭或者侮辱、诽谤、威胁、殴打司法工作人员或者诉讼参与人，严重扰乱法庭秩序，构成犯罪的，应当依法追究刑事责任。

【注意】对法庭纪律了解即可，对违反法庭秩序的处理方式和相关人员的救济方式应当重点把握。

七、延期审理、中止审理和终止审理

（一）延期审理

延期审理是指在法庭审判过程中，遇有足以影响审判进行的情形时，法庭决定延期审理，待影响审判进行的原因消失后，再行开庭审理。延期审理有以下三种情形：

(1)需要通知新的证人到庭，调取新的物证，重新鉴定或者勘验的。

(2)检察人员发现提起公诉的案件需要补充侦查，提出建议的。

(3)由于申请回避而不能进行审判的。

法庭审判过程中遇有下列情形之一的，公诉人可以建议法庭延期审理：

(1)发现事实不清、证据不足，或者遗漏罪行、遗漏同案犯罪嫌疑人，需要补充侦查或者补充提供证据的。

(2)被告人揭发他人犯罪行为或者提供重要线索，需要补充侦查进行查证的。

(3)发现遗漏罪行或者遗漏同案犯罪嫌疑人，虽不需要补充侦查和补充提供证据，但需要补充、追加或者变更起诉的。

(4)申请人民法院通知证人、鉴定人出庭作证或者有专门知识的人出庭提出意见的。

(5)需要调取新的证据，重新鉴定或者勘验的。

(6)公诉人出示、宣读开庭前移送人民法院的证据以外的证据，或者补充、变更起诉，需要给予被告人、辩护人必要时间进行辩护准备的。

(7)被告人、辩护人向法庭出示公诉人不掌握的与定罪量刑有关的证据，需要调查核实的。

(8)公诉人对证据收集的合法性进行证明，需要调查核实的。在人民法院开庭审理前发现具有上述情形之一的，人民检察院可以建议人民法院延期审理。

延期审理的开庭日期，可以当庭确定，也可以另行确定。

（二）中止审理

中止审理是指人民法院在审判案件过程中，因发生某种情况影响了审判的正常进行，而决定暂停审理，待其消失后，再行开庭审理。

在审判过程中，有下列情形之一，致使案件在较长时间内无法继续审理的，可以中止审理：

(1)被告人患有严重疾病，无法出庭的。

(2)被告人脱逃的。

(3)自诉人患有严重疾病，无法出庭，未委托诉讼代理人出庭的。

(4)由于不能抗拒的原因。

中止审理的原因消失后，应当恢复审理，中止审理的期间不计入审理期限。

直击命题：

中止审理与延期审理不同，二者的主要区别是：

(1)时间不同。延期审理仅适用于法庭审理过程中，而中止审理适用于人民法院受理案件后至作出判决前。

(2)原因不同。导致延期审理的原因是诉讼自身出现了障碍，其消失依赖于某种诉讼活动的完成，因此，延期审理不能停止法庭审理以外的诉讼活动，而导致中止审理的原因是出现了不能抗拒的情况，其消除与诉讼本身无关，因此，中止审理将暂停一切诉讼活动。

(3)再行开庭的可预见性不同。延期审理的案件，再行开庭的时间可以预见，甚至当庭即可决定，但中止审理的案件，再行开庭的时间往往无法预见。

（三）终止审理

终止审理是指人民法院在审判案件过程中，遇有法律规定的情形致使审判不应当或者不需要继续进行时终结案件的诉讼活动。终止审理的法定情形是指《刑事诉讼法》第16条第2至6项所规定的内容。

终止审理与中止审理不同。二者的主要区别是：(1)原因不同。终止审理是因为审理中出现不应当或者不需要继续进行的情形，而中止审理则是因为出现了使得案件无法继续审理的情形。(2)法律后果不同。终止审理后，诉讼即告终结，不再恢复，而中止审理只是暂停诉讼活动，一旦中止原因消失，即应恢复审理。

【注意】依据《刑事诉讼法》第301条第1款的规定，在违法所得没收案件审理过程中，在逃的犯罪嫌疑人、被告人自动投案或者被捉获的，人民法院应当终止审理。

八、第一审程序的期限

人民法院审理公诉案件，应当在受理后2个月以内宣判，至迟不得超过3个月。

对于可能判处死刑的案件或者附带民事诉讼的案件，以及有《刑事诉讼法》第 158 条规定的情形之一的，经上一级人民法院批准，可以再延长 3 个月。因特殊情况还需要延长的，报请最高人民法院批准。

人民法院改变管辖的案件，从改变后的人民法院收到案件之日起计算审理期限。

人民检察院补充侦查的案件，补充侦查完毕移送人民法院后，人民法院重新计算审理期限。

▶ 经典考题

15-1. 高某利用职务便利多次收受贿赂，还雇凶将举报他的下属王某打成重伤。关于本案庭前会议，下列哪些选项是正确的？（2015-卷二-72 多选题）①

A. 高某可就案件管辖提出异议

B. 王某提起附带民事诉讼的，可调解

C. 高某提出其口供系刑讯所得，法官可在审查讯问时同步录像的基础上决定是否排除口供

D. 庭前会议上出示过的证据，庭审时举证、质证可简化

第二节　自诉案件第一审程序

一、自诉案件的审查与受理

对自诉案件，人民法院应当在 15 日内审查完毕。经审查，符合受理条件的，应当决定立案，并书面通知自诉人或者代为告诉人。对犯罪事实清楚，有足够证据的自诉案件，应当开庭审理。

具有下列情形之一的，应当说服自诉人撤回起诉；自诉人不撤回起诉的，裁定不予受理：

（1）不属于最高院《刑诉解释》第 1 条规定的案件的。

（2）缺乏罪证的。

（3）犯罪已过追诉时效期限的。

（4）被告人死亡的。

（5）被告人下落不明的。

（6）除因证据不足而撤诉的以外，自诉人撤诉后，就同一事实又告诉的。

（7）经人民法院调解结案后，自诉人反悔，就同一事实再行告诉的。

对已经立案，经审查缺乏罪证的自诉案件，自诉人提不出补充证据，人民法院应当说服其撤回自诉或者裁定驳回起诉。自诉人撤回起诉或者被驳回起诉后，又提出了

① 【答案】AB

新的足以证明被告人有罪的证据，再次提起自诉的，人民法院应当受理。

自诉人对不予受理或者驳回起诉的裁定不服的，可以提起上诉。第二审人民法院查明第一审法院作出的不予受理有错误的，撤销原裁定，指令第一审人民法院立案受理；查明第一审人民法院驳回起诉裁定有错误的，撤销原裁定的同时指令第一审人民法院进行审理。

共同被害人中只有部分人告诉的，人民法院应当通知其他被害人参加诉讼，并告知其不参加诉讼的法律后果。被通知人接到通知后表示不参加诉讼或者不出庭的，视为放弃告诉。第一审宣判后，被通知人就同一事实又提起自诉的，人民法院不予受理。但是，当事人另行提起民事诉讼的，不受本解释限制。

自诉案件当事人因客观原因不能取得的证据，申请人民法院调取的，应当说明理由，并提供相关线索或者材料。人民法院认为有必要的，应当及时调取。

二、自诉案件第一审程序的特别之处

(1)告诉处理的自诉和被害人直接向法院提起自诉的案件可以调解。但对于被害人有证据证明对被告人侵犯自己人身、财产权利的行为应当追究刑事责任，而公安机关或者人民检察院不予追究被告人刑事责任的自诉案件(公诉转自诉)，不适用调解。

调解达成协议的，应当制作刑事调解书，调解书经双方当事人签收后，即发生法律效力。调解没有达成协议，或者调解书签收前当事人反悔的，应当及时作出判决。

(2)可以自行和解。判决宣告前，自诉案件的当事人可以自行和解，而后撤回自诉。自行和解是刑事诉讼法赋予自诉案件双方当事人的一项诉讼权利。已经审理的自诉案件，当事人自行和解的，法庭应当记录在卷。人民法院有权进行审查，认为和解、撤回自诉确属自愿的，应当裁定准许；认为系被强迫、威吓等，并非出于自愿的，不予准许。

裁定准许撤诉或者当事人自行和解的自诉案件，被告人被采取强制措施的，人民法院应当立即解除。

自诉人经两次依法传唤，无正当理由拒不到庭的，或者未经法庭准许中途退庭的，人民法院应当决定按自诉人撤诉处理。自诉人是二人以上的，其中部分人撤诉的，不影响案件的继续审理。

(3)可以反诉。告诉才处理和被害人有证据证明的轻微刑事案件的被告人或者其法定代理人在诉讼过程中，可以对自诉人提起反诉。反诉必须符合下列条件：

①反诉的对象必须是本案自诉人。

②反诉的内容必须是与本案有关的行为。

③反诉的案件属于《刑事诉讼法》第210条规定自诉案件。

④反诉应最迟在自诉案件宣告判决以前提出。

反诉人的诉讼地位、诉讼权利、诉讼义务等与自诉人完全相同。反诉案件应当与自诉案件一并审理。自诉与反诉经过审理，如果双方当事人都必须判处刑罚，应根据各自应负的罪责分别判处，而不能互相抵消刑罚。

（4）自诉案件的审理期限。人民法院审理自诉案件时如被告人被羁押的，审理期限适用普通公诉案件第一审的审理期限的规定；如果被告人未被羁押的，人民法院应当在受理后6个月以内宣判。

反诉案件适用自诉的规定，即在反诉的审理和处理程序上，适用自诉的所有规定。

【注意】公诉转自诉案件不得适用调解，但可以和解。公诉转自诉案件不得反诉。

三、自诉案件的第一审审判程序

自诉案件，符合简易程序适用条件的，可以适用简易程序审理。不适用简易程序审理的自诉案件，参照适用公诉案件第一审普通程序的有关规定。

此外，还应注意以下几点：

（1）在自诉案件审判过程中，审判人员对证据有疑问，需要调查核实的，可以宣布休庭，对证据进行调查核实，必要时，可以通知自诉人及其法定代理人到场。

（2）被告人实施两个以上犯罪行为，分别属于公诉案件和自诉案件，人民法院可以一并审理。对自诉部分的审理，适用自诉的规定。

（3）被告人在自诉案件审判期间，下落不明的，人民法院应当裁定中止审理。被告人到案后，应当恢复审理，必要时应当对被告人依法采取强制措施。

（4）人民法院对依法宣告无罪的案件，其附带民事部分应当依法进行调解或者一并作出判决。

经典考题

15-2. 关于我国刑事诉讼中起诉与审判的关系，下列哪一选项是正确的？（2015-卷二-36单选题）①

A. 自诉人提起自诉后，在法院宣判前，可随时撤回自诉，法院应准许

B. 法院只能就起诉的罪名是否成立作出裁判

C. 在法庭审理过程中，法院可建议检察院补充、变更起诉

D. 对检察院提起公诉的案件，法院判决无罪后，检察院不能再次起诉

第三节　简易程序

简易程序，是指基层人民法院审理某些事实清楚、被告人承认自己所犯罪行并对起诉书指控的犯罪事实没有异议的刑事案件时，所适用的比普通程序相对简化的审判程序。

---

① 【答案】C

一、简易程序的特点

(1)只适用于第一审程序。简易程序不适用于第二审程序、死刑复核程序和审判监督程序。

(2)只适用于基层人民法院。按照刑事诉讼法的规定，基层人民法院管辖案情简单、影响较小、处罚较轻的刑事案件。

(3)简易程序的具体内容是对第一审普通程序的相对简化。适用简易程序审理案件，对可能判处3年有期徒刑以下刑罚的，可以组成合议庭进行审判，也可以由审判员一人独任审判；对可能判处的有期徒刑超过3年的，应当组成合议庭进行审判。

(4)简化法庭调查和法庭辩论程序。适用简易程序审理案件，不受公诉案件第一审程序关于送达期限、讯问被告人、询问证人、鉴定人、出示证据、法庭辩论程序规定的限制，但在判决宣告前应当听取被告人的最后陈述意见。

(5)审理期限短。适用简易程序审理案件，人民法院应当在受理后20日以内审结；对可能判处的有期徒刑超过3年的，可以延长至一个半月。

二、简易程序的适用范围

(1)可以适用简易程序的案件。《刑事诉讼法》第214条规定，基层人民法院管辖的案件，符合下列条件的，可以适用简易程序审判：

①案件事实清楚、证据充分的。无论公诉案件还是自诉案件，适用简易程序时，都必须具备“事实清楚、证据充分”。

②被告人承认自己所犯罪行，对指控的犯罪事实没有异议的。

③被告人对适用简易程序没有异议的。

(2)不得适用简易程序的案件。具有下列情形之一的，不适用简易程序：

①被告人是盲、聋、哑人。

②被告人是尚未完全丧失辨认或者控制自己行为能力的精神病人。

③有重大社会影响的。

④共同犯罪案件中部分被告人不认罪或者对适用简易程序有异议的。

⑤辩护人作无罪辩护的。

⑥被告人认罪但经审查认为可能不构成犯罪的。

⑦不宜适用简易程序审理的其他情形。

三、简易程序的决定适用和审判程序

（一）简易程序的决定适用程序

基层人民法院受理公诉案件后，经审查认为案件事实清楚、证据充分的，在将起诉书副本送达被告人时，应当询问被告人对指控的犯罪事实的意见，告知其适用简易程序的法律规定。被告人对指控的犯罪事实没有异议并同意适用简易程序的，可以决定适用简易程序，并在开庭前通知人民检察院和辩护人。

对人民检察院建议适用简易程序审理的案件，依照上述规定处理；不符合简易程序适用条件的，应当通知人民检察院。

适用简易程序审理的案件，符合《刑事诉讼法》第35条第1款规定的，人民法院应当告知被告人及其近亲属可以申请法律援助。

适用简易程序审理案件，人民法院应当在开庭3日前，将开庭的时间、地点通知人民检察院、自诉人、被告人、辩护人，也可以通知其他诉讼参与人。通知可以采用简便方式，但应当记录在案。

（二）简易程序的审判程序

1. 公诉案件的审判程序

适用简易程序审理公诉案件，人民检察院应当派员出庭。审判长或者独任审判员应当当庭询问被告人对指控的犯罪事实的意见，告知被告人适用简易程序审理的法律规定，确认被告人是否同意适用简易程序。

适用简易程序审理案件，可以对庭审作如下简化：

(1)公诉人可以摘要宣读起诉书。

(2)公诉人、辩护人、审判人员对被告人的讯问、发问可以简化或者省略。

(3)对控辩双方无异议的证据，可以仅就证据的名称及所证明的事项作出说明；对控辩双方有异议，或者法庭认为有必要调查核实的证据，应当出示，并进行质证。

(4)控辩双方对与定罪量刑有关的事实、证据没有异议的，法庭审理可以直接围绕罪名确定和量刑问题进行。

(5)适用简易程序审理案件，经审判人员许可，被告人及其辩护人可以同公诉人、自诉人及其诉讼代理人互相辩论。在判决宣告前应当听取被告人的最后陈述意见。

适用简易程序审理案件，一般应当当庭宣判，并在5日内将判决书送达被告人和提起公诉的人民检察院。

2. 自诉案件的审判程序

适用简易程序审理的自诉案件，自诉人宣读起诉书后，被告人可以就起诉书指控的犯罪事实进行陈述，并自行辩护。自诉人应当出示主要证据。被告人有证据出示的，审判员应当准许。经审判员准许，被告人及其辩护人可以同自诉人及其诉讼代理人进行辩论。

适用简易程序审理的案件，将普通程序中的许多程序予以简化，但被告人最后陈述这一程序未予简化。被告人可以就起诉书所指控的犯罪事实、性质和情节、所适用的法律以及对法庭的请求等进行陈述。被告人作最后陈述后，人民法院一般应当当庭宣判。

四、简易程序向普通程序的转化

简易程序在必要时得变更为普通程序。人民法院在审理过程中，发现不宜适用简易程序的，应当按照刑事诉讼法其他有关规定重新审理。依据有关规定，适用简易程序审理案件，在法庭审理过程中，有下列情形之一的，应当转为普通程序审理：

(1)被告人的行为可能不构成犯罪的。

(2)被告人可能不负刑事责任的。

(3)被告人当庭对起诉指控的犯罪事实予以否认的。

(4)案件事实不清、证据不足的。

(5)不应当或者不宜适用简易程序的其他情形。

转为普通程序审理的案件，审理期限应当从决定转为普通程序之日起计算；公诉人需要出席法庭进行准备的，可以建议人民法院延期审理。

【注意】一经确定为适用普通程序审理的案件，不得转换为适用简易程序。

经典考题

15-3. 下列哪一案件可适用简易程序审理？(2017-卷二-34单选题)①

A. 甲为境外非法提供国家秘密案，情节较轻，可能判处3年以下有期徒刑

B. 乙抢劫案，可能判处10年以上有期徒刑，检察院未建议适用简易程序

C. 丙传播淫秽物品案，经审查认为，情节显著轻微，可能不构成犯罪

D. 丁暴力取证案，可能被判处拘役，丁的辩护人作无罪辩护

第四节 速裁程序

一、适用范围

基层人民法院管辖的可能判处三年有期徒刑以下刑罚的案件，案件事实清楚，证据确实、充分，被告人认罪认罚并同意适用速裁程序的，可以适用速裁程序，由审判员一人独任审判。

人民检察院在提起公诉的时候，可以建议人民法院适用速裁程序。

有下列情形之一的，不适用速裁程序：

(1)被告人是盲、聋、哑人，或者是尚未完全丧失辨认或者控制自己行为能力的精神病人的；

(2)被告人是未成年人的；

(3)案件有重大社会影响的；

(4)共同犯罪案件中部分被告人对指控的犯罪事实、罪名、量刑建议或者适用速裁程序有异议的；

(5)被告人与被害人或者其法定代理人没有就附带民事诉讼赔偿等事项达成调解或

① 【答案】B

者和解协议的；

(6)其他不宜适用速裁程序审理的。

二、适用程序

适用速裁程序审理案件，不受本章第一节规定的送达期限的限制，一般不进行法庭调查、法庭辩论，但在判决宣告前应当听取辩护人的意见和被告人的最后陈述意见。

适用速裁程序审理案件，应当当庭宣判。

适用速裁程序审理案件，人民法院应当在受理后十日以内审结；对可能判处的有期徒刑超过一年的，可以延长至十五日。

人民法院在审理过程中，发现有被告人的行为不构成犯罪或者不应当追究其刑事责任、被告人违背意愿认罪认罚、被告人否认指控的犯罪事实或者其他不宜适用速裁程序审理的情形的，应当按照本章第一节或者第三节的规定重新审理。

第五节　量刑程序

侦查机关、人民检察院应当依照法定程序，收集能够证实犯罪嫌疑人、被告人犯罪情节轻重以及其他与量刑有关的各种证据。

人民检察院提起公诉的案件，应当依照法律规定移送各种量刑证据材料。

人民法院审理刑事案件，应当保障量刑活动的相对独立性。

一、量刑建议与量刑意见

对于公诉案件，检察院可以提出量刑建议。提出量刑建议的，一般应当制作量刑建议书，与起诉书一并移送法院，也可以在公诉意见书中提出建议量刑，量刑建议一般具有一定的幅度。建议判处有期徒刑、管制、拘役的，可以具有一定的幅度，也可以提出具体确定的建议。

在诉讼过程中，当事人和辩护人、诉讼代理人可以提出量刑意见，并说明理由。

二、量刑的具体程序

适用简易程序审理的案件，在确定被告人对指控的犯罪事实和罪名没有异议，自愿认罪并且知悉认罪的法律后果后，法庭审理可以直接围绕量刑问题进行。

对于适用普通程序审理的被告人认罪案件，在确认被告了解起诉书指控的犯罪事实和罪名，自愿认罪且知悉认罪的法律后果后，法庭审理主要围绕量刑和其他有争议的问题进行。

对于被告人不认罪或者做无罪辩护的案件，法庭调查阶段，应当查明有关的量刑事实。在法庭辩论阶段，审判人员引导控辩双方先辩论定罪问题。在定罪辩论结束后，审判人员告知控辩双方可以围绕量刑问题进行辩论，发表量刑建议或意见，并说明理由。

在法庭调查过程中，人民法院应当查明对被告人适用特定法定刑幅度以及其他从重、从轻、减轻或者免除刑罚的法定或者酌定量刑情节。

人民法院、人民检察院、侦查机关或者辩护人委托有关方面制作涉及未成年人的社会调查报告的，调查报告应当在法庭上宣读，并接受质证。

在法庭审理过程中，审判人员对量刑证据有疑问的，可以宣布休庭，对证据进行调查核实，必要时也可以要求检察院补充调查核实。人民检察院应当补充调查核实，必要时可以要求侦查机关提供协助。

当事人、辩护人和诉讼代理人申请人民法院调取在侦查、审查起诉中收集的量刑材料的，人民法院认为有必要，应当依法调取；认为没必要的，应当说明理由。

量刑辩论活动按照以下顺序进行：(1)公诉人或者自诉人及其诉讼代理人发表量刑建议或意见；(2)被害人及其诉讼代理人发表量刑意见；(3)被告人及其辩护人进行答辩并发表量刑意见。

在法庭辩论过程中，出现新的量刑事实，需要进一步调查的，应当恢复法庭调查，待事实查清后继续法庭辩论。

三、量刑理由的说明

裁判文书中应当有足够的说理部分。说理内容主要包括：已查明的量刑事实及其对量刑的作用；是否采纳量刑意见和建议及其理由；具体的量刑理由和法律依据。

▶ 经典考题

15-4. 关于量刑程序，下列哪些说法是正确的？(2011-卷二-70 多选题)①

A. 检察院可以在公诉意见书中提出量刑建议

B. 合议庭在评议前应向到庭旁听的人发放调查问卷了解他们对量刑的意见

C. 简易程序审理的案件，被告人自愿承认指控的犯罪事实和罪名且知悉认罪法律后果的，法庭审理可以直接围绕量刑问题进行

D. 辩护人无权委托有关方面制作涉及未成年人的社会调查报告

第六节 判决、裁定和决定

判决、裁定和决定，是人民法院在审理案件过程中或者审理结束后，根据事实和法律，解决案件实体问题和诉讼程序问题，对当事人及其他诉讼参与人所作的具有拘束力的处理决定。

① 【答案】AC

一、判决

（一）判决的概念和特点

判决是法院就案件的实体问题所作的决定。我国刑事案件的判决，是人民法院经过法庭审理，根据已经查明的事实、证据和有关的法律规定，就被告人是否犯罪、犯了什么罪、应否处以刑罚和处以什么刑罚的问题所作的一种结论。

判决一经发生法律效力，就具有强制性。拒不执行已经发生法律效力的判决，就要受到法律的追究。判决除人民法院外，任何机关、团体或者个人都无权加以变更或者撤销。即使判决有错误，也只有法院经过严格的法定程序才能变更或者撤销。

（二）判决书的制作要求和内容

判决必须制作判决书。判决书是判决的书面表现形式，是重要的法律文书。总的要求是：格式规范；事实叙述清楚、具体，层次清楚，重点突出；说理透彻，论证充分；结论明确，法律条文的引用正确、无误；逻辑结构严谨，无前后矛盾之处；行文通俗易懂，繁简得当，标点符号正确。

具体而言，根据最高人民法院审判委员会通过的《法院刑事诉讼文书样式（样本）》的规定，判决书的制作要求和内容有以下几方面：

1. 首部

首部包括人民法院名称、判决书类别、案号；公诉机关和公诉人、当事人、辩护人、诉讼代理人基本情况；案由和案件来源；开庭审理，审判组织的情况等。

2. 事实部分

事实是判决的基础，是判决理由和判决结果的根据。这部分包括四个方面的内容：人民检察院指控被告人犯罪的事实和证据；被告人的供述、辩护和辩护人的辩护意见；经法庭审理查明的事实和据以定案的证据。其中，对认定事实的证据必须做到：

（1）依法公开审理的案件，除无须举证的事实外，证明案件事实的证据必须是指经过法庭公开举证、质证的，未经法庭公开举证、质证的不能认证。

（2）要通过对证据的具体分析、认证来证明判决所确认的犯罪事实，防止并杜绝用“以上事实、证据充分，被告人也供认不讳，足以认定”等抽象、笼统的说法或简单地罗列证据的方法来代替对证据的具体分析、认证，法官认证和采证的过程应当在判决书中充分体现出来。

（3）证据的叙写要尽可能明确、具体。此外，叙述证据时，还应当注意保守国家秘密，保护报案人、控告人、举报人、被害人、证人的安全和名誉。

3. 理由部分

理由是判决的灵魂，是将事实和判决结果有机联系在一起的纽带，是判决书说服力的基础。其核心内容是针对具体案件的特点，运用法律规定、犯罪构成和刑事诉讼理论，阐明控方的指控是否成立，被告人的行为是否构成犯罪，犯什么罪，情节轻重与否，依法应当如何处理。书写判决理由时应注意：

(1)理由的论述要结合具体案情有针对性和个性，说理力求透彻，使理由具有较强的思想性和说服力，切忌说空话、套话。

(2)罪名确定准确。一人犯数罪的，一般先定重罪，后定轻罪，共同犯罪案件应在分清各被告人在共同犯罪中的地位、作用和刑事责任的前提下，依次确定首要分子、主犯、从犯或者胁从犯、教唆犯的罪名。

(3)被告人具有从轻、减轻、免除处罚或从重处罚情节的，应当分别或者综合予以认定。

(4)对控辩双方适用法律方面的意见应当有分析地表明是否予以采纳，并阐明理由。

(5)法律条文(包括司法解释)的引用要完整、准确、具体。此外，《关于规范量刑程序若干问题的意见(试行)》第16条规定，人民法院的刑事裁判文书中应当说明量刑理由。量刑理由主要包括：①已经查明的量刑事实及其对量刑的作用；②是否采纳公诉人、当事人和辩护人、诉讼代理人发表的量刑建议、意见的理由；③人民法院量刑的理由和法律依据。

4. 结果部分

判决结果是依照有关法律的具体规定，对被告人作出的定性处理的结论。书写时应当字斟句酌、认真推敲，力求文字精练、表达清楚、准确无误。其中有罪判决应写明判处的罪名、刑种、刑期或者免除刑罚，数罪并罚的应分别写明各罪判处的刑罚和决定执行的刑罚；被告人已被羁押的，应写明刑期折抵情况和实际执行刑期的起止时间；缓刑的应写明缓刑考验期限；附带民事诉讼案件，应写明附带民事诉讼的处理情况；有赃款赃物的，应写明处理情况。无罪判决要写明认定被告人无罪以及所根据的事实和法律依据；对证据不足、不能认定被告人有罪的应写明证据不足、指控的犯罪不能成立，并宣告无罪。

5. 尾部

这部分写明被告人享有上诉权利、上诉期限、上诉法院、上诉方式和途径；合议庭组成人员或独任审判员和书记员姓名；判决书制作、宣判日期；最后要加盖人民法院印章。

二、裁定

裁定是人民法院在审理案件或者判决执行过程中对有关诉讼程序和部分实体问题所作的一种处理。人民法院用裁定处理的刑事程序问题主要有：诉讼期限的延展；中止审理；维持原判或者发回重新审判；驳回起诉；核准死刑等。人民法院用裁定处理的实体问题主要针对执行中的问题，例如减刑、假释等。

裁定书是裁定的书面形式。其格式、写法和署名，与判决书基本相同，只是内容相对简单。

三、决定

决定是用于解决诉讼程序问题的一种法院裁判形式。例如，对回避申请决定是否同意，对当事人、辩护人提出的通知新的证人到庭、调取新的物证、重新鉴定或者勘验的申请，应由法庭作出是否同意的决定，等等。

决定可以是口头的，也可以是书面的。口头决定应记录在卷，书面决定应制作决定书。人民法院的决定一经作出，立即生效，不准上诉、抗诉，但有些决定可以申请复议，如对驳回申请回避的决定，当事人及其法定代理人可以申请复议一次。

四、判决、裁定和决定的区别

(1)适用对象不同。判决用于解决实体问题，裁定部分用于解决程序问题，部分用于解决实体问题，而决定只用于解决程序问题。

(2)适用阶段不同。判决只适用于审判阶段，裁定适用于审判、执行阶段，而决定适用于侦查、审查起诉、审判和执行阶段。

(3)适用机关不同。只有人民法院有权作出判决和裁定，而决定可以由人民法院、人民检察院、公安机关分别作出。

(4)表现形式不同。判决只能是书面形式，而裁定、决定可以是书面，也可以是口头形式。

(5)是否具有排他性不同。在一个案件中，发生法律效力并被执行的判决只有一个，而发生法律效力的裁定、决定可以有若干个。

(6)法律效力不同。第一审人民法院所作的判决或者裁定，有关机关和人员依法可以上诉或者抗诉，并不立即发生法律效力。而决定无论由哪一级、哪一个机关作出，均立即发生法律效力，不得上诉和抗诉。

另外，不服第一审刑事判决的上诉、抗诉期限为 10 日，而不服第一审裁定的上诉、抗诉期限为 5 日，而决定一经作出立即生效，不能上诉和抗诉。

▶ 经典考题

15-5. 在一审法院审理中出现下列哪一特殊情形时，应以判决的形式作出裁判？(2017-卷二-35 单选题)①

A. 经审理发现犯罪已过追诉时效且不是必须追诉的

B. 自诉人未经法庭准许中途退庭的

C. 经审理发现被告人系精神病人，在不能控制自己行为时造成危害结果的

D. 被告人在审理过程中死亡，根据已查明的案件事实和认定的证据，尚不能确认其无罪的

① 【答案】C

第十六章　第二审程序

基本要求

了解与把握：上诉、抗诉的概念，主体范围、理由、期限、全面审查原则、上诉不加刑原则的内容，第二审程序的概念、审理方式、程序和审理后的处理，二审对刑事附带民事诉讼案件和自诉案件的处理，对查封、扣押、冻结在案财物的处理程序，在法定刑以下判处刑罚的核准程序。

理解与运用：《刑事诉讼法》以及相关法律解释对第二审程序的规定。

考情分析

从往年的考试情况来看，本章内容是历年来考试的重点，还曾以案例分析的形式出现。学习本章，要了解上诉与抗诉的概念，全面审查原则、上诉不加刑原则的概念。要理解上诉、抗诉的主体范围、理由、期限，全面审查原则、上诉不加刑原则的内容，第二审程序的审理方式、程序和审理后的处理，二审对刑事附带民事诉讼案件和自诉案件的处理以及查封、扣押、冻结财物及其处理程序。

近十年考题在本章的分布情况如下：

	年　度	单选题	多选题	不定项题	案例分析	分值
1	2017			卷二/94		2
2	2016	卷二/38	卷二/73		卷四/3	13
3	2015	卷二/38		卷二/95		3
4	2014	卷二/38				1
5	2013					无
6	2012					无
7	2011	卷二/37	卷二/73	卷二/93		5
8	2010	卷二/36				9
9	2009	卷二/35	卷二/79		卷四/3	13
10	2008		卷二/67			2

内容概览

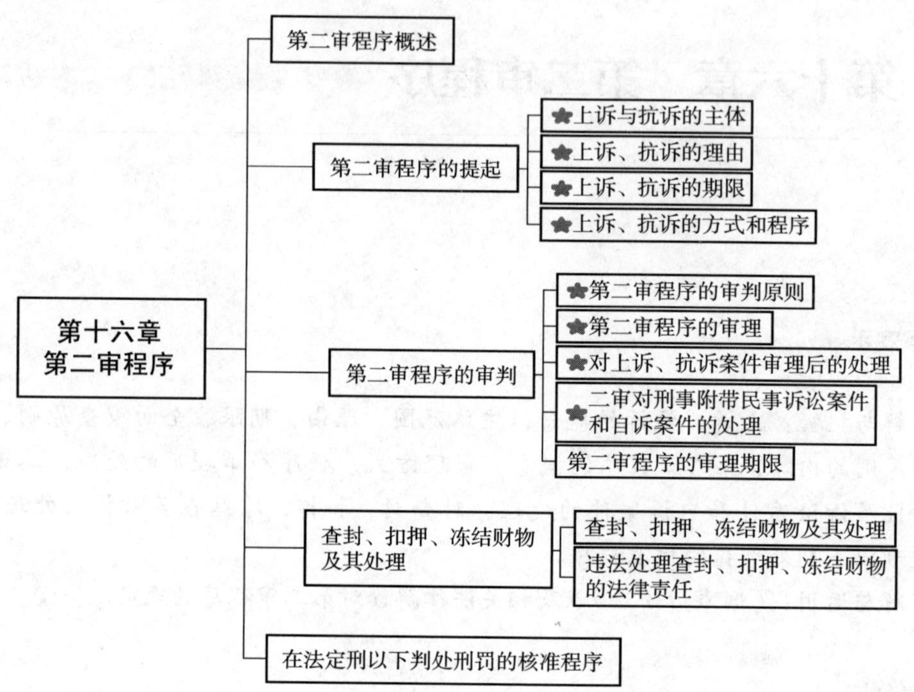

第一节　第二审程序概述

第二审程序，又称上诉审程序，是指第二审人民法院根据上诉人的上诉或者人民检察院的抗诉，对第一审人民法院尚未发生法律效力的判决或裁定进行审判所应遵循的程序。

第二审程序并不是审理刑事案件的必经程序。一个案件是否经过第二审程序，关键在于上诉权人或人民检察院是否依法提起上诉或抗诉。

【注意】不能认为第二审程序就是对同一个案件进行第二次审理的程序，对同一案件的第二次审理，既可能是第二审程序，也可能是第一审程序，还可能是审判监督程序。

第二节　第二审程序的提起

一、上诉与抗诉的主体

有权提起上诉的主体有：被告人、自诉人和他们的法定代理人；经被告人同意的辩护人、近亲属；以及附带民事诉讼的当事人及其法定代理人。

【注意】法定代理人享有独立的上诉权，其上诉无须被告人同意。被害人没有上诉权，但是有请求人民检察院提出抗诉的权利。

二、上诉、抗诉的理由

关于上诉的理由，刑事诉讼法未作规定。上诉主体只要不服第一审判决、裁定，并在法定期限内依法提出上诉，人民法院就应当受理，并引起第二审程序。

关于抗诉的理由，根据《刑事诉讼法》第228条的规定，抗诉的理由是地方各级人民检察院认为一审判决或裁定确有错误，具体表现为：

(1)认定事实不清、证据不足的。

(2)有确实、充分证据证明有罪而判无罪，或者无罪判有罪的。

(3)重罪轻判，轻罪重判，适用刑罚明显不当的。

(4)认定罪名不正确，一罪判数罪、数罪判一罪，影响量刑或者造成严重的社会影响的。

(5)免除刑事处罚或者适用缓刑错误的。

(6)人民法院在审理过程中严重违反法律规定的诉讼程序的。

直击命题：

1. 上诉和抗诉的相同点

(1)效力相同：都能引起人民法院的二审。

(2)期限相同：对各级人民法院第一审判决的上诉、抗诉期限为10日；对裁定的上诉、抗诉期限为5日，从接到判决书、裁定书的第二日起计算。

(3)对象相同：都只能针对地方各级人民法院第一审未生效的判决和裁定。

2. 上诉和抗诉的不同点

(1)主体不同：上诉的主体是刑事被告人、自诉人及其法定代理人；被告人的辩护人和近亲属，经被告人同意，有权提起上诉，但是，此时上诉的主体仍然是被告人；附带民事诉讼的当事人及其法定代理人，对附带民事诉讼部分享有上诉权。而有权提起抗诉的主体仅限于地方各级人民检察院，最高人民检察院没有二审抗诉权。

(2)理由不同：上诉无需任何理由，只要不服就可以提起上诉；抗诉必须是人民检察院认为原裁判确有错误。

(3)提起方式不同：上诉既可以采用书面形式，也可以采用口头形式；而抗诉不能采用口头形式，应当提交抗诉书。

(4)途径不同：提出上诉既可以通过原审人民法院提出，也可以直接向第二审人民法院提出；而提出抗诉应当通过原审人民法院提出抗诉书，并且将抗诉书抄送上一级人民检察院，不能直接向第二审人民法院提出。

三、上诉、抗诉的期限

不服判决的上诉和抗诉期限为10日，不服裁定的上诉和抗诉的期限为5日，从接到判决书、裁定书的第二日起算。对附带民事判决、裁定的上诉、抗诉期限，应当按照刑事部分的上诉、抗诉期限确定；附带民事部分另行审判的，上诉期限也应当按照刑事诉讼法规定的期限确定。

四、上诉、抗诉的方式和程序

（一）上诉的方式和程序

上诉可以以书状形式，也可以以口头形式提出。口头上诉与书状上诉具有同等效力，人民法院都应当受理。

用上诉状提出上诉的，应向人民法院提交上诉状正本及副本；对于口头上诉，第一审人民法院应当根据上诉人陈述的理由和请求制作笔录，由上诉人阅读或者向其宣读后，上诉人应当签名或者盖章。

上诉既可以通过原审人民法院提出，也可以直接向第二审人民法院提出。上诉人通过第一审人民法院提出上诉的，第一审人民法院应当审查。上诉符合法律规定的，应当在上诉期满后3日内将上诉状连同案卷、证据移送上一级人民法院，并将上诉状副本送交同级人民检察院和对方当事人。上诉人直接向第二审人民法院提出上诉的，第二审人民法院应当在收到上诉状后3日内将上诉状交第一审人民法院。第一审人民法院应当审查上诉是否符合法律规定；符合法律规定的，应当在接到上诉状后3日以内将上诉状连同案卷、证据移送上一级人民法院，并将上诉状副本送交同级人民检察院和对方当事人。

上诉人在上诉期限内要求撤回上诉的，人民法院应当准许。上诉主体是否提出上诉，以其在上诉期满前最后一次的意思表示为准。上诉人在上诉期满后要求撤回上诉的，第二审人民法院应当审查。经审查，认为原判认定事实和适用法律正确，量刑适当的，应当裁定准许撤回上诉；认为原判事实不清、证据不足或者将无罪判为有罪、轻罪重判等，应当不予准许，继续按照上诉案件审理。

（二）抗诉的方式和程序

抗诉应以书面形式提出，即必须制作抗诉书。

根据《刑事诉讼法》的规定，地方各级人民检察院对同级人民法院第一审判决、裁定的抗诉，应当通过第一审人民法院提交抗诉书，并将抗诉书副本连同案件材料报送上一级人民检察院。第一审人民法院应当在抗诉期满后3日内将抗诉书连同案卷、证据移送上一级人民法院，并将抗诉书副本送交当事人。上一级人民检察院认为抗诉正确的，应当支持抗诉；认为抗诉不当的，应当向同级人民法院撤回抗诉，并且通知下级人民检察院。

下级人民检察院如果认为上一级人民检察院撤回抗诉不当的，可以提请复议。上一级人民检察院应当复议，并将复议结果通知下级人民检察院。上一级人民检察院在上诉、抗诉期限内，发现下级人民检察院应当提出抗诉而没有提出抗诉的案件，可以指令下级人民检察院依法提出抗诉。

人民检察院在抗诉期限内撤回抗诉的，第一审人民法院不再移送案件；在抗诉期满后第二审人民法院宣告裁判前撤回抗诉的，第二审人民法院可以裁定准许，并通知第一审人民法院和当事人。

直击命题：

在上诉、抗诉期满前撤回上诉、抗诉的，第一审判决、裁定在上诉、抗诉期满之日起生效。在上诉、抗诉期满后要求撤回上诉、抗诉，第二审人民法院裁定准许的，第一审判决、裁定应当自第二审裁定书送达上诉人或者抗诉机关之日起生效。

▶ 经典考题

16-1. 黄某倒卖文物案于2014年5月28日一审终结。6月9日(星期一)，法庭宣判黄某犯倒卖文物罪，判处有期徒刑4年并立即送达了判决书，黄某当即提起上诉，但于6月13日经法院准许撤回上诉；检察院以量刑畸轻为由于6月12日提起抗诉，上级检察院认为抗诉不当，于6月17日向同级法院撤回了抗诉。关于一审判决生效的时间，下列哪一选项是正确的？(2015-卷二-38单选题)①

A. 6月9日
B. 6月17日
C. 6月19日
D. 6月20日

第三节 第二审程序的审判

一、第二审程序的审判原则

（一）全面审查原则

《刑事诉讼法》第233条规定：第二审人民法院应当就第一审判决认定的事实和适用法律进行全面审查，不受上诉或者抗诉范围的限制。共同犯罪的案件只有被告人上诉的，应当对全案进行审查，一并处理。这是第二审程序中全面审查的原则，其内容包括：

(1)既要对原审法院所认定的事实是否正确进行审查，又要对其适用法律是否正确进行审查。

(2)既要对上诉或抗诉的部分进行审查，又要对未上诉或抗诉的部分进行审查。

(3)共同犯罪案件，只有部分被告人提出上诉，或者自诉人只对部分被告人的判决

① 【答案】D(原答案为C)

提出上诉，或者人民检察院只对部分被告人的判决提出抗诉的，第二审人民法院应当对全案进行审查，一并处理。既要对已上诉的被告人的问题进行审查，又要对未上诉的被告人的问题进行审查；既要对被提起上诉或抗诉的被告人的问题进行审查，又要对未被提起上诉或抗诉的被告人的问题进行审查。

【注意】共同犯罪案件，上诉的被告人死亡，其他被告人未上诉的，第二审人民法院仍应对全案进行审查。经审查，死亡的被告人不构成犯罪的，应当宣告无罪；认为构成犯罪的，应当终止审理。对其他同案被告人仍应当作出判决、裁定。

(4)刑事附带民事诉讼案件，只有附带民事诉讼当事人及其法定代理人上诉的，第二审人民法院应当对全案进行审查。经审查，第一审判决的刑事部分并无不当的，第二审人民法院只需就附带民事部分作出处理；第一审判决的附带民事部分事实清楚，适用法律正确的，应当以刑事附带民事裁定维持原判，驳回上诉。刑事附带民事诉讼案件，只有附带民事诉讼的当事人及其法定代理人上诉的，第一审刑事部分的判决在上诉期满后即发生法律效力。应当送监执行的第一审刑事被告人是第二审附带民事诉讼被告人的，在第二审附带民事诉讼案件审结前，可以暂缓送监执行。

(5)既要审查实体问题，又要审查程序问题。

【注意】刑事诉讼二审的审查犯罪和民事诉讼、行政诉讼不同。刑事诉讼二审遵循全面审查原则；在行政诉讼中，人民法院审理上诉案件，应当对原审人民法院的判决、裁定和被诉行政行为进行全面审理。而在民事诉讼中，第二审人民法院应当围绕当事人的诉讼请求进行审理，当事人没有提出请求的，不予审理，但一审判决违反法律禁止性规定，或者损害国家利益、社会公共利益、他人合法权益的除外。

（二）上诉不加刑原则

上诉不加刑原则是第二审人民法院审判只有被告人一方上诉的案件，在作出新的判决时，不得对被告人判处重于原判的刑罚的一项原则。

上诉不加刑原则只适用于只有被告人和他的法定代理人、辩护人、近亲属提起的上诉案件，而人民检察院提出抗诉的或者自诉案件自诉人提出上诉的，第二审人民法院对案件进行判决时，不受该原则的限制。

第二审人民法院具体运用上诉不加刑原则时，应当执行下列具体规定：

(1)同案审理的案件，只有部分被告人上诉的，既不得加重上诉人的刑罚，也不得加重其他同案被告人的刑罚。

(2)原判事实清楚，证据确实、充分，只是认定的罪名不当的，可以改变罪名，但不得加重刑罚。

(3)原判对被告人实行数罪并罚的，不得加重决定执行的刑罚，也不得加重数罪中某罪的刑罚。

(4)原判对被告人宣告缓刑的，不得撤销缓刑或者延长缓刑考验期。

(5)原判没有宣告禁止令的，不得增加宣告原判宣告禁止令的，不得增加内容、延长期限。

(6)原判对被告人判处死刑缓期执行没有限制减刑的，不得限制减刑。

(7)原判事实清楚，证据确实、充分，但判处的刑罚畸轻、应当适用附加刑而没有适用的，不得直接加重刑罚、适用附加刑，也不得以事实不清、证据不足为由发回第一审人民法院重新审判。必须依法改判的，应当在第二审判决、裁定生效后，按照审判监督程序重新审判。

此外，人民检察院只对部分被告人的判决提出抗诉，或者自诉人只对部分被告人的判决提出上诉的，第二审人民法院不得对其他同案被告人加重刑罚。被告人或者其法定代理人、辩护人、近亲属提出上诉的案件，第二审人民法院发回重新审判后，除有新的犯罪事实，人民检察院补充起诉的以外，原审人民法院也不得加重被告人的刑罚。

【注意】只有被告人一方上诉，没有检察院提出抗诉或者自诉人提出上诉的情形下，不能加重被告人的刑罚，这是没有例外的，不能因为检察院的抗诉可以加重被告人刑罚，而认为上诉不加刑存在例外。

二、第二审程序的审理

第二审的审理有两种方式，开庭审理和不开庭审理。第二审人民法院对于具备法定情形的案件，应当组成合议庭，开庭审理。第二审人民法院决定不开庭审理的，应当讯问被告人听取其他当事人、辩护人、诉讼代理人的意见。

（一）二审的审理方式

1. 应当开庭审理的情形

(1)被告人、自诉人及其法定代理人对第一审认定的事实、证据提出异议，可能影响定罪量刑的上诉案件。

(2)被告人被判处死刑的上诉案件。被判处死刑立即执行的被告人没有上诉，同案的其他被告人上诉的案件，第二审法院应当开庭审理。

【注意】应当开庭审理的死刑案件仅仅针对死刑立即执行的案件，对于被告人被判处死刑缓期执行的上诉案件，如果有条件的，也应当开庭审理。

(3)人民检察院抗诉的案件。

(4)其他应当开庭审理的案件。

2. 可以不开庭审理的情形

对上诉、抗诉案件，第二审法院经审查，认为原判事实不清、证据不足，或者具有《刑事诉讼法》第238条规定的违反法定诉讼程序的情形，需要发回重新审判的，可以不开庭审理。

（二）二审的开庭审理程序

(1)人民检察院提出抗诉的案件或者第二审人民法院开庭审理的公诉案件，同级人民检察院都应当派员出席法庭。抗诉案件，人民检察院接到开庭通知后不派员出庭，且未说明原因的，人民法院可以裁定按人民检察院撤回抗诉处理，并通知第一审人民法院和当事人。

(2)第二审人民法院应当在决定开庭审理后及时通知人民检察院查阅案卷，人民检察院应当在 1 个月以内查阅完毕。自通知后的第二日起，人民检察院查阅案卷的时间不计入审理期限。

(3)第二审人民法院开庭审理上诉、抗诉案件，可以到案件发生地或者原审人民法院所在地进行。

(4)第二审期间，人民检察院或者被告人及其辩护人提交新证据的，人民法院应当及时通知对方查阅、摘抄或者复制。

二审开庭不是对第一审程序的简单重复，开庭审理上诉、抗诉案件，可以重点围绕对第一审判决、裁定有争议的问题或者有疑问的部分进行。根据案件情况，可以按照下列方式审理：

①宣读第一审判决书，可以只宣读案由、主要事实、证据名称和判决主文等。

②法庭调查应当重点围绕对第一审判决提出异议的事实、证据以及提交的新的证据等进行；对没有异议的事实、证据和情节，可以直接确认。

③对同案审理案件中未上诉的被告人，未被申请出庭或者人民法院认为没有必要到庭的，可以不再传唤到庭。

④被告人犯有数罪的案件，对其中事实清楚且无异议的犯罪，可以不在庭审时审理。同案审理的案件，未提出上诉、人民检察院也未对其判决提出抗诉的被告人要求出庭的，应当准许。出庭的被告人可以参加法庭调查和辩论。

(5)第二审期间，被告人除自行辩护外，还可以继续委托第一审辩护人或者另行委托辩护人辩护。

（三）二审的不开庭审理的程序

(1)合议庭成员共同阅卷，必要时应当提交书面阅卷意见。

(2)讯问被告人，听取其供述和辩解以及对一审裁判的意见。共同犯罪案件，对没有上诉的被告人也应当讯问。

(3)听取其他当事人、辩护人、诉讼代理人的意见。

(4)合议庭评议和宣判。

经过上述程序，合议庭认定的事实与第一审认定的没有变化，证据充分的，可以不开庭审理即作出相应的处理决定，并予以公开宣判。

三、对上诉、抗诉案件审理后的处理

根据《刑事诉讼法》第 234 条、第 236 条的规定，第二审人民法院对不服第一审判决的上诉、抗诉案件，经过审理后，应当分别作出如下处理。

（一）裁定驳回上诉或者抗诉，维持原判

第二审人民法院对上诉或抗诉案件进行审理后，认为原判决认定事实和适用法律

正确、量刑适当，提出上诉或抗诉的理由不能成立的，应当裁定驳回上诉或者抗诉，维持原判。

（二）改判

改判是指第二审人民法院直接作出判决，改变一审判决的内容。属于第二审人民法院改判的有三种情形：

(1)原判决适用法律有错误的。

(2)原判决量刑不当的。

(3)原判决事实不清楚或者证据不足，二审对事实予以查清的。

（三）裁定撤销原判，发回重审

1. 可以撤销原判、发回重审的情形

对事实不清楚或者证据不足的第一审判决，可以裁定撤销原判，发回原审人民法院重新审判。但是根据《刑事诉讼法》第236条第2款的规定，原审人民法院对于上述规定发回重新审判的案件作出判决后，被告人又提出上诉或者人民检察院提出抗诉的，第二审人民法院应当依法作出判决或者裁定，不得再发回原审人民法院重新审判。

2. 应当撤销原判，发回重审的情形

第二审人民法院发现第一审人民法院的审理有下列违反法律规定的诉讼程序的情形之一的，应当裁定撤销原判，发回原审人民法院重新审判：

(1)违反有关公开审判的规定的。

(2)违反回避制度的。

(3)剥夺或者限制了当事人的法定诉讼权利，可能影响公正审判的。

(4)审判组织的组成不合法的。

(5)其他违反法律规定的诉讼程序，可能影响公正审判的。

根据《刑事诉讼法》第237条的规定，原审人民法院对于发回重新审判的案件，应当另行组成合议庭，依照第一审程序进行审判。对于重新审判后的判决，可以上诉、抗诉。

【注意】对于人民检察院抗诉的案件，经第二审人民法院审查后，认为应当判处被告人死刑的，第二审人民法院认为原判决认定事实没有错误，但适用法律有错误，或者量刑不当的，应当改判；认为原判决事实不清或者证据不足的，可以在查清事实后改判或者发回重审。其中，对于第二审人民法院直接改判死刑的案件，应当报请最高人民法院核准。

第二审人民法院发回原审人民法院重新审判的案件，原审人民法院从收到发回的案件之日起，重新计算审理期限。

第二审的判决、裁定(死刑案件以及在法定刑以下判处刑罚的必须报经最高人民法院核准的除外)和最高人民法院的判决、裁定，都是终审的判决、裁定，一经宣告即发生法律效力，不得对其再行上诉或按二审程序提起抗诉。

四、二审对刑事附带民事诉讼案件和自诉案件的处理

(1)第二审人民法院审理对刑事部分提出上诉、抗诉，附带民事部分已经发生法律效力的案件，发现第一审判决、裁定中的附带民事部分确有错误的，应当依照审判监督程序对附带民事部分予以纠正。

(2)第二审人民法院审理对附带民事部分提出上诉，刑事部分已经发生法律效力的案件，发现第一审判决、裁定中的刑事部分确有错误的，应当依照审判监督程序对刑事部分进行再审，并将附带民事部分与刑事部分一并审理。

(3)第二审期间，第一审附带民事诉讼原告人增加独立的诉讼请求或者第一审附带民事诉讼被告人提出反诉的，第二审人民法院可以根据当事人自愿、合法的原则进行调解；调解不成的，告知当事人另行起诉。

(4)对第二审自诉案件，必要时可以进行调解，当事人也可以自行和解。调解结案的，应当制作调解书，第一审判决、裁定视为自动撤销；当事人自行和解的，应当裁定准许撤回自诉，并撤销第一审判决、裁定。

(5)第二审期间，自诉案件的当事人提出反诉的，应当告知其另行起诉。

五、关于委托宣判

第二审人民法院可以委托第一审人民法院代为宣判，并向当事人送达第二审判决书、裁定书。第一审人民法院应当在代为宣判后5日内将宣判笔录送交第二审人民法院，并在送达完毕后及时将送达回证送交第二审人民法院。委托宣判的，第二审人民法院应当直接向同级人民检察院送达第二审判决书、裁定书。

六、第二审程序的审理期限

第二审人民法院受理上诉、抗诉案件，应当在2个月以内审结。对于可能判处死刑的案件或者附带民事诉讼的案件，以及有《刑事诉讼法》第158条规定情形之一的，经省、自治区、直辖市高级人民法院批准或者决定，可以延长2个月；因特殊情况还需要延长的，报请最高人民法院批准。最高人民法院受理上诉、抗诉案件的审理期限，由最高人民法院决定。

▶ 经典考题

16-2. 甲、乙二人系药材公司仓库保管员，涉嫌5次共同盗窃其保管的名贵药材，涉案金额40余万元。一审开庭审理时，药材公司法定代表人丙参加庭审。经审理，法院认定了其中4起盗窃事实，另1起因证据不足未予认定，甲和乙以职务侵占罪分别被判处有期徒刑3年和1年。一审判决作出后，乙以量刑过重为由提出上诉，甲未上

诉，检察院未抗诉。关于本案二审程序，下列选项正确的是：（2017-卷二-94 不定项）①

A. 二审法院受理案件后应通知同级检察院查阅案卷

B. 二审法院可审理并认定一审法院未予认定的1起盗窃事实

C. 二审法院审理后认为乙符合适用缓刑的条件，将乙改判为有期徒刑2年，缓刑2年

D. 二审期间，甲可另行委托辩护人为其辩护

第四节 查封、扣押、冻结财物及其处理

一、查封、扣押、冻结财物及其处理

（1）对查封、扣押、冻结的犯罪嫌疑人、被告人的财物及其孳息，应当妥善保管，以供核查，并制作清单，随案移送。任何单位和个人不得挪用或者自行处理。

（2）查封不动产、车辆、船舶、航空器等财物，应当扣押其权利证书，经拍照或者录像后原地封存，或者交持有人、被告人的近亲属保管，登记并写明财物的名称、型号、权属、地址等详细情况，并通知有关财物的登记、管理部门办理查封登记手续。

（3）冻结存款、汇款、债券、股票、基金份额等财产，应当登记并写明编号、种类、面值、张数、金额等。

（4）对被害人的合法财产，权属明确的，应当依法及时返还，但须经拍照、鉴定、估价，并在案卷中注明返还的理由，将原物照片、清单和被害人的领取手续附卷备查；权属不明的，应当在人民法院判决、裁定生效后，按比例返还被害人，但已获退赔的部分应予扣除。

（5）审判期间，权利人申请出售被扣押、冻结的债券、股票、基金份额等财产，人民法院经审查，认为不损害国家利益、被害人利益，不影响诉讼正常进行的，以及扣押、冻结的汇票、本票、支票有效期即将届满的，可以在判决、裁定生效前依法出售，所得价款由人民法院保管，并及时告知当事人或者其近亲属。

（6）对作为证据使用的实物，包括作为物证的货币、有价证券等，应当随案移送。第一审判决、裁定宣告后，被告人上诉或者人民检察院抗诉的，第一审人民法院应当将上述证据移送第二审人民法院。对不宜移送的实物，应当将其清单、照片或者其他证明文件随案移送。

（7）法庭审理过程中，对查封、扣押、冻结的财物及其孳息，应当调查其权属情况，是否属于违法所得或者依法应当追缴的其他涉案财物。案外人对查封、扣押、冻结的财物及其孳息提出权属异议的，人民法院应当审查并依法处理。经审查，不能确

① 【答案】D

认查封、扣押、冻结的财物及其孳息属于违法所得或者依法应当追缴的其他涉案财物的，不得没收。

(8)查封、扣押、冻结的财物与本案无关但已列入清单的，应当由查封、扣押、冻结机关依法处理。查封、扣押、冻结的财物属于被告人合法所有的，应当在赔偿被害人损失、执行财产刑后及时返还被告人；财物未随案移送的，应当通知查封、扣押、冻结机关将赔偿被害人损失、执行财产刑的部分移送人民法院。

二、违法处理查封、扣押、冻结财物的法律责任

司法工作人员贪污、挪用或者私自处理被查封、扣押、冻结的财物及其孳息的，依法追究刑事责任；不构成犯罪的，给予处分。

第五节　在法定刑以下判处刑罚的核准程序

最高院《刑诉解释》规定，根据刑法第 63 条第 2 款规定报请最高人民法院核准在法定刑以下判处刑罚的案件，应当按照下列情形分别处理：

(1)被告人未上诉、人民检察院未抗诉的，在上诉、抗诉期满后 3 日内报请上一级人民法院复核。上一级人民法院同意原判的，应当书面层报最高人民法院核准；不同意的，应当裁定发回重新审判，或者改变管辖按照第一审程序重新审理。原判是由基层人民法院作出的，高级人民法院可以指定中级人民法院按照第一审程序重新审理。

(2)被告人上诉或者人民检察院抗诉的案件，应当依照第二审程序审理。第二审维持原判，或者改判后仍在法定刑以下判处刑罚的，应当依照上述第 1 项规定层报最高人民法院核准。报请最高人民法院核准在法定刑以下判处刑罚的案件，应当报送判决书、报请核准的报告各 5 份，以及全案卷宗、证据。

(3)对在法定刑以下判处刑罚的案件，最高人民法院予以核准的，应当作出核准裁定书；不予核准的，应当作出不核准裁定书，并撤销原判决、裁定，发回原审人民法院重新审判或者指定其他下级人民法院重新审判。

(4)依照规定发回第二审人民法院重新审判的案件，第二审人民法院可以直接改判；必须通过开庭查清事实、核实证据或者纠正原审程序违法的，应当开庭审理。

最高人民法院和上级人民法院复核在法定刑以下判处刑罚案件的审理期限，参照第二审程序的审理期限。

▶ 经典考题

16-3. 曲某因涉嫌爆炸罪被检察机关提起公诉。某市中级人民法院经审理认为，曲某的犯罪行为虽然使公私财物遭受了重大损失，也没有法定减轻处罚情节，但根据案件特殊情况，可以在法定刑以下判处刑罚，于是判处曲某有期徒刑 8 年。曲某在法定期间内没有提出上诉，检察机关也没有提出抗诉。该案在程序上应当如何处理？

(2004-卷二-95 不定项)①

A. 在上诉、抗诉期满后3日内报请上一级人民法院复核

B. 如果上一级人民法院同意原判，应当逐级报请最高人民法院核准

C. 如果上一级人民法院不同意在法定刑以下判处刑罚，应在改判后逐级报请最高人民法院核准

D. 最高人民法院予以核准的，应当作出核准裁定书

① 【答案】ABD

第十七章　死刑复核程序

基本要求

了解与把握：死刑复核程序的概念和特点，死刑立即执行的核准权和死刑缓期两年执行的核准权，报请复核的要求，复核后的处理方式。

理解与运用：《刑事诉讼法》以及相关法律解释对死刑复核程序的规定。

考情分析

从往年考查的分值来看，本章考查比例较小，一般为2分左右。学习本章，对于死刑复核程序的概念、特点和意义了解即可，需要理解死刑立即执行的核准权和死刑缓期二年执行的核准权、报请复核的要求、复核的具体程序、复核后的处理方式。

近十年考题在本章的分布情况如下：

	年　度	单选题	多选题	不定项题	案例分析	分值
1	2017	卷二/36				1
2	2016	卷二/39				1
3	2015			卷二/96		2
4	2014	卷二/39				1
5	2013		卷二/75			2
6	2012	卷二/33				1
7	2011	卷二/36		卷二/92		3
8	2010	卷二/37				1
9	2009				卷四/3	8
10	2008		卷二/79			2

内容概览

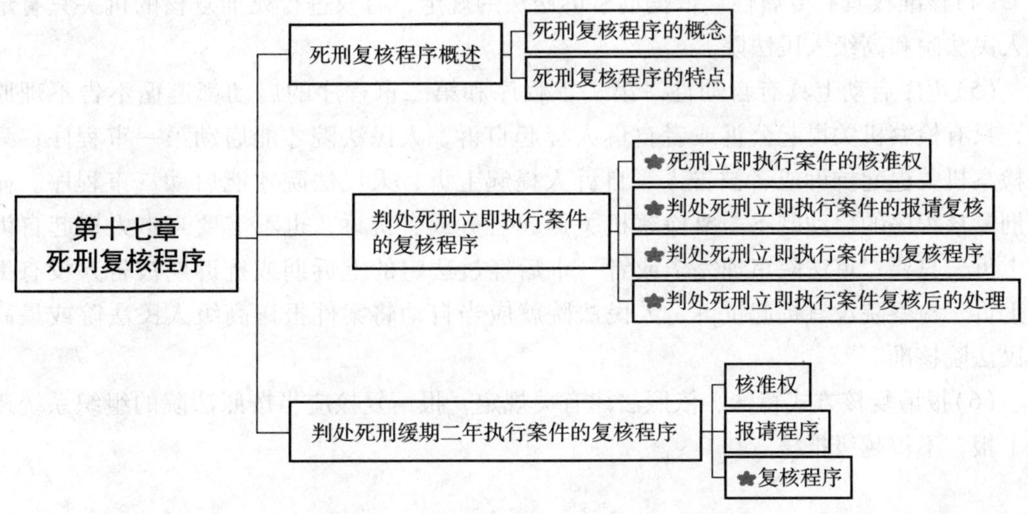

第一节　死刑复核程序概述

一、死刑复核程序的概念

死刑复核程序是指有核准权的人民法院对已经判处死刑的案件进行复查核准应遵循的一种特别审判程序。

我国死刑复核程序的任务是，由享有复核权的人民法院对下级人民法院报请复核的死刑判决、裁定，在认定事实和适用法律上是否正确进行全面审查，依法作出是否核准死刑的决定。因此，对死刑案件进行复核时，必须完成两项任务：一是查明原审裁判认定的犯罪事实是否清楚，据以定罪的证据是否确实、充分，罪名是否准确，量刑(死刑、死缓)是否适当，程序是否合法；二是依据事实和法律，作出是否核准死刑的决定并制作相应的司法文书，以核准正确的死刑判决、裁定，纠正不适当或错误的死刑判决、裁定。

二、死刑复核程序的特点

(1)审理对象特定。死刑复核程序只适用于判处死刑的案件，包括判处死刑立即执行和判处死刑缓期二年执行的案件。

(2)死刑复核程序是死刑案件的终审程序。一般刑事案件经过第一审、第二审程序以后，判决就发生法律效力。而死刑案件除经过第一审、第二审程序以外，还必须经过死刑复核程序，只有经过复核并核准的死刑判决才发生法律效力。

(3)所处的诉讼阶段特殊。死刑复核程序的进行一般是在死刑判决作出之后，发生法律效力并交付执行之前。相比较而言，第一审程序、第二审程序审理时间是在起诉之后，二审判决之前；审判监督程序则是在判决、裁定发生法律效力之后。

(4)核准权具有专属性。依据刑事诉讼法的规定，有权进行死刑复核的机关只有最高人民法院和高级人民法院。

(5)程序启动上具有自动性。第一审程序和第二审程序的启动都遵循不告不理原则，只有检察机关提起公诉或者自诉人提起自诉，人民法院才能启动第一审程序；只有检察机关提起抗诉或者被告人、自诉人提起上诉，人民法院才能启动二审程序。而死刑复核程序的启动既不需要检察机关提起公诉或者抗诉，也不需要当事人提起自诉或上诉，只要二审法院审理完毕或者一审后经过法定的上诉期或抗诉期被告人没有提出上诉、检察院没有提起抗诉，人民法院就应当自动将案件报送高级人民法院或最高人民法院核准。

(6)报请复核方式特殊。依照法律有关规定，报请复核应当按照法院的组织系统逐级上报，不得越级报核。

第二节　判处死刑立即执行案件的复核程序

一、死刑立即执行案件的核准权

死刑立即执行案件依法由最高人民法院核准。死刑立即执行的核准权自 2007 年 1 月 1 日起，统一由最高人民法院行使。

二、判处死刑立即执行案件的报请复核

(1)中级人民法院判处死刑的第一审案件，被告人未上诉、人民检察院未抗诉的，在上诉、抗诉期满后 10 日内报请高级人民法院复核。高级人民法院同意判处死刑的，应当在作出裁定后 10 日内报请最高人民法院核准；不同意的，应当依照第二审程序提审或者发回重新审判。

中级人民法院一审判处死刑的案件，被判处死刑的被告人未提出上诉，共同犯罪的其他被告人提出上诉的，高级人民法院应当适用第二审程序对全案进行审查，并对涉及死刑之罪的事实和适用法律依法开庭审理，一并处理；中级人民法院一审判处死刑的案件，被判处死刑的被告人未提出上诉，仅附带民事诉讼原告人提出上诉的，高级人民法院应当适用第二审程序对附带民事诉讼依法审理，并由同一审判组织对未提出上诉的被告人的死刑判决进行复核，作出是否同意判处死刑的裁判。

(2)中级人民法院判处死刑的第一审案件，被告人上诉或者人民检察院抗诉，高级人民法院裁定维持的，应当在作出裁定后 10 日内报请最高人民法院核准。

(3)高级人民法院判处死刑的第一审案件，被告人未上诉、人民检察院未抗诉的，

应当在上诉、抗诉期满后10日内报请最高人民法院核准。

【注意】报请复核的死刑案件，应当是一案一报。

三、判处死刑立即执行案件的复核程序

（一）复核庭的组成

最高人民法院复核死刑案件，应当由审判员3人组成合议庭进行。

如果二审法院恰好也是复核死刑的法院，二审程序即为死刑复核程序，不再单独进行死刑复核程序。

（二）复核程序

(1)讯问被告人。核准死刑的案件，应当讯问被告人，当面听取被告人的辩护意见。

(2)审查核实案卷材料，简称为“阅卷”。审阅案卷应当全面审查以下内容：

①被告人的年龄，有无责任能力，是否是正在怀孕的妇女。

②原判决认定的主要事实是否清楚，证据是否确实、充分。

③犯罪情节、后果及危害程度。

④原审判决适用法律是否正确，是否必须判处死刑，是否必须立即执行。

⑤有无法定、酌定从轻或者减轻处罚的情节。

⑥诉讼程序是否合法。

⑦其他应当审查的情况。

(3)听取辩护人意见。刑诉法第356条明确规定，死刑复核期间，辩护律师要求当面反映意见的，最高人民法院有符合议庭应当在办公场所听取意见，并制作笔录；辩护律师提出书面意见的，应当附卷

(4)最高人民检察院提出意见。在复核死刑案件过程中，最高人民检察院可以向最高人民法院提出意见。最高人民检察院发现在死刑复核期间的案件具有下列情形之一，经审查认为确有必要的，应当向最高人民法院提出意见：

①认为死刑二审裁判确有错误的，依法不应当核准死刑的。

②发现新情况、新证据，可能影响被告人定罪量刑的。

③严重违反法律规定的诉讼程序，可能影响公正审判的。

④司法工作人员在办理案件时，有贪污受贿，徇私舞弊，枉法裁判等行为的。

⑤其他需要提出意见的。

(5)制作复核审理报告。对报请复核的死刑案件进行全面审查后，合议庭应当进行评议并写出复核审理报告。

(6)向最高人民检察院通报死刑复核结果。最高人民法院应当将死刑复核结果通报最高人民检察院。

【注意】死刑复核程序应当全面审查，但不进行开庭审理。

四、判处死刑立即执行案件复核后的处理

（一）复核后的处理方式

（1）原判认定事实和适用法律正确、量刑适当、诉讼程序合法的，应当裁定核准。

（2）原判认定的某一具体事实或者引用的法律条款等存在瑕疵，但判处被告人死刑并无不当的，可以在纠正后作出核准的判决、裁定。

（3）原判事实不清、证据不足的，应当裁定不予核准，并撤销原判，发回重新审判。

（4）复核期间出现新的影响定罪量刑的事实、证据的，应当裁定不予核准，并撤销原判，发回重新审判。

（5）原判认定事实正确，但依法不应当判处死刑的，应当裁定不予核准，并撤销原判，发回重新审判。

（6）原审违反法定诉讼程序，可能影响公正审判的，应当裁定不予核准，并撤销原判，发回重新审判。

（7）对一人有两罪以上被判处死刑的数罪并罚案件，最高人民法院复核后，认为其中部分犯罪的死刑判决、裁定事实不清、证据不足的，应当对全案裁定不予核准，并撤销原判，发回重新审判；认为其中部分犯罪的死刑判决、裁定认定事实正确，但依法不应当判处死刑的，可以改判，并对其他应当判处死刑的犯罪作出核准死刑的判决。对有两名以上被告人被判处死刑的案件，最高人民法院复核后，认为其中部分被告人的死刑判决、裁定事实不清、证据不足的，应当对全案裁定不予核准，并撤销原判，发回重新审判；认为其中部分被告人的死刑判决、裁定认定事实正确，但依法不应当判处死刑的，可以改判，并对其他应当判处死刑的被告人作出核准死刑的判决。

【注意】最高人民法院在复核死刑案件改判是一种例外情形，只存在于一人犯数罪都被判处死刑立即执行和共同犯罪中被告人均被判处死刑。如果其中一个部分犯罪事实不清，证据不足，均应当对全案裁定不予核准，并撤销原判，发回重新审判。

（二）死刑复核中的发回重审程序

（1）最高人民法院裁定不予核准死刑的，根据案件情况，可以发回第二审人民法院或者第一审人民法院重新审判。

（2）第一审人民法院重新审判的，应当开庭审理。第二审人民法院重新审判的，可以直接改判；必须通过开庭查清事实、核实证据或者纠正原审程序违法的，应当开庭审理。高级人民法院依照复核程序审理后报请最高人民法院核准死刑，最高人民法院裁定不予核准，发回高级人民法院重新审判的，高级人民法院可以依照第二审程序提审或者发回重新审判。

（3）最高人民法院裁定不予核准死刑，发回重新审判的案件，原审人民法院应当另行组成合议庭审理，但复核期间出现新的影响定罪量刑的事实、证据的，应当裁定不

予核准，并撤销原判，发回重新审判的案件；原判认定事实正确，但依法不应当判处死刑的，应当裁定不予核准，并撤销原判，发回重新审判的案件除外。

经典考题

17-1. 张某因犯故意杀人罪和爆炸罪，一审均被判处死刑立即执行，张某未上诉，检察机关也未抗诉。最高法院经复核后认为，爆炸罪的死刑判决事实不清、证据不足，但故意杀人罪死刑判决认定事实和适用法律正确、量刑适当。关于此案的处理，下列哪些选项是错误的？(2013-卷二-75 多选题)①

A. 对全案裁定核准死刑

B. 裁定核准故意杀人罪死刑判决，并对爆炸罪死刑判决予以改判

C. 裁定核准故意杀人罪死刑判决，并撤销爆炸罪的死刑判决，发回重审

D. 对全案裁定不予核准，并撤销原判，发回重审

第三节 判处死刑缓期二年执行案件的复核程序

《刑事诉讼法》第248条规定：中级人民法院判处死刑缓期二年执行的案件，由高级人民法院核准。根据这一规定，死刑缓期二年执行案件的核准权由高级人民法院统一行使。

高级人民法院核准死刑缓期二年执行的案件，应当由审判员3人组成合议庭。合议庭在审查时应当提审被告人。

根据刑事诉讼法以及最高院《刑诉解释》的规定，高级人民法院核准死刑缓期二年执行的案件，应当按照下列情形分别办理：

(1)原判认定事实和适用法律正确、量刑适当、诉讼程序合法的，应当裁定核准。

(2)原判认定的某一具体事实或者引用的法律条款等存在瑕疵，但判处被告人死刑缓期执行并无不当的，可以在纠正后作出核准的判决、裁定。

(3)原判认定事实正确，但适用法律有错误，或者量刑过重的，应当改判。

(4)原判事实不清、证据不足的，可以裁定不予核准，并撤销原判，发回重新审判，或者依法改判。

(5)复核期间出现新的影响定罪量刑的事实、证据的，可以裁定不予核准，并撤销原判，发回重新审判，或者依照最高院《刑诉解释》第220条“法庭对证据有疑问的，可以告知公诉人、当事人及其法定代理人、辩护人、诉讼代理人补充证据或者作出说明；必要时，可以宣布休庭，对证据进行调查核实。对公诉人、当事人及其法定代理人、辩护人、诉讼代理人补充的和法庭庭外调查核实取得的证据，应当经过当庭质证才能作为定案的根据。但是，经庭外征求意见，控辩双方没有异议的除外。有关情况，应当记录在案”的规定，审理后依法改判。

① 【答案】ABC

(6)原审违反法定诉讼程序，可能影响公正审判的，应当裁定不予核准，并撤销原判，发回重新审判。

【注意】高级人民法院复核死刑缓期执行案件，不得加重被告人的刑罚。

▶ 经典考题

17-2. 鲁某与关某涉嫌贩卖冰毒500余克，B省A市中级法院开庭审理后，以鲁某犯贩卖毒品罪，判处死刑立即执行，关某犯贩卖毒品罪，判处死刑缓期二年执行。一审宣判后，关某以量刑过重为由向B省高级法院提起上诉，鲁某未上诉，检察院也未提起抗诉。如B省高级法院审理后认为，一审判决认定事实和适用法律正确、量刑适当，裁定驳回关某的上诉，维持原判，则对本案进行死刑复核的正确程序是：(2015-卷二-96不定项)①

A. 对关某的死刑缓期二年执行判决，B省高级法院不再另行复核

B. 最高法院复核鲁某的死刑立即执行判决，应由审判员三人组成合议庭进行

C. 如鲁某在死刑复核阶段委托律师担任辩护人的，死刑复核合议庭应在办公场所当面听取律师意见

D. 最高法院裁定不予核准鲁某死刑的，可发回A市中级法院或B省高级法院重新审理

① 【答案】ABD

第十八章　审判监督程序

基本要求

了解与把握：审判监督程序的概念和特点，提起审判监督程序的主体范围、材料来源、理由和方式，依照审判监督程序对案件的重新审判程序。

理解与运用：《刑事诉讼法》以及相关法律解释对审判监督程序的规定。

考情分析

本章在司法考试中所占比重不大，往年都是在1~3分左右，但却是必考内容。学习本章，要了解审判监督程序的概念、提起审判监督程序的材料来源、申诉的概念，要理解审判监督程序的特点，提起审判监督程序的主体范围，提起审判监督程序的理由和方式，以及依照审判监督程序对案件的重新审判程序。

近十年考题在本章的分布情况如下：

	年　度	单选题	多选题	不定项题	案例分析	分值
1	2017		卷二/75			2
2	2016		卷二/74			2
3	2015	卷二/39				1
4	2014	卷二/34	卷二/75			3
5	2013	卷二/40				1
6	2012					无
7	2011	卷二/38	卷二/75			3
8	2010	卷二/38				1
9	2009	卷二/37				1
10	2008		卷二/75			2

内容概览

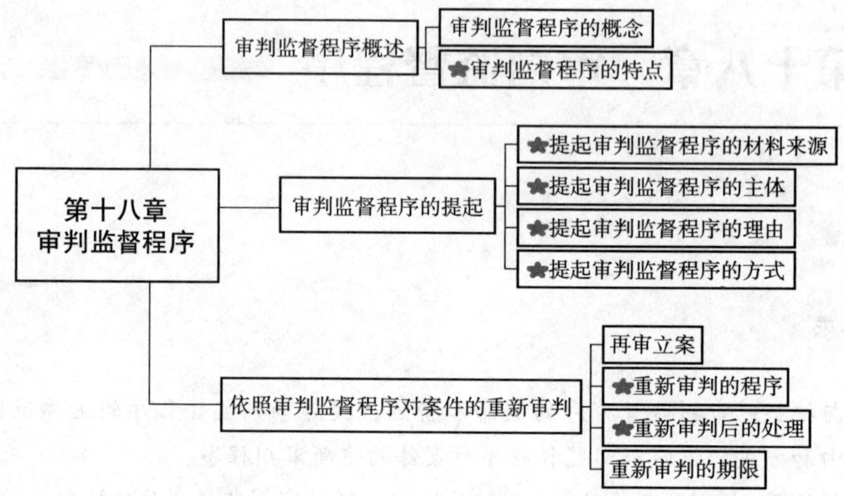

第一节　审判监督程序概述

一、审判监督程序的概念

审判监督程序，又称再审程序，是指人民法院、人民检察院对于已经发生法律效力的判决、裁定，发现在认定事实或者适用法律上确有错误，予以提出并由人民法院对该案重新审判所应遵循的步骤和方式、方法。

二、审判监督程序的特点

(1)审判监督程序的审理对象是已经发生法律效力的判决、裁定，包括正在执行和已经执行完毕的判决、裁定。

(2)审判监督程序是由各级人民法院院长提交本院审判委员会决定，最高人民法院和上级人民法院决定以及最高人民检察院和上级人民检察院提出抗诉而提起的。

(3)审判监督程序必须经有权的人民法院或者人民检察院审查，认为已生效的判决、裁定在认定事实或者适用法律上确有错误时，才能提起。

(4)审判监督程序的提起有期限限制。具体请参见本章第二节有关申诉受理的内容。

(5)按照审判监督程序审判案件的法院，既可以是原审人民法院，也可以是提审的任何上级人民法院。

(6)按照审判监督程序审判案件将根据原来是第一审案件或第二审案件而分别依照

第一审程序和第二审程序进行。

【注意】审判监督程序也遵循再审不加刑原则。除人民检察院抗诉的以外，再审一般不得加重原审被告人的刑罚。再审决定书或者抗诉书只针对部分原审被告人的，不得加重其他同案原审被告人的刑罚。

直击命题：

审判监督程序(再审)和二审程序的区别：

(1)审理对象不同：再审的审理对象为已经生效的判决或裁定；二审的审理对象为尚未生效的判决和裁定。

(2)提起的理由不同：再审需生效的判决裁定确有错误；二审对被告人的上诉没有限制。

(3)提起的主体不同：再审的提起主体是最高人民法院、上级人民法院、本院的院长和审判委员会以及最高人民检察院、上级人民检察院；二审的提起主体有被告人、自诉人、附带民事诉讼的原告人和被告人以及他们的法定代理人，经被告人同意或授权的辩护人、近亲属。

(4)审理程序不同：再审程序中，原来是第一审则按照第一审程序审理，原来是第二审则按第二审程序审理；二审程序只能按照第二审的程序进行审理。

(5)审理的法院不同：再审程序的法院既可以是原审人民法院，也可以是上级人民法院；而二审的审理法院只能是第一审法院的上一级人民法院。

▶ 经典考题

18-1.《最高人民法院关于适用〈中华人民共和国刑事诉讼〉的解释》第386条规定，除检察院抗诉的以外，再审一般不得加重原审被告人的刑罚。关于这一规定的理解，下列哪些选项是正确的？(2016-卷二-74多选题)①

A. 体现了刑事诉讼惩罚犯罪和保障人权基本理念的平衡

B. 体现了刑事诉讼具有追求实体真实与维护正当程序两方面的目的

C. 再审不加刑有例外，上诉不加刑也有例外

D. 审判监督程序的纠错功能决定了再审不加刑存在例外情形

第二节 审判监督程序的提起

一、提起审判监督程序的材料来源

提起审判监督程序的材料来源主要有：当事人及其法定代理人、近亲属的申诉；人民法院、人民检察院在办案过程中和检查工作时发现的错误裁判；各级人民代表大

① 【答案】ABD

会代表提出的纠正错案的议案；机关、团体、企事业单位、新闻媒体、人民群众等对生效判决、裁定提出的质疑、意见和情况反映等。上述材料来源并不必然引起审判监督程序，是否提起审判监督程序，取决于是否具有法定的理由。

在上述提起审判监督程序的材料来源中，当事人及其法定代理人、近亲属的申诉是最主要的一种形式。

（一）申诉的概念

审判监督程序中的申诉，是当事人及其法定代理人、近亲属认为人民法院已经发生法律效力的判决、裁定有错误，要求人民法院或者人民检察院进行审查处理的一种请求。

【注意】近亲属没有独立的上诉权，只有在被告人同意的情况下才能上诉，但近亲属有独立的申诉权，近亲属进行申诉时无需被告人同意。另外，申诉不能停止原判决、裁定的执行。

（二）申诉的提出、受理及审查处理

根据《刑事诉讼法》的规定，当事人及其法定代理人、近亲属的申诉，既可以向人民法院提出，也可以向人民检察院提出。

1. 申诉的提出

向人民法院申诉，应当提交以下材料：

（1）申诉状。应当写明当事人的基本情况、联系方式以及申诉的事实与理由。

（2）原一、二审判决书、裁定书等法律文书。经过人民法院复查或者再审的，应当附有驳回通知书、再审决定书、再审判决书、裁定书。

（3）其他相关材料。以有新的证据证明原判决、裁定认定的事实确有错误为由申诉的，应当同时附有相关证据材料；申请人民法院调查取证的，应当附有相关线索或者材料。申诉不符合前述规定的，人民法院应当告知申诉人补充材料；申诉人对必要材料拒绝补充且无正当理由的，不予审查。

2. 申诉的受理

人民法院对刑事案件的申诉人在刑罚执行完毕后 2 年内提出的申诉，应当受理；超过 2 年提出申诉，具有下列情形之一的，应当受理：

（1）可能对原审被告人宣告无罪的。

（2）原审被告人在《若干意见》（即，最高人民法院《关于规范人民法院再审立案的若干意见（试行），以下均简称《若干意见》）规定的期限内向人民法院提出申诉，人民法院未受理的。

（3）属于疑难、复杂、重大案件的。

不符合前述规定的，人民法院不予受理。此外，以下情形下亦不予受理：

（1）人民法院对不符合法定主体资格的申诉，不予受理。

（2）上级人民法院对经终审法院的上一级人民法院依照审判监督程序审理后维持原判或者经两级人民法院依照审判监督程序复查均驳回的申诉案件，一般不予受理。但

申诉人提出新的理由，且符合《刑事诉讼法》第253条、《若干意见》规定条件的，以及刑事案件的原审被告人可能被宣告无罪的除外。

(3)最高人民法院再审裁判或者复查驳回的案件，申诉人仍不服提出申诉的，不予受理。

3. 申诉的审查处理

(1)人民法院对申诉的审查。

申诉由终审人民法院审查处理。上一级人民法院对未经终审人民法院审查处理的申诉，可以告知申诉人向终审人民法院提出申诉，或者直接交终审人民法院审查处理，并告知申诉人；案件疑难、复杂、重大的，也可以直接审查处理。对未经终审人民法院及其上一级人民法院审查处理，直接向上级人民法院申诉的，上级人民法院可以告知申诉人向下级人民法院提出。

对死刑案件的申诉，可以由原核准的人民法院直接处理，也可以交由原审人民法院审查。原审人民法院应当写出审查报告，提出处理意见，层报原核准的人民法院审查处理。

对立案审查的申诉案件，应当在3个月内作出决定，至迟不得超过6个月。

(2)人民检察院对申诉的审查。

根据最高检《刑诉规则》的规定，当事人及其法定代理人、近亲属对已经发生法律效力的判决、裁定，认为有错误向人民检察院申诉的，人民检察院控告申诉部门、监所检察部门应当分别受理，依法审查，并将审查结果告知申诉人。

当事人及其法定代理人、近亲属直接向上级人民检察院申诉的，上级人民检察院可以交由作出生效判决、裁定的人民法院的同级人民检察院受理；案情重大、疑难、复杂的，上级人民检察院可以直接受理。

当事人及其法定代理人、近亲属对人民法院已经发生法律效力的判决、裁定提出申诉，经人民检察院复查后决定不予抗诉后继续提出申诉的，上一级人民检察院应当受理。

不服人民法院死刑终审判决、裁定尚未执行的申诉，由监所监察部门办理。

对不服人民法院已经发生法律效力的刑事判决、裁定的申诉，经两级人民检察院办理且省级人民检察院已经复查的，如果没有新的事实和理由，人民检察院不再立案复查，但原审被告人可能被宣告无罪或者判决、裁定有其他重大错误可能的除外。

(3)审查后的处理。

经审查，具有下列情形之一的，应当根据《刑事诉讼法》第253条的规定，决定重新审判：①有新的证据证明原判决、裁定认定的事实确有错误，可能影响定罪量刑的；②据以定罪量刑的证据不确实、不充分、依法应当予以排除的；③证明案件事实的主要证据之间存在矛盾的；④主要事实依据被依法变更或者撤销的；⑤认定罪名错误的；⑥量刑明显不当的；⑦违反法律关于溯及力规定的；⑧违反法律规定的诉讼程序，可能影响公正审判的；⑨审判人员在审理该案件时有贪污受贿、徇私舞弊、枉法裁判行为的。

申诉不具有上述情形的，应当说服申诉人撤回申诉；对仍然坚持申诉的，应当书面通知驳回。申诉人对驳回申诉不服的，可以向上一级人民法院申诉。上一级人民法院经审查认为申诉不符合规定的，应当说服申诉人撤回申诉；对仍然坚持申诉的，应当驳回或者通知不予重新审判。

此外，《若干意见》第 11 条还规定，人民法院对刑事附带民事案件中仅就民事部分提出申诉的，一般不予再审立案，但有证据证明民事部分明显失当且原审被告人有赔偿能力的除外。

【注意】在刑事诉讼中，当事人及其法定代理人、近亲属对生效的裁判，既可以向法院申诉，也可以向检察院申诉，且二者没有先后顺序。

二、提起审判监督程序的主体

（一）各级人民法院院长和审判委员会

各级人民法院院长和审判委员会提起审判监督程序的对象只能是本院的已经发生法律效力的判决、裁定，而不能是上级或者其他同级人民法院的已经发生法律效力的判决、裁定。如果院长发现原属本院第一审，但又经上一级人民法院二审的判决或裁定确有错误，则只能向二审人民法院提出意见，由第二审人民法院决定是否再审。而且对本院已经发生法律效力的判决、裁定提起审判监督程序的权力，应由院长和审判委员会共同行使，即院长提交审判委员会处理，由审判委员会讨论决定是否再审。

各级人民法院、专门人民法院对本院作出的终审裁判，经复查认为符合再审立案条件的，应当决定或裁定再审。

（二）最高人民法院和上级人民法院

最高人民法院对各级人民法院已经发生法律效力的判决和裁定，上级人民法院对下级人民法院已经发生法律效力的判决和裁定，如果发现确有错误，有权提审或者指令下级人民法院再审。

上级人民法院对下级人民法院作出的终审裁判，认为确有必要的，可以直接立案复查，经复查认为符合再审立案条件的，可以决定或裁定再审。

上级人民法院发现下级人民法院已经发生法律效力的判决、裁定确有错误的，可以指令下级人民法院再审；原判决、裁定认定事实正确但适用法律错误，或者案件疑难、复杂、重大，或者有不宜由原审人民法院审理情形的，也可以提审。

（三）最高人民检察院和上级人民检察院

最高人民检察院对各级人民法院已经发生法律效力的判决和裁定，上级人民检察院对下级人民法院已经发生法律效力的判决和裁定，如果发现确有错误，有权按照审判监督程序向同级人民法院提出抗诉。

【注意】有权按照审判监督程序提起抗诉的只能是最高人民检察院和上级人民检察院。地方各级人民检察院发现同级人民法院已经发生法律效力的判决和裁定确有错误时，无权按照审判监督程序提出抗诉，应当报请上级人民检察院按照审判监督程序，向它的同级人民法院提出抗诉。

三、提起审判监督程序的理由

(1)原判决、裁定在认定事实上确有错误。主要有以下两种情况：

①有新的证据证明原判决、裁定认定的事实确有错误。

②据以定罪量刑的证据不确实、不充分或者证明案件事实的主要证据之间存在矛盾。

(2)原判决、裁定在适用法律上确有错误。主要表现是：

①有罪判无罪，无罪判有罪，混淆罪与非罪的界限。

②重罪轻判，轻罪重判，量刑不当。

③认定罪名不正确，一罪判数罪，数罪判一罪，影响定罪量刑或者造成严重的社会影响。

④免予刑事处罚或者适用缓刑错误。

⑤对具有法定从重、从轻、减轻处罚情节的，没有依法从重、从轻、减轻处罚，使量刑显失公正。

(3)严重违反法律规定的诉讼程序，影响了对案件的正确裁判的。严重违反法律规定的诉讼程序的情形包括：

①违反刑事诉讼法关于公开审判的规定。

②违反回避制度。

③审判组织的组成不合法。

(4)审判人员在审理该案件时，有贪污受贿、徇私舞弊、枉法裁判的行为。

四、提起审判监督程序的方式

（一）决定再审

决定再审是指各级人民法院院长对本院已经发生法律效力的判决和裁定，如果发现在认定事实或者适用法律上确有错误，经提交审判委员会讨论决定再审从而提起审判监督程序的一种方式。

（二）指令再审

指令再审是指最高人民法院对各级人民法院已经发生法律效力的判决、裁定，上级人民法院对下级人民法院已经发生法律效力的判决、裁定，如果发现确有错误，可以指令下级人民法院再审从而提起审判监督程序的一种方式。

（三）决定提审

决定提审是指最高人民法院对各级人民法院发生法律效力的判决和裁定，上级人民法院对下级人民法院发生法律效力的判决和裁定，如果发现确有错误，需要重新审理，而直接组成合议庭，调取原审案卷和材料，并进行审判从而提起审判监督程序的一种方式。

（四）提出抗诉

提出抗诉是指最高人民检察院对各级人民法院发生法律效力的判决和裁定，上级人民检察院对下级人民法院已经发生法律效力的判决和裁定，如果发现确有错误，向同级人民法院提出抗诉从而提起审判监督程序的一种方式。

人民检察院认为人民法院已经发生法律效力的判决、裁定确有错误，应当按照审判监督程序向人民法院提出抗诉。

对人民法院已经发生法律效力的判决、裁定需要提出抗诉的，由控告申诉部门报请检察长提交检察委员会讨论决定。人民检察院决定抗诉后，由审查起诉部门出庭支持抗诉。

最高人民检察院发现各级人民法院已经发生法律效力的判决或者裁定，上级人民检察院发现下级人民法院已经发生法律效力的判决或者裁定确有错误时，可以直接向同级人民法院提出抗诉，或者指令作出生效判决、裁定人民法院的上一级人民检察院向同级人民法院提出抗诉。人民检察院按照审判监督程序向人民法院提出抗诉的，应当将抗诉书副本报送上一级人民检察院。

对人民检察院依照审判监督程序提出抗诉的案件，人民法院应当在收到抗诉书后1个月内立案。但是，有下列情形之一的，应当区别情况予以处理：

（1）对不属于本院管辖的，应当将案件退回人民检察院。

（2）按照抗诉书提供的住址无法向被抗诉的原审被告人送达抗诉书的，应当通知人民检察院在3日内重新提供原审被告人的住址；逾期未提供的，将案件退回人民检察院。

（3）以有新的证据为由提出抗诉，但未附相关证据材料或者有关证据不是指向原起诉事实的，应当通知人民检察院在3日内补送相关材料；逾期未补送的，将案件退回人民检察院。决定退回的抗诉案件，人民检察院经补充相关材料后再次抗诉，经审查符合受理条件的，人民法院应当受理。

所谓“新证据”，是指具有下列情形之一，可能改变原判决、裁定据以定罪量刑的事实的证据：

①原判决、裁定生效后新发现的证据。

②原判决、裁定生效前已经发现，但未予收集的证据。

③原判决、裁定生效前已经收集，但未经质证的证据。

④原判决、裁定所依据的鉴定意见、勘验、检查等笔录或者其他证据被改变或者否定的。

直击命题：

二审抗诉和再审抗诉的区别：

（1）抗诉的对象不同。二审抗诉的对象是地方各级人民法院尚未发生法律效力的一审判决、裁定；而再审抗诉的对象是已经发生法律效力的判决和裁定。

(2)抗诉的权限不同。除最高人民检察院外，任何一级人民检察院都有权对同级人民法院的一审判决、裁定提出二审抗诉。而除最高人民检察院有权对同级的最高人民法院发生法律效力的判决、裁定提出再审抗诉外，其他各级人民检察院只能对其下级人民法院发生法律效力的判决、裁定提出再审抗诉。可见，基层人民检察院只能提出二审抗诉，无权提出再审抗诉；而最高人民检察院只能提出再审抗诉，无权提出二审抗诉。

(3)接受抗诉的审判机关不同。接受二审抗诉的是提出抗诉的人民检察院的上一级人民法院；而接受再审抗诉的是提出抗诉的人民检察院的同级人民法院。

(4)抗诉的期限不同。二审抗诉必须在法定期限内提出，而法律对再审抗诉的提起没有规定期限。

(5)抗诉的效力不同。二审抗诉将阻止第一审判决、裁定发生法律效力；而再审抗诉并不导致原判决、裁定在人民法院按照审判监督程序重新审判期间执行的停止。

▶ 经典考题

18-2. 王某因间谍罪被甲省乙市中级法院一审判处死刑，缓期2年执行。王某没有上诉，检察院没有抗诉。判决生效后，发现有新的证据证明原判决认定的事实确有错误。下列哪些机关有权对本案提起审判监督程序？(2017-卷二-75 多选题)①

A. 乙市中级法院　　B. 甲省高级法院

C. 甲省检察院　　D. 最高检察院

第三节　依照审判监督程序对案件的重新审判

一、再审立案

地方各级人民法院、专门人民法院负责下列案件的再审立案：(1)本院作出的终审裁判，符合再审立案条件的；(2)下一级人民法院复查驳回或者再审改判，符合再审立案条件的；(3)上级人民法院指令再审的；(4)人民检察院依法提出抗诉的。

最高人民法院负责下列案件的再审立案：(1)本院作出的终审裁判，符合再审立案条件的；(2)高级人民法院复查驳回或者再审改判，符合再审立案条件的；(3)最高人民检察院依法提出抗诉的；(4)最高人民法院认为应由自己再审的。

二、重新审判的程序

(一)再审和提审

1. 再审

再审是指作出生效判决、裁定的人民法院根据再审决定或者再审指令对案件重新

① 【答案】BD

审判的程序。人民法院进行再审，应当严格遵守刑事诉讼法的有关规定：

（1）由原审人民法院审理的，应当另行组成合议庭进行。原来审判该案的合议庭成员，应当回避。

（2）原来是第一审案件，应当依照第一审程序进行审判，所作的判决、裁定可以上诉、抗诉；原来是第二审案件，应当依照第二审程序进行审判，所作的判决、裁定是终审的判决、裁定。

（3）上级人民法院指令下级人民法院再审的，应当指令原审人民法院以外的下级人民法院审理；由原审人民法院审理更为适宜的，也可以指令原审人民法院审理。

（4）对决定依照审判监督程序重新审判的案件，除人民检察院抗诉的以外，人民法院应当制作再审决定书。

2. 提审

提审是指最高人民法院对各级人民法院、上级人民法院对下级人民法院已经发生法律效力的判决、裁定发现确有错误，或者接受同级人民检察院的再审抗诉后，直接调取原审案卷和材料，并组成合议庭对案件进行审判的程序。上级人民法院按照审判监督程序提审的案件，应当依照第二审程序进行审判，所作的判决、裁定，是终审的判决、裁定。

（二）开庭审理、不开庭审理的情形

1. 应当开庭审理的情形

（1）依照第一审程序审理的。

（2）依照第二审程序需要对事实或者证据进行审理的。

（3）人民检察院按照审判监督程序提出抗诉的。

（4）可能对原审被告人，即原审上诉人加重刑罚的。

（5）有其他应当开庭审理的情形。

开庭审理的再审案件，再审决定书或者抗诉书只针对部分原审被告人，其他同案原审被告人不出庭不影响审理的，可以不出庭参加诉讼。

【注意】开庭审理的再审案件，同级人民检察院应当派员出席法庭。

2. 可以不开庭审理的情形

（1）原审被告人、原审自诉人已经死亡或者丧失行为能力的再审案件。

（2）原判决、裁定认定事实清楚，证据确实充分，但适用法律错误，量刑畸重的。

（3）1979年《中华人民共和国刑事诉讼法》施行以前裁判的。

（4）原审被告人，即原审上诉人在交通十分不便的边远地区监狱服刑，提押到庭确有困难的。

（5）人民法院按照审判监督程序决定再审，按“将开庭的时间、地点在开庭7日以前通知人民检察院”的规定，经两次通知，人民检察院不派员出庭的。

（三）强制措施与中止执行

人民法院决定再审的案件，需要对被告人采取强制措施的，由人民法院依法决定；

人民检察院提出抗诉的再审案件，需要对被告人采取强制措施的，由人民检察院依法决定。

再审期间不停止原判决、裁定的执行，但被告人可能经再审改判无罪，或者可能经再审减轻原判刑罚而致刑期届满的，可以决定中止原判决、裁定的执行，必要时，可以对被告人采取取保候审、监视居住措施。

（四）审理程序

人民法院审理人民检察院抗诉的再审案件，人民检察院在开庭审理前撤回抗诉的，应当裁定准许。

人民法院审理申诉人申诉的再审案件，申诉人在再审期间撤回申诉的，应当裁定准许；申诉人经依法通知无正当理由拒不到庭，或者未经法庭许可中途退庭的，应当裁定按撤回申诉处理，但申诉人不是原审当事人的除外。

（五）中止审理与终止审理

原审被告人（原审上诉人）收到再审决定书或者抗诉书后下落不明或者收到抗诉书后未到庭的，人民法院应当中止审理；原审被告人（原审上诉人）到案后，恢复审理；如果超过2年仍查无下落的，应当裁定终止审理。

三、重新审判后的处理

(1)原判决、裁定认定事实和适用法律正确、量刑适当的，应当裁定驳回申诉或者抗诉，维持原判决、裁定。

(2)原判决、裁定定罪准确、量刑适当，但在认定事实、适用法律等方面有瑕疵的，应当裁定纠正并维持原判决、裁定。

(3)原判决、裁定认定事实没有错误，但适用法律错误，或者量刑不当的，应当撤销原判决、裁定，依法改判。

(4)依照第二审程序审理的案件，原判决、裁定事实不清或者证据不足的，可以在查清事实后改判，也可以裁定撤销原判，发回原审人民法院重新审判。

(5)原判决、裁定事实不清或者证据不足，经审理事实已经查清的，应当根据查清的事实依法裁判；事实仍无法查清，证据不足，不能认定被告人有罪的，应当撤销原判决、裁定，判决宣告被告人无罪。

(6)原判决、裁定认定被告人姓名等身份信息有误，但认定事实和适用法律正确、量刑适当的，作出生效判决、裁定的人民法院可以通过裁定对有关信息予以更正。

(7)对再审改判宣告无罪并依法享有申请国家赔偿权利的当事人，人民法院宣判时，应当告知其在判决发生法律效力后可以依法申请国家赔偿。

四、重新审判的期限

人民法院按照审判监督程序重新审判的案件，应当在作出提审、再审决定之日起3

个月以内审结，需要延长期限的，经本院院长批准，可以延长3个月。

接受抗诉的人民法院按照审判监督程序审判抗诉的案件，审理期限适用上述规定，自接受抗诉之日起计算；对需要指令下级人民法院再审的，应当自接受抗诉之日起1个月以内作出决定，下级人民法院审理案件的期限亦适用上述规定，并自收到指令再审决定之日起计算。

▶ 经典考题

18-3. 关于审判监督程序，下列哪些选项是正确的？（2014-卷二-75 多选题）①

A. 只有当事人及其法定代理人、近亲属才能对已经发生法律效力的裁判提出申诉

B. 原审法院依照审判监督程序重新审判的案件，应当另行组成合议庭

C. 对于依照审判监督程序重新审判后可能改判无罪的案件，可中止原判决、裁定的执行

D. 上级法院指令下级法院再审的，一般应当指令原审法院以外的下级法院审理

① 【答案】BCD

第十九章　执行

基本要求

了解与把握：执行的依据，执行机关，执行的变更程序，对新罪和申诉的处理程序，人民检察院对执行的监督程序。

理解与运用：《刑事诉讼法》以及相关法律解释对各种判决、裁定的执行程序。

考情分析

执行程序是刑事诉讼的最后一个程序，是必须掌握的内容，所以每年考试都会涉及，分值大概在1~8分不等。学习本章，要了解执行程序的概念，需要理解执行的依据、执行机关，各种判决、裁定的执行程序，执行的变更程序，对新罪和申诉的处理程序，人民检察院对执行的监督程序。同时，还要掌握2012年《刑事诉讼法》修改的内容，如社区矫正机构为刑罚的执行机关，暂予监外执行制度。

近十年考题在本章的分布情况如下：

	年　度	单选题	多选题	不定项题	案例分析	分值
1	2017	卷二/37、38				2
2	2016	卷二/40				1
3	2015	卷二/40、41				2
4	2014	卷二/26	卷二/74			3
5	2013	卷二/24				1
6	2012	卷二/35				1
7	2011			卷二/96		2
8	2010	卷二/10		卷二/95、96、97		7
9	2009	卷二/36			卷四/3	4
10	2008		卷二/68	卷二/95、96、97		8

内容概览

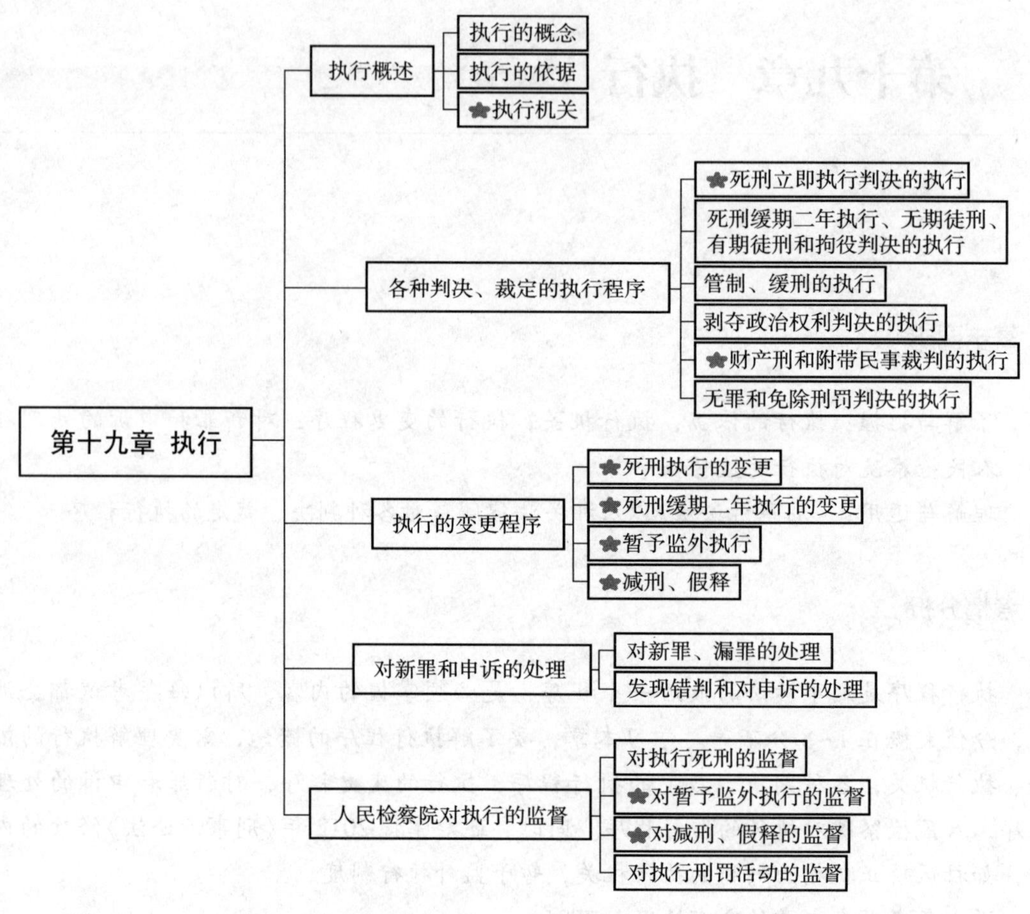

第一节　执行概述

一、执行的概念

执行是指把人民法院已经发生法律效力的判决、裁定付诸实施的活动。执行程序是指将已经发生法律效力的判决、裁定所确定的内容付诸实施以及在此过程中处理与之有关的减刑、假释等刑罚执行变更问题时应遵循的步骤、方式和方法。

执行程序包括两方面的内容：一是将已经发生法律效力的判决、裁定所确定的内容付诸实施的程序；二是处理执行过程中刑罚变更等问题的程序。

二、执行的依据

执行的依据是已经发生法律效力的判决、裁定。根据刑事诉讼法的规定，下列判决、裁定是发生法律效力的判决、裁定：

(1)已过法定期限没有上诉、抗诉的判决、裁定。

(2)终审的判决和裁定。包括第二审的判决、裁定和最高人民法院的判决、裁定。终审的判决和裁定自宣告之日起发生法律效力。

(3)高级人民法院核准的死刑缓期二年执行的判决、裁定。

(4)最高人民法院核准死刑的以及核准在法定刑以下判处刑罚的判决和裁定。

三、执行机关

执行机关，是指将人民法院已经发生法律效力的判决、裁定付诸实施的机关。根据刑事诉讼法的规定，执行机关包括：

(1)人民法院。人民法院负责死刑立即执行、罚金和没收财产的判决以及无罪或者免除刑罚的判决的执行。

(2)监狱。对于被判处死刑缓期二年执行、无期徒刑、有期徒刑的罪犯，由公安机关送交监狱执行刑罚；未成年犯监狱负责未成年犯被判处刑罚的执行。

(3)公安机关。公安机关负责送交执行时余刑不足3个月的有期徒刑、拘役、剥夺政治权利、驱逐出境的执行。

(4)社区矫正机构。根据《刑事诉讼法》第269条的规定，对被判处管制、宣告缓刑、假释或者暂予监外执行的罪犯，依法实行社区矫正，由社区矫正机构负责执行。

【注意】被单处剥夺政治权利的罪犯，由罪犯居住地的派出所执行，而不是看守所负责执行。

▶ 经典考题

19-1. 关于生效裁判执行，下列哪一做法是正确的？（2016-卷二-40 单选题）①

A. 甲被判处管制1年，由公安机关执行

B. 乙被判处有期徒刑1年宣告缓刑2年，由社区矫正机构执行

C. 丙被判处有期徒刑1年6个月，在被交付执行前，剩余刑期5个月，由看守所代为执行

D. 丁被判处10年有期徒刑并处没收财产，没收财产部分由公安机关执行

① 【答案】B

第二节　各种判决、裁定的执行程序

一、死刑立即执行判决的执行

死刑是剥夺罪犯生命的最严厉的一种刑罚，为了严格防止错杀，避免造成无法弥补的错误，《刑事诉讼法》对死刑判决的执行程序，作了严密的规定。

（一）执行死刑命令的签发

执行死刑判决，必须有执行死刑的命令才能进行。最高人民法院院长签发执行死刑的命令。

（二）执行死刑的机关和期限

最高人民法院的执行死刑命令，由高级人民法院交付第一审人民法院执行。第一审人民法院接到死刑执行命令后，应当在7日内执行。在死刑缓期执行期间故意犯罪，最高人民法院核准执行死刑的，由罪犯服刑地的中级人民法院执行。

（三）执行死刑的场所和方法

死刑可以在刑场或者指定的羁押场所内执行。刑场不得设在繁华地区、交通要道和旅游景点附近。

死刑采用枪决或者注射等方法执行。采用注射方法执行死刑的，应当在指定的刑场或者羁押场所内执行。采用枪决、注射以外的其他方法执行死刑的，应当事先层报最高人民法院批准。

（四）执行死刑的具体程序

(1)第一审人民法院在执行死刑前，应当告知罪犯有权会见其近亲属。罪犯申请会见并提供具体联系方式的，人民法院应当通知其近亲属。罪犯近亲属申请会见的，人民法院应当准许，并及时安排会见。

(2)第一审人民法院在执行死刑3日前，应当通知同级人民检察院派员临场监督。

(3)执行死刑前，指挥执行的审判人员对罪犯应当验明正身，即认真核对被执行人的姓名、性别、年龄、籍贯、基本犯罪事实及其他情况，确保被执行的人就是判决、裁定所确定的死刑罪犯，以防止错杀；还要讯问罪犯有无遗言、信札，并制作笔录，再交执行人员执行死刑。

(4)执行死刑应当公布，禁止游街示众或者其他有辱罪犯人格的行为。

(5)执行死刑后，应当由法医验明罪犯确实死亡，在场书记员制作笔录。负责执行的人民法院应当在执行死刑后15日内将执行情况，包括罪犯被执行死刑前后的照片，上报最高人民法院。

（五）执行死刑后的处理

执行死刑后，负责执行的人民法院应当办理以下事项：

(1)对罪犯的遗书、遗言笔录，应当及时审查，涉及财产继承、债务清偿、家事嘱托等内容的，将遗书、遗言笔录交给家属，同时复制存卷备查；涉及案件线索等问题的，抄送有关机关。

(2)通知罪犯家属在限期内领取罪犯骨灰；没有火化条件或者因民族、宗教等原因不宜火化的，通知领取尸体；过期不领取的，由人民法院通知有关单位处理，并要求有关单位出具处理情况的说明；对罪犯骨灰或者尸体的处理情况，应当记录在案。

(3)对外国籍罪犯执行死刑后，通知该国驻华使、领馆的程序和时限，根据有关规定办理。

二、死刑缓期二年执行、无期徒刑、有期徒刑和拘役判决的执行

（一）执行机关

被判处死刑缓期二年执行、无期徒刑、有期徒刑的罪犯，执行机关是监狱。对于被判处有期徒刑的罪犯，在被交付执行刑罚前，剩余刑期在3个月以下的，由看守所代为执行。被判处拘役的罪犯，由公安机关执行。

对未成年犯应当在未成年犯管教所执行刑罚；未成年犯年满18周岁，剩余刑期不超过2年的，仍可以留在未成年犯管教所执行刑罚。

（二）执行程序

根据《刑事诉讼法》第264条规定，罪犯被交付执行刑罚的时候，应当由交付执行的人民法院在判决生效后10日以内将有关的法律文书送达公安机关、监狱或者其他执行机关。

根据最高院《刑诉解释》的规定，被判处死刑缓期二年执行、无期徒刑、有期徒刑、拘役的罪犯，交付执行时在押的，第一审人民法院应当在判决、裁定生效后10日内，将判决书、裁定书、起诉书副本、自诉状复印件、执行通知书、结案登记表送达看守所，由公安机关将罪犯交付执行。罪犯需要收押执行刑罚，而判决、裁定生效前未被羁押的，人民法院应当根据生效的判决书、裁定书将罪犯送交看守所羁押，并依照前述规定办理执行手续。同案审理的案件中，部分被告人被判处死刑，对未被判处死刑的同案被告人需要羁押执行刑罚的，应当在其判决、裁定生效后10日内交付执行。但是，该同案被告人参与实施有关死刑之罪的，应当在最高人民法院复核讯问被判处死刑的被告人后交付执行。

以上各种判决、裁定执行通知书回执，经看守所盖章后应当附卷备查。

根据《公安部规定》，公安机关接到人民法院生效的死刑缓期二年执行、无期徒刑、有期徒刑的判决书、裁定书以及执行通知后，应当在1个月内将罪犯送交监狱执行。对未成年犯应当送交未成年犯管教所执行刑罚。对被判处拘役的罪犯，由看守所执行。

执行机关在接收罪犯时，有收押审查权。收押审查的内容包括：(1)判决书、裁定书是否已发生法律效力；(2)法律文书是否齐全和是否有误；(3)罪犯是否患有严重疾病需要保外就医，是否怀孕或者是正在哺乳自己婴儿的妇女等。对于符合收押条件的，执行机关应当将罪犯及时收押，并且通知罪犯家属。对于不符合收押条件的，执行机关有权拒绝收押。监狱不收监的，应当书面说明理由，由公安机关将执行通知书退回人民法院。人民法院经审查认为监狱不予收监的罪犯不符合《刑事诉讼法》第 265 条规定的暂予监外执行条件的，应当决定将罪犯交付监狱收监执行，并将收监执行决定书分别送达交付执行的公安机关和监狱。

死刑缓期执行的期间，从判决或者裁定核准死刑缓期执行的法律文书宣告或送达之日起计算。

判处有期徒刑、拘役的罪犯，执行期满，应当由执行机关发给释放证明书。

三、管制、缓刑的执行

（一）执行机关及交付执行

管制、有期徒刑缓刑、拘役缓刑的执行机关是社区矫正机构。

第一审人民法院判处拘役、宣告缓刑的犯罪分子，判决尚未发生法律效力的，不能立即交付执行。如果被宣告缓刑的罪犯在押，第一审人民法院应当先行作出变更强制措施的决定，改为监视居住或者取保候审，并立即通知有关公安机关。对被判处管制、宣告缓刑的罪犯，人民法院应当核实其居住地。宣判时，应当书面告知罪犯到居住地县级司法行政机关报到的期限和不按期报到的后果。判决、裁定生效后 10 日内，应当将判决书、裁定书、执行通知书等法律文书送达罪犯居住地的县级司法行政机关，同时抄送罪犯居住地的县级人民检察院。

（二）对管制、缓刑罪犯的考察与处理

社区矫正机构应当按照人民法院的判决，向罪犯及其原所在单位或者居住地群众宣布其犯罪事实、被管制的期限，以及罪犯在执行期间应当遵守的规定。被管制的罪犯执行期满，应当通知本人，并向其所在单位或者居住地的群众宣布解除管制。

罪犯在缓刑考验期限内犯新罪或者被发现在判决宣告前还有其他罪没有判决，应当撤销缓刑的，由审判新罪的人民法院撤销原判决、裁定宣告的缓刑，并书面通知原审人民法院和执行机关。

罪犯在缓刑考验期限内，有下列情形之一的，原作出缓刑判决、裁定的人民法院应当在收到执行机关的撤销缓刑建议书后 1 个月内，作出撤销缓刑的裁定：(1)违反禁止令，情节严重的；(2)无正当理由不按规定时间报到或者接受社区矫正期间脱离监管，超过 1 个月的；(3)因违反监督管理规定受到治安管理处罚，仍不改正的；(4)受到执行机关三次警告仍不改正的；(5)违反有关法律、行政法规和监督管理规定，情节严重的其他情形。

人民法院撤销缓刑的裁定，一经作出，立即生效。人民法院应当将撤销缓刑裁定书送交罪犯居住地的县级司法行政机关，由其根据有关规定将罪犯交付执行。撤销缓刑裁定书应当同时抄送罪犯居住地的同级人民检察院和公安机关。

被宣告缓刑的犯罪分子，在缓刑考验期限内，如果没有上述情形，缓刑考验期满，原判的刑罚就不再执行，并公开予以宣告。

四、剥夺政治权利判决的执行

（一）执行机关

剥夺政治权利判决的执行机关是公安机关。实践中，由罪犯居住地县级公安机关指定派出所执行。

（二）执行程序

对单处剥夺政治权利的罪犯，人民法院应当在判决、裁定生效后10日内，将判决书、裁定书、执行通知书等法律文书送达罪犯居住地的县级公安机关，并抄送罪犯居住地的县级人民检察院。执行机关应当按照人民法院的判决，向罪犯及其原所在单位或者居住地群众宣布其犯罪事实、被剥夺政治权利的期限，以及罪犯在执行期间应当遵守的规定。执行机关应当对其严格管理监督，基层组织或者罪犯的原所在单位协助进行监督。执行期满，应当由执行机关书面通知本人及其所在单位、居住地基层组织。

五、财产刑和附带民事裁判的执行

（一）执行机关

罚金和没收财产刑的执行机关都是第一审人民法院。执行没收财产刑时，可以会同公安机关执行。

被执行人或者被执行财产在外地的，可以委托当地人民法院执行。受托法院在执行财产刑后，应当及时将执行的财产上缴国库。

（二）执行程序

(1)罚金在判决规定的期限内一次或者分期缴纳。期满无故不缴纳或者未足额缴纳的，人民法院应当强制缴纳。经强制缴纳仍不能全部缴纳的，在任何时候，包括主刑执行完毕后，发现被执行人有可供执行的财产的，应当追缴。行政机关对被告人就同一事实已经处以罚款的，人民法院判处罚金时应当折抵，扣除行政处罚已执行的部分。判处没收财产的，判决生效后，应当立即执行。

(2)执行财产刑和附带民事裁判过程中，案外人对被执行财产提出权属异议的，人民法院应当参照民事诉讼有关执行异议的规定进行审查并作出处理。

(3)被判处财产刑，同时又承担附带民事赔偿责任的被执行人，应当先履行民事赔偿责任。判处财产刑之前被执行人所负正当债务，需要以被执行的财产偿还的，经债权人请求，应当偿还。

(4)中止执行。执行财产刑过程中，具有下列情形之一的，人民法院应当裁定中止执行：

①执行标的物系人民法院或者仲裁机构正在审理案件的争议标的物，需等待该案件审理完毕确定权属的。

②案外人对执行标的物提出异议的。

③应当中止执行的其他情形。

中止执行的原因消除后，应当恢复执行。

(5)终止执行。执行财产刑过程中，具有下列情形之一的，人民法院应当裁定终结执行：

①据以执行的判决、裁定被撤销的。

②被执行人死亡或者被执行死刑，且无财产可供执行的。

③被判处罚金的单位终止，且无财产可供执行的。

④依照刑法第 53 条规定免除罚金的。

⑤应当终结执行的其他情形。

裁定终结执行后，发现被执行人的财产有被隐匿、转移等情形的，应当追缴。

(6)财产刑全部或者部分被撤销的，已经执行的财产应当全部或者部分返还被执行人；无法返还的，应当依法赔偿。

(7)因遭遇不能抗拒的灾祸缴纳罚金确有困难，经人民法院裁定，可以延期缴纳、酌情减少或者免除。被执行人申请减少或者免除罚金的，应当提交相关证明材料。人民法院应当在收到申请后 1 个月内作出裁定。符合法定减免条件的，应当准许；不符合条件的，驳回申请。

(8)财产刑和附带民事裁判的执行，除上述规定外，参照适用民事执行的有关规定。

六、无罪和免除刑罚判决的执行

无罪和免除刑罚判决的执行机关是人民法院。无罪和免除刑罚判决的执行，也是在生效后开始的。无罪或者免除刑罚的判决生效后，人民法院应立即向被裁判人及有关单位宣布，并撤销对被裁判人采取的一切强制措施，对被羁押的被告人，发给释放证明。

根据《刑事诉讼法》第 260 条的规定，第一审人民法院判决被告人无罪、免除刑事处罚的，如果被告人在押，在宣判后应当立即释放。

▶ 经典考题

19-2. 在一起共同犯罪案件中，主犯王某被判处有期徒刑 15 年，剥夺政治权利 3 年，并处没收个人财产；主犯朱某被判处有期徒刑 10 年，剥夺政治权利 2 年，罚金 2 万元人民币；从犯李某被判处有期徒刑 8 个月；从犯周某被判处管制 1 年，剥夺政治

权利1年。请问，在本案中，由监狱执行刑罚的罪犯是：（2008-卷二-95 不定项）①

A. 王某　　B. 朱某

C. 李某　　D. 周某

第三节　执行的变更程序

一、死刑执行的变更

（一）死刑停止执行的情形

根据《刑事诉讼法》及最高院《刑诉解释》的规定，下级人民法院接到最高人民法院执行死刑的命令后，应当在7日以内交付执行。但是发现有下列情形之一的，应当停止执行，并且立即报告最高人民法院，由最高人民法院作出裁定：

(1)罪犯可能有其他犯罪的。

(2)共同犯罪的其他犯罪嫌疑人到案，可能影响罪犯量刑的。

(3)共同犯罪的其他罪犯被暂停或者停止执行死刑，可能影响罪犯量刑的。

(4)罪犯揭发重大犯罪事实或者有其他重大立功表现，可能需要改判的。

(5)罪犯正在怀孕的。

(6)判决、裁定可能有影响定罪量刑的其他错误的。

（二）死刑执行变更的程序

(1)第一审人民法院在接到执行死刑命令后、执行前，发现有停止执行死刑的法定情形之一的，应当暂停执行，并立即将请求停止执行死刑的报告和相关材料层报最高人民法院。

最高人民法院经审查，认为可能影响定罪量刑的，应当裁定停止执行死刑；认为不影响的，应当决定继续执行死刑。下级人民法院接到最高人民法院停止执行死刑的裁定后，应当会同有关部门调查核实停止执行死刑的事由，并及时将调查结果和意见层报最高人民法院。

【注意】若最高人民法院对第一审法院请求停止执行死刑的事由进行审查后，认为不影响罪犯定罪量刑，并未作出停止执行死刑的裁定，原核准死刑裁定和执行死刑命令依然有效，故可以通过决定的形式要求继续执行死刑。

(2)最高人民法院在执行死刑命令签发后、执行前，发现有停止执行死刑的法定情形之一的，应当立即裁定停止执行死刑，并将有关材料移交下级人民法院。下级人民法院接到最高人民法院停止执行死刑的裁定后，应当会同有关部门调查核实停止执行死刑的事由，并及时将调查结果和意见层报最高人民法院审核。对下级人民法院报送

① 【答案】ABC

的停止执行死刑的调查结果和意见，由最高人民法院原作出核准死刑判决、裁定的合议庭负责审查，必要时，另行组成合议庭进行审查。

（三）变更的结果

（1）确认罪犯怀孕的，应当改判。

（2）确认罪犯有其他犯罪，依法应当追诉的，应当裁定不予核准死刑，撤销原判，发回重新审判。

（3）确认原判决、裁定有错误或者罪犯有重大立功表现，需要改判的，应当裁定不予核准死刑，撤销原判，发回重新审判。

（4）确认原判决、裁定没有错误，罪犯没有重大立功表现，或者重大立功表现不影响原判决、裁定执行的，应当裁定继续执行死刑，并由院长重新签发执行死刑的命令。

二、死刑缓期二年执行的变更

（一）依法减刑

（1）死缓犯在缓刑执行期间，如果没有故意犯罪，2 年期满以后，减为无期徒刑。

（2）如果确有重大立功表现，2 年期满以后，减为 25 年有期徒刑。

（3）对判处死刑缓期执行的累犯以及因故意杀人、强奸、抢劫、绑架、放火、爆炸、投放危险物质或者有组织的暴力性犯罪被判处死刑缓期执行的犯罪分子，人民法院根据犯罪情节等情况可以同时决定对其限制减刑。

（4）死刑缓期执行期满后，尚未裁定减刑前又犯罪的，应当依法减刑后对其所犯新罪另行审判。

（5）死刑缓期执行期满，依法应当减刑的，人民法院应当及时减刑，死刑缓期执行期间减为无期徒刑、有期徒刑的，刑期自死刑缓期执行期满之日起计算。

（二）变更为死刑立即执行

被判处死刑缓期二年执行的罪犯，在死刑缓期执行期间，如果故意犯罪，情节恶劣，查证属实，应当执行死刑。其程序是：

（1）由罪犯服刑监狱及时侦查，侦查终结后移送人民检察院审查起诉。

（2）经人民检察院提起公诉，服刑地的中级人民法院依法审判，所作的判决可以上诉、抗诉。

（3）认定构成故意犯罪的判决、裁定发生法律效力后，应当层报最高人民法院核准执行死刑。核准后，由罪犯服刑地的中级人民法院执行。

对于故意犯罪未执行死刑的，死刑缓期执行的期间重新计算，并报最高人民法院备案。

三、暂予监外执行

（一）暂予监外执行的概念

暂予监外执行是指对被判处无期徒刑、有期徒刑或者拘役的罪犯，具有法律规定的某种特殊情况，不适宜在监狱或者拘役所等场所执行刑罚，暂时采取不予关押的一种变通执行方法。

（二）暂予监外执行的适用对象和条件

1. 有期徒刑或拘役的罪犯

对于被判处有期徒刑或拘役的罪犯，有下列情形之一的，可以暂予监外执行：

(1)罪犯有严重疾病需保外就医。对罪犯确有严重疾病，必须保外就医的，由省级人民政府指定的医院诊断并开具证明文件。对适用保外就医可能有社会危险性的罪犯，或者自伤自残的罪犯，不得保外就医。

(2)罪犯怀孕或者正在哺乳自己的婴儿。

(3)罪犯生活不能自理，适用暂予监外执行不致危害社会。

2. 无期徒刑的罪犯

怀孕或者正在哺乳自己婴儿的妇女，可以暂予监外执行。

【注意】监外执行只适用于拘役、有期徒刑和无期徒刑的罪犯，死刑缓期执行期间，不能适用监外执行。

（三）暂予监外执行的适用程序

(1)在交付执行前，暂予监外执行由交付执行的人民法院决定。对于被告人可能被判处拘役、有期徒刑、无期徒刑，符合暂予监外执行条件的，被告人及其辩护人有权向人民法院提出暂予监外执行的申请，看守所可以将有关情况通报人民法院。人民法院应当进行审查，并在交付执行前作出是否暂予监外执行的决定。人民法院决定暂予监外执行的，应当制作暂予监外执行决定书，写明罪犯基本情况、判决确定的罪名和刑罚、决定暂予监外执行的原因、依据等，通知罪犯居住地的县级司法行政机关派员办理交接手续，并将暂予监外执行决定书抄送罪犯居住地的县级人民检察院和公安机关。

【注意】罪犯在被交付执行前，在暂予监外执行的审批程序是不是司法程序，不需要人民法院裁定。但因患有严重疾病、怀孕或者正在哺乳自己婴儿的妇女、生活不能自理的原因，依法提出暂予见外执行的申请的，有关病情诊断、妊娠检查和生活不能自理的鉴别，由人民法院负责组织。

(2)在交付执行后的判决、裁定执行过程中，对具备监外执行条件的罪犯，由监狱提出书面意见，报省级以上监狱管理机关批准。在看守所、拘役所服刑的罪犯需要暂予监外执行的，由看守所或拘役所提出书面意见，报主管的设区的市一级以上公安机关批准。批准暂予监外执行的机关应当将批准的决定抄送人民检察院。

(3)对于暂予监外执行的罪犯，由社区矫正机构执行。对于服刑中决定暂予监外执行的罪犯，原执行机关应当将罪犯服刑改造的情况通报负责监外执行的社区矫正机构，以便有针对性地对罪犯进行管理监督。负责执行的社区矫正机构应当告知罪犯，在暂予监外执行期间必须接受监督改造并遵守有关的规定。

(4)根据最高院《刑诉解释》第433条规定，暂予监外执行的罪犯具有下列情形之一的，原作出暂予监外执行决定的人民法院，应当在收到执行机关的收监执行建议书后15日内，作出收监执行的决定：

①不符合暂予监外执行条件的。

②未经批准离开所居住的市、县，经警告拒不改正，或者拒不报告行踪，脱离监管的。

③因违反监督管理规定受到治安管理处罚，仍不改正的。

④受到执行机关两次警告，仍不改正的。

⑤保外就医期间不按规定提交病情复查情况，经警告拒不改正的。

⑥暂予监外执行的情形消失后，刑期未满的。

⑦保证人丧失保证条件或者因不履行义务被取消保证人资格，不能在规定期限内提出新的保证人的。

⑧违反法律、行政法规和监督管理规定，情节严重的其他情形。

对于人民法院决定暂予监外执行的罪犯应当予以收监的，由人民法院作出决定，将有关的法律文书送达公安机关、监狱或者其他执行机关。人民法院收监执行决定书，一经作出，立即生效。人民法院应当将收监执行决定书送交罪犯居住地的县级司法行政机关，由其根据有关规定将罪犯交付执行。收监执行决定书应当同时抄送罪犯居住地的同级人民检察院和公安机关。

如果罪犯是在执行过程中被决定暂予监外执行的，执行机关应当通知监狱等执行机关收监。被决定收监执行的社区矫正人员在逃的，社区矫正机构应当立即通知公安机关，由公安机关负责追捕。

(5)不符合暂予监外执行条件的罪犯通过贿赂等非法手段被暂予监外执行的，在监外执行的期间不计入执行刑期。罪犯在暂予监外执行期间脱逃的，脱逃的期间不计入执行刑期。对于人民法院决定暂予监外执行的罪犯具有上述情形的，人民法院在决定予以收监的同时，应当确定不计入刑期的期间。对于监狱管理机关或者公安机关决定暂予监外执行的罪犯具有上述情形的，罪犯被收监后，所在监狱或者看守所应当及时向所在地的中级人民法院提出不计入执行刑期的建议书，由人民法院审核裁定。

(6)罪犯在暂予监外执行期间死亡的，执行机关应当及时通知监狱或者看守所。

(7)暂予监外执行过程中罪犯刑期届满的，应当由监狱等执行机关办理释放手续。

四、减刑、假释

减刑是指被判处管制、拘役、有期徒刑、无期徒刑的犯罪分子，在执行期间，认真遵守监规，接受教育改造，确有悔改或者立功表现，由人民法院依法适当减轻其原判刑罚的制度。

假释是指对于被判处有期徒刑、无期徒刑的犯罪分子经过一定期限的服刑改造，确有悔改表现，没有再犯罪的危险的，附条件地将其提前释放的一种制度。

（一）减刑适用的对象和条件

1. 减刑的对象

必须是被判处管制、拘役、有期徒刑、无期徒刑的犯罪分子。

2. 减刑的条件

在执行期间，如果认真遵守监规，接受教育改造，确有悔改或者立功表现的，可以减刑；有重大立功表现的，应当减刑。

（二）假释的对象和条件

1. 假释的对象

必须是被判处有期徒刑、无期徒刑的犯罪分子。

2. 假释的条件

(1)已实际执行一定的刑期，即被判处有期徒刑的犯罪分子，实际执行原判刑期 1/2 以上，被判处无期徒刑的犯罪分子，实际执行 13 年以上。

(2)认真遵守监规，接受教育改造，确有悔改表现，没有再犯罪的危险。

以上两个条件须同时具备，但根据《刑法》第 81 条的规定，如果有特殊情况，经最高人民法院核准，可以不受上述执行刑期的限制。

【注意】对累犯以及因故意杀人、强奸、抢劫、绑架、放火、爆炸、投放危险物质或者有组织的暴力性犯罪被判处 10 年以上有期徒刑、无期徒刑的罪犯，不得假释，因前述情形和犯罪被判处死刑缓期执行的罪犯，被减为无期徒刑、有期徒刑后，也不得假释。

（三）减刑、假释案件的审理

(1)减刑、假释的报请程序。

①对被判处死刑缓期执行的罪犯的减刑，由罪犯服刑地的高级人民法院根据同级监狱管理机关审核同意的减刑建议书裁定。

②对被判处无期徒刑的罪犯的减刑、假释，由罪犯服刑地的高级人民法院，在收到同级监狱管理机关审核同意的减刑、假释建议书后 1 个月内作出裁定，案情复杂或者情况特殊的，可以延长 1 个月。

③对被判处有期徒刑和被减为有期徒刑的罪犯的减刑、假释，由罪犯服刑地的中级人民法院，在收到执行机关提出的减刑、假释建议书后 1 个月内作出裁定，案情复杂或者情况特殊的，可以延长 1 个月。

④对被判处拘役、管制的罪犯的减刑，由罪犯服刑地中级人民法院，在收到同级执行机关审核同意的减刑、假释建议书后 1 个月内作出裁定。

(2)审理减刑、假释案件，应当组成合议庭，可以采用书面审理的方式，也可以开庭审理。

(3)审理减刑、假释案件，具有下列情形之一的，人民法院应当开庭审理的情形：

①因罪犯有重大立功表现提请减刑的。

②提请减刑的起始时间、间隔时间或者减刑幅度不符合一般规定的。

③社会影响重大或者社会关注度高的。主要是指被报请减刑、假释罪犯系职务犯罪，黑社会性质组织犯罪，破坏金融管理秩序和金融诈骗犯罪及其他在社会上有重大影响和社会关注度高的案件。

④公示期间收到投诉意见的。

⑤人民检察院有异议的。

⑥有必要开庭审理的其他案件。

(4)人民法院作出减刑、假释裁定后，应当在7日内送达提请减刑、假释的执行机关、同级人民检察院以及罪犯本人。人民检察院认为减刑、假释裁定不当，在法定期限内提出书面纠正意见的，人民法院应当在收到意见后另行组成合议庭审理，并在1个月内作出裁定。

(5)减刑、假释裁定作出前，执行机关书面提请撤回减刑、假释建议的，是否准许，由人民法院决定。

人民法院发现本院已经生效的减刑、假释裁定确有错误的，应当另行组成合议庭审理；发现下级人民法院已经生效的减刑、假释裁定确有错误的，可以指令下级人民法院另行组成合议庭审理。

(6)根据《刑法》第81条第1款规定报请最高人民法院核准因罪犯具有特殊情况，不受执行刑期限制的假释案件，应当按照下列情形分别处理：

①中级人民法院依法作出假释裁定后，应当报请高级人民法院复核。高级人民法院同意的，应当书面报请最高人民法院核准；不同意的，应当裁定撤销中级人民法院的假释裁定。

②高级人民法院依法作出假释裁定的，应当报请最高人民法院核准。

报请最高人民法院核准因罪犯具有特殊情况，不受执行刑期限制的假释案件，应当报送报请核准的报告、罪犯具有特殊情况的报告、假释裁定书各5份，以及全部案卷。

对因罪犯具有特殊情况，不受执行刑期限制的假释案件，最高人民法院予以核准的，应当作出核准裁定书；不予核准的，应当作出不核准裁定书，并撤销原裁定。

（四）对被假释罪犯的考察与处理

根据《刑事诉讼法》第269条的规定，对于被假释的罪犯，在假释考验期限内，由社区矫正机构执行。

罪犯在假释考验期限内犯新罪或者被发现在判决宣告前还有其他罪没有判决，应当撤销假释的，由审判新罪的人民法院撤销原判决、裁定宣告的假释，并书面通知原审人民法院和执行机关。

罪犯在假释考验期限内，有下列情形之一的，原作出假释判决、裁定的人民法院应当在收到执行机关的撤销假释建议书后1个月内，作出撤销假释的裁定：(1)违反禁止令，情节严重的；(2)无正当理由不按规定时间报到或者接受社区矫正期间脱离监管，超过1个月的；(3)因违反监督管理规定受到治安管理处罚，仍不改正的；(4)受到执行机关三次警告仍不改正的；(5)违反有关法律、行政法规和监督管理规定，情节严重的其他情形。

人民法院撤销缓刑、假释的裁定，一经作出，立即生效。人民法院应当将撤销缓刑、假释裁定书送交罪犯居住地的县级司法行政机关，由其根据有关规定将罪犯交付执行。撤销缓刑、假释裁定书应当同时抄送罪犯居住地的同级人民检察院和公安机关。

被假释的犯罪分子，在假释考验期限内，如果没有上述情形，假释考验期满，就认为原判刑罚已经执行完毕，并公开予以宣告。

【注意】假释期满，判决刑罚视为执行完毕，而缓刑期满则是原判刑罚不再执行。

▶ 经典考题

19-3.《刑事诉讼法》规定，下级法院接到最高法院执行死刑的命令后，发现有关情形时，应当停止执行，并且立即报告最高法院，由最高法院作出裁定。下列哪些情形应当适用该规定？(2008-卷二-68 多选题)①

A. 发现关键定罪证据可能是刑讯逼供所得

B. 判决书认定的年龄错误，实际年龄未满18周岁

C. 提供一重大银行抢劫案线索，经查证属实

D. 罪犯正在怀孕

第四节 对新罪和申诉的处理

一、对新罪、漏罪的处理

新罪是指罪犯在服刑期间实施的犯罪。漏罪是指执行过程中发现的，罪犯在判决宣告以前所犯的尚未判决的罪行。

罪犯在服刑期间又犯罪的，或者发现了判决的时候所没有发现的罪行，由执行机关移送人民检察院处理。

二、发现错判和对申诉的处理

监狱和其他执行机关在刑罚执行中，如果认为判决有错误或者罪犯提出申诉，应

① 【答案】ABCD

当转请人民检察院或者原判人民法院处理。根据规定，执行机关如果认为判决有错误，应提出具体意见，并附有关材料，转送原起诉的人民检察院或者原判人民法院处理；如果认为事实出入比较重大或者确有必要的，也可以转送原起诉人民检察院的上级人民检察院、原审人民法院的上级人民法院处理。

监狱和其他执行机关对于罪犯提出的申诉应当及时转递，不得扣压。罪犯的申诉材料已明确要求人民检察院或者人民法院处理的，可按其要求转递。如无明确要求，则由执行机关根据案件情况决定向人民法院或者人民检察院转递。

人民法院或者人民检察院收到执行机关意见和材料或罪犯的申诉后，应当认真进行审查。如认为原判决或裁定在认定事实或者适用法律上确有错误，应按审判监督程序予以处理。如认为原裁判正确，应及时答复执行机关或申诉人。

人民检察院或者人民法院应当自收到监狱提请处理意见书之日起6个月内将处理结果通知监狱。

第五节　人民检察院对执行的监督

一、对执行死刑的监督

(1)第一审人民法院在执行死刑3日前，应当通知同级人民检察院派员临场监督。

(2)在执行死刑前，发现有下列情形之一的，应当建议人民法院立即停止执行：

①被执行人并非应当执行死刑的罪犯的；

②罪犯犯罪时不满18周岁，或者审判的时候已满75周岁，依法不应当适用死刑的；

③判决可能有错误的；

④在执行前罪犯有检举揭发他人重大犯罪行为等重大立功表现，可能需要改判的；

⑤罪犯正在怀孕的。

二、对暂予监外执行的监督

(1)监狱、看守所提出暂予监外执行的书面意见的，应当将书面意见的副本抄送人民检察院，人民检察院可以向决定或者批准机关提出书面意见。

(2)决定或批准暂予监外执行的机关应当将暂予监外执行的决定抄送人民检察院。人民检察院认为暂予监外执行不当的，应当自接到通知之日起1个月以内将书面意见送交决定或者批准暂予监外执行的机关，决定或者批准暂予监外执行的机关接到人民检察院的书面意见后，应当立即对该决定进行重新核查。

(3)人民检察院收到监狱、看守所抄送的暂予监外执行书面意见副本后，应当逐案进行审查，发现罪犯不符合暂予监外执行法定条件或者提请暂予监外执行违反法定程序的，应当在10日以内向决定或者批准机关提出书面检察意见，同时也可以向监狱、看守所提出书面纠正意见。

三、对减刑、假释的监督

(1)执行机关提出减刑、假释建议书，报请人民法院审核裁定的，应将建议书副本抄送人民检察院。

(2)人民检察院认为人民法院减刑、假释的裁定不当，应当在收到裁定书副本后20日以内，向人民法院提出书面纠正意见。

(3)人民法院应当在收到纠正意见后1个月以内重新组成合议庭进行审理，作出最终裁定。

四、对执行刑罚活动的监督

人民检察院对执行机关执行刑罚的活动是否合法实行监督。如果发现有违法的情况，应当通知执行机关纠正。

第二十章　未成年人刑事案件诉讼程序

基本要求

了解与把握：未成年人刑事案件诉讼程序的概念和功能，与普通刑事诉讼程序的关系，未成年人刑事案件诉讼程序适用的案件范围，未成年人刑事案件诉讼程序的方针和原则。

理解与运用：《刑事诉讼法》以及相关法律解释对未成年人刑事案件诉讼制度和程序的规定。

考情分析

本章节是特别刑事诉讼中最重要的一个章节，每年都会考查，分值在2~6分，一般以多选题的形式出现，2014年甚至以不定项大案例题的形式进行考查，另外，本章节还会结合其他章节进行考查，比如辩护与代理、简易程序、当事人等内容进行考查，因此，本章节至关重要，考生在备考时要给予高度的重视。

本章内容较多，重点介绍未成年人刑事案件诉讼程序的概念、功能，应遵循的方针和原则，以及具体的立案、辩护、强制措施、侦查、起诉、审判、执行等程序与制度，特别要掌握附条件不起诉的适用条件、决定程序、考验期内的监督考查、考验后的处理以及救济途径和刑事诉讼法关于合适成年人在场制度、犯罪记录封存制度的相关规定。

近十年考题在本章的分布情况如下：

	年　度	单选题	多选题	不定项题	案例分析	分值
1	2017	卷二/25、39				2
2	2016		卷二/75			2
3	2015		卷二/71、73、74			6
4	2014			卷二/94~96		6

续表

	年 度	单选题	多选题	不定项题	案例分析	分值
5	2013		卷二/72			2
6	2012	卷二/36	卷二/73			3
7	2011	卷二/33				1
8	2010		卷二/78			2
9	2009		卷二/77			2
10	2008		卷二/73			2

内容概览

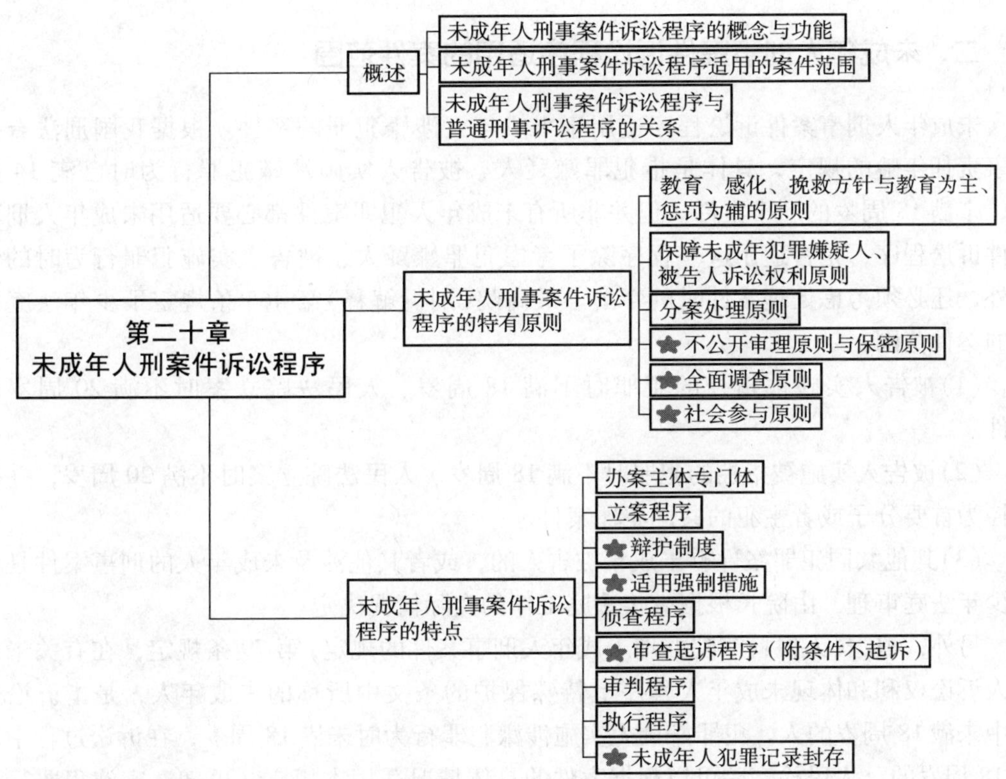

第一节 未成年人刑事案件诉讼程序概述

一、未成年人刑事案件诉讼程序的概念与功能

未成年人刑事案件诉讼程序是刑事诉讼中的特别程序，是指对未成年人犯罪案件

依法追究刑事责任时所适用的立案、侦查、审判、执行等一系列诉讼程序和制度的总称。

未成年人犯罪具有明显区别于成年人犯罪的特点，需要在刑事诉讼中设置针对其特点的专门程序与制度。鉴于未成年人的身心特点，未成年人司法的目的、功能与成年人司法有着根本的区别。未成年人司法关注行为人而不是行为本身，关注未成年人回归社会、恢复正常生活状态，而不是对犯罪行为本身的报应和制裁，因此，教育和保护贯穿未成年人司法保护程序的始终，也是其基本立场。设立未成年人刑事案件诉讼程序，在于为涉罪未成年人提供着眼于其未来发展的处理、分流和矫正机制，避免简单惩罚等干预方式不当对其人格形成带来负面影响。同时，也是为了进入刑事诉讼程序提供特定的保护和协助机制，如规定法定代理人和其他合适成年人到场制度。另外，未成年人刑事案件诉讼程序注重未成年被害人及证人的保护，避免因诉讼活动给他们带来伤害，对未成年被害人必要时提供心理疏导等帮助。根据案件情况，尽可能运用修复性司法。

二、未成年人刑事案件诉讼程序适用的案件范围

未成年人刑事案件诉讼程序适用于未成年人涉嫌犯罪的案件。根据我国刑法有关刑事责任年龄的规定，具体是指犯罪嫌疑人、被告人实施涉嫌犯罪行为时已满 14 周岁、未满 18 周岁的刑事案件。但并非所有未成年人犯罪案件都必要适用未成年人刑事案件诉讼程序，是否适用这一程序除了考虑犯罪嫌疑人、被告人实施犯罪行为时的年龄外，还必须考虑处理案件时的年龄。最高院《刑诉解释》第 463 条规定了少年法庭审理的案件范围：

（1）被告人实施被指控的犯罪时不满 18 周岁、人民法院立案时不满 20 周岁的案件。

（2）被告人实施被指控的犯罪时不满 18 周岁、人民法院立案时不满 20 周岁，并被指控为首要分子或者主犯的共同犯罪案件。

（3）其他共同犯罪案件有未成年被告人的，或者其他涉及未成年人的刑事案件是否由少年法庭审理，由院长根据少年法庭工作的实际情况决定。

另外，根据《人民检察院办理未成年人刑事案件的规定》第 79 条规定，在有关未成年人诉讼权利和体现未成年人程序上特殊保护的条文中所称的未成年人，是指诉讼过程中未满 18 周岁的人。犯罪嫌疑人实施涉嫌犯罪行为时未满 18 周岁，在诉讼过程中已满 18 周岁的，人民检察院可以根据案件的具体情况适用本规定。可知，实施犯罪行为和处理案件时均未满 18 周岁的未成年人犯罪案件必须适用未成年人刑事案件诉讼程序，而实施犯罪行为时未满 18 周岁，处理案件时已满 18 周岁的未成年人犯罪案件是否适用未成年人案件诉讼程序则具有一定的弹性。

三、未成年人刑事案件诉讼程序与普通刑事诉讼程序的关系

我国 1979 年、1996 年《刑事诉讼法》并没有针对未成年人刑事案件设置专门的程

序，而仅仅在极个别条文中作出了有别于成年人的规定。2012 年《刑事诉讼法》修改，我国未成年人刑事案件诉讼程序从分散立法发展为专章立法，在《刑事诉讼法》第五编“特别程序”予以专章规定，从而大幅提升了未成年人刑事案件诉讼程序的容量、独立性和整体性，也更符合未成年人及其犯罪特点。但是，我国未成年人刑事案件诉讼程序仍然依附于普通刑事诉讼程序，即“未成年人案件诉讼程序”专章只是规定了有别于普通刑事诉讼程序的特殊规定，专章中未予以规定的内容，适用《刑事诉讼法》有关普通刑事诉讼程序的规定，同时要贯彻教育、感化、挽救的方针。

第二节　未成年人刑事案件诉讼程序的特有原则

一、教育、感化、挽救方针与教育为主、惩罚为辅的原则

教育、感化、挽救方针，是指公安司法机关在未成年人刑事案件诉讼程序中，应当坚持教育为主，惩罚为辅，对犯罪的未成年人动之以情、晓之以理，寓教于情，寓教于行，促使未成年人认识其行为的危害性，促使其悔罪并重新回归社会。“教育、感化、挽救”方针引申出的一个重要原则就是“教育为主、惩罚为辅”。这一原则贯穿于中国未成年人刑事案件诉讼程序的整个过程。教育、感化、挽救方针与教育为主、惩罚为辅原则被《刑事诉讼法》及相关司法解释明确规定。

二、保障未成年犯罪嫌疑人、被告人诉讼权利原则

保障未成年犯罪嫌疑人、被告人诉讼权利原则，是指公安司法机关在处理未成年人刑事案件的过程中，应当充分保障未成年犯罪嫌疑人、被告人依法享有的各项诉讼权利。《刑事诉讼法》第 277 条第 2 款规定：人民法院、人民检察院和公安机关办理未成年人刑事案件，应当保障未成年人行使其诉讼权利，保障未成年人得到法律帮助，并由熟悉未成年人身心特点的审判人员、检察人员、侦查人员承办。《人民检察院办理未成年人刑事案件的规定》第 2 条规定：在严格遵守法律规定的前提下，按照最有利于未成年人身心特点的方式进行，充分保障未成年人合法权益。

在刑事诉讼中，未成年人犯罪嫌疑人、被告人除享有成年犯罪嫌疑人、被告人享有的各项诉讼权利外，还享有一些特殊的权利。例如，《刑事诉讼法》第 281 条规定，未成年人被讯问和审判时有法定代理人或其他合适成年人在场的权利。再如，原则上不得对未成年犯罪嫌疑人、被告人使用戒具。最高检《刑诉规则》第 491 条规定，讯问未成年犯罪嫌疑人一般不得使用械具。对于确有人身危险性，必须使用械具的，在现实危险消除后，应当立即停止使用。最高院《刑诉解释》第 480 条规定，在法庭上不得对未成年被告人使用戒具，但被告人人身危险性大，可能妨碍庭审活动的除外。必须使用戒具的，在现实危险消除后，应当立即停止使用。

三、分案处理原则

分案处理原则，是指公安司法机关在刑事诉讼过程中应当对未成年人案件与成年人案件实行诉讼程序分离、分案处理，对犯罪的未成年人与犯罪的成年人分别关押、分别执行。分案处理原则的内容主要包括三个方面：

(1)在刑事诉讼中运用拘留、逮捕等强制措施关押未成年犯罪嫌疑人时，必须与成年犯罪嫌疑人分开看管。

(2)在处理未成年人与成年人共同犯罪或者有牵连的案件时，尽量适用不同的诉讼程序，在不妨碍审理的前提下，坚持分案处理，包括分案侦查、分案起诉和分案审理。

(3)在未成年人犯罪案件处理完毕、交付执行阶段，不得与成年罪犯同处一个监所。分案处理的目的，是充分保护进入诉讼阶段的未成年人，使其免受来自成年犯罪人的不良影响。

《刑事诉讼法》第 280 条第 2 款规定，对被拘留、逮捕和执行刑罚的未成年人与成年人应当分别关押、分别管理、分别教育。《人民检察院办理未成年人刑事案件的规定》第 51 条规定：人民检察院审查未成年人与成年人共同犯罪案件，一般应当将未成年人与成年人分案起诉。但是具有下列情形之一的，可以不分案起诉：

(1)未成年人系犯罪集团的组织者或者其他共同犯罪中的主犯的；

(2)案件重大、疑难、复杂，分案起诉可能妨碍案件审理的；

(3)涉及刑事附带民事诉讼，分案起诉妨碍附带民事诉讼部分审理的；

(4)具有其他不宜分案起诉情形的。

对分案起诉至同一人民法院的未成年人与成年人共同犯罪案件，由未成年人刑事检察机构一并办理更为适宜的，经检察长决定，可以由未成年人刑事检察机构一并办理。分案起诉的未成年人与成年人共同犯罪案件，由不同机构分别办理的，应当相互了解案件情况，提出量刑建议时，注意全案的量刑平衡。最高院《刑诉解释》第 464 条规定，对分案起诉至同一人民法院的未成年人与成年人共同犯罪案件，可以由同一个审判组织审理；不宜由同一个审判组织审理的，可以分别由少年法庭、刑事审判庭审理。未成年人与成年人共同犯罪案件，由不同人民法院或者不同审判组织分别审理的，有关人民法院或者审判组织应当互相了解共同犯罪被告人的审判情况，注意全案的量刑平衡。

四、不公开审理原则与保密原则

审理不公开原则，是指人民法院在开庭审理未成年人刑事案件时，不允许旁听，不允许记者采访，新闻媒体报道不得刊登未成年被告人的姓名、年龄、职业、住址及照片等。《刑事诉讼法》第 285 条第 1 款规定：审判的时候被告人不满 18 周岁的案件，不公开审理。但是，经未成年被告人及其法定代理人同意，未成年被告人所在学校和未成年人保护组织可以派代表到场。最高院《刑诉解释》第 467 条规定，到场代表的人数和范围，由法庭决定。到场代表经法庭同意，可以参与对未成年被告人的法庭教育工作。对依法公开审理，但可能需要封存犯罪记录的案件，不得组织人员旁听。

【注意】未成年人案件不公开审理，但案件宣判应当一律公开，只是不得采取召集大会的形式。

保密原则要求办理未成年人刑事案件时应当对涉案未成年人的资料予以保密，不得向外界泄露。涉案未成年人既包括犯罪嫌疑人、被告人，也包括被害人、证人等。最高院《刑诉解释》第469条规定，审理未成年人刑事案件，不得向外界披露该未成年人的姓名、住所、照片以及可能推断出该未成年人身份的其他资料。查阅、摘抄、复制的未成年人刑事案件的案卷材料，不得公开和传播。

【注意】保密原则除了适用于未成年人犯罪案件外，同样适用于被害人系未成年人的案件。

五、全面调查原则

全面调查原则是指公安司法机关在办理未成年人刑事案件的过程中，不仅要调查案件事实，还要对未成年犯罪嫌疑人、被告人的生理与经历、社会交往、犯罪的表现等情况进行调查和心理学、精神病学的调查分析。全面调查的目的在于通过对未成年犯罪嫌疑人、被告人的人格、素质、生活经历和所处环境进行调查分析，查清未成年犯罪嫌疑人、被告人走上犯罪道路的原因和条件，为教育、挽救未成年犯罪人确定有针对性的方案和具体方法，以取得良好的教育改造效果。

《刑事诉讼法》第279条对全面调查原则进行了规定：公安机关、人民检察院、人民法院办理未成年人刑事案件，根据情况可以对未成年犯罪嫌疑人、被告人的成长经历、犯罪原因、监护教育等情况进行调查。落实全面调查原则主要通过制作社会调查报告予以落实。社会调查报告既可以由公检法机关自行开展调查并制作，也可以委托其他的主体进行，辩护人也可以提交反映未成年人全面情况的书面材料。

社会调查报告以及其他反映未成年人全面情况的材料应当经过审查，可以作为审查批捕、审查起诉的依据，在法庭审理中应当进行质证，并可以作为法庭教育和量刑的依据。最高院《刑诉解释》第484条规定，对未成年被告人情况的调查报告，以及辩护人提交的有关未成年被告人情况的书面材料，法庭应当审查并听取控辩双方意见。上述报告和材料可以作为法庭教育和量刑的参考。

六、社会参与原则

社会参与是指在未成年人刑事案件诉讼程序中融入社会因素，由普通民众和社会组织等社会力量在刑事诉讼各个环节对未成年人提供辅助和支持，包括将社会调查、讯问和审判时在场、关护帮教和社会适应能力培养等委托给社会力量承担或由社会力量参与。社会参与原则本就是现代刑事诉讼的一项基本原则，但基于未成年人犯罪的特殊性，社会参与在未成年人刑事案件诉讼程序中具有更为重要的作用，不仅有助于更好地维护未成年人的诉讼权利与其他合法权益，还能帮助保持未成年人与社会的正常联系，减少刑事诉讼程序对未成年人产生的消极影响，有助于其重新回归社会。

《刑事诉讼法》所规定的其他合适成年人讯问和审判时到场、社会背景调查和附条件不起诉的监督考察等都强调社会参与。最高院《刑诉解释》第 460 条规定，人民法院应当加强同政府有关部门以及共青团、妇联、工会、未成年人保护组织等团体的联系，推动未成年人刑事案件人民陪审、情况调查、安置帮教等工作的开展，充分保障未成年人的合法权益，积极参与社会管理综合治理。《人民检察院办理未成年人刑事案件的规定》第 6 条也有类似的规定。

经典考题

20-1.《刑事诉讼法》规定，审判的时候被告人不满 18 周岁的案件，不公开审理。但是，经未成年被告人及其法定代理人同意，未成年被告人所在学校和未成年人保护组织可以派代表到场。关于该规定的理解，下列哪些说法是错误的？（2012-卷二-73 多选题）①

A. 该规定意味着经未成年被告人及其法定代理人同意，可以公开审理

B. 未成年被告人所在学校和未成年人保护组织派代表到场是公开审理的特殊形式

C. 未成年被告人所在学校和未成年人保护组织经同意派代表到场是为了维护未成年被告人合法权益和对其进行教育

D. 未成年被告人所在学校和未成年人保护组织经同意派代表到场与审判的时候被告人不满 18 周岁的案件不公开审理并不矛盾

第三节　未成年人刑事案件诉讼程序的特点

一、办案主体专门化

办案主体专门化是未成年人刑事案件诉讼程序的基础和首要内容，未成年人刑事案件诉讼程序有别于成年人案件的规定及其背后蕴含的特殊理念与原则能否实现，很大程度上取决于办案主体能否实现专门化。《刑事诉讼法》第 277 条第 2 款规定，人民法院、人民检察院和公安机关办理未成年人刑事案件，应当保障未成年人行使其诉讼权利，保障未成年人得到法律帮助，并由熟悉未成年人身心特点的审判人员、检察人员、侦查人员承办。最高院《刑诉解释》第 462 条、《人民检察院办理未成年人刑事案件的规定》第 8 条第 1 款和公安部《规定》第 308 条第 1 款则对办案主体的专门化做了进一步的细化规定。办案主体专门化包括以下几方面内容：

（1）办案机构或者办案队伍独立与专门化，即公安机关、检察机关、法院和刑罚执

① 【答案】AB

行机关内部都应该设立专门办理未成年人案件的部门或者人员，并采用区别于成年人案件的评价机制。

(2)办案机关内部相关职能的整合与统一，即每个办案机关内部与未成年人相关的职能与业务都应当进行整合，由专门办理未成年人案件的部门负责，实现对未成年人的整体性保护。

(3)办案人员的专门化与专业化，即办案人员应当熟悉未成年人的身心特点，具有办理未成年人案件的专业能力，尤其是开展帮教、监督考察以及链接社会资源的能力。

二、立案程序

未成年人刑事案件的立案程序中需要重点审查其出生的年、月、日，并查清是否达到刑事责任年龄。公安部《规定》第310条规定，公安机关办理未成年人刑事案件时，应当重点查清未成年犯罪嫌疑人实施犯罪行为时是否已满14周岁、16周岁、18周岁的临界年龄。

经过审查，对于不符合立案条件，如未达刑事责任年龄，情节显著轻微、危害不大，不认为是犯罪的，可将案件材料转交有关部门处理，或通知其监护人严加监管、教育，并且要协调各方，落实帮教措施；对于符合立案条件的，制作立案报告，应当着重写明犯罪嫌疑人、被告人的确切出生时间，生活、居住环境，心理、性格特征，走上犯罪道路的原因等有关情况。

三、辩护制度

《刑事诉讼法》第278条规定，未成年犯罪嫌疑人、被告人没有委托辩护人的，人民法院、人民检察院、公安机关应当通知法律援助机构指派律师为其提供辩护。根据该条规定，在侦查、起诉、审判阶段，只要未成年犯罪嫌疑人、被告人没有委托辩护人，公、检、法机关就有义务通知法律援助机构指定律师为其提供辩护，不论该未成年人是否因经济困难而没有委托辩护人。

在法庭审理过程中，未成年被告人或者其法定代理人当庭拒绝辩护人辩护的，适用最高院《刑诉解释》第254条的规定。重新开庭后，未成年被告人或者其法定代理人再次当庭拒绝辩护人辩护的，不予准许。重新开庭时被告人已满18周岁的，可以准许，但不得再另行委托辩护人或者要求另行指派律师，由其自行辩护。

【注意】判断是否需要通知法律援助机构为其指定律师是以到案和审判时的年龄为标准，而不是以实施涉嫌犯罪行为时的年龄为标准。

四、适用强制措施

对未成年犯罪嫌疑人、被告人采取强制措施时，要慎重对待，尽量不采用或少采用强制措施。《刑事诉讼法》第280条第1款规定，对未成年犯罪嫌疑人、被告人应当严格限制适用逮捕措施。为确保对未成年犯罪嫌疑人、被告人慎用逮捕措施，最高检《刑诉规则》第 487 条、488 条和《人民检察院办理未成年人刑事案件的规定》则对未成年犯罪嫌疑人适用逮捕措施的原则和条件进行了细化。人民检察院办理未成年犯罪嫌疑人审查逮捕案件，应当根据未成年犯罪嫌疑人涉嫌犯罪的事实、主观恶性、有无监护与社会帮教条件等，综合衡量其社会危险性，严格限制适用逮捕措施。对于罪行较轻，具备有效监护条件或者社会帮教措施，没有社会危险性或者社会危险性较小，不逮捕不致妨害诉讼正常进行的未成年犯罪嫌疑人，应当不批准逮捕。对于罪行比较严重，但主观恶性不大，有悔罪表现，具备有效监护条件或者社会帮教措施，具有下列情形之一，不逮捕不致妨害诉讼正常进行的未成年犯罪嫌疑人，可以不批准逮捕：(1)初次犯罪、过失犯罪的；(2)犯罪预备、中止、未遂的；(3)有自首或者立功表现的；(4)犯罪后如实交代罪行，真诚悔罪，积极退赃，尽力减少和赔偿损失，被害人谅解的；(5)不属于共同犯罪的主犯或者集团犯罪中的首要分子的；(6)属于已满 14 周岁不满 16 周岁的未成年人或者系在校学生的；(7)其他可以不批准逮捕的情形。

【注意】人民检察院审查批捕和人民法院决定逮捕，应当讯问未成年犯罪嫌疑人、被告人，听取辩护律师的意见。

五、侦查程序

未成年人刑事案件的侦查程序，除了贯彻上述全面调查原则、保密等原则外，尤其应当注意采用与未成年人身心特点相适应的传唤和讯问方法。传唤未成年犯罪嫌疑人、被告人，可以采用较为缓和的方式，比如通过其父母、监护人进行。

《刑事诉讼法》第 281 条及有关司法解释对讯问未成年犯罪嫌疑人、被告人的程序作了具体规定：在讯问和审判未成年人时，应当通知未成年犯罪嫌疑人、被告人的法定代理人到场。无法通知、法定代理人不能到场或者法定代理人是共犯的，也可以通知未成年犯罪嫌疑人、被告人的其他成年亲属，所在学校、单位、居住地基层组织或者未成年人保护组织的代表到场，并将有关情况记录在案。其他成年亲属，所在学校、单位、居住地基层组织或者未成年人保护组织的代表通常也被称为其他合适成年人。到场的法定代理人可以代为行使未成年犯罪嫌疑人、被告人的诉讼权利，行使时不得侵犯未成年犯罪嫌疑人的合法权益。未成年犯罪嫌疑人明确拒绝法定代理人以外的合适成年人到场，可以准许，但应当另行通知其他合适成年人到场。到场的法定代理人或者其他人员认为办案人员在讯问、审判中侵犯未成年人合法权益的，可以提出意见。讯问笔录、法庭笔录应当交给到场的法定代理人或者其他人员阅读或者向他宣读，并由其在笔录上签字、盖章或者捺指印确认。讯问女性未成年犯罪嫌疑人，应当有女工作人员在场。

六、审查起诉程序

（一）听取意见与讯问未成年人

人民检察院审查起诉未成年犯罪嫌疑人，应当听取其父母或者其他法定代理人、辩护人、未成年被害人及其法定代理人的意见；应当讯问未成年犯罪嫌疑人的，讯问程序同上述侦查程序中的讯问。

（二）安排会见、通话

移送审查起诉的案件具备以下条件之一，且其法定代理人、近亲属等与本案无牵连的，经公安机关同意，检察人员可以安排在押的未成年犯罪嫌疑人与其法定代理人、近亲属等进行会见、通话：(1)案件事实已基本查清，主要证据确实、充分，安排会见、通话不会影响诉讼活动正常进行；(2)未成年犯罪嫌疑人有认罪、悔罪表现，或者虽尚未认罪、悔罪，但通过会见、通话有可能促使其转化，或者通过会见、通话有利于社会、家庭稳定；(3)未成年犯罪嫌疑人的法定代理人、近亲属对其犯罪原因、社会危害性以及后果有一定的认识，并能配合司法机关进行教育。在押的未成年犯罪嫌疑人同其法定代理人、近亲属等进行会见、通话时，检察人员应当告知其会见、通话不得有串供或者其他妨碍诉讼的内容。会见、通话时检察人员可以在场。会见、通话结束后，检察人员应将有关内容及时整理并记录在案。

（三）适用酌定不起诉

人民检察院在审查未成年人刑事案件时，可以依法适用法定不起诉、酌定不起诉和证据不足不起诉制度。为体现对未成年人的特殊保护，《人民检察院办理未成年人刑事案件的规定》对未成年人刑事案件适用酌定不起诉进行了特别规定，鼓励对未成年人适用酌定不起诉进行审前分流，包括应当酌定不起诉和可以酌定不起诉两种情形。

(1)应当酌定不起诉。对于犯罪情节轻微，具有下列情形之一，依照刑法规定不需要判处刑罚或者免除刑罚的未成年犯罪嫌疑人，一般应当依法作出酌定不起诉决定：①被胁迫参与犯罪的；②犯罪预备、中止、未遂的；③在共同犯罪中起次要或者辅助作用的；④系又聋又哑的人或者盲人的；⑤因防卫过当或者紧急避险过当构成犯罪的；⑥有自首或者立功表现的；⑦其他依照刑法规定不需要判处刑罚或者免除刑罚的情形。即只要具有上述7种情形之一，人民检察院一般“应当”作出不起诉的决定，而不是在成年人案件中适用《刑事诉讼法》第177条第2款“可以”作出不起诉的决定。

(2)可以酌定不起诉。对于未成年人实施的轻伤害案件、初次犯罪、过失犯罪、犯罪未遂的案件以及被诱骗或者被教唆实施的犯罪案件等，情节轻微，犯罪嫌疑人确有悔罪表现，当事人双方自愿就民事赔偿达成协议并切实履行或者经被害人同意并提供有效担保，符合刑法第37条规定的，人民检察院可以作出酌定不起诉，并可以根据案件的不同情况，予以训诫或者责令具结悔过、赔礼道歉、赔偿损失，或者由主管部门予以行政处罚。

（四）附条件不起诉

2012年《刑事诉讼法》修改专门针对未成年人刑事案件增设了附条件不起诉制度，为未成年犯罪嫌疑人的审前分流提供了新的途径。

1. 附条件不起诉的适用条件

同时符合下列四个条件可以适用附条件不起诉：(1)不满18周岁的未成年人涉嫌实

施刑法分则第四章(侵犯公民人身权利、民主权利罪)、第五章(侵犯财产罪)和第六章(妨害社会管理秩序罪)规定的犯罪;(2)根据具体犯罪事实、情节,可能判处1年有期徒刑以下刑罚;(3)犯罪事实清楚,证据确实、充分,符合起诉条件;(4)有悔罪表现的。

2. 附条件不起诉的决定程序

人民检察院在作出附条件不起诉的决定以前,应当听取公安机关、被害人、未成年犯罪嫌疑人的法定代理人、辩护人的意见,并制作笔录附卷。被害人是未成年人的,还应当听取被害人的法定代理人、诉讼代理人的意见。公安机关或者被害人对附条件不起诉有异议或争议较大的案件,人民检察院可以召集侦查人员、被害人及其法定代理人、诉讼代理人、未成年犯罪嫌疑人及其法定代理人、辩护人举行不公开听证会,充分听取各方的意见和理由。

3. 附条件不起诉决定的监督程序

人民检察院作出附条件不起诉的决定后,应当制作附条件不起诉决定书,并在3日以内送达公安机关、被害人或者其近亲属及其诉讼代理人、未成年年犯罪嫌疑人及其法定代理人、辩护人。送达时,应当告知被害人或者其近亲属及其诉讼代理人,如果对附条件不起诉决定不服,可以自收到附条件不起诉决定书后7日以内向上一级人民检察院申诉。

公安机关认为附条件不起诉决定有错误要求复议的,人民检察院应当在收到要求复议意见书后的30日以内作出复议决定,通知公安机关。上一级人民检察院收到公安机关对附条件不起诉决定提请复核的意见书后,应当在30日以内作出决定,制作复核决定书送交提请复核的公安机关和下级人民检察院。经复核改变下级人民检察院附条件不起诉决定的,应当撤销下级人民检察院作出的附条件不起诉决定,交由下级人民检察院执行。

被害人不服附条件不起诉决定,在收到附条件不起诉决定书后7日以内申诉的,由作出附条件不起诉决定的人民检察院的上一级人民检察院未成年人刑事检察机构立案复查。上级人民检察院经复查作出起诉决定的,应当撤销下级人民检察院的附条件不起诉决定,由下级人民检察院提起公诉,并将复查决定抄送移送审查起诉的公安机关。根据全国人民代表大会常务委员会《关于〈中华人民共和国刑事诉讼法〉第二百七十一条第二款的解释》,被害人对人民检察院对未成年犯罪嫌疑人作出的附条件不起诉的决定和不起诉的决定,可以向上一级人民检察院申诉,不适用《刑事诉讼法》第180条关于被害人可以向人民法院起诉的规定。因此,被害人不服附条件不起诉决定的,不能直接向人民法院提起自诉。

未成年犯罪嫌疑人及其法定代理人对人民检察院决定附条件不起诉有异议的,人民检察院应当作出起诉的决定。

4. 对被附条件不起诉的未成年犯罪嫌疑人的监督考察

(1)考验期:检察院决定附条件不起诉的,应当确定考验期考验期为6个月以上1年以下,从人民检察院作出附条件不起诉的决定之日起计算。考验期不计入案件审查起诉期限,考验期的长短应当与未成年犯罪嫌疑人所犯罪行的轻重、主观恶性的大小和人身危险性的大小、一贯表现及帮教条件等相适应，根据未成年犯罪嫌疑人在考验期的表现，可以在法定期限范围内适当缩短或者延长。

(2)附带的条件：被附条件不起诉的未成年犯罪嫌疑人，应当遵守下列规定：①遵守法律法规，服从监督；②按照考察机关的规定报告自己的活动情况；③离开所居住的市、县或者迁居，应当报经考察机关批准；④按照考察机关的要求接受矫治和教育。

人民检察院可以根据案件具体情况，要求被附条件不起诉的未成年犯罪嫌疑人接受下列有针对性的矫治和教育：①完成戒瘾治疗、心理辅导或者其他适当的处遇措施；②向社区或者公益团体提供公益劳动；③不得进入特定场所，与特定的人员会见或者通信，从事特定的活动；④向被害人赔偿损失、赔礼道歉等；⑤接受相关教育；⑥遵守其他保护被害人安全以及预防再犯的禁止性规定。

(3)监督考察的具体方式：在附条件不起诉的考验期内，人民检察院应当对被附条件不起诉的未成年犯罪嫌疑人进行监督考察。未成年犯罪嫌疑人的监护人应当对未成年犯罪嫌疑人加强管教，配合人民检察院做好监督考察工作。人民检察院可以会同未成年犯罪嫌疑人的监护人、所在学校、单位、居住地的村民委员会、居民委员会、未成年人保护组织等的有关人员定期对未成年犯罪嫌疑人进行考察、教育，实施跟踪帮教。未成年犯罪嫌疑人经批准离开所居住的市、县或者迁居，作出附条件不起诉决定的人民检察院可以要求迁入地的人民检察院协助进行考察，并将考察结果函告作出附条件不起诉决定的人民检察院。

【注意】附条件不起诉的考察机关只能是检察院，未成年犯罪嫌疑人所在学校、单位、居住地的村民委员会、居民委员会、未成年人保护组织只是参与跟踪帮教。

5. 附条件不起诉的适用结果

被附条件不起诉的未成年犯罪嫌疑人，在考验期内有下列情形之一的，人民检察院应当撤销附条件不起诉的决定，提起公诉：(1)实施新的犯罪的；(2)发现决定附条件不起诉以前还有其他犯罪需要追诉的；(3)违反治安管理规定，造成严重后果，或者多次违反治安管理规定的；(4)违反考察机关有关附条件不起诉的监督管理规定，造成严重后果，或者多次违反考察机关有关附条件不起诉的监督管理规定的。对于未成年犯罪嫌疑人在考验期内实施新的犯罪或者在决定附条件不起诉以前还有其他犯罪需要追诉的，人民检察院应当移送侦查机关立案侦查。附条件不起诉的未成年犯罪嫌疑人，在考验期内没有上述情形，考验期满的，人民检察院应当作出不起诉的决定。

▶ 经典考题

20-2. 未成年人小天因涉嫌盗窃被检察院适用附条件不起诉。关于附条件不起诉可以附带的条件，下列哪些选项是正确的？(2016-卷二-75 多选题)①

A. 完成一个疗程四次的心理辅导

B. 每周参加一次公益劳动

① 【答案】ABC

C. 每个月向检察官报告日常花销和交友情况

D. 不得离开所居住的县

七、审判程序

未成年人刑事案件的审判程序，除了贯彻基本方针与原则外，在以下方面还需遵循特殊的程序：

（1）对未成年人刑事案件决定适用简易程序审理的，人民法院应当征求未成年被告人及其法定代理人、辩护人的意见。上述人员提出异议的，不适用简易程序。

（2）通知法定代理人或其他合适成年人审判时到场

人民法院审理未成年人刑事案件，在讯问和开庭时，应当通知未成年被告人的法定代理人到场。法定代理人无法通知、不能到场或者是共犯的，也可以通知其他合适成年人到场，并将有关情况记录在案。到场的其他人员，除依法行使《刑事诉讼法》第281条第2款规定的权利外，经法庭同意，可以参与对未成年被告人的法庭教育等工作。上述规定同样适用于简易程序和询问未成年被害人、证人。被告人实施被指控的犯罪时不满18周岁，开庭时已满18周岁、不满20周岁的，人民法院开庭时，一般应当通知其近亲属到庭。经法庭同意，近亲属可以发表意见。近亲属无法通知、不能到场或者是共犯的，应当记录在案。

（3）法庭设置：人民法院应当在辩护台靠近旁听区一侧为未成年被告人的法定代理人或其他合适成年人设置席位。审理可能判处5年有期徒刑以下刑罚或者过失犯罪的未成年人刑事案件，可以采取适合未成年人特点的方式设置法庭席位。很多地区采用圆桌审判方式审理未成年人案件，以消除未成年被告人的恐慌、抵触心理，帮助未成年被告人更好更易接受判决结果，更有利于审判人员对青少年的教育。

（4）庭审语言：法庭审理过程中，审判人员应当根据未成年被告人的智力发育程度和心理状态，使用适合未成年人的语言表达方式。发现有对未成年被告人诱供、训斥、讽刺或者威胁等情形的，审判长应当制止。

（5）量刑建议：控辩双方提出对未成年被告人判处管制、宣告缓刑等量刑建议的，应当向法庭提供有关未成年被告人能够获得监护、帮教以及对所居住社区无重大不良影响的书面材料。

（6）法庭教育：法庭辩论结束后，法庭可以根据案件情况，对未成年被告人进行教育；判决未成年被告人有罪的，宣判后，应当对未成年被告人进行教育。对未成年被告人进行教育，可以邀请诉讼参与人、其他合适成年人以及社会调查员、心理咨询师等参加。适用简易程序审理的案件，同样需要按照上述规定对未成年被告人进行法庭教育。

（7）法定代理人的补充陈述：未成年被告人最后陈述后，法庭应当询问其法定代理人是否补充陈述。

（8）宣判：对未成年人刑事案件宣告判决应当公开进行，但不得采取召开大会等形式。对依法应当封存犯罪记录的案件，宣判时，不得组织人员旁听；有旁听人员的，应当告知其不得传播案件信息。定期宣告判决的未成年人刑事案件，未成年被告人的法定代理人无法通知、不能到庭或者是共犯的，法庭可以通知其他合适成年人到庭，并在宣判后向未成年被告人的成年亲属送达判决书。

(9)心理疏导与心理测评：对未成年人刑事案件，人民法院根据情况，可以对未成年被告人进行心理疏导；经未成年被告人及其法定代理人同意，也可以对未成年被告人进行心理测评。

(10)亲情会见：开庭前和休庭时，法庭根据情况，可以安排未成年被告人与其法定代理人或其他合适成年人会见。

八、执行程序

最高院《刑诉解释》第489条至第495条对未成年罪犯执行程序中的特殊要求进行了规定：

1. 交付执行

将未成年罪犯送监执行刑罚或者送交社区矫正时，人民法院应当将有关未成年罪犯的调查报告及其在案件审理中的表现材料，连同有关法律文书，一并送达执行机关。

2. 帮教考察

人民法院可以与未成年罪犯管教所等服刑场所建立联系，了解未成年罪犯的改造情况，协助做好帮教、改造工作，并可以对正在服刑的未成年罪犯进行回访考察。人民法院认为必要时，可以督促被收监服刑的未成年罪犯的父母或者其他监护人及时探视。对被判处管制、宣告缓刑、裁定假释、决定暂予监外执行的未成年罪犯，人民法院可以协助社区矫正机构制定帮教措施。人民法院可以适时走访被判处管制、宣告缓刑、免除刑事处罚、裁定假释、决定暂予监外执行等的未成年罪犯及其家庭，了解未成年罪犯的管理和教育情况，引导未成年罪犯的家庭承担管教责任，为未成年罪犯改过自新创造良好环境。

3. 就学、就业安置

被判处管制、宣告缓刑、免除刑事处罚、裁定假释、决定暂予监外执行等的未成年罪犯，具备就学、就业条件的，人民法院可以就其安置问题向有关部门提出司法建议，并附送必要的材料。

九、未成年人犯罪记录封存

为防止服刑期满、羁押释放的未成年人在复学、升学、就业时受到歧视，帮助其更好地回归社会，《刑法修正案(八)》规定，犯罪的时候不满18周岁被判处5年有期徒刑以下刑罚的人，在入伍、就业的时候，免除其向有关单位报告自己曾受过刑事处罚的义务。《刑事诉讼法》第286条则相应地规定了未成年人犯罪记录封存制度。根据该条规定，犯罪的时候不满18周岁，被判处5年有期徒刑以下刑罚的，应当对相关犯罪记录予以封存。犯罪记录被封存的，不得向任何单位和个人提供，但司法机关为办案需要或者有关单位根据国家规定进行查询的除外。依法进行查询的单位，应当对被封存的犯罪记录的情况予以保密。

为更好地贯彻未成年人犯罪记录封存制度，有关司法解释对其具体操作进行了细化：

(1)公安部《规定》第320条规定，未成年人犯罪的时候不满18周岁，被判处5年有期徒刑以下刑罚的，公安机关应当依据人民法院已经生效的判决书，将该未成年人的犯罪记录予以封存。被封存犯罪记录的未成年人，如果发现漏罪，合并被判处5年有期徒刑以上刑罚的，应当对其犯罪记录解除封存。

(2)最高检《刑诉规则》第503至507条和《人民检察院办理未成年人刑事案件的规定》第62至66条规定，犯罪的时候不满18周岁，被判处5年有期徒刑以下刑罚的，人民检察院应当在收到人民法院生效判决后，对犯罪记录予以封存。对于二审案件，上级人民检察院封存犯罪记录时，应当通知下级人民检察院对相关犯罪记录予以封存。人民检察院应当将拟封存的未成年人犯罪记录、卷宗等相关材料装订成册，加密保存，不予公开，并建立专门的未成年人犯罪档案库，执行严格的保管制度。司法机关或者有关单位需要查询犯罪记录的，应当向封存犯罪记录的人民检察院提出书面申请，人民检察院应当在7日以内作出是否许可的决定。对被封存犯罪记录的未成年人，符合下列条件之一的，应当对其犯罪记录解除封存：(1)实施新的犯罪，且新罪与封存记录之罪数罪并罚后被决定执行5年有期徒刑以上刑罚的；(2)发现漏罪，且漏罪与封存记录之罪数罪并罚后被决定执行五年有期徒刑以上刑罚的。人民检察院对未成年犯罪嫌疑人作出不起诉决定后，也同样应当对相关记录予以封存。具体程序参照上述规定。

(3)最高院《刑诉解释》第490条规定，犯罪时不满18周岁，被判处5年有期徒刑以下刑罚以及免除刑事处罚的未成年人的犯罪记录，应当封存。2012年12月31日以前审结的案件符合前述规定的，相关犯罪记录也应当封存。司法机关或者有关单位向人民法院申请查询封存的犯罪记录的，应当提供查询的理由和依据。对查询申请，人民法院应当及时作出是否同意的决定。

【注意】检察院对未成年犯罪嫌疑人作出法定不起诉、酌定不起诉、存疑不起诉决定的，应当对相关记录予以封存，但是，检察院对未成年犯罪嫌疑人作出附条件不起诉决定的，不需要封存。

▶ 经典考题

20-3. 关于犯罪记录封存的适用条件，下列哪些选项是正确的？(2012-卷二-74多选题)[①]

A. 犯罪的时候不满18周岁

B. 被判处5年有期徒刑以下刑罚

C. 初次犯罪

D. 没有受过其他处罚

① 【答案】AB

第二十一章　当事人和解的公诉案件诉讼程序

基本要求

了解与把握：刑事和解的概念。

理解与运用：刑事和解的适用条件，刑事和解适用案件范围及刑事和解的程序规则。

考情分析

当事人和解的公诉案件诉讼程序是2012年《刑事诉讼法》修正案新增的特别程序的内容，本章内容较少，但是几乎每年都会考查，基本上是以一个单选题或者多选题的形式进行考查，主要是从当事人和解的公诉案件诉讼程序适用条件的角度进行命题，同时结合和解的主体、程序等多方面进行考查。

学习本章时，要注意掌握公诉案件和解与自诉案件和解、附带民事诉讼和解的区别，公诉案件和解程序的适用范围和适用条件，公诉案件和解的法律效果。

近十年考题在本章的分布情况如下：

	年　度	单选题	多选题	不定项题	案例分析	分值
1	2017	卷二/40				1
2	2016	卷二/41				1
3	2015					无
4	2014	卷二/40				1
5	2013		卷二/71			2
6	2012	卷二/37	卷二/75			3
7	2011					无
8	2010					无
9	2009					无
10	2008					无
11	2007					无

内容概览

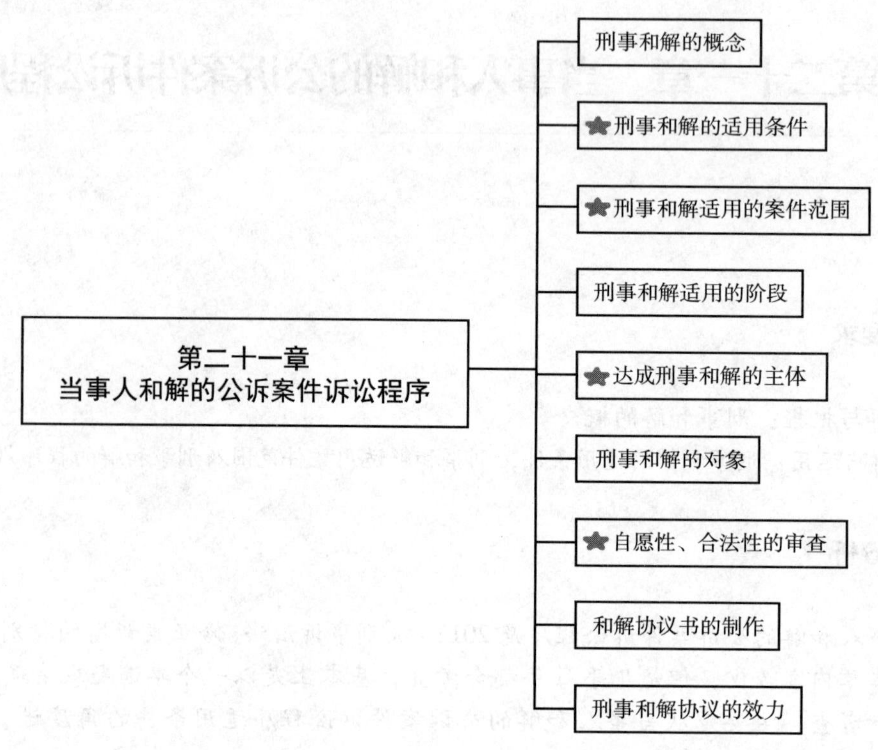

一、刑事和解的概念

刑事和解有广义和狭义之分。广义的刑事和解既包括刑事公诉案件的和解也包括刑事自诉案件以及附带民事诉讼案件的和解，狭义的刑事和解仅指刑事公诉案件的和解。1996年刑事诉讼法及相关司法解释中均有关于刑事自诉案件以及附带民事诉讼案件和解的规定，但对于刑事公诉案件的和解则受到禁止。2012年刑事诉讼法修改，在特别程序一编单独设立"当事人和解的公诉案件诉讼程序"一章，规定了刑事公诉案件的和解程序。本节所指的刑事和解，如无特殊说明仅指狭义的刑事和解，即公诉案件的刑事和解。

二、刑事和解的适用条件

根据《刑事诉讼法》第288条的规定，适用刑事和解的公诉案件应当满足以下四个方面的条件：

（1）犯罪嫌疑人、被告人真诚悔罪。所谓真诚悔罪，是指犯罪嫌疑人、被告人已经充分认识到自己的犯罪行为给被害人等相关人员和组织带来的损害，并且通过积极赔偿、赔礼道歉等方式所表现出来。

(2)获得被害人谅解。被害人谅解是达成刑事和解的决定性条件。刑事和解以当事人双方，特别是被害人的和解意愿为前提，而被害人谅解是被害人表达和解意愿的行为方式。

(3)被害人自愿和解。被害人自愿和解是指，被害人做出谅解并且达成和解协议是出于其自由意志做出的，而非因受到外来压力的影响而做出。

(4)犯罪嫌疑人、被告人在5年以内未曾故意犯罪。犯罪嫌疑人、被告人如果在5年以内有过故意犯罪，说明其主观恶性较大。因此，非但不应对其宽缓处理，而且还有可能成为从重处理的理由，在这样的状况下，无从适用刑事和解。

【注意】5年以内未曾故意犯罪既包括已经被追究的故意犯罪，也包括未被追究的故意犯罪。

三、刑事和解适用的案件范围

根据《刑事诉讼法》第288条的规定，仅在以下两类案件中可以适用刑事和解：

(1)因民间纠纷引起，涉嫌刑法分则第四章、第五章规定的犯罪案件，可能判处3年有期徒刑以下刑罚的。所谓民间纠纷，是指公民之间有关人身、财产权益和其他日常生活中发生的纠纷。关于民间纠纷的范围，法律以及相关的司法解释并没有明确的界定，但公安部《规定》从反面的角度列举了不属于因民间纠纷引起的犯罪案件的范围：①雇凶伤害他人的；②涉及黑社会性质组织犯罪的；③涉及寻衅滋事的；④涉及聚众斗殴的；⑤多次故意伤害他人身体的；⑥其他不宜和解的。

【注意】此处“三年有期徒刑以下刑罚”是指宣告刑而非法定刑，即法定刑在3年有期徒刑以上的，只要综合全案证据判断其有可能被处以3年有期徒刑以下刑罚，也可以适用刑事和解的规定。

(2)除渎职犯罪以外的可能判处7年有期刑以下刑罚的过失犯罪案件。渎职罪的犯罪客体主要是国家机关的正常管理活动，其侵害的直接对象是国家利益而非公民个人的人身权利、民主权利以及财产权利，仅“获得被害人谅解”这一条件就无法满足，因此刑事和解无从适用。

▶ 经典考题

21-1. 下列哪一案件可以适用当事人和解的公诉案件诉讼程序？（2016-卷二-41单选题）[①]

A. 甲因侵占罪被免除处罚2年后，又涉嫌故意伤害致人轻伤

B. 乙涉嫌寻衅滋事，在押期间由其父亲代为和解，被害人表示同意

C. 丙涉嫌过失致人重伤，被害人系限制行为能力人，被害人父亲愿意代为和解

D. 丁涉嫌破坏计算机信息系统，被害人表示愿意和解

---

① 【答案】C

四、刑事和解适用的阶段

根据《刑事诉讼法》第 289 条的规定，公安机关、人民检察院和人民法院在办理刑事案件过程中都有权对双方当事人的和解进行审查并主持制作和解协议书和作出相应的处理决定。由此可见，刑事和解可以适用于公安机关立案开始直至人民法院作出最终判决的全部程序阶段。在不同的诉讼阶段，由不同的办案机关负责刑事和解的具体工作。

五、达成刑事和解的主体

1. 自行和解与促成和解

最高院《刑诉解释》第 496 条规定：对符合刑事诉讼法第二百八十八条规定的公诉案件，事实清楚、证据充分的，人民法院应当告知当事人可以自行和解；当事人提出申请的，人民法院可以主持双方当事人协商以达成和解。根据案件情况，人民法院可以邀请人民调解员、辩护人、诉讼代理人、当事人亲友等参与促成双方当事人和解。

最高检《刑诉规则》第 514 条规定：双方当事人可以自行达成和解，也可以经人民调解委员会、村民委员会、居民委员会、当事人所在单位或者同事、亲友等组织或者个人调解后达成和解。人民检察院对于本规则第五百一十条规定的公诉案件，可以建议当事人进行和解，并告知相应的权利义务，必要时可以提供法律咨询。

2. 近亲属、法定代理人参与和解

最高院《刑诉解释》第 497 条规定：符合刑事诉讼法第二百八十八条规定的公诉案件，被害人死亡的，其近亲属可以与被告人和解。近亲属有多人的，达成和解协议，应当经处于同一继承顺序的所有近亲属同意。被害人系无行为能力或者限制行为能力人的，其法定代理人、近亲属可以代为和解。

最高院《刑诉解释》第 498 条规定：被告人的近亲属经被告人同意，可以代为和解。被告人系限制行为能力人的，其法定代理人可以代为和解。被告人的法定代理人、近亲属依照前两款规定代为和解的，和解协议约定的赔礼道歉等事项，应当由被告人本人履行。

【注意】在被害人死亡的情形下，其近亲属或者法定代理人是与被告人和解，而被害人丧失行为能力的情形下，其近亲属或者法定代理人是代为和解。

六、刑事和解的对象

最高检《刑诉规则》第 513 条规定：双方当事人可以就赔偿损失、赔礼道歉等民事责任事项进行和解，并且可以就被害人及其法定代理人或者近亲属是否要求或者同意公安机关、人民检察院、人民法院对犯罪嫌疑人依法从宽处理进行协商，但不得对案件的事实认定、证据采信、法律适用和定罪量刑等依法属于公安机关、人民检察院、人民法院职权范围的事宜进行协商。

七、自愿性、合法性的审查

《刑事诉讼法》第289条规定：双方当事人和解的，公安机关、人民检察院、人民法院应当听取当事人和其他有关人员的意见，对和解的自愿性、合法性进行审查，并主持制作和解协议书。

最高院《刑诉解释》第499条规定：对公安机关、人民检察院主持制作的和解协议书，当事人提出异议的，人民法院应当审查。经审查，和解自愿、合法的，予以确认，无需重新制作和解协议书；和解不具有自愿性、合法性的，应当认定无效。和解协议被认定无效后，双方当事人重新达成和解的，人民法院应当主持制作新的和解协议书。

最高院《刑诉解释》第500条规定：审判期间，双方当事人和解的，人民法院应当听取当事人及其法定代理人等有关人员的意见。双方当事人在庭外达成和解的，人民法院应当通知人民检察院，并听取其意见。经审查，和解自愿、合法的，应当主持制作和解协议书。

最高检《刑诉规则》第515条规定：人民检察院应当对和解的自愿性、合法性进行审查，重点审查以下内容：(1)双方当事人是否自愿和解；(2)犯罪嫌疑人是否真诚悔罪，是否向被害人赔礼道歉，经济赔偿数额与其所造成的损害和赔偿能力是否相适应；(3)被害人及其法定代理人或者近亲属是否明确表示对犯罪嫌疑人予以谅解；(4)是否符合法律规定；(5)是否损害国家、集体和社会公共利益或者他人的合法权益；(6)是否符合社会公德。审查时，应当听取双方当事人和其他有关人员对和解的意见，告知刑事案件可能从宽处理的法律后果和双方的权利义务，并制作笔录附卷。

八、和解协议书的制作

当事人达成和解，公安机关、人民检察院和人民法院通过查阅相关书面材料、听取当事人和其他有关人员的意见等方式进行审查后认为和解是自愿、合法的，应当主持制作和解协议书。和解协议书应当载明双方当事人的基本情况，案件的主要事实，犯罪嫌疑人、被告人真诚悔罪，承认自己所犯罪行，对指控的犯罪事实没有异议，向被害人赔偿损失、赔礼道歉等(赔偿损失的，还要写明赔偿的数额、履行的方式、期限等内容)以及被害人自愿，请求或者同意对犯罪嫌疑人、被告人依法从宽处理等内容，和解协议书应当经当事人双方签名。

最高检《刑诉规则》第516条规定，和解协议书应当由双方当事人签字，可以写明和解协议书系在人民检察院主持下制作。检察人员不在当事人和解协议书上签字，也不加盖人民检察院印章。

最高院《刑诉解释》第501条规定：和解协议书应当由双方当事人和审判人员签名，但不加盖人民法院印章。对和解协议中的赔偿损失内容，双方当事人要求保密的，人民法院应当准许，并采取相应的保密措施。

【注意】检察人员不在和解协议书上签字，但审判人员在和解协议书上签名，和解协议书均不加盖人民检察院和人民法院的印章。

九、刑事和解协议的效力

1. 刑事和解协议可以作为从宽处罚的依据

《刑事诉讼法》第290条的规定：对于达成和解协议的案件，公安机关可以向人民检察院提出从宽处理的建议；人民检察院可以向人民法院提出从宽处罚的建议，对于犯罪情节轻微，不需要判处刑罚的，可以作出不起诉的决定。人民法院可以依法对被告人从宽处罚。最高检《刑诉规则》以及最高院《刑诉解释》对此作了进一步明确。最高检《刑诉规则》第518、519条以及第520条则分别不同情形作了规定：

(1)双方当事人在侦查阶段达成和解协议，公安机关向人民检察院提出从宽处理建议的，人民检察院在审查逮捕和审查起诉时应当充分考虑公安机关的建议。

(2)人民检察院对于公安机关提请批准逮捕的案件，双方当事人达成和解协议的，可以作为有无社会危险性或者社会危险性大小的因素予以考虑，经审查认为不需要逮捕的，可以作出不批准逮捕的决定；在审查起诉阶段可以依法变更强制措施。

(3)人民检察院对于公安机关移送审查起诉的案件，双方当事人达成和解协议的，可以作为是否需要判处刑罚或者免除刑罚的因素予以考虑，符合法律规定的不起诉条件的，可以决定不起诉。对于依法应当提起公诉的，人民检察院可以向人民法院提出从宽处罚的量刑建议。最高院《刑诉解释》第505条规定：对达成和解协议的案件，人民法院应当对被告人从轻处罚；符合非监禁刑适用条件的，应当适用非监禁刑；判处法定最低刑仍然过重的，可以减轻处罚；综合全案认为犯罪情节轻微不需要判处刑罚的，可以免除刑事处罚。共同犯罪案件，部分被告人与被害人达成和解协议的，可以依法对该部分被告人从宽处罚，但应当注意全案的量刑平衡。

2. 刑事和解有拘束双方当事人的效力

和解的双方当事人应当自觉履行和解协议书的内容。最高检《刑诉规则》第517条规定：和解协议书约定的赔偿损失内容，应当在双方签署协议后立即履行，至迟在人民检察院作出从宽处理决定前履行。确实难以一次性履行的，在被害人同意并提供有效担保的情况下，也可以分期履行。最高院《刑诉解释》第502条规定：和解协议约定的赔偿损失内容，被告人应当在协议签署后即时履行。和解协议已经全部履行，当事人反悔的，人民法院不予支持，但有证据证明和解违反自愿、合法原则的除外。

3. 刑事和解可以作为人民法院不予受理附带民事诉讼的依据

最高院《刑诉解释》第503条规定：双方当事人在侦查、审查起诉期间已经达成和解协议并全部履行，被害人或者其法定代理人、近亲属又提起附带民事诉讼的，人民法院不予受理，但有证据证明和解违反自愿、合法原则的除外。

4. 最高检《刑诉规则》还有关于和解协议书无效的规定

最高检《刑诉规则》第522条规定：犯罪嫌疑人或者其亲友等以暴力、威胁、欺骗或者其他非法方法强迫、引诱被害人和解，或者在协议履行完毕之后威胁、报复被害人的，应当认定和解协议无效。已经作出不批准逮捕或者不起诉决定的，人民检察院根据案件情况可以撤销原决定，对犯罪嫌疑人批准逮捕或者提起公诉。

▶ 经典考题

21-2. 李某因琐事将邻居王某打成轻伤。案发后，李家积极赔偿，赔礼道歉，得到王家谅解。如检察院根据双方和解对李某作出不起诉决定，需要同时具备下列哪些条件？(2013-卷二-71 多选题)①

A. 双方和解具有自愿性、合法性

B. 李某实施伤害的犯罪情节轻微，不需要判处刑罚

C. 李某五年以内未曾故意犯罪

D. 公安机关向检察院提出从宽处理的建议

① 【答案】ABC

第二十二章　缺席审判程序

基本要求

了解与把握：刑事诉讼中缺席审判程序的概述、意义、适用范围、送达、辩护与抗诉、重新审理以及对缺席审判被告人的权利保障。

理解与运用：《刑事诉讼法》以及相关法律解释对缺席审判程序的规定。

考情分析

2018年《刑事诉讼法》修改时，在第五编特别程序中专门增设了缺席审判程序一章，该章内容在以往的司法考试与2018年国家法律资格考试中尚未涉及。由于这是2018年《刑事诉讼法》修正案中增幅较大的内容，很可能成为今后新的考点，应予以高度关注。

内容概览

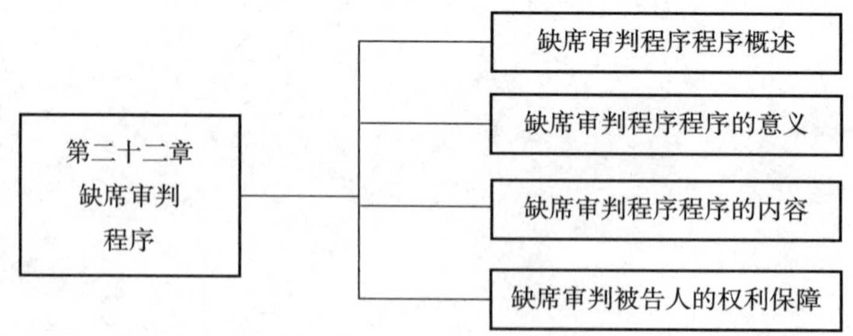

一、缺席审判程序程序概述

刑事缺席审判制度是2018年新修订《刑事诉讼法》对缺席审判作出的制度安排。该制度明确了对于贪污贿赂犯罪案件，以及需要及时进行审判，经最高人民检察院核准的严重危害国家安全犯罪、恐怖活动犯罪案件，犯罪嫌疑人、被告人在境外，监察机关、公安机关移送起诉，人民检察院认为犯罪事实已经查清，证据确实、充分，依法应当追究刑事责任的，可以向人民法院提起公诉。

二、缺席审判程序程序的意义

刑诉法的修改，为海外追逃追赃工作奠定了更加坚实的法律基础。建立刑事缺席审判制度，对于以法治方式推进反腐败斗争、发挥法律的震慑和惩治双重效果具有重要意义。

刑事缺席审判制度改变了以往司法实践中由于嫌犯没有到案而产生的无法定罪量刑、无法处置赃款赃物、无法及时补偿被害人损失等问题。一旦刑事缺席审判的判决生效，在法律上就确定了被告人的罪犯身份。

修改后的刑讼法，实现了惩治犯罪、保障被害人权益、提升刑事诉讼效率的统一，体现了正义既不会缺席也不会迟到的价值取向，有力捍卫了法治尊严，彰显了司法价值。

三、缺席审判程序程序的内容

（一）缺席审判程序的适用范围

修改的刑诉法明确规定：对于贪污贿赂犯罪案件，以及需要及时进行审判，经最高人民检察院核准的严重危害国家安全犯罪、恐怖活动犯罪案件，犯罪嫌疑人、被告人潜逃境外，监察机关、公安机关移送起诉，人民检察院认为犯罪事实已经查清，证据确实、充分，依法应当追究刑事责任的，可以向人民法院提起公诉。人民法院进行审查后，对于起诉书中有明确的指控犯罪事实，符合缺席审判程序适用条件的，应当决定开庭审判。

建立缺席审判制度是从反腐败追逃追赃角度提出的，但不仅限于贪污贿赂案件，其他重大犯罪案件确有必要及时追究的，在充分保障诉讼权利的前提下，也可以进行缺席审判。

（二）送达

《刑事诉讼法》第 292 条规定：人民法院应当通过有关国际条约规定的或者外交途径提出的司法协助方式，或者被告人所在地法律允许的其他方式，将传票和人民检察院的起诉书副本送达被告人。传票和起诉书副本送达后，被告人未按要求到案的，人民法院应当开庭审理，依法作出判决，并对违法所得及其他涉案财产作出处理。

（三）辩护与抗诉

《刑事诉讼法》第 293 条规定：人民法院缺席审判案件，被告人有权委托辩护人，被告人的近亲属可以代为委托辩护人。被告人及其近亲属没有委托辩护人的，人民法院应当通知法律援助机构指派律师为其提供辩护。

第 294 条规定：人民法院应当将判决书送达被告人及其近亲属、辩护人。被告人或者其近亲属不服判决的，有权向上一级人民法院上诉。辩护人经被告人或者其近亲属同意，可以提出上诉。人民检察院认为人民法院的判决确有错误的，应当向上一级人民法院提出抗诉。

（四）重新审理

《刑事诉讼法》第 295 条规定：在审理过程中，被告人自动投案或者被抓获的，人民法院应当重新审理。罪犯在判决、裁定发生法律效力后到案的，人民法院应当将罪犯交付执行刑罚。交付执行刑罚前，人民法院应当告知罪犯有权对判决、裁定提出异议。罪犯对判决、裁定提出异议的，人民法院应当重新审理。依照生效判决、裁定对罪犯的财产进行的处理确有错误的，应当予以返还、赔偿。

（五）被告人患有严重疾病、死亡时的缺席审理

《刑事诉讼法》第 296 条规定：因被告人患有严重疾病无法出庭，中止审理超过六个月，被告人仍无法出庭，被告人及其法定代理人、近亲属申请或者同意恢复审理的，人民法院可以在被告人不出庭的情况下缺席审理，依法作出判决。

第 297 条规定：被告人死亡的，人民法院应当裁定终止审理，但有证据证明被告人无罪，人民法院经缺席审理确认无罪的，应当依法作出判决。人民法院按照审判监督程序重新审判的案件，被告人死亡的，人民法院可以缺席审理，依法作出判决。

四、缺席审判被告人的权利保障

被告人缺席审判，如何确保公平公正？这是公众普遍关心的问题。根据新刑诉法确立的刑事缺席审判制度设计，缺席审判被告人的权利将得到有效保障。

(1)人民法院缺席审判案件，被告人有权委托辩护人，被告人的近亲属可以代为委托辩护人。

(2)被告人及其近亲属没有委托辩护人的，人民法院应当通知法律援助机构指派律师为其提供辩护。

(3)交付执行刑罚前，人民法院应当告知罪犯有权对判决、裁定提出异议。罪犯对判决、裁定提出异议的，人民法院应当重新审理。

(4)法律条款从告知、送达以及辩护等方面给予了被告人充分的保障。这些规定符合国际通行的司法准则，也符合大多数国家的立法通例。

第二十三章　犯罪嫌疑人、被告人逃匿、死亡案件违法所得没收程序

基本要求

了解与把握：犯罪嫌疑人、被告人逃匿、死亡案件违法所得的没收程序的法律依据。

理解与运用：《刑事诉讼法》以及相关法律解释对犯罪嫌疑人、被告人逃匿、死亡案件违法所得的没收程序的规定。

考情分析

违法所得没收程序是2012年《刑事诉讼法》修改时新增的刑事特别程序，本章内容不是很多，也不是特别重要，偶尔有些年份会考查，基本上都是一个单选的形式，或者结合不定项案例进行出题。但是，由于2016、2017连续两年都没有考查，加上监察委的设立，国家反腐力度不断加大，因此，本章考查的可能性还是相当大的。再者，本章内容还可能会结合其他章节的内容进行考查，比如合议庭的组成、管辖等内容，因此，考生应当予以重视。

本章的难点在于违法所得没收程序的适用条件，要特别注意区分，对于犯罪嫌疑人、被告人死亡的，依照刑法规定应当追缴其违法所得及其他涉案财产的，不需要考虑是否属于贪污贿赂所得、恐怖活动犯罪等重大案件。

近十年考题在本章的分布情况如下：

	年　度	单选题	多选题	不定项题	案例分析	分值
1	2017					无
2	2016					无
3	2015			卷二/93		2
4	2014	卷二/41、42				2

续表

	年　度	单选题	多选题	不定项题	案例分析	分值
5	2013					无
6	2012	卷二/38				1
7	2011					无
8	2010					无
9	2009					无
10	2008					无

内容概览

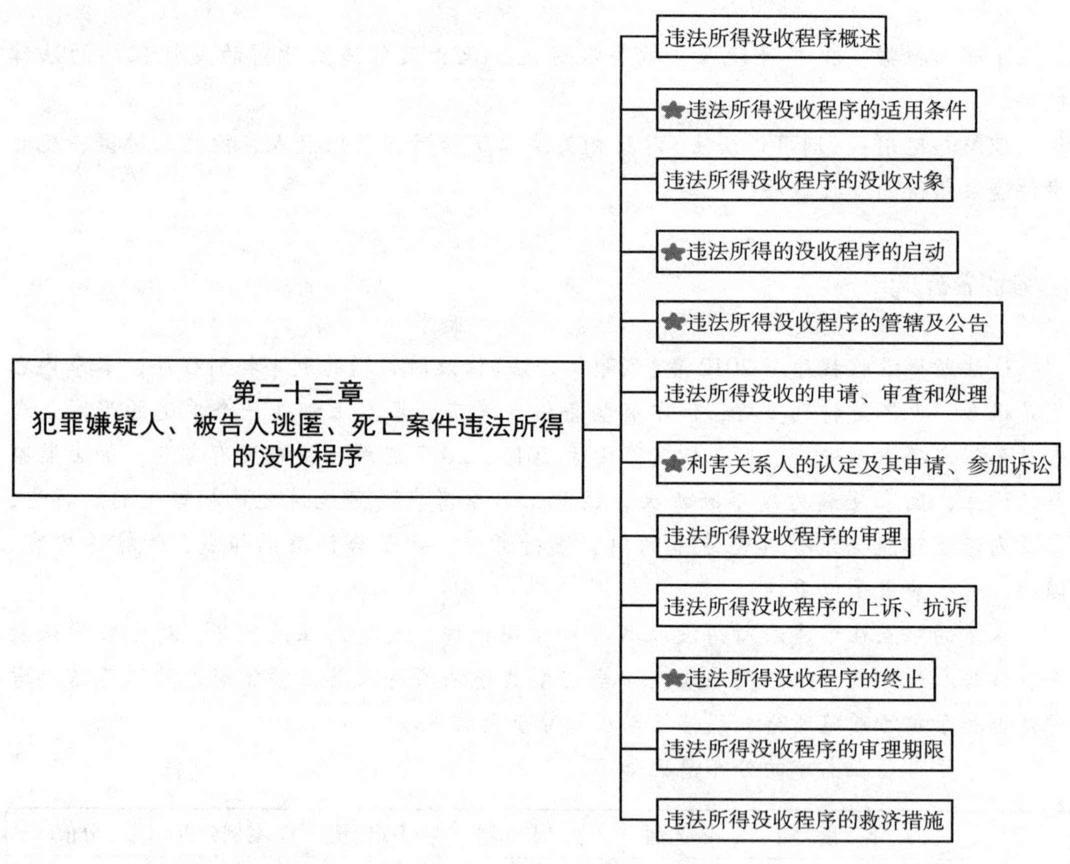

一、违法所得没收程序概述

犯罪嫌疑人、被告人逃匿、死亡案件违法所得的没收程序，是指当某些案件中犯罪嫌疑人、被告人逃匿或者死亡时，追缴其违法所得及其他涉案财产所特有的方式、方法和步骤。

《刑事诉讼法》在第五编第四章规定“犯罪嫌疑人、被告人逃匿、死亡案件违法所得的没收程序”，最高院《刑诉解释》和最高检《刑诉规则》等进一步对该程序进行细化规定。2017年1月，最高人民法院、最高人民检察院联合颁布《关于适用犯罪嫌疑人、被告人逃匿、死亡案件违法所得没收程序若干问题的规定》(以下简称《没收程序规定》)对突出问题作出了进一步的规定，从而更能保障利害关系人的利益，实现与国际公约的接轨。

二、违法所得没收程序的适用条件

《刑事诉讼法》第298条规定，对于贪污贿赂犯罪、恐怖活动犯罪等重大犯罪案件，犯罪嫌疑人、被告人逃匿，在通缉1年后不能到案，或者犯罪嫌疑人、被告人死亡，依照刑法规定应当追缴其违法所得及其他涉案财产的，人民检察院可以向人民法院提出没收违法所得的申请。六机关《规定》第37条规定，对于犯罪嫌疑人、被告人死亡，依照刑法规定应当追缴其违法所得及其他涉案财产的，适用刑事诉讼法第五编第四章规定的程序，由人民检察院向人民法院提出没收违法所得的申请。可知，违法所得适用条件分为两种情况：

(1)犯罪嫌疑人、被告人逃匿，在通缉1年后不能到案：①该程序必须适用于贪污贿赂犯罪、恐怖活动犯罪等重大犯罪案件；②犯罪嫌疑人、被告人必须是逃匿后在通缉1年后不能到案的；③依照刑法规定应当追缴其违法所得及其他涉案财产的。

(2)犯罪嫌疑人、被告人死亡的：案件范围不限于贪污贿赂犯罪、恐怖活动犯罪，也不限于重大犯罪案件，只要按照刑法规定其违法所得及其他涉案财产应当追缴的，均可适用违法所得没收程序。

【注意】如果单位通过实施犯罪获得不法财产及收益后被撤销、注销，单位直接负责的主管人员和其他责任人员逃匿、死亡，导致案件无法适用刑事诉讼法普通程序进行审理的，依照犯罪嫌疑人、被告人死亡情形处理。

三、违法所得没收程序的没收对象

根据《刑事诉讼法》第298条的规定，该程序的没收对象是犯罪嫌疑人、被告人的违法所得及其他涉案财产。最高院《刑诉解释》第509条的规定，实施犯罪行为所取得的财物及其孳息，以及被告人非法持有的违禁品、供犯罪所用的本人财物，应当认定为《刑事诉讼法》第298条第1款规定的“违法所得及其他涉案财产”。另外，《没收程序规定》进一步明确了“违法所得”的认定情形，以下三种情形，均应认定为“违法所得”：(1)通过实施犯罪直接或间接产生、获得的任何财产；(2)违法所得已经部分或者全部转变、转化为其他财产的，转化后的财产；(3)来自违法所得转变、转化后的财产收益，或者来自已经与违法所得相混合财产中违法所得相应部分的收益。

▶ 经典考题

23-1. 下列哪一选项不属于犯罪嫌疑人、被告人逃匿、死亡案件违法所得没收程序中的“违法所得及其他涉案财产”？(2014-卷二-42 单选题)①

A. 刘某恐怖活动犯罪案件中从其住处搜出的管制刀具

B. 赵某贪污案赃款存入银行所得的利息

C. 王某恐怖活动犯罪案件中制造爆炸装置使用的所在单位的仪器和设备

D. 周某贿赂案受贿所得的古玩

四、违法所得的没收程序的启动

如果犯罪嫌疑人、被告人同时符合《刑事诉讼法》第298条中规定的三个条件，需要对其违法所得及其他涉案财产予以没收的，可以由人民检察院向人民法院提出没收违法所得的申请。因此，在司法实践中，应当依据诉讼阶段相应启动违法所得没收程序。

(1)在侦查阶段，对于符合违法所得没收情形的，依照刑法规定应当追缴其违法所得及其他涉案财产的，经县级以上公安机关负责人批准，公安机关应当写出没收违法所得意见书，连同相关证据材料一并移送同级人民检察院。

人民检察院审查侦查机关移送的没收违法所得意见书，向人民法院提出没收违法所得的申请以及对违法所得没收程序中调查活动、审判活动的监督，由公诉部门办理。

人民检察院应当在接到公安机关移送的没收违法所得意见书后30日内作出是否提出没收违法所得申请的决定。30日内不能作出决定的，经检察长批准，可以延长15日。

对于公安机关移送的没收违法所得案件，经审查认为不符合《刑事诉讼法》第298条第1款规定条件的，应当作出不提出没收违法所得申请的决定，并向公安机关书面说明理由；认为需要补充证据的，应当书面要求公安机关补充证据，必要时也可以自行调查。公安机关补充证据的时间不计入人民检察院办案期限。

人民检察院发现公安机关应当启动违法所得没收程序而不启动的，可以要求公安机关在7日内书面说明不启动的理由。经审查，认为公安机关不启动理由不能成立的，应当通知公安机关启动程序。

在审查公安机关移送的没收违法所得意见书的过程中，在逃的犯罪嫌疑人、被告人自动投案或者被捉获的，人民检察院应当终止审查，并将案卷退回公安机关处理。

(2)在审查起诉阶段，人民检察院发现案件符合《刑事诉讼法》第298条规定情形的，可直接启动违法所得没收程序。

(3)在审判阶段，如果犯罪嫌疑人、被告人逃匿的，人民法院应当根据《刑事诉讼

① 【答案】C

法》第206条的规定中止审理；如果犯罪嫌疑人、被告人死亡的，人民法院应当根据《刑事诉讼法》第16条的规定终止审理。如果符合没收违法所得条件的，应当再由人民检察院提出没收违法所得的申请，人民法院不能直接作出没收违法所得的裁定。

五、违法所得没收程序的管辖及公告

根据《刑事诉讼法》第299条的规定，没收违法所得的申请，由犯罪地或者犯罪嫌疑人、被告人居住地的中级人民法院组成合议庭进行审理。人民法院受理没收违法所得的申请后，应当发出公告，公告期间为6个月。人民法院在公告期满后对没收违法所得的申请进行审理。

六、违法所得没收的申请的审查和处理

根据《没收程序规定》第9条规定，对于没收违法所得的申请，人民法院应当在三十日内审查完毕，并根据以下情形分别处理：

(1)属于没收违法所得申请受案范围和本院管辖，且材料齐全、有证据证明有犯罪事实的，应当受理。同时具备以下情形的，应当认定为本规定第九条规定的“有证据证明有犯罪事实”：①有证据证明发生了犯罪事实；②有证据证明该犯罪事实是犯罪嫌疑人、被告人实施的；③证明犯罪嫌疑人、被告人实施犯罪行为的证据真实、合法。

(2)不属于没收违法所得申请受案范围或者本院管辖的，应当退回人民检察院。

(3)对于没收违法所得申请不符合“有证据证明有犯罪事实”标准要求的，应当通知人民检察院撤回申请，人民检察院应当撤回。

(4)材料不全的，应当通知人民检察院在七日内补送，七日内不能补送的，应当退回人民检察院。

七、利害关系人的认定及其申请参加诉讼

根据《刑事诉讼法》第299条第2款的规定：犯罪嫌疑人、被告人的近亲属和其他利害关系人有权申请参加诉讼，也可以委托诉讼代理人参加诉讼。《没收程序规定》第7条规定：“利害关系人”包括犯罪嫌疑人、被告人的近亲属和其他对申请没收的财产主张权利的自然人和单位；“其他利害关系人”是指前款规定的“其他对申请没收的财产主张权利的自然人和单位”。

根据《没收程序规定》第13条规定：利害关系人申请参加诉讼的，应当在公告期间内提出，并提供与犯罪嫌疑人、被告人关系的证明材料或者证明其可以对违法所得及其他涉案财产主张权利的证据材料。利害关系人可以委托诉讼代理人参加诉讼。利害关系人在境外委托的，应当委托具有中华人民共和国律师资格并依法取得执业证书的律师，依照《最高人民法院关于适用〈中华人民共和国刑事诉讼法〉的解释》第四百零三条的规定对授权委托进行公证、认证。利害关系人在公告期满后申请参加诉讼，能够合理说明理由的，人民法院应当准许。

八、违法所得没收程序的审理

根据《刑事诉讼法》第 299 条第 3 款规定：人民法院在公告期满后对没收违法所得的申请进行审理。利害关系人参加诉讼的，人民法院应当开庭审理。

《没收程序规定》第 14 条规定：人民法院在公告期满后由合议庭对没收违法所得申请案件进行审理。利害关系人申请参加及委托诉讼代理人参加诉讼的，人民法院应当开庭审理。利害关系人及其诉讼代理人无正当理由拒不到庭，且无其他利害关系人和其他诉讼代理人参加诉讼的，人民法院可以不开庭审理。人民法院对没收违法所得申请案件开庭审理的，人民检察院应当派员出席。人民法院确定开庭日期后，应当将开庭的时间、地点通知人民检察院、利害关系人及其诉讼代理人、证人、鉴定人员、翻译人员。通知书应当依照本规定第十二条第二款规定的方式至迟在开庭审理三日前送达；受送达人在境外的，至迟在开庭审理三十日前送达。

《没收程序规定》第 15 条规定：出庭的检察人员应当宣读没收违法所得申请书，并在法庭调查阶段就申请没收的财产属于违法所得及其他涉案财产等相关事实出示、宣读证据。对于确有必要出示但可能妨碍正在或者即将进行的刑事侦查的证据，针对该证据的法庭调查不公开进行。

《没收程序规定》第 16 条规定：人民法院经审理认为，申请没收的财产属于违法所得及其他涉案财产的，除依法应当返还被害人的以外，应当予以没收；申请没收的财产不属于违法所得或者其他涉案财产的，应当裁定驳回申请，解除查封、扣押、冻结措施。

《没收程序规定》第 17 条规定，申请没收的财产具有高度可能属于违法所得及其他涉案财产的，应当认定为本规定第十六条规定的“申请没收的财产属于违法所得及其他涉案财产”。巨额财产来源不明犯罪案件中，没有利害关系人对违法所得及其他涉案财产主张权利，或者利害关系人对违法所得及其他涉案财产虽然主张权利但提供的相关证据没有达到相应证明标准的，应当视为本规定第十六条规定的“申请没收的财产属于违法所得及其他涉案财产”。

九、违法所得没收程序的上诉、抗诉

根据《刑事诉讼法》第 300 条及相关司法解释的规定：对于人民法院依照前款规定作出的没收违法所得或者驳回申请的裁定，犯罪嫌疑人、被告人的近亲属和其他利害关系人或者人民检察院可以在五日内提出上诉、抗诉。

《没收程序规定》第 18 条规定：利害关系人非因故意或者重大过失在第一审期间未参加诉讼，在第二审期间申请参加诉讼的，人民法院应当准许，并发回原审人民法院重新审判。

《没收程序规定》第 20 条规定，人民检察院、利害关系人对第一审裁定认定的事实、证据没有争议的，第二审人民法院可以不开庭审理。第二审人民法院决定开庭审理的，应当将开庭的时间、地点书面通知同级人民检察院和利害关系人。第二审人民法院应当就上诉、抗诉请求的有关事实和适用法律进行审查。

《没收程序规定》第21条规定，第二审人民法院对不服第一审裁定的上诉、抗诉案件，经审理，应当按照下列情形分别处理：

(1)第一审裁定认定事实清楚和适用法律正确的，应当驳回上诉或者抗诉，维持原裁定。

(2)第一审裁定认定事实清楚，但适用法律有错误的，应当改变原裁定。

(3)第一审裁定认定事实不清的，可以在查清事实后改变原裁定，也可以撤销原裁定，发回原审人民法院重新审判。

(4)第一审裁定违反法定诉讼程序，可能影响公正审判的，应当撤销原裁定，发回原审人民法院重新审判。

【注意】第一审人民法院对上述第3点规定发回重新审判的案件作出裁定后，第二审人民法院对不服第一审人民法院裁定的上诉、抗诉，应当依法作出裁定，不得发回原审人民法院重新审判。

十、违法所得没收程序的终止

根据《刑事诉讼法》第301条的规定，在审理过程中，在逃的犯罪嫌疑人、被告人自动投案或者被抓获的，人民法院应当终止审理。终止审理意味着案件将回归正常的审判程序，对犯罪嫌疑人、被告人涉案财物的处理将在判决中一并作出。

最高检《刑诉规则》第537条规定，在审理案件过程中，在逃的犯罪嫌疑人、被告人自动投案或者被抓获，人民法院按照《刑事诉讼法》第301条第1款的规定终止审理，人民检察院应当将案卷退回侦查机关处理。

十一、违法所得没收程序的审理期限

审理申请没收违法所得案件的期限，参照公诉案件第一审程序和第二审程序的审理期限执行。公告期间和请求刑事司法协助的时间不计入审理期限。

十二、违法所得没收程序的救济措施

对于人民法院没收违法所得的裁定，第一种情况是没收违法所得裁定生效后，犯罪嫌疑人、被告人到案并对没收裁定提出异议，人民检察院向原作出裁定的人民法院提起公诉的，可以由同一审判组织审理。人民法院经审理，应当按照下列情形分别处理：

(1)原裁定正确的，予以维持，不再对涉案财产作出判决。

(2)原裁定确有错误的，应当撤销原裁定，并在判决中对有关涉案财产一并作出处理。此种情况是人民法院生效的没收裁定确有错误的，除第一款规定的情形外，应当依照审判监督程序予以纠正。已经没收的财产，应当及时返还；财产已经上缴国库的，由原没收机关从财政机关申请退库，予以返还；原物已经出卖、拍卖的，应当退还价款；造成犯罪嫌疑人、被告人以及利害关系人财产损失的，应当依法赔偿。

▶ 经典考题

23-2. 李某(女)家住甲市，系该市某国有公司会计，涉嫌贪污公款500余万元，被甲市检察院立案侦查后提起公诉，甲市中级法院受理该案后，李某脱逃，下落不明。关于李某脱逃后的诉讼程序，下列选项正确的是：(2015-卷二-93 不定项)①

A. 李某脱逃后，法院可中止审理

B. 在通缉李某一年不到案后，甲市检察院可向甲市中级法院提出没收李某违法所得的申请

C. 李某的近亲属只能在6个月的公告期内申请参加诉讼

D. 在审理没收违法所得的案件过程中，李某被抓捕归案的，法院应裁定终止审理

① 【答案】ABD

第二十四章　依法不负刑事责任的精神病人的强制医疗程序

基本要求

了解与把握：强制医疗程序的概念、意义和特征。

理解与运用：《刑事诉讼法》关于强制医疗程序的规定。

考情分析

本章的内容不多，但本章是历年考试中必考的章节，分数虽然不多，基本上都是一个单选题，但有的年份也会以案例题的形式出现，同时，本章的内容可能还会结合其他章节的内容进行考查，比如：管辖、回避、委托与代理以及审判程序等。因此，对本章要予以高度的重视。

本章的难点是对于强制医疗的决定，被决定强制医疗的人、被害人及其法定代理人、近亲属可以提出复议，人民检察院可以提出纠正意见。另外，在解除方面，无论强制医疗机构提出解除意见亦或被强制医疗的人及其近亲属申请解除强制医疗，都应当由决定强制医疗的人民法院批准。

近十年考题在本章的分布情况如下：

	年　度	单选题	多选题	不定项题	案例分析	分值
1	2017	卷二/41				1
2	2016	卷二/42				1
3	2015	卷二/42				1
4	2014				卷四/3	17
5	2013	卷二/41、42				2
6	2012			卷二/95、96		4
7	2011					无
8	2010					无
9	2009					无
10	2008					无

内容概览

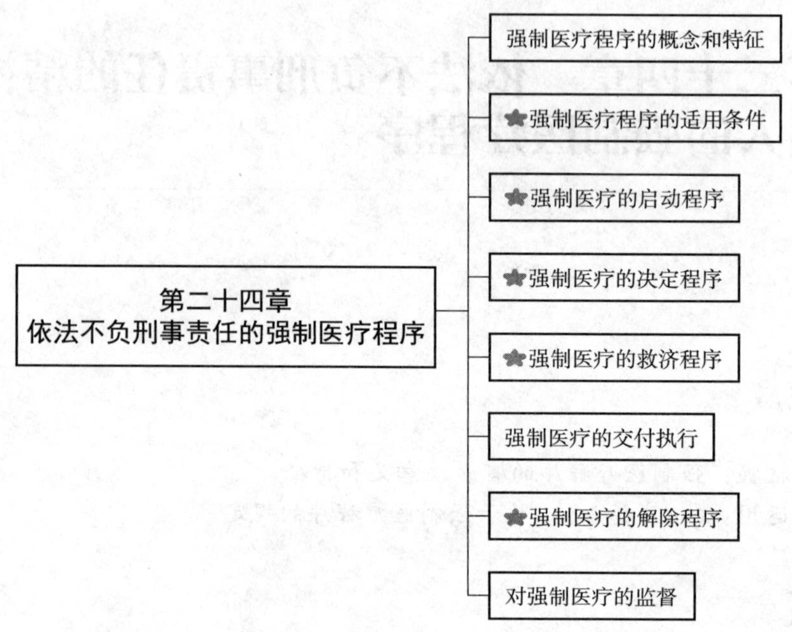

一、强制医疗程序的概念和特征

强制医疗是出于避免社会危害和保障精神疾病患者健康利益的目的而采取的一项对精神疾病患者的人身自由予以一定限制并对其所患精神疾病进行治疗的特殊保安处分措施。

从性质上说，强制医疗是针对精神病人的一种社会防卫措施，而非刑罚措施。我国《刑事诉讼法》特别规定了依法不负刑事责任的精神病人的强制医疗程序，是为了维护公共利益和社会秩序。

强制医疗具有如下特征：

(1)适用对象的特殊性。我国强制医疗的适用对象是实施暴力行为，危害公共安全或者严重危害公民人身安全，经法定程序鉴定依法不负刑事责任的精神病人。

(2)适用措施的强制性。如果行为人符合强制医疗的法定适用条件，不论本人或其家属是否同意，只要经人民法院决定都应强制入院，在专门的医疗机构中接受监护隔离和康复治疗。

(3)适用目的的双重性。强制医疗的目的具有双重性：一是通过积极康复治疗，使被强制对象恢复健康、改善精神状况，从而达到维护精神病人身体健康利益的目的；二是通过强制性医疗，消除被强制对象的人身危险性，使其不再对社会公众构成威胁，从而实现保障公众安全、维护社会和谐的目的。

二、强制医疗程序的适用条件

依据《刑事诉讼法》第 302 条的规定，行为人如果同时满足以下三个条件，无论家属是否同意或者能够履行监护职责，都应入院接受医疗：

(1)实施了危害公共安全或者严重危害公民人身安全的暴力行为。这在客观上要求行为人实施了暴力行为并造成了一定的危害结果，即对公共安全造成了危害或者严重危害了公民的人身安全。

(2)经法定程序鉴定属依法不负刑事责任的精神病人。

(3)有继续危害社会的可能。所谓精神病人的社会危险性，是指已经实施了危害行为的精神病人再次实施危害行为的可能性。

【注意】严重危害公民人身安全的暴力行为属于条件之一，但是严重危害公民财产安全的暴力行为不属于。

▶ 经典考题

24-1. 公安机关在案件侦查中，发现打砸多辆机动车的犯罪嫌疑人何某神情呆滞，精神恍惚。经鉴定，何某属于依法不负刑事责任的精神病人。关于公安机关对此案的处理，下列哪一选项是正确的？(2013-卷二-41 单选题)①

A. 写出强制医疗意见书，移送检察院向法院提出强制医疗申请

B. 撤销案件，将何某交付其亲属并要求其积极治疗

C. 移送强制医疗机构对何某进行诊断评估

D. 何某的亲属没有能力承担监护责任的，可以采取临时的保护性约束措施

三、强制医疗的启动程序

根据《刑事诉讼法》第 303 条的规定，强制医疗的启动程序可以分为以下两种方式：

1. 检察院的申请启动方式

对于公安机关移送的强制医疗意见书或者在审查起诉过程中发现精神病人符合强制医疗条件的，人民检察院应当向人民法院提出强制医疗的申请。程序如下：

(1)公安机关提出强制医疗的意见。

根据《刑事诉讼法》第 303 条的规定：公安机关发现精神病人符合强制医疗条件的，应当写出强制医疗意见书，移送人民检察院。公安部《规定》第 331、332 条规定，公安机关发现实施暴力行为，危害公共安全或者严重危害公民人身安全的犯罪嫌疑人，可能属于依法不负刑事责任的精神病人，应当对其进行精神病鉴定。对经法定程序鉴定依法不负刑事责任的精神病人，有继续危害社会可能，符合强制医疗条件的，公安机关应当在 7 日以内写出强制医疗意见书，经县级以上公安机关负责人批准，连同相关

① 【答案】B

证据材料和鉴定意见一并移送同级人民检察院。

(2)检察院对强制医疗意见的审查和处理。

人民检察院审查公安机关移送的强制医疗意见书，向人民法院提出强制医疗的申请以及强制医疗决定的监督，由公诉部门办理。

人民检察院应当在接到公安机关移送的强制医疗意见书后 30 日内作出是否提出强制医疗申请的决定。对于公安机关移送的强制医疗案件，经审查认为不符合《刑事诉讼法》第 302 条规定条件的，应当作出不提出强制医疗申请的决定，并向公安机关书面说明理由；认为需要补充证据的，应当书面要求公安机关补充证据，必要时也可以自行调查。公安机关补充证据的时间不计入人民检察院办案期限。

人民检察院发现公安机关应当启动强制医疗程序而不启动的，可以要求公安机关在 7 日以内书面说明不启动的理由。经审查，认为公安机关不启动理由不能成立的，应当通知公安机关启动程序。

(3)检察院提出强制医疗的申请。

根据《刑事诉讼法》第 303 条的规定：对于公安机关移送的或者在审查起诉过程中发现的精神病人符合强制医疗条件的，人民检察院应当向人民法院提出强制医疗的申请。

强制医疗的申请由被申请人实施暴力行为所在地的基层人民检察院提出；由被申请人居住地的人民检察院提出更为适宜的，可以由被申请人居住地的基层人民检察院提出。

人民检察院向人民法院提出强制医疗的申请，应当制作强制医疗申请书。

在审查起诉中，犯罪嫌疑人经鉴定系依法不负刑事责任的精神病人，人民检察院应当作出不起诉决定。认为符合强制医疗条件的，应当向人民法院提出强制医疗的申请。

2. 法院的决定启动方式

根据《刑事诉讼法》第 303 条的规定：人民法院在审理案件过程中发现被告人符合强制医疗条件的，可以作出强制医疗的决定。

四、强制医疗的决定程序

(1)人民检察院申请对依法不负刑事责任的精神病人强制医疗案件，由被申请人实施暴力行为所在地基层人民法院管辖；由被申请人居住地的人民法院审判更为适宜的，可以由被申请人居住地的基层人民法院管辖。

(2)人民法院受理强制医疗的申请后，应当组成合议庭进行审理。

(3)对人民检察院提出的强制医疗申请，人民法院应当在 7 日内审查完毕，并按照下列情形分别处理：

①不属于本院管辖的，应当退还人民检察院。

②材料不全的，应当通知人民检察院在 3 日内补送。

③属于强制医疗程序受案范围和本院管辖，且材料齐全的，应当受理。

(4)人民法院审理强制医疗案件，应当通知被申请人或者被告人的法定代理人到场。如果被申请人或者被告人没有委托诉讼代理人的，人民法院应当通知法律援助机构指派律师为其提供法律帮助。

(5)审理强制医疗案件，应当组成合议庭，开庭审理。但是，被申请人、被告人的法定代理人请求不开庭审理，并经人民法院审查同意的除外。审理人民检察院申请强制医疗的案件，应当会见被申请人。

【注意】对于人民检察院申请强制医疗的案件，法院无论是否开庭审理，都应当会见被申请人。

(6)开庭审理申请强制医疗的案件，按照下列程序进行：

①审判长宣布法庭调查开始后，先由检察员宣读申请书，后由被申请人的法定代理人、诉讼代理人发表意见。

②法庭依次就被申请人是否实施了危害公共安全或者严重危害公民人身安全的暴力行为、是否属于依法不负刑事责任的精神病人、是否有继续危害社会的可能进行调查；调查时，先由检察员出示有关证据，后由被申请人的法定代理人、诉讼代理人发表意见、出示有关证据，并进行质证。

③法庭辩论阶段，先由检察员发言，后由被申请人的法定代理人、诉讼代理人发言，并进行辩论。被申请人要求出庭，人民法院经审查其身体和精神状态，认为可以出庭的，应当准许。出庭的被申请人，在法庭调查、辩论阶段，可以发表意见。检察员宣读申请书后，被申请人的法定代理人、诉讼代理人无异议的，法庭调查可以简化。

(7)人民法院经审理，对于被申请人或者被告人符合强制医疗条件的，应当在1个月内作出强制医疗的决定。

(8)对人民检察院申请强制医疗的案件的裁决方式。根据最高院《刑诉解释》第531条的规定，对申请强制医疗的案件，人民法院审理后，应当按照下列情形分别处理：

①符合《刑事诉讼法》第302条规定的强制医疗条件的，应当作出对被申请人强制医疗的决定。

②被申请人属于依法不负刑事责任的精神病人，但不符合强制医疗条件的，应当作出驳回强制医疗申请的决定；被申请人已经造成危害结果的，应当同时责令其家属或者监护人严加看管和医疗。

③被申请人具有完全或者部分刑事责任能力，依法应当追究刑事责任的，应当作出驳回强制医疗申请的决定，并退回人民检察院依法处理。

(9)最高院《刑诉解释》第532条规定，第一审人民法院在审理案件过程中发现被告人可能符合强制医疗条件的，应当依照法定程序对被告人进行法医精神病鉴定。经鉴定，被告人属于依法不负刑事责任的精神病人的，应当适用强制医疗程序，对案件进行审理。

开庭审理前款规定的案件，应当先由合议庭组成人员宣读对被告人的法医精神病鉴定意见，说明被告人可能符合强制医疗的条件，后依次由公诉人和被告人的法定代理人、诉讼代理人发表意见。经审判长许可，公诉人和被告人的法定代理人、诉讼代理人可以进行辩论。

最高院《刑诉解释》第533条规定，对前条规定的案件，人民法院审理后，应当按照下列情形分别处理：

①被告人符合强制医疗条件的，应当判决宣告被告人不负刑事责任，同时作出对被告人强制医疗的决定。

②被告人属于依法不负刑事责任的精神病人，但不符合强制医疗条件的，应当判决宣告被告人无罪或者不负刑事责任；被告人已经造成危害结果的，应当同时责令其家属或者监护人严加看管和医疗。

③被告人具有完全或者部分刑事责任能力，依法应当追究刑事责任的，应当依照普通程序继续审理。

最高院《刑诉解释》第534条规定，人民法院在审理第二审刑事案件过程中，发现被告人可能符合强制医疗条件的，可以依照强制医疗程序对案件作出处理，也可以裁定发回原审人民法院重新审判。

(10)《刑事刑诉法》第303条第3款规定，对实施暴力行为的精神病人，在人民法院决定强制医疗前，公安机关可以采取临时的保护性约束措施。

【注意】临时的保护性约束措施在性质上不属于刑事强制措施，因为其适用的对象是不负刑事责任的精神病人。

五、强制医疗的救济程序

根据《刑事诉讼法》第305条第2款的规定，被决定强制医疗的人、被害人及其法定代理人、近亲属对强制医疗决定不服的，可以向上一级人民法院申请复议。

最高院《刑诉解释》第537条规定，对不服强制医疗决定的复议申请，上一级人民法院应当组成合议庭审理，并在一个月内，按照下列情形分别作出复议决定：

(1)被决定强制医疗的人符合强制医疗条件的，应当驳回复议申请，维持原决定。

(2)被决定强制医疗的人不符合强制医疗条件的，应当撤销原决定。

(3)原审违反法定诉讼程序，可能影响公正审判的，应当撤销原决定，发回原审人民法院重新审判。

最高院《刑诉解释》第538条规定：对本解释第五百三十三条第一项规定的判决、决定，人民检察院提出抗诉，同时被决定强制医疗的人、被害人及其法定代理人、近亲属申请复议的，上一级人民法院应当依照第二审程序一并处理。

六、强制医疗的的交付执行

最高院《刑诉解释》第535条规定，人民法院决定强制医疗的，应当在作出决定后五日内，向公安机关送达强制医疗决定书和强制医疗执行通知书，由公安机关将被决定强制医疗的人送交强制医疗。

七、强制医疗的解除程序

根据《刑事诉讼法》第 306 条的规定，强制医疗机构应当定期对被强制医疗的人进行诊断评估。对于已不具有人身危险性，不需要继续强制医疗的，应当及时提出解除意见，报决定强制医疗的人民法院批准。被强制医疗的人及其近亲属有权申请解除强制医疗。

最高院《刑诉解释》第 540 条的规定，被强制医疗的人及其近亲属申请解除强制医疗的，应当向决定强制医疗的人民法院提出。被强制医疗的人及其近亲属提出的解除强制医疗申请被人民法院驳回，六个月后再次提出申请的，人民法院应当受理。

最高院《刑诉解释》第 541 条的规定，强制医疗机构提出解除强制医疗意见，或者被强制医疗的人及其近亲属申请解除强制医疗的，人民法院应当审查是否附有对被强制医疗的人的诊断评估报告。强制医疗机构提出解除强制医疗意见，未附诊断评估报告的，人民法院应当要求其提供。被强制医疗的人及其近亲属向人民法院申请解除强制医疗，强制医疗机构未提供诊断评估报告的，申请人可以申请人民法院调取。必要时，人民法院可以委托鉴定机构对被强制医疗的人进行鉴定。

最高院《刑诉解释》第 542 条的规定，强制医疗机构提出解除强制医疗意见，或者被强制医疗的人及其近亲属申请解除强制医疗的，人民法院应当组成合议庭进行审查，并在一个月内，按照下列情形分别处理：

（1）被强制医疗的人已不具有人身危险性，不需要继续强制医疗的，应当作出解除强制医疗的决定，并可责令被强制医疗的人的家属严加看管和医疗。

（2）被强制医疗的人仍具有人身危险性，需要继续强制医疗的，应当作出继续强制医疗的决定。

人民法院应当在作出决定后 5 日内，将决定书送达强制医疗机构、申请解除强制医疗的人、被决定强制医疗的人和人民检察院。决定解除强制医疗的，应当通知强制医疗机构在收到决定书的当日解除强制医疗。

【注意】强制医疗机构只能提出解除强制医疗的意见，不得决定解除强制医疗，只能由法院决定是否解除强制医疗。

▶ 经典考题

24-2. 甲在公共场所实施暴力行为，经鉴定为不负刑事责任的精神病人，被县法院决定强制医疗。甲父对决定不服向市中级法院申请复议，市中级法院审理后驳回申请，维持原决定。关于本案处理，下列哪一选项是正确的？（2017-卷二-41 单选题）①

A. 复议期间可暂缓执行强制医疗决定，但应采取临时的保护性约束措施

B. 应由公安机关将甲送交强制医疗

C. 强制医疗 6 个月后，甲父才能申请解除强制医疗

① 【答案】B

D. 申请解除强制医疗应向市中级法院提出

八、对强制医疗的监督

《刑事诉讼法》第 307 条规定，人民检察院对强制医疗的决定和执行实行监督。

最高院《刑诉解释》第 543 条的规定：人民检察院认为强制医疗决定或者解除强制医疗决定不当，在收到决定书后二十日内提出书面纠正意见的，人民法院应当另行组成合议庭审理，并在一个月内作出决定。

最高检《刑诉规则》第 550 条规定，人民检察院发现人民法院或者审判人员审理强制医疗案件违反法律规定的诉讼程序，应当向人民法院提出纠正意见。人民检察院认为人民法院作出的强制医疗决定或者驳回强制医疗申请的决定不当，应当在收到决定书副本后二十日以内向人民法院提出书面纠正意见。

第二十五章　涉外刑事诉讼程序与司法协助制度

基本要求

了解与把握：涉外刑事诉讼程序的概念，刑事司法协助的概念，涉外刑事诉讼程序所适用的案件范围，涉外刑事诉讼所适用的法律，涉外刑事诉讼程序的特有原则，刑事司法协助的法律依据，刑事司法协助的主体。

理解与运用：《刑事诉讼法》以及相关法律解释对涉外刑事诉讼程序与司法协助制度的规定。

考情分析

本章内容在过去的司法考试中，很少会有涉及，即使考查，也就一道单选题或者结合其他章节的内容进行考查。2017年考查了一道单选，2016年在案例分析第一问涉及到本章节的内容，往后几年都没有考查。因此，对这一章的复习建议是：了解即可，无需深入理解，更无需背诵。

本章节的内容主要是刑事诉讼程序的概念、适用范围以及涉外刑事诉讼的特有原则，学习本章要注重理解司法协助的概念、外延以及司法协助的主体。

近十年考题在本章的分布情况如下：

	年　度	单选题	多选题	不定项题	案例分析	分值
1	2017	卷二/42				1
2	2016				卷四/3	5
3	2015					无
4	2014					无
5	2013					无
6	2012					无
7	2011			卷二/95		2

续表

	年 度	单选题	多选题	不定项题	案例分析	分值
8	2010		卷二/79			2
9	2009	卷二/38				1
10	2008					无

内容概览

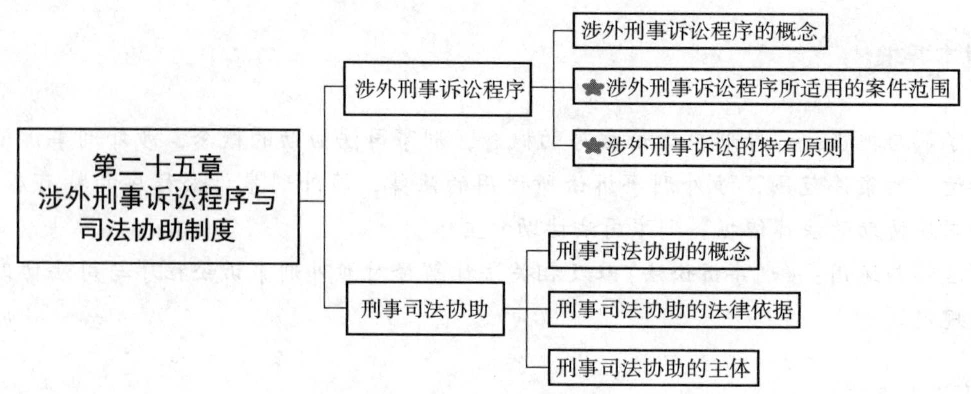

第一节 涉外刑事诉讼程序

一、涉外刑事诉讼程序的概念

涉外刑事诉讼程序，是指诉讼活动涉及外国人（包括无国籍人，下同）或需要在国外进行的刑事诉讼所特有的方式、方法和步骤。

涉外刑事案件是指以下四类案件：（1）在中华人民共和国领域内，外国人犯罪的或者中国公民侵犯外国人合法权利的刑事案件；（2）符合刑法第7条、第10条规定情形的我国公民在中华人民共和国领域外犯罪的案件；（3）符合刑法第8条、第10条规定情形的外国人对中国国家或者公民犯罪的案件；（4）符合《刑法》第9条规定的情形，中华人民共和国在所承担国际条约义务范围内行使管辖权的案件。

【注意】涉外刑事诉讼和涉外案件的刑事诉讼不同。涉外刑事诉讼是刑事诉讼活动涉及外国人或者某些诉讼活动需要在国外进行两种情况，包括涉外案件的刑事诉讼，但又不仅指涉外案件的刑事诉讼，而涉外案件的刑事诉讼，是指中国司法机关处理涉外刑事案件的方式、方法和步骤。

二、涉外刑事诉讼程序所适用的案件范围

涉外刑事诉讼具有特殊性，因此，只有以下几种案件才能适用涉外刑事诉讼程序：

(1)中国公民在中华人民共和国领域内对外国公民、无国籍人及外国法人犯罪的案件。在这种案件中，外国人、无国籍人或者外国法人是被害人，诉讼活动涉及外国人，故应适用涉外刑事诉讼程序。

(2)外国公民、无国籍人或外国法人在中华人民共和国领域内对中国国家、组织或者公民实施犯罪的案件。

(3)外国公民、无国籍人或者外国法人在中华人民共和国领域内侵犯外国公民、无国籍人或者外国法人的合法权利、触犯中国刑法，构成犯罪的案件。

(4)中华人民共和国缔结或者参加的国际条约所规定的，中国有义务管辖的国际犯罪行为。

(5)外国人、无国籍人、外国法人在中华人民共和国领域外对中国国家或公民实施按照中国《刑法》规定最低刑为3年以上有期徒刑的犯罪案件，但按照犯罪地法律不受处罚的除外。

(6)某些刑事诉讼活动需要在国外进行的非涉外刑事案件。

(7)外国司法机关管辖的，根据国际条约或者互惠原则，外国司法机关请求中国司法机关为其提供刑事司法协助的案件。

三、涉外刑事诉讼的特有原则

涉外刑事诉讼的特有原则，是指司法机关及诉讼参与人进行涉外刑事诉讼时所应遵守的行为准则。根据有关规定及司法实践经验，涉外刑事诉讼具有以下原则：

（一）适用中国刑事法律和信守国际条约相结合的原则

司法机关及诉讼参与人在进行涉外刑事诉讼时，除了要遵守中国《刑法》和《刑事诉讼法》外，还应当遵守中国缔结或者参加的国际条约中有关刑事诉讼程序的具体规定。

（二）外国籍犯罪嫌疑人、被告人享有中国法律规定的诉讼权利并承担诉讼义务的原则

外国籍犯罪嫌疑人、被告人享有中国法律规定的诉讼权利并承担诉讼义务的原则，是指具有外国国籍的犯罪嫌疑人、被告人(包括无国籍人以及外国国籍法人)在涉外刑事诉讼中，依照中国刑事诉讼法和其他法律的有关规定，享有诉讼权利，承担诉讼义务。

【注意】我国《刑事诉讼法》没有明确规定这项原则，但是认可这项原则。

（三）使用中国通用的语言文字进行诉讼的原则

使用本国通用的语言文字进行涉外刑事诉讼，是国家司法主权独立和尊严的象征，是各国涉外刑事诉讼立法普遍采用的一项原则。

最高院《刑诉解释》第401条和公安部《规定》第350条，对办理涉外刑事案件如何适用这项原则作了明确规定。根据这些规定的内容及司法实践经验，使用中国通用语言文字进行诉讼原则包括以下内容：

(1)司法机关在进行涉外刑事诉讼时，使用中国通用的语言进行预审、法庭审判和调查讯问。

(2)司法机关在涉外刑事诉讼中制作的诉讼文书为中文本。

(3)司法机关在涉外刑事诉讼中，应当为外国籍犯罪嫌疑人、被告人提供翻译。如果外国籍犯罪嫌疑人、被告人通晓中国语言文字，拒绝为其提供翻译的，应当由本人出具书面声明，或者将他的口头声明记录在卷。

(4)为便于诉讼的顺利进行，司法机关在送达外国籍犯罪嫌疑人、被告人及其他当事人的中文本诉讼文书时应当附有犯罪嫌疑人、被告人通晓的外文译本。但外文译本不加盖司法机关印章，送达的的文书内容以中文本为准。

司法机关在遵守这项原则时，要注意以下两个问题：

①不能以使用中国通用的语言文字进行诉讼为理由，强迫外国籍当事人尤其是懂中国通用的语言文字的外国籍当事人使用中国通用的语言文字来回答司法人员的审(讯)问、询问和书写诉讼文书、发表辩护等意见，应当允许他们使用国籍国通用的或他们通晓的语言文字。

②不能在使用中国通用的语言文字方面无原则地迁就外国籍犯罪嫌疑人、被告人，如果外国籍当事人以不懂中国通用的语言文字为由拒收诉讼文书，送达人应当在见证人在场的情况下，把文件留在他的住处或者羁押场所，并记录在案，该诉讼文书即认为已经送达。

（四）外国籍当事人委托中国律师辩护或代理的原则

根据中国《刑事诉讼法》的规定，犯罪嫌疑人、被告人和其他当事人可以委托律师担任其辩护人或诉讼代理人。律师担任辩护人或诉讼代理人，有利于充分保护刑事案件当事人的合法权益。

外国籍当事人委托中国律师辩护或代理原则的含义是：

(1)外国籍当事人如欲委托律师辩护或代理，必须委托在中国注册的律师，不允许委托外国律师。

(2)外国律师接受委托担任辩护人或诉讼代理人参加诉讼，不以律师的名义或身份出庭，不享有中国法律赋予律师的权利，人民法院只将其视为一般的辩护人或诉讼代理人。

(3)人民法院为没有委托辩护人的外国籍被告人指定辩护人，应当指定中国律师。

▶ 经典考题

25-1. W国人约翰涉嫌在我国某市A区从事间谍活动被立案侦查并提起公诉。关

于本案诉讼程序，下列哪一选项是正确的？（2017-卷二-42单选题）①

A. 约翰可通过W国驻华使馆委托W国律师为其辩护

B. 本案由A区法院一审

C. 约翰精通汉语，开庭时法院可不为其配备翻译人员

D. 给约翰送达的法院判决书应为中文本

第二节 刑事司法协助

一、刑事司法协助的概念

刑事司法协助是指一国的法院或者其他司法机关，根据另一国的法院或者其他司法机关的请求，代为或者协助实行与刑事诉讼有关的司法行为。

国际社会对刑事司法协助有狭义和广义两种理解。狭义的刑事司法协助是指与审判有关的刑事司法协助，它包括送达刑事司法文书、询问证人和鉴定人、搜查、扣押、有关物品的移交以及提供有关法律资料等。广义的刑事司法协助除了狭义的刑事司法协助外，还包括引渡等内容。

我国对司法的理解是广义的，司法不仅包括审判，而且包括对案件的侦查、审查起诉甚至判决的执行。

二、刑事司法协助的法律依据

国家间开展刑事司法协助的法律依据，大体上有四种：(1)国家间共同参加的国际公约；(2)国家间签订的刑事司法协助条约；(3)国家间临时达成的关于刑事司法协助的互惠协议；(4)国内的法律规定。

在我国，司法机关对外国提供刑事司法协助或者请求外国司法机关提供刑事司法协助，除了遵守上述中华人民共和国缔结或者参加的国际条约及《刑事诉讼法》第18条的规定外，还需要遵守有关的司法解释、行政法规。

三、刑事司法协助的主体

刑事司法协助的主体，是指请求提供刑事司法协助和接受请求提供刑事司法协助的司法机关，包括请求国的司法机关和接受请求国的司法机关。在我国，公安机关、检察机关和人民法院，都是刑事司法协助的主体。

① 【答案】D

《刑事诉讼法》第一套模拟试题

一、单项选择题（每题所设选项中只有一个正确答案，多选、错选或不选均不得分）

1. 谭某因涉嫌持枪、涉毒被某国检方提起诉讼，经过多次开庭审理，辩方认为警方的搜车行为未得到谭某的同意，属于违法行为，所获证据系非法证据。法庭采纳辩方的意见，认定获得的手枪、毒品系非法证据予以排除，最终检方以撤诉告终，谭某无罪释放。关于本案，下列说法错误的是：

A. 排除警方非法搜查所获证据，导致不能认定谭某有罪，体现了刑事诉讼法的独立价值

B. 法庭排除非法证据，谭某无罪释放，体现了实体公正的基本理念

C. 本案诉讼中控、辩双方积极主动且平等对抗，法官处于消极中立地位，则说明该国实行的是当事人主义诉讼模式

D. 假设该案发生在我国，如果警方能够对违法搜查行为作出合理解释，所获得的证据，仍然可以作为定案的证据

【解析】A 项考查刑诉法与刑法的关系。刑诉法与刑法的关系，主要表现为刑事诉讼法具有保障刑法正确适用的工具价值，也有自己独立的的价值。本案中，法院排除非法证据，从而不能认定周某有罪，是刑诉法影响刑事实体法的体现，即体现了刑诉法的独立价值，A 项正确，不选。

B 项考查刑事诉讼理念。刑事诉讼的基本理念主要包括惩罚犯罪与保障人权、实体公正与程序公正以及诉讼效率，实体公正即结果的公正，即让认定案件事实正确、定罪量刑准确；程序公正即过程的公正，包括保障犯罪嫌疑人、被告人的诉讼权利严禁刑讯逼供和以非法手段取证等。本案中，法院排除非法证据，更好地保障被告人的权利，但是也导致不能准确认定案件事实，所以办案体现的是程序公正，一定程度损害实体公正。B 项错误，应选。

C 项考查刑事审判模式。当事人主义诉讼模式是将案件开始和推动诉讼的主动权委于当事人，控辩双方积极主动和平等对抗，法官处于消极中立地位；职权主义诉讼模式，是将诉讼的主动权委于国家专门机关，控辩双方的积极性受到抑制，法官居于中心地位。本案中，控辩双方积极主动和平等对抗，法官处于消极中立地位，体现的是当事人主义诉讼模式。C 项正确，不选。

D 项考查非法证据排除规则。在我国，违法证据排除并不是绝对的，有强制排除和裁量性排除，对于书证、物证的收集存在瑕疵，属于裁量性排除，如果能够作出合理解释，仍然可以作为定案的证据。

【答案】B

2. 莫某家居广东东莞，外出务工期间，因背负债务，在杭州某小区通过放火的方式进行盗窃，其纵火行为导致了四人死亡。杭州市检察院以放火罪、盗窃罪向杭州市中院提起公诉，莫某聘请党律师作为辩护人。庭审中，党律师因与法院就管辖权问题未达成一致，擅自退庭。关于本案，下列哪一做法是正确的：

A. 本案由杭州市人民检察院诉至杭州市中级人民法院

B. 侦查期间，党律师前去会见在押的莫某，被告知应先经办案人员许可

C. 案件移送审查起诉后，党律师去查阅案卷材料，被告知因案情社会影响重大，须经领导审批才能查阅

D. 党律师提出管辖异议，法庭认为异议无理由，当庭驳回，党律师当庭提出复议

【解析】A 项考查级别管辖和地域管辖。中级法院可以管辖的案件有：危害国家安全、恐怖活动犯罪；可能判处死刑、无期徒刑的案件；违法所得没收案件。一般地域管辖的原则是以犯罪地法院管辖为主，被告人居住地法院管辖为辅，犯罪地包括犯罪行为发生地和犯罪结果发生地。本案中，放火行为是发生地在杭州市，且造成严重后果，可能判处死刑、无期徒刑，因此，杭州市中院具有管辖权。A 项说法正确，应选。

B 项考查辩护人的会见、通信权。《刑诉法》第 39 条第 3 款规定：危害国家安全犯罪、恐怖活动犯罪案件，在侦查期间辩护律师会见在押的犯罪嫌疑人，应当经侦查机关许可。上述案件，侦查机关应当事先通知看守所。可知，对于危害国家安全、恐怖活动犯罪案件，在侦查期间，辩护律师会见在押的犯罪嫌疑人，应当经侦查机关许可，但是，本案中，放火罪和盗窃罪均非上述案件，会见无须侦查机关许可。B 项错误，不选。

C 项考查辩护人的阅卷权。《刑诉法》第 40 条规定：辩护律师自人民检察院对案件审查起诉之日起，可以查阅、摘抄、复制本案的案卷材料。其他辩护人经人民法院、人民检察院许可，也可以查阅、摘抄、复制上述材料。《关于依法保障律师执业权利的规定》第 14 条第 4 款规定：辩护律师查阅、摘抄、复制的案卷材料属于国家秘密的，应当经过人民检察院、人民法院同意并遵守国家保密规定。律师不得违反规定，披露、散布案件重要信息和案卷材料，或者将其用于本案辩护、代理以外的其他用途。可知，自检察院对案件审查起诉之日起，辩护律师可以查阅、摘抄、复制本案的案卷材料，但不包括法庭讨论记录等不公开资料。对于涉及国家秘密的，辩护律师应当经过检察院、法院同意并遵守国家保密规定。即属于国家秘密，辩护律师也可以查阅，只是要遵守相应的规定。C 项错误，不选。

D 项考查辩护人的救济权。《关于依法保障律师执业权利的规定》第 38 条规定：法庭审理过程中，律师就回避，案件管辖，非法证据排除，申请通知证人、鉴定人、有专门知识的人出庭，申请通知新的证人到庭，调取新的证据，申请重新鉴定、勘验等问题当庭提出申请，或者对法庭审理程序提出异议的，法庭原则上应当休庭进行审查，依照法定程序作出决定。其他律师有相同异议的，应一并提出，法庭一并休庭审查。法庭决定驳回申请或者异议的，律师可当庭提出复议。经复议后，律师应当尊重法庭的决定，服从法庭的安排。律师不服法庭决定保留意见的内容应当详细记入法庭笔录，

可以作为上诉理由，或者向同级或者上一级人民检察院申诉、控告。可知，对于管辖权异议，法庭原则上应当休庭进行审查，而不是当庭审查。D项错误，不选。

【答案】A

3. 高某聚会后驾车回家，在路上发生交通事故，致3人受轻微伤。公安机关接到报警后立即出警，并将高某控制，经鉴定，高某的行为属于醉驾。检察院以危险驾驶罪向法院提起起诉，高某对指控的犯罪事实供认不讳。关于本案，下列哪一说法正确：

A. 如果有证据证明高某发生事故后企图逃跑，公安机关可以提请检察院审查批捕

B. 公安机关在讯问高某时，应当对讯问过程进行录音或者录像

C. 检察院可以在提起公诉时建议检察院适用简易程序，检察院建议适用简易程序，并经被告人同意的，法院应当适用简易程序审理

D. 如高某的辩护律师对酒精检测报告存在疑问，其可以申请有专门知识的人出庭

【解析】本题结合刑法知识进行考查。《刑法》第131条之一规定：在道路上驾驶机动车，有下列情形之一的，处拘役，并处罚金：(一)追逐竞驶，情节恶劣的；(二)醉酒驾驶机动车的；(三)从事校车业务或者旅客运输，严重超过额定乘员载客，或者严重超过规定时速行驶的；(四)违反危险化学品安全管理规定运输危险化学品，危及公共安全的。

A项考查逮捕的条件。逮捕分为一般逮捕、径行逮捕和转化逮捕。一般逮捕要同时满足三个条件：有证据证明有犯罪事实；可能判处徒刑以上刑罚；采取取保候审不足以防止其社会危险性。径行逮捕是对有证据证明有犯罪事实，可能判处十年以上有期徒刑，或者可能判处徒刑以上刑罚，曾经故意犯罪或者身份不明的。转化逮捕是被取保候审、监视居住的犯罪嫌疑人、被告人违反取保候审、监视居住规定，情节严重的，可以予以逮捕。本案中，高某涉嫌的是危险驾驶罪，最高刑期是拘役，所以，即使高某企图逃跑，由于达不到徒刑以上刑期，对高某也不得直接适用逮捕措施。A项错误，不选。

B项考查讯问犯罪嫌疑人的程序。《刑诉法》第123条规定：侦查人员在讯问犯罪嫌疑人的时候，可以对讯问过程进行录音或者录像；对于可能判处无期徒刑、死刑的案件或者其他重大犯罪案件，应当对讯问过程进行录音或者录像。录音或者录像应当全程进行，保持完整性。可知，高某涉嫌的危险驾驶罪最高刑期是拘役，不属于应当录音、录像的情形。B项错误，不选。

C项考查简易程序的适用条件。《刑诉法》第214条规定：基层人民法院管辖的案件，符合下列条件的，可以适用简易程序审判：(一)案件事实清楚、证据充分的；(二)被告人承认自己所犯罪行，对指控的犯罪事实没有异议的；(三)被告人对适用简易程序没有异议的。人民检察院在提起公诉的时候，可以建议人民法院适用简易程序。本案中，高某犯罪事实清楚，证据充分，且高某对指控的犯罪事实没有异议，检察院可以建议法院适用建议程序审理，但是否适用，除了被告人同意，决定权在于法院，即法院不是应当适用。C项错误，不选。

D 项考查专家辅助人。最高院《刑诉解释》第 217 条规定：公诉人、当事人及其辩护人、诉讼代理人申请法庭通知有专门知识的人出庭，就鉴定意见提出意见的，应当说明理由。法庭认为有必要的，应当通知有专门知识的人出庭。申请有专门知识的人出庭，不得超过二人。有多种类鉴定意见的，可以相应增加人数。有专门知识的人出庭，适用鉴定人出庭的有关规定。本案中，酒精检验报告属于鉴定意见，如果辩护人对该鉴定意见有疑问，可以申请法庭通知有专门知识的人出庭。D 项正确，应选。

【答案】D

4. 刘某因网购仿真枪被某市中院认定为走私武器罪判处无期徒刑，刘某不服，提出上诉，省高院维持原判。后刘母不服判决，一直申诉，省高院经审查后，决定再审。关于本案，下列说法正确的是：

A. 刘母向市中院申诉由中院审查处理，向省高院申诉由省高院审查处理

B. 本案除了省高院可以提起再审，省检察院也可以抗诉提起再审

C. 省高院决定再审时，应当决定中止原判决的执行

D. 省高院再审后，作出的再审判决，刘某不可以提出上诉

【解析】A 项考查审查处理再审的主体。最高院《刑诉解释》第 373 条规定：申诉由终审人民法院审查处理。但是，第二审人民法院裁定准许撤回上诉的案件，申诉人对第一审判决提出申诉的，可以由第一审人民法院审查处理。上一级人民法院对未经终审人民法院审查处理的申诉，可以告知申诉人向终审人民法院提出申诉，或者直接交终审人民法院审查处理，并告知申诉人；案件疑难、复杂、重大的，也可以直接审查处理。对未经终审人民法院及其上一级人民法院审查处理，直接向上级人民法院申诉的，上级人民法院可以告知申诉人向下级人民法院提出。可知，本案的终审法院是省高院，应当由省高院审查处理，中院不能审查处理。A 项错误，不选。

B 项考查提起审判监督程序的主体。《刑诉法》第 254 条规定：各级人民法院院长对本院已经发生法律效力的判决和裁定，如果发现在认定事实上或者在适用法律上确有错误，必须提交审判委员会处理。最高人民法院对各级人民法院已经发生法律效力的判决和裁定，上级人民法院对下级人民法院已经发生法律效力的判决和裁定，如果发现确有错误，有权提审或者指令下级人民法院再审。最高人民检察院对各级人民法院已经发生法律效力的判决和裁定，上级人民检察院对下级人民法院已经发生法律效力的判决和裁定，如果发现确有错误，有权按照审判监督程序向同级人民法院提出抗诉。人民检察院抗诉的案件，接受抗诉的人民法院应当组成合议庭重新审理，对于原判决事实不清楚或者证据不足的，可以指令下级人民法院再审。可知，提起再审的主体是终审的法院、上级法院、最高院，以及最高检和上级检察院，本案的终审法院是省高院，因此，同级的省检察院没有抗诉提起再审的权限。B 项错误，不选。

C 项考查再审对原裁判的影响。最高院《刑诉解释》第 382 条规定：对决定依照审判监督程序重新审判的案件，除人民检察院抗诉的以外，人民法院应当制作再审决定书。再审期间不停止原判决、裁定的执行，但被告人可能经再审改判无罪，或者可能

经再审减轻原判刑罚而致刑期届满的，可以决定中止原判决、裁定的执行，必要时，可以对被告人采取取保候审、监视居住措施。可知，再审期间不停止原判决、裁定的执行，但被告人可能经再审改判无罪、或者可能经再审减轻原判刑罚而致刑期届满的，可以裁定中止，即原则不停止，即使有例外，也是可以停止，而不是应当。C 项错误，不选。

D 项考查再审的审理级别。《刑诉法》第 256 条规定：人民法院按照审判监督程序重新审判的案件，由原审人民法院审理的，应当另行组成合议庭进行。如果原来是第一审案件，应当依照第一审程序进行审判，所作的判决、裁定，可以上诉、抗诉；如果原来是第二审案件，或者是上级人民法院提审的案件，应当依照第二审程序进行审判，所作的判决、裁定，是终审的判决、裁定。可知，再审的案件，原来是一审的，按照一审程序进行审判，原来是二审的，按照二审程序进行审判。本案是二审，因此再审按照二审案件程序，作出的判决是终审判决，不能提起上诉、抗诉。D 项正确，应选。

【答案】D

5. 刘某（17 岁）在网吧上网时手机被偷，为了弥补损失，他偷了邻座的手机（价值 3000 元）。被害人杨某报案，公安机关通过监控迅速锁定刘某，并将刘某抓捕归案。检察院在审查起诉后，考虑到犯罪情节轻微，拟决定对刘某附条件不起诉。关于本案，下列哪一说法是正确的：

A. 刘某的叔叔系工商局现职人员，可以作为刘某的辩护人

B. 审查起诉期间，检察院对刘某取保候审，如刘某更换联系方式，应在 24 小时以内向检察院报告

C. 检察院作出不起诉决定前，应当听取被害人杨某的意见，杨某对附条件不起诉有异议的，检察院应当作出起诉的决定

D. 附条件考验期后，检察院作出不起诉的决定，被害人杨某可以到法院提起自诉

【解析】A 项考查辩护人的范围。《刑诉法》第 33 条规定：犯罪嫌疑人、被告人除自己行使辩护权以外，还可以委托一至二人作为辩护人。下列的人可以被委托为辩护人：（一）律师；（二）人民团体或者犯罪嫌疑人、被告人所在单位推荐的人；（三）犯罪嫌疑人、被告人的监护人、亲友。正在被执行刑罚或者依法被剥夺、限制人身自由的人，不得担任辩护人。最高院《刑诉解释》第 35 条规定：被告人除自己行使辩护权以外，还可以委托辩护人辩护。下列人员不得担任辩护人：（一）正在被执行刑罚或者处于缓刑、假释考验期间的人；（二）依法被剥夺、限制人身自由的人；（三）无行为能力或者限制行为能力的人；（四）人民法院、人民检察院、公安机关、国家安全机关、监狱的现职人员；（五）人民陪审员；（六）与本案审理结果有利害关系的人；（七）外国人或者无国籍人。前款第四项至第七项规定的人员，如果是被告人的监护人、近亲属，由被告人委托担任辩护人的，可以准许。可知，根据第（四）项规定，工商局并非禁止的范围，刘某的叔叔作为亲属，可以作为辩护人。A 项正确，应选。

B 项考查取保候审的执行机关和被取保候审人的义务。《刑诉法》第 67 条第 2 款规

定：取保候审由公安机关执行。第71条规定："被取保候审的犯罪嫌疑人、被告人应当遵守以下规定：(一)未经执行机关批准不得离开所居住的市、县；(二)住址、工作单位和联系方式发生变动的，在二十四小时以内向执行机关报告；(三)在传讯的时候及时到案；(四)不得以任何形式干扰证人作证；(五)不得毁灭、伪造证据或者串供。人民法院、人民检察院和公安机关可以根据案件情况，责令被取保候审的犯罪嫌疑人、被告人遵守以下一项或者多项规定：(一)不得进入特定的场所；(二)不得与特定的人员会见或者通信；(三)不得从事特定的活动；(四)将护照等出入境证件、驾驶证件交执行机关保存。"可知，犯罪嫌疑人的联系方式发生变动的，是向执行机关报告，而执行机关是公安机关，而不是检察院。B项错误，不选。

C项考查附条件不起诉的决定程序。《刑诉法》第282条规定：对于未成年人涉嫌刑法分则第四章、第五章、第六章规定的犯罪，可能判处一年有期徒刑以下刑罚，符合起诉条件，但有悔罪表现的，人民检察院可以作出附条件不起诉的决定。人民检察院在作出附条件不起诉的决定以前，应当听取公安机关、被害人的意见。对附条件不起诉的决定，公安机关要求复议、提请复核或者被害人申诉的，适用本法第179条、第180条的规定。未成年犯罪嫌疑人及其法定代理人对人民检察院决定附条件不起诉有异议的，人民检察院应当作出起诉的决定。可知，检察院对于符合附条件不起诉犯罪嫌疑人适用附条件不起诉的，应当听取被害人的意见，但是，被害人的异议不是否定条件，而是犯罪嫌疑人及其法定代理人有异议的，检察院才应当起诉，注意区分。C项错误，不选。

D项考查附条件不起诉的救济。《全国人民代表大会常务委员会关于〈中华人民共和国刑事诉讼法〉第二百七十一条第二款的解释》规定：人民检察院办理未成年人刑事案件，在作出附条件不起诉的决定以及考验期满作出不起诉的决定以前，应当听取被害人的意见。被害人对人民检察院对未成年犯罪嫌疑人作出的附条件不起诉的决定和不起诉的决定，可以向上一级人民检察院申诉，不适用刑事诉讼法第180条关于被害人可以向人民法院起诉的规定。可知，对于附条件不起诉的，不适用公诉转自诉案件。D项错误，不选。

【答案】A

6. 关于犯罪嫌疑人认罪认罚，下列说法正确的是：

A. 犯罪嫌疑人自愿认罪，同意量刑建议和程序适用的，可以在辩护人或者值班律师在场的情况下签署认罪认罚具结书。

B. 犯罪嫌疑人认罪认罚的，人民检察院应当就主刑、附加刑、是否适用缓刑等提出量刑建议，并随案移送认罪认罚具结书等材料。

C. 犯罪嫌疑人自愿如实供述涉嫌犯罪的事实，经最高人民检察院核准，公安机关可以撤销案件，人民检察院可以作出不起诉决定，也可以对涉嫌数罪中的一项或者多项不起诉。

D. 对于认罪认罚案件，人民法院依法作出判决时，应当采纳人民检察院指控的罪名和量刑建议。

【解析】A 项考查犯罪嫌疑人认罪任罚的程序要件。根据《刑诉法》第 174 条第 1 款犯罪嫌疑人自愿认罪，同意量刑建议和程序适用的，应当在辩护人或者值班律师在场的情况下签署认罪认罚具结书。签署认罪认罚具结书是“应当”，而不是“可以”，A 项错误，不选。

B 项考查检察院的量刑建议。根据《刑诉法》第 176 条第 2 款，犯罪嫌疑人认罪认罚的，人民检察院应当就主刑、附加刑、是否适用缓刑等提出量刑建议，并随案移送认罪认罚具结书等材料。B 项正确，应选。

C 项考查犯罪嫌疑人认罪认罚，检察院作出不起诉决定的要件。《刑诉法》第 182 第 1 款规定，犯罪嫌疑人自愿如实供述涉嫌犯罪的事实，有重大立功或者案件涉及国家重大利益的，经最高人民检察院核准，公安机关可以撤销案件，人民检察院可以作出不起诉决定，也可以对涉嫌数罪中的一项或者多项不起诉。C 项表述缺少“有重大立功或者案件涉及国家重大利益的”，故错误，不选。

D 项考查法院采纳检察院量刑建议的原则与例外。《刑诉法》201 条第 1 款规定，“对于认罪认罚案件，人民法院依法作出判决时，一般应当采纳人民检察院指控的罪名和量刑建议，但有下列情形的除外：(一)被告人的行为不构成犯罪或者不应当追究其刑事责任的；(二)被告人违背意愿认罪认罚的；(三)被告人否认指控的犯罪事实的；(四)起诉指控的罪名与审理认定的罪名不一致的；(五)其他可能影响公正审判的情形。”有例外情况，故 D 项错误，不选。

【答案】B

二、多项选择题(每题所设选项中至少有两个正确答案，多选、少选、错选或不选均不得分)

1. S 公司涉嫌制造、销售假疫苗被立案侦查，董事长高某等高级管理人员被提起逮捕，并移送检察院以生产、销售劣药罪提起公诉。关于本案，下列哪些说法是错误的：

A. 高某作为法定代表人，可以作为 S 公司的诉讼代表人

B. 公安机关在侦查时，收集到的假疫苗，属于书证

C. 参与审理的人民陪审员曾经在 S 公司上班，则应当回避

D. 法院在审理后，认为检察院起诉的罪名成立，并判处没收 S 公司全部财产，如果 S 公司之前还欠有正当债务，经债权人请求，应当先清偿债务

【解析】A 项考查单位犯罪的诉讼代表人的确定。被告单位的诉讼代表人，应当是法定代表人或者主要负责人；法定代表人或者主要负责人被指控为犯罪直接负责的主管人员的，应当由被告单位委托其他负责人或者职工作为代表人。本案的法定代表人高某被指控为直接责任人员，不能作为诉讼代表人。A 项错误，应选。

B 项考查证据的种类。书证是以其记载的内容和反映的思想来证明案件真实情况的书面材料，物证则是以其物质属性和外部特征证明案件事实，本案中的假疫苗是以

其物质属性来证明案件事实，属于物证。B 项错误，应选。

C 项考查回避。回避的理由包括近亲属、利害关系、证人、鉴定人等，回避的对象包括审判人员、检察人员、书记员、鉴定人和翻译人员，陪审员属于审判人员，本案的陪审员曾经在 S 公司工作，说明陪审员与 S 公司有其他关系，对于有其他关系的，要达到可能影响公正处理案件的程度才予以回避，而不是一律回避，C 项过于绝对，错误，应选。

D 项考查财产刑的执行。最高院《刑事财产执行规定》第 13 条：被执行人在执行中同时承担刑事责任、民事责任，其财产不足以支付的，按照下列顺序执行：(1)人身损害赔偿中的医疗费用；(2)退赔被害人的损失；(3)其他民事债务；(4)罚金；(5)没收财产。债权人对执行标的依法享有优先受偿权，其主张优先受偿的，法院应当在前款第(1)项规定的医疗费用受偿后，予以支持。财产刑的执行是先刑后民，先承担医疗费用，退赔被害人的损失，其他民事债务，才到刑事部分，但是，对于判处财产刑之前被执行人所负的正当债务，需要以被执行的财产偿还，经债权人请求，人民法院予以支持偿还。D 项正确，不选。

【答案】ABC

2. 药某开车时将张某撞倒，药某担心张某找他要医药费，便掏出刀子将张某杀人灭口，然后驾车逃跑。公安机关接到报案，立案侦查，后药某在父亲的陪同下，向公安机关投案自首，检察院以故意杀人罪提起公诉。关于本案，下列哪些说法是正确的：

A. 如果药某的杀人过程被设置在旁边的监控器全程录下，该录像属于原始证据、直接证据

B. 在案件审理过程中，法院通知证人赵某出庭作证，赵某因担心遭受报复，可以请求法院不公开其真实姓名

C. 本案就是否发生交通事故属于本案的证明对象

D. 药某在杀人后，被路过的行人看到，行人可以将药某扭送至公安机关

【考点】A 项考查证据种类。原始证据是直接来源于案件事实的证据材料，直接证据是能够单独、直接证明案件主要事实的证据。案件的主要事实是能够直接肯定某人实施犯罪或否定某人实施犯罪，能够直接否定犯罪的发生的证据。本案中，该监控器拍到的视频直接来源于案件事实，属于原始证据。该监控器录下药某杀人的事实，能够直接肯定药某实施犯罪，属于直接证据。故 A 项说法正确，应选。

B 项考查证人的保护。《刑诉法》第 64 条规定："对于危害国家安全犯罪、恐怖活动犯罪、黑社会性质的组织犯罪、毒品犯罪等案件，证人、鉴定人、被害人因在诉讼中作证，本人或者其近亲属的人身安全面临危险的，人民法院、人民检察院和公安机关应当采取以下一项或者多项保护措施：(一)不公开真实姓名、住址和工作单位等个人信息；(二)采取不暴露外貌、真实声音等出庭作证措施；(三)禁止特定的人员接触证人、鉴定人、被害人及其近亲属；(四)对人身和住宅采取专门性保护措施；(五)其他必要的保护措施。"可知，证人的特殊保护是针对国、恐、黑、毒等特殊案件，故意

杀人罪不属于此类案件，不适用该条证人保护的规则。B 项错误，不选。

C 项考查证明对象。需要证明的事实包括实体法事实和程序法事实，其中实体法事实包括定罪的事实和量刑事实，量刑事实包括案件起因、过错程度等，本案的交通事故属于案件起因，属于量刑事实，即属于证明对象。C 项正确，应选。

D 项考查扭送。《刑诉法》第 8 条规定：对于有下列情形的人，任何公民都可以立即扭送公安机关、人民检察院或者人民法院处理：(1)正在实行犯罪或者在犯罪后即时被发觉的；(2)通缉在案的；(3)越狱逃跑的；(4)正在被追捕的。本案中，药某属于犯罪后即时被发觉的，任何公民都可以将其扭送至公安机关。D 项正确，应选。

【答案】ACD

3. 程某从印度走私仿制药品“格列宁”治疗疾病，同时还帮很多患者购买，公安机关察觉后，对其刑事拘留，检察院以销售假药罪对程某提起公诉。关于本案，下列哪些说法是错误的：

A. 公安机关拘留程某后，应当立即送交看守所羁押，至迟不得超过 12 小时

B. 公安机关向检察院申请逮捕，检察院审查逮捕时，应当听取辩护律师的意见

C. 审查起诉过程中，如检察院认为犯罪事实情节轻微，作出不起诉处理，程某对该不起诉可以向上一级检察院申诉

D. 审判过程中，检察院申请补充侦查，法院准许的，应当延期审理，审限重新计算

【解析】A 项考查拘留的程序。《刑诉法》第 85 条规定：“公安机关拘留人的时候，必须出示拘留证。拘留后，应当立即将被拘留人送看守所羁押，至迟不得超过二十四小时。除无法通知或者涉嫌危害国家安全犯罪、恐怖活动犯罪通知可能有碍侦查的情形以外，应当在拘留后二十四小时以内，通知被拘留人的家属。有碍侦查的情形消失以后，应当立即通知被拘留人的家属。”可知，拘留后，应当立即将拘留人送交看守所，至迟不得超过 24 小时，而非 12 小时。A 项错误，应选。

B 项考查逮捕的程序。《刑诉法》第 88 条第 2 款规定：人民检察院审查批准逮捕，可以询问证人等诉讼参与人，听取辩护律师的意见；辩护律师提出要求的，应当听取辩护律师的意见。可知，检察院审查批捕的，可以询问证人等诉讼参与人，听取辩护律师的意见；辩护律师提出要求的，应当听取辩护辩护律师的意见。B 项错误，应选。

C 项考查不起诉。《刑诉法》第 180 条规定：对于有被害人的案件，决定不起诉的，人民检察院应当将不起诉决定书送达被害人。被害人如果不服，可以自收到决定书后七日以内向上一级人民检察院申诉，请求提起公诉。人民检察院应当将复查决定告知被害人。对人民检察院维持不起诉决定的，被害人可以向人民法院起诉。被害人也可以不经申诉，直接向人民法院起诉。人民法院受理案件后，人民检察院应当将有关案件材料移送人民法院。可知，对于犯罪情节轻微，依照刑法规定不需要判处刑罚或者免除刑罚的，属于酌定不起诉，对于酌定不起诉，被不起诉人可以向检察院申诉，但是是向原决定的检察院，而非上一级检察院，这一点要和被害人上诉区分，被害人对

不起诉的申诉是向上一级检察院。C 项错误，应选。

D 项考查延期审理。《刑诉法》第 204 条规定：在法庭审判过程中，遇有下列情形之一，影响审判进行的，可以延期审理：(1)需要通知新的证人到庭，调取新的物证，重新鉴定或者勘验的；(2)检察人员发现提起公诉的案件需要补充侦查，提出建议的；(3)由于申请回避而不能进行审判的。第 208 条第 3 款规定：人民检察院补充侦查的案件，补充侦查完毕移送人民法院后，人民法院重新计算审理期限。可知，对于因新证据、补充侦查、回避、变更、追加起诉的等，法院可以延期审理，对于新证据、回避导致的延期审理，延期审理期间计入审限，对于补充侦查、变更、追加起诉的，审限重新计算。D 项正确，不选。

【答案】ABC

4. 田某与黄某系同事，黄某工作能力出众，屡次被老总提拔，田某对此心怀不满，于是，田某捏造"黄某在外面包养小三"等向其他同事传播，黄某因此受到其他同事指指点点，黄某多次沟通后无果，决定以侮辱、诽谤罪提起自诉。关于本案，下列哪些说法是正确的：

A. 本案黄某既可以直接到法院提起自诉，也可以由公安机关立案侦查

B. 开庭审理时，黄某经法院传唤，无正当理由拒不到庭，法院裁定按撤诉处理

C. 庭审中，田某以黄某因为这事殴打自己致轻伤，可以提起反诉

D. 一审审理后判处田某有期徒刑 6 个月，田某和黄某均不服提起上诉，二审法院可以改判田某有期徒刑一年

【解析】A 项考查人民法院直接受理的刑事案件。最高院《刑诉解释》第 1 条规定："人民法院直接受理的自诉案件包括：(一)告诉才处理的案件：1. 侮辱、诽谤案(刑法第二百四十六条规定的，但严重危害社会秩序和国家利益的除外)；2. 暴力干涉婚姻自由案(刑法第二百五十七条第一款规定的)；3. 虐待案(刑法第二百六十条第一款规定的)；4. 侵占案(刑法第二百七十条规定的)。(二)人民检察院没有提起公诉，被害人有证据证明的轻微刑事案件：1. 故意伤害案(刑法第二百三十四条第一款规定的)；2. 非法侵入住宅案(刑法第二百四十五条规定的)；3. 侵犯通信自由案(刑法第二百五十二条规定的)；4. 重婚案(刑法第二百五十八条规定的)；5. 遗弃案(刑法第二百六十一条规定的)；6. 生产、销售伪劣商品案(刑法分则第三章第一节规定的，但严重危害社会秩序和国家利益的除外)；7. 侵犯知识产权案(刑法分则第三章第七节规定的，但严重危害社会秩序和国家利益的除外)；8. 刑法分则第四章、第五章规定的，对被告人可能判处三年有期徒刑以下刑罚的案件。本项规定的案件，被害人直接向人民法院起诉的，人民法院应当依法受理。对其中证据不足、可以由公安机关受理的，或者认为对被告人可能判处三年有期徒刑以上刑罚的，应当告知被害人向公安机关报案，或者移送公安机关立案侦查。(三)被害人有证据证明对被告人侵犯自己人身、财产权利的行为应当依法追究刑事责任，且有证据证明曾经提出控告，而公安机关或者人民检察院不予追究被告人刑事责任的案件。"可知，侮辱、诽谤罪是告诉才处理的案件，而非

公诉兼自诉案件，只能由被害人提起自诉。A 项错误，不选。

B 项考查自诉案件按撤诉处理的情形。最高院《刑诉解释》第 274 条规定：自诉人经两次传唤，无正当理由拒不到庭，或者未经法庭准许中途退庭的，人民法院应当裁定按撤诉处理。部分自诉人撤诉或者被裁定按撤诉处理的，不影响案件的继续审理。可知，自诉人要经两次传唤，无正当理由拒不到庭，才能按撤诉处理，B 项过于绝对，不选。

C 项考查自诉案件的反诉。最高院《刑诉解释》第 277 条规定：告诉才处理和被害人有证据证明的轻微刑事案件的被告人或者其法定代理人在诉讼过程中，可以对自诉人提起反诉。反诉必须符合下列条件：(1)反诉的对象必须是本案自诉人；(2)反诉的内容必须是与本案有关的行为；(3)反诉的案件必须符合本解释第一条第一项、第二项的规定。可知，除了公诉转自诉外，自诉案件可以提起反诉，结合上述第 1 条规定，故意伤害罪(轻伤)是公诉兼自诉案件，可以提起反诉，C 项正确，应选。

D 项考查上诉不加刑。《刑诉法》第 237 条规定：二审人民法院审理被告人或者他的法定代理人、辩护人、近亲属上诉的案件，不得加重被告人的刑罚。第二审人民法院发回原审人民法院重新审判的案件，除有新的犯罪事实，人民检察院补充起诉的以外，原审人民法院也不得加重被告人的刑罚。人民检察院提出抗诉或者自诉人提出上诉的，不受前款规定的限制。可知，上诉不加刑的前提是检察院没有抗诉，自诉人没有上诉，本案中，自诉人提起上诉，二审法院可以加重被告人的刑罚。但是注意，上诉不加刑本身没有例外情形。D 项正确，应选。

【答案】CD

5. 2013 年 5 月，李某(17 岁)因涉嫌强奸罪被被检察院提起公诉，2013 年 8 月，法院开庭审理后，认定李某强奸罪成立，依法判处有期徒刑 10 年。关于本案，下列说法哪些是正确的：

A. 本案应由少年法庭审理

B. 在审判时，法院应当通知李某的法定代理人到场，法定代理人可以代为行使李某的诉讼权利

C. 如一审宣判后，即使李某没有上诉，其母亲也可以提起上诉

D. 如一审判决生效后，应当对李某的犯罪记录进行封存

【解析】A 项考查未成年人刑事案件诉讼程序的适用范围。根据最高院《刑诉解释》第 463 条规定：下列案件由少年法庭审理：(1)被告人实施被指控的犯罪时不满 18 周岁，法院立案时不满 20 周岁；(2)被告人实施被指控的犯罪时不满 18 周岁，法院立案时不满 20 周岁，并被指控为首要分子或者主犯的共同犯罪案件。本案中，李某犯罪时未满 18 周岁，法院审理未满 20 周岁，本案由少年法庭审理。A 项正确，应选。

B 项考查法定代理人、合适成年人到场制度。《刑诉法》第 281 条规定：对于未成年人刑事案件，在讯问和审判的时候，应当通知未成年犯罪嫌疑人、被告人的法定代理人到场。无法通知、法定代理人不能到场或者法定代理人是共犯的，也可以通知未

成年犯罪嫌疑人、被告人的其他成年亲属，所在学校、单位、居住地基层组织或者未成年人保护组织的代表到场，并将有关情况记录在案。到场的法定代理人可以代为行使未成年犯罪嫌疑人、被告人的诉讼权利。可知，B 项正确，应选。

C 项考查法定代理人的权利和上诉的主体。法定代理人的权利基本同于被代理人，具有独立的上诉权，但人身性质的权利不可代理。因此，即使李某没有上诉，其母亲作为法定代理人，也可以提起上诉。C 项正确，应选。

D 项考查犯罪记录封存。最高院《刑诉解释》第 480 条规定：犯罪时不满 18 周岁，被判处五年有期徒刑以下刑罚以及免除刑事处罚的未成年人的犯罪记录，应当封存。本案中，李某被判处的 10 年有期徒刑，犯罪记录不予封存。D 项错误，不选。

【答案】ABC

6. 关于检察院与监察机关在刑事诉讼中的衔接协调，下列说法哪些是错误的：

A. 人民检察院对于监察机关移送起诉的案件，依照刑事诉讼法的有关规定进行审查。

B. 对于监察机关移送起诉的已采取留置措施的案件，仍由监察机关采取留置措施。

C. 人民检察院对于监察机关移送起诉的案件，应当在一个月以内作出决定，重大、复杂的案件，可以延长十五日。

D. 对于监察机关移送起诉的案件，人民检察院经审查，认为需要补充核实的，应当退回监察机关补充侦查，必要时可以自行补充侦查。

【解析】A 项考查检察院审查监察机关移送起诉案件的法律依据。根据《刑事诉讼法》第 170 条第 1 款，人民检察院对于监察机关移送起诉的案件，依照本法和监察法的有关规定进行审查。可知，检察院的审查依据是刑事诉讼法与国家监察法，只依据刑事诉讼法不完整。故 A 项错误，应选。

B 项考查监察机关与检察院的衔接。根据《刑事诉讼法》第 170 条第 2 款，对于监察机关移送起诉的已采取留置措施的案件，人民检察院应当对犯罪嫌疑人先行拘留，留置措施自动解除。可见，B 项错误，应选。

C 项考查审查起诉阶段的办案程序与时间。根据《刑事诉讼法》第 172 条的规定，人民检察院对于监察机关移送起诉的案件，应当在一个月以内作出决定，重大、复杂的案件，可以延长十五日。C 项正确，不选。

D 项考查监察机关补充调查。根据《刑事诉讼法》第 170 条第 1 款，人民检察院经审查，认为需要补充核实的，应当退回监察机关补充调查，必要时可以自行补充侦查。监察机关的行为是调查，而不是侦查。D 项错误，应选。

【答案】ABD

三、不定项选择题（每题所设选项中至少有一个正确答案，多选、少选、错选或不选均不得分）

（一）佘某之妻张某因患精神病走失失踪，张某的家人怀疑被佘某杀害，遂向公安机关报案，公安机关立案侦查后，发现附近水塘有一具女尸，经张某家属辨认与张某特征相符，公安机关认定为被害人为张某，并将收集到的犯罪嫌疑人供述等相关证据移送检察院，检察院提起公诉，法院经审理，一审法院判处佘某死刑。佘某不服提出上诉，二审法院以事实不清为由将案件发回原审重审。请回答：

1. 关于本案的证据，下列说法正确的有：

A. 如果佘某的有罪供述系侦查人员采取殴打等暴力方法，使其难以忍受作出的，则应当予以排除

B. 佘某在侦查阶段作出有罪供述，但在审查起诉时进行翻供，检察人员对其讯问时告知其诉讼权利和认罪的法律后果后，佘某又作出同样的有罪供述，可以不予排除

C. 侦查人员在主持辨认时，因没有混杂其他尸体，该辨认笔录应当予以排除

D. 侦查人员在首次讯问佘某时，为告知佘某相关的诉讼权利，该讯问笔录应当予以排除

【解析】本题考查非法证据排除规则和证据的审查判断。

A 项考查犯罪嫌疑人、被告人供述的排除范围。根据《关于办理刑事案件严格排除非法证据若干问题的规定》第 2 条规定：采取殴打、违法使用戒具等暴力方法或者变相肉刑的恶劣手段，使犯罪嫌疑人、被告人遭受难以忍受的痛苦而违背意愿作出的供述，应当予以排除。A 项正确，应选。

B 项考查重复性供述排除的例外。根据《关于办理刑事案件严格排除非法证据若干问题的规定》第 5 条规定："采用刑讯逼供方法使犯罪嫌疑人、被告人作出供述，之后犯罪嫌疑人、被告人受该刑讯逼供行为影响而作出的与该供述相同的重复性供述，应当一并排除，但下列情形除外：(一)侦查期间，根据控告、举报或者自己发现等，侦查机关确认或者不能排除以非法方法收集证据而更换侦查人员，其他侦查人员再次讯问时告知诉讼权利和认罪的法律后果，犯罪嫌疑人自愿供述的；(二)审查逮捕、审查起诉和审判期间，检察人员、审判人员讯问时告知诉讼权利和认罪的法律后果，犯罪嫌疑人、被告人自愿供述的。"可知，根据第 2 项的规定，B 项说法正确，应选。

C 项考查混杂辨认规则。最高院《刑诉解释》第 90 条第 2 款规定："辨认笔录具有下列情形之一的，不得作为定案的根据：(一)辨认不是在侦查人员主持下进行的；(二)辨认前使辨认人见到辨认对象的；(三)辨认活动没有个别进行的；(四)辨认对象没有混杂在具有类似特征的其他对象中，或者供辨认的对象数量不符合规定的；(五)辨认中给辨认人明显暗示或者明显有指认嫌疑的；(六)违反有关规定、不能确定辨认笔录真实性的其他情形。另外，根据《公安部规定》第 249 条规定：辨认时，应当将辨认对象混杂在特征相类似的其他对象中，不得给辨认人任何暗示。辨认犯罪嫌疑人时，被辨认的人数不得少于七人；对犯罪嫌疑人照片进行辨认的，不得少于十人的照片；辨认物品时，混杂的同类物品不得少于五件。对场所、尸体等特定辨认对象进行辨认，或者辨认人能够准确描述物品独有特征的，陪衬物不受数量的限制。"可知，对于尸体等特定辨认对象不要求混杂辨认，该辨认笔录不是应当排除。C 项错误，不选。

D 项考查讯问笔录的强制排除和相对排除。最高院《刑诉解释》第 82 条规定："讯

问笔录有下列瑕疵，经补正或者作出合理解释的，可以采用；不能补正或者作出合理解释的，不得作为定案的根据：（一）讯问笔录填写的讯问时间、讯问人、记录人、法定代理人等有误或者存在矛盾的；（二）讯问人没有签名的；（三）首次讯问笔录没有记录告知被讯问人相关权利和法律规定的。”可知，对于首次讯问未告知犯罪嫌疑人、被告人诉讼权利的，可以作出补正解释，不是强制排除。D 项错误，不选。

【答案】AB

2. 关于本案的审理程序，下列哪些说法正确的：

A. 开庭审理前，佘某申请排除刑讯逼供获得的有罪供述，并提供了相关材料，法院应当召开庭前会议

B. 法院在庭前会议后认定，佘某的有罪供述系非法证据，法庭可作出排除该有罪供述的决定

C. 佘某上诉后，二审法院应当开庭审理

D. 二审法院发回重审，一审法院作出判决后再次提出上诉，二审法院可以原审法院未另行组成合议庭再次发回重审

【解析】A 项考查非法证据排除的阶段。根据《关于办理刑事案件严格排除非法证据若干问题的规定》第 25 条规定：“被告人及其辩护人在开庭审理前申请排除非法证据，按照法律规定提供相关线索或者材料的，人民法院应当召开庭前会议。人民检察院应当通过出示有关证据材料等方式，有针对性地对证据收集的合法性作出说明。人民法院可以核实情况，听取意见。人民检察院可以决定撤回有关证据，撤回的证据，没有新的理由，不得在庭审中出示。被告人及其辩护人可以撤回排除非法证据的申请。撤回申请后，没有新的线索或者材料，不得再次对有关证据提出排除申请。”可知，对于开庭审理前提出的，且有相关材料和线索的，应当召开庭前会议。A 项正确，应选。

注意和最高院《刑诉解释》第 183 条（可以召开）规定的区别：“案件具有下列情形之一的，审判人员可以召开庭前会议：（一）当事人及其辩护人、诉讼代理人申请排除非法证据的；（二）证据材料较多、案情重大复杂的；（三）社会影响重大的；（四）需要召开庭前会议的其他情形。”

B 项考查庭前会议。最高院《刑诉解释》第 184 条规定：“召开庭前会议，审判人员可以就下列问题向控辩双方了解情况，听取意见：（一）是否对案件管辖有异议；（二）是否申请有关人员回避；（三）是否申请调取在侦查、审查起诉期间公安机关、人民检察院收集但未随案移送的证明被告人无罪或者罪轻的证据材料；（四）是否提供新的证据；（五）是否对出庭证人、鉴定人、有专门知识的人的名单有异议；（六）是否申请排除非法证据；（七）是否申请不公开审理；（八）与审判相关的其他问题。审判人员可以询问控辩双方对证据材料有无异议，对有异议的证据，应当在庭审时重点调查；无异议的，庭审时举证、质证可以简化。”可知，庭前会议只是了解情况、听取意见等程序活动，不能在庭前会议排除非法证据，而应在庭审中排除。B 项错误，不选。

C 项考查二审的审理方式。《刑诉法》第 234 条规定：“第二审人民法院对于下列案

件，应当组成合议庭，开庭审理：(一)被告人、自诉人及其法定代理人对第一审认定的事实、证据提出异议，可能影响定罪量刑的上诉案件；(二)被告人被判处死刑的上诉案件；(三)人民检察院抗诉的案件；(四)其他应当开庭审理的案件。第二审人民法院决定不开庭审理的，应当讯问被告人，听取其他当事人、辩护人、诉讼代理人的意见。"可知，本案中，佘某被判处死刑的上诉，二审法院应当开庭审理。C 项正确，应选。

D 项考查二审的审理结果。《刑诉法》第 236 条规定："第二审人民法院对不服第一审判决的上诉、抗诉案件，经过审理后，应当按照下列情形分别处理：(一)原判决认定事实和适用法律正确、量刑适当的，应当裁定驳回上诉或者抗诉，维持原判；(二)原判决认定事实没有错误，但适用法律有错误，或者量刑不当的，应当改判；(三)原判决事实不清楚或者证据不足的，可以在查清事实后改判；也可以裁定撤销原判，发回原审人民法院重新审判。原审人民法院对于依照前款第三项规定发回重新审判的案件作出判决后，被告人提出上诉或者人民检察院提出抗诉的，第二审人民法院应当依法作出判决或者裁定，不得再发回原审人民法院重新审判。"即对于以事实不清，证据不足发回重审的，只能发回一次，根据第 238 条规定："第二审人民法院发现第一审人民法院的审理有下列违反法律规定的诉讼程序的情形之一的，应当裁定撤销原判，发回原审人民法院重新审判：(一)违反本法有关公开审判的规定的；(二)违反回避制度的；(三)剥夺或者限制了当事人的法定诉讼权利，可能影响公正审判的；(四)审判组织的组成不合法的；(五)其他违反法律规定的诉讼程序，可能影响公正审判的。"即对于程序违法的，发回重审不受次数限制。根据第 239 条规定：原审人民法院对于发回重新审判的案件，应当另行组成合议庭，依照第一审程序进行审判。对于重新审判后的判决，依照本法第 217 条、第 218 条、第 219 条的规定可以上诉、抗诉。综上可知，本案发回重审，应当另行组成合议庭，但是原审未另行组成的，属于审判组织不合法的程序违法，不受发回重审的限制。D 项正确，应选。

【注意】对于 D 项，有的同学可能会认为，是应当发回，而不是可以发回，所以认为 D 项错误。这就是一种做题的思维，要了解命题人出题的想法和思路，这个选项想要考查的是能不能再次发回的问题，而不是"可以"还是"应当"的问题，所以说可以发回逻辑上也是没有问题的。

【答案】ACD

(二)龚某系某集团公司原总经理，因涉嫌组织、领导黑社会性质组织罪、故意杀人罪被公安机关立案侦查，龚某聘请律师李某担任其辩护人。在辩护过程中，龚某检举其辩护律师李某教唆其作伪证，李某因此被以妨害作证罪提起公诉。后李某被判处有期徒刑 1 年 6 个月，龚某则被判处无期徒刑。请回答：

3. 关于李某涉嫌的妨害作证罪一案，下列说法正确的有：

A. 本案的侦查机关应当由办理龚某案件的侦查机关以外的机关办理

B. 侦查机关对李某立案侦查的，应当通知李某所在的律师事务所以及所属的律师

协会

C. 开庭审理时，李某以审判员王某曾经在公诉机关任职，法庭可以当庭驳回，但李某可以提出复议

D. 庭审过程中，李某对龚某的证言提出异议，如果该证言对李某是否构成犯罪具有重大影响，则法院应当通知龚某出庭作证

【解析】A 项考查追究辩护人犯罪的程序。《六机关规定》第 9 条规定：刑事诉讼法第四十二条第二款中规定："违反前款规定的，应当依法追究法律责任，辩护人涉嫌犯罪的，应当由办理辩护人所承办案件的侦查机关以外的侦查机关办理。"根据上述规定，公安机关、人民检察院发现辩护人涉嫌犯罪，或者接受报案、控告、举报、有关机关的移送，依照侦查管辖分工进行审查后认为符合立案条件的，或者由上一级侦查机关立案侦查。不得指定办理辩护人所承办案件的侦查机关的下级侦查机关立案侦查。可知，对于辩护人涉嫌犯罪的，应当按照规定报请办理辩护人所承办案件的侦查机关的上一级侦查机关指定其他侦查机关立案侦查或上级机关侦查，A 项正确，应选。

B 项考查辩护人的权利。《关于依法保障律师执业权利的规定》第 10 条规定：侦查机关依法对在诉讼活动中涉嫌犯罪的律师采取强制措施后，应当在 48 小时以内通知其所在的律师事务所或者所属的律师协会。可知，对于通知是可以选择的，而不是律师事务所和律师协会都要通知。B 项错误，不选。

C 项考查回避的程序。最高院《刑诉解释》第 30 条规定：对当事人及其法定代理人提出的回避申请，人民法院可以口头或者书面作出决定，并将决定告知申请人。当事人及其法定代理人申请回避被驳回的，可以在接到决定时申请复议一次。不属于刑事诉讼法第二十八条、第二十九条规定情形的回避申请，由法庭当庭驳回，并不得申请复议。根据《刑诉法》及最高院《刑诉解释》的规定，回避理由主要是与当事人或者近亲属等有利害关系，并不包括专门机关，本案中，曾经在办案机关任职并不属于法定法定回避理由，法庭可以当庭驳回，并不得复议。可知，C 项说法错误，不选。

D 项考查证人出庭作证制度。最高院《刑诉解释》第 205 条规定：公诉人、当事人或者辩护人、诉讼代理人对证人证言有异议，且该证人证言对定罪量刑有重大影响，或者对鉴定意见有异议，申请法庭通知证人、鉴定人出庭作证，人民法院认为有必要的，应当通知证人、鉴定人出庭；无法通知或者证人、鉴定人拒绝出庭的，应当及时告知申请人。可知，证人应当出庭作证除了有异议、有影响外，法院还应当认为有必要，所以 D 项说法错误，不选。

【答案】A

4. 龚某被判处无期徒刑后，在执行期间，认真遵守监规，服从劳动改造，执行机关拟对龚某提出减刑。关于龚某的减刑程序，下列说法正确的有：

A. 减刑申请应当由龚某服刑地的中级法院收到同级监狱管理管理机关审核同意的减刑建议书后作出裁定

B. 法院应当由审判员组成合议庭进行审理

C. 法院应当开庭审理

D. 法院经审理后作出减刑的裁定，检察院认为裁定不当的，应当在收到裁定书副本后一个月内提出书面纠正意见

【解析】A 项考查减刑、假释的裁定机关。最高院《刑诉解释》第 449 条规定："对减刑、假释案件，应当按照下列情形分别处理：(一)对被判处死刑缓期执行的罪犯的减刑，由罪犯服刑地的高级人民法院根据同级监狱管理机关审核同意的减刑建议书裁定；(二)对被判处无期徒刑的罪犯的减刑、假释，由罪犯服刑地的高级人民法院，在收到同级监狱管理机关审核同意的减刑、假释建议书后一个月内作出裁定，案情复杂或者情况特殊的，可以延长一个月；(三)对被判处有期徒刑和被减为有期徒刑的罪犯的减刑、假释，由罪犯服刑地的中级人民法院，在收到执行机关提出的减刑、假释建议书后一个月内作出裁定，案情复杂或者情况特殊的，可以延长一个月；(四)对被判处拘役、管制的罪犯的减刑，由罪犯服刑地中级人民法院，在收到同级执行机关审核同意的减刑、假释建议书后一个月内作出裁定。"可知，对于无期徒刑的减刑，应当由高院裁定，而非中院。A 项错误，不选。

B 项考查减刑、假释案件的审理组织。《最高人民法院关于减刑、假释案件审理程序的规定》第 4 条规定：人民法院审理减刑、假释案件，应当依法由审判员或者由审判员和人民陪审员组成合议庭进行。可知，减刑、假释案件可以吸收陪审员参加，B 项说法不全面，不选。

C 项考查减刑、假释案件应当开庭审理的情形。《最高人民法院关于减刑、假释案件审理程序的规定》第 6 条规定："人民法院审理减刑、假释案件，可以采取开庭审理或者书面审理的方式。但下列减刑、假释案件，应当开庭审理：(一)因罪犯有重大立功表现报请减刑的；(二)报请减刑的起始时间、间隔时间或者减刑幅度不符合司法解释一般规定的；(三)公示期间收到不同意见的；(四)人民检察院有异议的；(五)被报请减刑、假释罪犯系职务犯罪罪犯，组织(领导、参加、包庇、纵容)黑社会性质组织犯罪罪犯，破坏金融管理秩序和金融诈骗犯罪罪犯及其他在社会上有重大影响或社会关注度高的；(六)人民法院认为其他应当开庭审理的。"本案中，龚某涉嫌黑社会组织犯罪，对其减刑应当开庭审理，C 项说法正确，应选。

D 项考查检察院对减刑、假释案件的监督。《刑诉法》第 274 条规定："人民检察院认为人民法院减刑、假释的裁定不当，应当在收到裁定书副本后二十日以内，向人民法院提出书面纠正意见。人民法院应当在收到纠正意见后一个月以内重新组成合议庭进行审理，作出最终裁定。"可知，检察院提出意见是 20 天，1 个月是法院重新审理的期限，不要混淆。D 项说法错误，不选。

【答案】C

《刑事诉讼法》第二套模拟试题

一、单项选择题(每题所设选项中只有一个正确答案，多选、错选或不选均不得分)

1. 赵某意图抢劫刘某，因刘某反抗，赵某便用匕首将刘某捅成重伤，刘某的女儿(7岁)在旁边看到这一幕。公安机关立案后迅速赵某逮捕归案，移送检察院起送。检察院提起公诉，刘某提起附带民事诉讼。关于本案，下列哪一说法是正确的：

A. 刘某的女儿因年幼不能作为本案的证人

B. 刘某的母亲可以为刘某委托诉讼代理人

C. 赵某的辩护律师经过刘某同意后，可以向刘某调查取证

D. 赵某在羁押期间，检察院应当进行羁押必要性审查，由刑事公诉部门统一办理

【解析】A项考查证人资格。《刑诉法》第62条规定：凡是知道案件情况的人，都有作证的义务。生理上、精神上有缺陷或者年幼，不能辨别是非、不能正确表达的人，不能作证人。可知，对于年幼的人，只有在不能辨别是非、不能正确表达的情况下，才不能作为证人，即不是一律排除，刘某的女儿目睹案件的发生过程，有可能作为本案的证人，A项绝对，不选。

B项考查诉讼代理人的委托人。《刑诉法》第46条规定：公诉案件的被害人及其法定代理人或者近亲属，附带民事诉讼的当事人及其法定代理人，自案件移送审查起诉之日起，有权委托诉讼代理人。自诉案件的自诉人及其法定代理人，附带民事诉讼的当事人及其法定代理人，有权随时委托诉讼代理人。可知，对于公诉案件被害人的法定代理人或者近亲属均可以委托诉讼代理人，B项正确，应选。

C项考查辩护律师的调查取证权。《刑诉法》第43条规定：辩护律师经证人或者其他有关单位和个人同意，可以向他们收集与本案有关的材料，也可以申请人民检察院、人民法院收集、调取证据，或者申请人民法院通知证人出庭作证。辩护律师经人民检察院或者人民法院许可，并且经被害人或者其近亲属、被害人提供的证人同意，可以向他们收集与本案有关的材料。可知，辩护律师向控方取证，应当经被调查人同意，同时经检察院或者法院许可，本案只有被调查人同意，辩护律师不能向被害人取证。C项错误，不选。

D项考查羁押必要性审查。《刑诉法》第95条：犯罪嫌疑人、被告人被逮捕后，人民检察院仍应当对羁押的必要性进行审查。对不需要继续羁押的，应当建议予以释放或者变更强制措施。有关机关应当在十日以内将处理情况通知人民检察院。《人民检察院办理羁押必要性审查案件规定(试行)》第3条规定：羁押必要性审查案件由办案机关对应的同级人民检察院刑事执行检察部门统一办理，侦查监督、公诉、侦查、案件管理、检察技术等部门予以配合。可知，羁押必要性审查是由刑事执行检察部门同意办

理，而非公诉部门，D 项错误，不选。

【答案】B

2. 杨某成年后无所事事，和朋友一起盗窃电动车被法院判处有期徒刑 2 年，刑满释放三个月又参与抢劫，抢劫过程中，由于被害人周某的反抗，杨某将周某捅伤，经抢救无效死亡。杨某畏罪潜逃，后在父母的劝说下，主动向公安机关投案自首，检察院对杨某依法提起公诉。关于本案，下列说法正确的有：

A. 周某的父母可以提起附带民事诉讼，要求赔偿丧葬费、精神损失等损失

B. 法院在审理过程中，合议庭发现检察院移送的案卷中没有被告人杨某的自首材料，合议庭可以建议检察院移送

C. 合议庭经审理后，对杨某判处死刑缓期 2 年执行，同时，合议庭可以决定对杨某限制减刑

D. 杨某在死刑缓期执行后减为无期徒刑后，认真遵守监规，接受教育改造，可以对其假释

【解析】本题考查的较为综合，结合刑法知识点考查。对于抢劫致人重伤、死亡的，依法判处十年以上有期徒刑、无期徒刑或者死刑。被判处有期徒刑以上刑罚的犯罪分子，刑罚执行完毕或者赦免以后，在五年以内再犯应当判处有期徒刑以上刑罚之罪的，是累犯，应当从重处罚，但是过失犯罪和不满十八周岁的人犯罪的除外。

A 项考查附带民事诉讼的原告和赔偿范围。最高院《刑诉解释》第 138 条规定：被害人因人身权利受到犯罪侵犯或者财物被犯罪分子毁坏而遭受物质损失的，有权在刑事诉讼过程中提起附带民事诉讼；被害人死亡或者丧失行为能力的，其法定代理人、近亲属有权提起附带民事诉讼。因受到犯罪侵犯，提起附带民事诉讼或者单独提起民事诉讼要求赔偿精神损失的，人民法院不予受理。可知，对于被害人死亡的，被害人的近亲属有权提起附带民事诉讼，但附带民事诉讼只能要求赔偿物质损失，对于精神损失，不予赔偿。A 项总体说法错误，不选。

B 项考查法庭调查特殊情况的处理。最高院《刑诉解释》第 226 条规定：审判期间，合议庭发现被告人可能有自首、坦白、立功等法定量刑情节，而人民检察院移送的案卷中没有相关证据材料的，应当通知人民检察院移送。审判期间，被告人提出新的立功线索的，人民法院可以建议人民检察院补充侦查。可知，对于合议庭发现被告人可能有自首、坦白、立功等法定量刑情节，而检察院移送的的案卷中没有相关材料的，应当通知检察院移送，而不是建议。建议是在被告人提出新的立功线索后，法院可以建议检察院补充侦查。(一定要注意区分)。B 项错误，不选。

C 项考查死缓的限制减刑。《关于死刑缓期执行限制减刑案件审理程序若干问题的规定》第 1 条规定：根据刑法第五十条第二款的规定，对被判处死刑缓期执行的累犯以及因故意杀人、强奸、抢劫、绑架、放火、爆炸、投放危险物质或者有组织的暴力性犯罪被判处死刑缓期执行的犯罪分子，人民法院根据犯罪情节、人身危险性等情况，可以在作出裁判的同时决定对其限制减刑。可知，被判处死刑缓期执行的累犯以及因

故意杀人、强奸、抢劫、绑架、放火、爆炸、投放危险物质或者有组织的暴力性犯罪被判处死刑缓期执行的犯罪分子，法院可以根据犯罪情节、人身危险性，可在作出裁判的同时决定对其限制减刑。本案中，杨某既是累犯也是犯抢劫罪，可以对杨某限制减刑。C 项正确，应选。

D 项考查减刑、假释。《刑法》第 81 条第 2 款规定：对累犯以及因故意杀人、强奸、抢劫、绑架、放火、爆炸、投放危险物质或者有组织的暴力性犯罪被判处十年以上有期徒刑、无期徒刑的犯罪分子，不得假释。故本案中的杨某无论表现如何，均不得假释。D 项错误，不选。

【答案】C

3. 原某国有公司党委副书记甄某因涉嫌巨额财产来源不明被监察委立案调查，监察委经调查后认为犯罪事实清楚，证据充分，便移送检察院审查起诉，检察院依法向法院提起公诉，关于本案，下列说法是正确的：

A. 在调查阶段，自监察委第一次讯问时，甄某可以聘请律师为其提供辩护

B. 监察委在调查时，发现甄某还涉嫌故意杀人罪，监察委应当将故意杀人罪移送公安机关立案侦查

C. 本案应由甄某承担证明责任

D. 如检察院将案件移送法院，法院进行庭前审查时发现甄某已经逃到加拿大，法院应当将案件退回检察院

【解析】A 项考查聘请律师的时间。《刑诉法》第 34 条规定：犯罪嫌疑人自被侦查机关第一次讯问或者采取强制措施之日起，有权委托辩护人；在侦查期间，只能委托律师作为辩护人。被告人有权随时委托辩护人。但是，要注意的是，这是针对司法机关而言，监察委不属于司法机关，在监察委调查阶段，律师不能介入，A 项错误，不选。

B 项考查交叉管辖。《监察法》第 34 条规定：人民法院、人民检察院、公安机关、审计机关等国家机关在工作中发现公职人员涉嫌贪污贿赂、失职渎职等职务违法或者职务犯罪的问题线索，应当移送监察机关，由监察机关依法调查处置。被调查人既涉嫌严重职务违法或者职务犯罪，又涉嫌其他违法犯罪的，一般应当由监察机关为主调查，其他机关予以协助。可知，对于既涉嫌职务犯罪，又涉嫌其他犯罪的，由监察委为主调查，其他机关予以协助，而不是移送公安机关，B 项错误，不选。

C 项考查证明责任。公诉案件中控方承担证明责任，例外情况下被告人部分承担证明责任，如对于巨额财产来源不明罪、少数持有型犯罪，控方对被告人巨额财产和少数物品的持有状况承担证明责任，犯罪嫌疑人、被告人对巨额财产来源和持有物品的“合法性”承担证明责任，不能证明时，则承担“其持有的巨额财产来源不明或特定的持有物品非法”的不利后果。本案中证明财产或支出或明显超过合法收入并且差额巨大的事实的证明责任仍应由公诉机关承担，因此，本选项认为“本案应由甄某承担证明责任”显然错误，C 项错误，不选。

D 项考查公诉案件的庭前审查。最高院《刑诉解释》第 181 条规定：“人民法院对提

起公诉的案件审查后，应当按照下列情形分别处理：（一）属于告诉才处理的案件，应当退回人民检察院，并告知被害人有权提起自诉；（二）不属于本院管辖或者被告人不在案的，应当退回人民检察院；（三）不符合前条第二项至第八项规定之一，需要补充材料的，应当通知人民检察院在三日内补送；（四）依照刑事诉讼法第一百九十五条第三项规定宣告被告人无罪后，人民检察院根据新的事实、证据重新起诉的，应当依法受理；（五）依照本解释第二百四十二条规定裁定准许撤诉的案件，没有新的事实、证据，重新起诉的，应当退回人民检察院；（六）符合刑事诉讼法第十五条第二项至第六项规定情形的，应当裁定终止审理或者退回人民检察院；（七）被告人真实身份不明，但符合刑事诉讼法第一百五十八条第二款规定的，应当依法受理。”可知，对于被告人不在案的，法院应当退回检察院。D 项正确，应选。

【答案】D

4. 关于证据的基本特征和原则，下列哪项说法是正确的：

A. 赵某涉嫌故意杀人罪被提起公诉，侦查机关对其进行测谎的结论可以作为认定案件的证据

B. 艾某涉嫌盗窃罪，其曾经有过盗窃的事实，可以作为认定本案的事实证据

C. 孤证不能定案是证据裁判原则的体现

D. 自由心证原则要求证据的取舍、证据能力、证明力大小，法律不预先规定，由裁判主体按照良心理性形成内心确信

【解析】A 项考查证据的合法性。证据的合法性要求证据的形式应当合法，即符合《刑诉法》第 50 条规定的 8 种证据形式。测谎结论不属于这 8 种证据形式，不能作为定案的证据。A 项错误，不选。

B 项考查证据的关联性。关联性要求诉讼证据与案件的待证事实之间存在客观的联系。类似行为、品格证据、特定的诉讼行为、特定的事实行为、被害人过去的行为、表情等均不具有关联性，不得作为定案根据。艾某曾经有盗窃的行为，属于被害人过去的行为，不得作为认定本案的事实证据。B 项错误，不选。

C 项考查证据裁判原则。证据裁判原则是指对于案件事实的认定，必须有相应的证据予以证明。没有证据或者证据不充分的，不得认定案件事实。可知，“孤证不能定案”是指证据不充分的情形下，不能认定案件事实，可知，C 项正确，应选。

D 项考查自由心证原则。自由心证原则要求证据的取舍、证据的证明力大小及对案件事实的认定规则等，法律不预先加以明确规定，而由裁判主体按照自己的良心、理性形成内心确信，以此作为对案件事实认定的一项证据原判。可知，对于证据的证明能力要预先规定，不能自由判断，D 项错误，不选。

【答案】C

5. 康某以其女儿康某某失踪向公安机关报案，公安经立案侦查后，认定康某某系聂某奸杀，检察院以强奸罪、故意杀人罪向法院提起公诉，一审法院审理后判决聂某

死刑立即执行，聂某不服，提起上诉，二审法院维持原判。死刑执行后，聂母不断申诉。关于本案，下列说法正确的是：

A. 法院在审理本案时，应当不公开审理

B. 本案的判决自二审法院维持原判的裁定宣告之日起生效

C. 法庭在审理本案时，应当提交审判委员讨论，审判委员的讨论意见供合议庭参考

D. 如最高院决定再审，并改判聂某无罪，原审判员因对案件事实认识存在偏差，应当承担法律责任

【解析】A 项考查审判公开原则。《刑诉法》第 188 条规定：人民法院审判第一审案件应当公开进行。但是有关国家秘密或者个人隐私的案件，不公开审理；涉及商业秘密的案件，当事人申请不公开审理的，可以不公开审理。本案中，因强奸罪涉及当事人的隐私，应当不公开审理。A 项正确，应选。

B 项考查两审终审制。《刑诉法》第 10 条规定：人民法院审判案件，实行两审终审制。但是，我国两审终审存在例外，第一，最高院审理的第一审案件；第二，死刑案件和法定刑以下判处刑罚的案件，判决必须经过复核后方可生效。可知，本案是死刑立即执行的案件，需要复核，故 B 项错误，不选。

C 项考查合议庭和审判委员会的关系。最高院《刑诉解释》第 178 条第 2 款规定：拟判处死刑的案件、人民检察院抗诉的案件，合议庭应当提请院长决定提交审判委员会讨论决定。第 179 条规定：审判委员会的决定，合议庭、独任审判员应当执行；有不同意见的，可以建议院长提交审判委员会复议。可知，本案属于判处死刑的案件，应当提交审判委员会讨论，且讨论意见合议庭应当执行，而不是参考，这点要和院长或庭长决定相关审判人员共同讨论的案件相区别(该讨论意见供合议庭参考，不决定合议庭依法作出判决的实质内容)。C 项错误，不选。

D 项考查合议庭成员不承担责任的情形。《最高人民法院关于进一步加强合议庭职责的若干规定》第 10 条规定："合议庭组成人员存在违法审判行为的，应当按照《人民法院审判人员违法审判责任追究办法(试行)》等规定追究相应责任。合议庭审理案件有下列情形之一的，合议庭成员不承担责任：(一)因对法律理解和认识上的偏差而导致案件被改判或者发回重审的；(二)因对案件事实和证据认识上的偏差而导致案件被改判或者发回重审的；(三)因新的证据而导致案件被改判或者发回重审的；(四)因法律修订或者政策调整而导致案件被改判或者发回重审的；(五)因裁判所依据的其他法律文书被撤销或变更而导致案件被改判或者发回重审的；(六)其他依法履行审判职责不应当承担责任的情形。"可知，对于因对案件事实和证据认识存在偏差，合议庭成员不承担责任，D 项错误，不选。

【答案】A

6. 黄某因生活窘迫产生报复社会的念头，便在街道手持菜刀随意砍人，致四人受伤，其中两名男童因抢救无效死亡。公安机关接到报警后立即采取强制措施，检察院

以故意杀人罪向法院提起公诉。对于本案，下列说法是正确的：

A. 对于拘留黄某，公安机关应当出示拘留证

B. 黄某的辩护律师收集到黄某患有精神病，可能不负刑事责任，辩护律师应当告知办案机关

C. 如法院在审理过程中，发现被告人黄某属于精神病人，符合强制医疗条件的，应当将案件退回检察院，由检察院提起强制医疗程序

D. 如检察院以黄某为精神病人符合强制医疗条件向法院提起强制医疗程序，法院审理后认为黄某具有部分刑事责任能力，法院应当转为普通程序审理

【解析】A 项考查拘留的条件。《公安部规定》第 120 条规定："公安机关对于现行犯或者重大嫌疑分子，有下列情形之一的，可以先行拘留：(一)正在预备犯罪、实行犯罪或者在犯罪后即时被发觉的；(二)被害人或者在场亲眼看见的人指认他犯罪的；(三)在身边或者住处发现有犯罪证据的；(四)犯罪后企图自杀、逃跑或者在逃的；(五)有毁灭、伪造证据或者串供可能的；(六)不讲真实姓名、住址，身份不明的；(七)有流窜作案、多次作案、结伙作案重大嫌疑的。"第 121 条规定："拘留犯罪嫌疑人，应当填写呈请拘留报告书，经县级以上公安机关负责人批准，制作拘留证。执行拘留时，必须出示拘留证，并责令被拘留人在拘留证上签名、捺指印，拒绝签名、捺指印的，侦查人员应当注明。紧急情况下，对于符合本规定第一百二十条所列情形之一的，应当将犯罪嫌疑人带至公安机关后立即审查，办理法律手续。本案中，由于黄某正在行凶，情况紧急，可以先将黄某带至公安机关，然后再办理法律手续。"A 项错误，不选。

B 项考查辩护律师的义务。《刑诉法》第 42 条规定：辩护人收集的有关犯罪嫌疑人不在犯罪现场、未达到刑事责任年龄、属于依法不负刑事责任的精神病人的证据，应当及时告知公安机关、人民检察院。可知，B 项说法正确，应选。

C 项考查强制医疗程序的启动。《刑诉法》第 303 条第 2 款规定：公安机关发现精神病人符合强制医疗条件的，应当写出强制医疗意见书，移送人民检察院。对于公安机关移送的或者在审查起诉过程中发现的精神病人符合强制医疗条件的，人民检察院应当向人民法院提出强制医疗的申请。人民法院在审理案件过程中发现被告人符合强制医疗条件的，可以作出强制医疗的决定。可知，法院可以启动强制医疗程序，无须退回检察院。C 项错误，不选。这一点要和违法所得没收程序相区别，没收程序只能检察院提起。

D 项考查强制医疗程序审理后的处理。最高院《刑诉解释》第 531 条规定："对申请强制医疗的案件，人民法院审理后，应当按照下列情形分别处理：(一)符合刑事诉讼法第二百八十四条规定的强制医疗条件的，应当作出对被申请人强制医疗的决定；(二)被申请人属于依法不负刑事责任的精神病人，但不符合强制医疗条件的，应当作出驳回强制医疗申请的决定；被申请人已经造成危害结果的，应当同时责令其家属或者监护人严加看管和医疗；(三)被申请人具有完全或者部分刑事责任能力，依法应当追究刑事责任的，应当作出驳回强制医疗申请的决定，并退回人民检察院依法处理。"

可知，对于检察院提起强制医疗程序，如果被申请人属于部分刑事责任能力人，应当驳回申请，退回检察院。这一点要和法院自己提起的相区别，法院提起的，可以直接转为普通程序审理。D项错误，不选。

【答案】B

7. 程某因涉嫌贪污受贿，外逃加拿大，没有被加拿大政府遣返，关于我国法院如何处理，下列说法不正确的是：

A. 人民法院应当通过有关国际条约规定的或者外交途径提出的司法协助方式，或者被告人所在地法律允许的其他方式，将传票和人民检察院的起诉书副本送达被告人。

B. 人民法院缺席审判案件，被告人有权委托辩护人，被告人的近亲属可以代为委托辩护人。

C. 在审理过程中，被告人自动投案或者被抓获的，人民法院应当重新审理。

D. 被告人死亡的，人民法院可以缺席审理，依法作出判决。

【解析】A项考查缺席审判程序中的司法协助。《刑诉法》第292条规定，人民法院应当通过有关国际条约规定的或者外交途径提出的司法协助方式，或者被告人所在地法律允许的其他方式，将传票和人民检察院的起诉书副本送达被告人。A项正确，不选。

B项考查缺席审判程序中的辩护权。《刑诉法》第293条规定，人民法院缺席审判案件，被告人有权委托辩护人，被告人的近亲属可以代为委托辩护人。B项正确，不选。

C项考查缺席审判程序中的重新审理。《刑诉法》第295条规定，在审理过程中，被告人自动投案或者被抓获的，人民法院应当重新审理。C项正确，不选。

D项考查缺席审判程序中的被告人死亡的处理。根据《刑诉法》第297条，被告人死亡的，人民法院应当裁定终止审理，但有证据证明被告人无罪，人民法院经缺席审理确认无罪的，应当依法作出判决。D项错误，应选。

【答案】D

二、多项选择题（每题所设选项中至少有两个正确答案，多选、少选、错选或不选均不得分）

1. 美国人约翰受间谍组织指派，到我国窃取军事秘密，后事情败露，准备出境，被海关扣留。关于本案，下列哪些说法是正确的：

A. 海关应当将案件移送国家安全机关立案侦查

B. 如需要对约翰进行逮捕，侦查机关报请检察院批捕，检察院作出批捕决定后报上一级检察院备案，并向同级政府外事部门通报

C. 侦查机关报请批捕的，检察院审查批捕时，应当要讯问约翰

D. 如果约翰想要委托律师为其提供辩护，只能委托我国律师

【解析】本题结合刑法进行考察。间谍罪，是指参加间谍组织，接受间谍组织及其

代理人的任务、或者为敌人指示轰击目标，危害国家安全的行为。间谍罪的主体既可以是我国公民，也开始是外国人、无国籍人。本案中，约翰接受间谍组织的任务，窃取我国军事秘密，其行为构成间谍罪，间谍罪属于危害国家安全的犯罪。

A项考查刑事诉讼中的专门机关。侦查机关除了公安机关，还有国家安全机关、军队保卫部门、监狱。国家安全机关依法办理危害国家安全的刑事案件，办案属于危害国家安全犯罪，由国家安全机关侦查。A项正确，应选。

B项考查对于特殊人的逮捕程序。最高检《刑诉规则》第312条规定："外国人、无国籍人涉嫌危害国家安全犯罪的案件或者涉及国与国之间政治、外交关系的案件以及在适用法律上确有疑难的案件，认为需要逮捕犯罪嫌疑人的，按照刑事诉讼法第十九条、第二十条的规定，分别由基层人民检察院或者分、州、市人民检察院审查并提出意见，层报最高人民检察院审查。最高人民检察院经审查认为需要逮捕的，经征求外交部的意见后，作出批准逮捕的批复，经审查认为不需要逮捕的，作出不批准逮捕的批复。基层人民检察院或者分、州、市人民检察院根据最高人民检察院的批复，依法作出批准或者不批准逮捕的决定。层报过程中，上级人民检察院经审查认为不需要逮捕的，应当作出不批准逮捕的批复，报送的人民检察院根据批复依法作出不批准逮捕的决定。基层人民检察院或者分、州、市人民检察院经审查认为不需要逮捕的，可以直接依法作出不批准逮捕的决定。外国人、无国籍人涉嫌本条第一款规定以外的其他犯罪案件，决定批准逮捕的人民检察院应当在作出批准逮捕决定后四十八小时以内报上一级人民检察院备案，同时向同级人民政府外事部门通报。上一级人民检察院对备案材料经审查发现错误的，应当依法及时纠正。"本案中，约翰涉嫌的是危害国家安全的特殊犯罪，应当层报最高检审查，要注意一般案件和特殊案件的区别。B项错误，不选。

C项考查检察院审查批捕时应当讯问犯罪嫌疑人的情形。最高检《刑诉规则》第305条规定："侦查监督部门办理审查逮捕案件，可以讯问犯罪嫌疑人；有下列情形之一的，应当讯问犯罪嫌疑人：(一)对是否符合逮捕条件有疑问的；(二)犯罪嫌疑人要求向检察人员当面陈述的；(三)侦查活动可能有重大违法行为的；(四)案情重大疑难复杂的；(五)犯罪嫌疑人系未成年人的；(六)犯罪嫌疑人是盲、聋、哑人或者是尚未完全丧失辨认或者控制自己行为能力的精神病人的。"可知，本案并没有应当讯问犯罪嫌疑人的情形，犯罪嫌疑人是外国人不是应当讯问的情形。C项错误，不选。

D项考查涉外刑事诉讼程序中的外国籍当事人委托中国律师辩护或代理的原则。最高院《刑诉解释》第402条规定：外国籍被告人委托律师辩护，或者外国籍附带民事诉讼原告人、自诉人委托律师代理诉讼的，应当委托具有中华人民共和国律师资格并依法取得执业证书的律师。可知，D项说法正确，应选。

【答案】AD

2. 谭某因在网上发贴文"某某药酒，来自天堂的毒药"，而被H公司认为损害其商品声誉，遂向公安机关报案请求对谭某进行立案侦查，公安机关立案后跨境将谭某进行刑事拘留，并经检察院批准，对谭某进行逮捕。对于本案，下列哪些说法正确：

A. H公司请求公安机关立案侦查的行为属于控告

B. 在羁押期间，如谭某行为异常，公安机关决定对谭进行精神病鉴定，鉴定期间，不计入办案期限

C. 因谭某突发严重疾病、生活不能自理，公安机关应当对其监视居住

D. 审查起诉时，如检察院认为证据不足，需要补充侦查，只能自行侦查

【解析】A项考查立案的来源(报案、举报和控告)。办案机关机关的报案的主体是被害人或者第三人，举报的主体只能是第三人，控告的主体是被害人，报案、举报和控告均能指出犯罪事实，但报案不能指出犯罪嫌疑人，举报和控告既能指出犯罪事实，也能指出犯罪嫌疑人。本案H公司是被害人，且能指出犯罪嫌疑人谭某，故本案H公司的行为属于控告，A项正确，应选。

B项考查期间的不计入。除了对犯罪嫌疑人做精神病鉴定外，鉴定应当计入办案期限，B项是精神病鉴定，不计入办案期限。B项正确，应选。

C项考查监视居住的条件。监视居住作为逮捕的替代措施，对于应当逮捕，但患有严重疾病、生活不能自理的，可以视情况对其监视居住，但不是“应当”，注意区分。C项错误，不选。

D项考查补充侦查。对于审查起诉阶段的补充侦查，检察院既可以退回公安机关，也可以自行侦查，D项错误，不选。注意和审判阶段的补充侦查区分，审判阶段只能是检察院自行侦查。

【答案】AB

3. 李某驾驶轿车在经过某学校时，因时速过快将两名女大学生撞倒，陈某当场死亡，赵某重伤。事故后，李某态度嚣张，并称“他爸是某刚”。后检察院以交通肇事罪提起公诉，法院依法开庭审理。关于本案，下列哪些说法是错误的：

A. 被害人提起附带民事诉讼的，应当由同一审判组织审理

B. 如果被害人与李某达成了调解协议，均应当制作调解书，调解书经双方当事人签收后具有法律效力

C. 审查起诉时，双方拟达成公诉案件和解，陈某的父亲可以代为和解

D. 审判期间，法院主持双方和解达成协议的，由双方当事人和审判人员签名，并加盖人民法院印章

【解析】A项考查附带民事诉讼的审理组织。《刑诉法》第104条规定：附带民事诉讼应当同刑事案件一并审判，只有为了防止刑事案件审判的过分迟延，才可以在刑事案件审判后，由同一审判组织继续审理附带民事诉讼。即刑事案件附带民事诉讼的，刑民一并审理为原则，先刑后民为例外，但是，均应当由同一审判组织审理。A项正确，不选。

B项考查附带民事诉讼的调解。最高院《刑诉解释》第153条规定：人民法院审理附带民事诉讼案件，可以根据自愿、合法的原则进行调解。经调解达成协议的，应当

制作调解书。调解书经双方当事人签收后，即具有法律效力。调解达成协议并即时履行完毕的，可以不制作调解书，但应当制作笔录，经双方当事人、审判人员、书记员签名或者盖章后即发生法律效力。可知，制作调解书是原则，但是也有例外，所以“均应当”过于绝对，B 项错误，应选。

C 项考查公诉案件和解的主体。最高院《刑诉解释》第 497 条规定：符合刑事诉讼法第二百七十七条规定的公诉案件，被害人死亡的，其近亲属可以与被告人和解。近亲属有多人的，达成和解协议，应当经处于同一继承顺序的所有近亲属同意。被害人系无行为能力或者限制行为能力人的，其法定代理人、近亲属可以代为和解。可知，对于被害人死亡的，由被害人的近亲属和解，而非代为和解，C 项错误，应选。

D 项考查和解协议书的制作。最高院《刑诉解释》第 501 条第 2 款规定：和解协议书应当由双方当事人和审判人员签名，但不加盖人民法院印章。可知，和解协议书不加盖法院印章。D 项错误，应选。本考点要将法院和检察院的组织和解进行区别，《检察规则》第 516 条第 2 款规定：和解协议书应当由双方当事人签字，可以写明和解协议书系在人民检察院主持下制作。检察人员不在当事人和解协议书上签字，也不加盖人民检察院印章。检察院主持的，不仅不加盖检察院的印章，而且检察人员也不签字。

【答案】BCD

4. 小蔡(女，16 岁)系某职业学院的女学生，在学校被朱某(女，16 岁)等其他学生在宿舍楼内，采用恶劣手段，无故殴打、辱骂。小蔡因害怕，不敢告诉老师和父母，只是记录的在日记本上。小蔡的母亲唐某从日记本中看到后，遂报案，最终，五名未成年女学生均被判处有期徒刑。关于本案，下列说法正确有：

A. 唐某当庭陈述她看到小蔡日记本记录了女儿受害情况是间接证据

B. 如公安机关需要搜查朱某的身体时，只能由女工作人员进行

C. 公安机关在询问小蔡时，应当由女工作人员进行

D. 检察院根据需要，可以对朱某做心理疏导和心理测评

【解析】A 项考查证据的分类。能够单独证明案件主要事实的证据是直接证据，不能单独证明案件主要事实的证据是间接证据。本案中，唐某陈述她看到受害人在日记本上记录了受害的事实是证人证言，但这个证人证言没有她所看的日记本证据或其他证据相协同，是不能单独证明犯罪是否发生、是谁人所为，所以不是直接证据，是间接证据。A 项正确，当选。

B 项考查搜查。《刑诉法》第 139 条规定：在搜查的时候，应当有被搜查人或者他的家属，邻居或者其他见证人在场。搜查妇女的身体，应当由女工作人员进行。可知，朱某系未成年女性，搜查只能由女工作人员进行。这点要和检查区别，检查妇女的的身体由女工作人员或医师进行，可以是男医师。B 项正确，应选。

C 项考查讯(询)问未成年人的特殊规定。《刑诉法》第 281 条规定；讯问女性未成年犯罪嫌疑人，应当有女工作人员在场。审判未成年人刑事案件，未成年被告人最后陈述后，其法定代理人可以进行补充陈述。询问未成年被害人、证人，适用第一款、

第二款、第三款的规定。可知，对于询问证人，适用讯问未成年犯罪嫌疑人的规定，应当有女工作人员在场，并非由女工作人员进行，C项错误，不选。

D项考查心理疏导、测评。最高院《刑诉解释》第477条规定：对未成年人刑事案件，人民法院根据情况，可以对未成年被告人进行心理疏导；经未成年被告人及其法定代理人同意，也可以对未成年被告人进行心理测评。可知，对于心理测评，应当经未成年犯罪嫌疑人及其法定代理人同意，D项片面，不选。

【答案】AB

5. 2016年，李某称山林土地被占而不断上访，并通过抛洒传单的方式，扰乱公共秩序，被法院以寻衅滋事罪判处有期徒刑两年六个月。在执行期间，80多岁高龄的李某，突患疾病，准备申请监外执行。关于本案，下列说法错误的有：

A. 李某申请监外执行，应当向作出判决的的法院申请

B. 如李某的监外执行申请获得批准，监外执行期间，由公安机关执行

C. 如李某在见外执行期间脱逃的，监外执行期间不计入执行刑期

D. 李某突患疾病导致生活不能自理，但由于李某曾经自伤自残，不得监外执行

【解析】A项考查监外执行的决定主体。《刑诉法》第265条第5款规定：在交付执行前，暂予监外执行由交付执行的人民法院决定；在交付执行后，暂予监外执行由监狱或者看守所提出书面意见，报省级以上监狱管理机关或者设区的市一级以上公安机关批准。可知，对于监外执行交付执行前，由交付执行的法院决定；交付执行后，由监狱提出意见，由省级以上监狱管理机关批准。本案是在执行期间，应由监狱提出意见，省级以上监狱管理机关批准。A项错误，应选。

B项考查执行机关。《刑诉法》第269条规定：对被判处管制、宣告缓刑、假释或者暂予监外执行的罪犯，依法实行社区矫正，由社区矫正机构负责执行。可知，管制、宣告缓刑、假释、暂予监外执行，均由社区矫正机构执行，而非公安机关。B项错误，应选。

C项考查刑期的不计入。《六机关规定》第34条规定：刑事诉讼法第二百五十七条第三款规定："不符合暂予监外执行条件的罪犯通过贿赂等非法手段被暂予监外执行的，在监外执行的期间不计入执行刑期。罪犯在暂予监外执行期间脱逃的，脱逃的期间不计入执行刑期。"对于人民法院决定暂予监外执行的罪犯具有上述情形的，人民法院在决定予以收监的同时，应当确定不计入刑期的期间。对于监狱管理机关或者公安机关决定暂予监外执行的罪犯具有上述情形的，罪犯被收监后，所在监狱或者看守所应当及时向所在地的中级人民法院提出不计入执行刑期的建议书，由人民法院审核裁定。可知，罪犯暂予监外执行脱逃的，逃脱的期间不计入执行刑期，而非全部不计入。C项错误，应选。

D项考查监外执行的对象。《刑诉法》第265条规定："对被判处有期徒刑或者拘役的罪犯，有下列情形之一的，可以暂予监外执行：（一）有严重疾病需要保外就医的；（二）怀孕或者正在哺乳自己婴儿的妇女；（三）生活不能自理，适用暂予监外执行不致

危害社会的。对被判处无期徒刑的罪犯，有前款第二项规定情形的，可以暂予监外执行。对适用保外就医可能有社会危险性的罪犯，或者自伤自残的罪犯，不得保外就医。对罪犯确有严重疾病，必须保外就医的，由省级人民政府指定的医院诊断并开具证明文件。”可知，监外执行是可以适用，并非所有情况都适用。自伤自残的罪犯，是不得保外就医这一类监外执行，而不是不能监外执行。D项错误，应选。

【答案】ABCD

6. 下列哪些案件不能适用速裁程序：

A. 中级人民法院管辖的第一审刑事案件

B. 被告人是未成年人的案件

C. 被告人是盲、聋、哑人，或者是尚未完全丧失辨认或者控制自己行为能力的精神病人的

D. 被告人与被害人或者其法定代理人没有就附带民事诉讼赔偿等事项达成调解或者和解协议的案件

【解析】该题考查不适用速裁程序的情形，根据《刑诉法》第222条的规定，基层人民法院管辖的可能判处三年有期徒刑以下刑罚的案件，案件事实清楚，证据确实、充分，被告人认罪认罚并同意适用速裁程序的，可以适用速裁程序，由审判员一人独任审判。

以及第223条的规定：“有下列情形之一的，不适用速裁程序：（一）被告人是盲、聋、哑人，或者是尚未完全丧失辨认或者控制自己行为能力的精神病人的；（二）被告人是未成年人的；（三）案件有重大社会影响的；（四）共同犯罪案件中部分被告人对指控的犯罪事实、罪名、量刑建议或者适用速裁程序有异议的；（五）被告人与被害人或者其法定代理人没有就附带民事诉讼赔偿等事项达成调解或者和解协议的；（六）其他不宜适用速裁程序审理的。”ABCD四个选项均不能适用速裁程序。

【答案】ABCD

三、不定项选择题（每题所设选项中至少有一个正确答案，多选、少选、错选或不选均不得分）

（一）杜某系某戒毒所民警，因涉嫌故意杀人被公安机关立案侦查，经过公安机关的讯问，杜某作出了有罪供述。检察院以故意杀人罪向法院提起公诉，庭审中，杜某的辩护律师提出有罪供述系刑讯逼供所获，应当予以排除，法院不予采纳，以故意杀人罪判处杜某死刑。杜某以“没有杀人，公安刑讯逼供，事实不清，证据不足”为由，提出上诉，二审法院审理后判处杜某死刑，缓期2年徒刑。请回答：

1. 本案进入审查起诉阶段后，杜某推翻原来的供述，称其为刑侦部门刑讯逼供获得的口供，并展示其伤痕。关于本案非法证据排除程序，下列说法正确的有：

A. 审查起诉阶段，对于杜某提出其有罪供述系刑讯逼供所得，检察院应当调查核实，并将调查结论告知杜某

B. 庭审期间，辩护人胡某提出排除非法证据，法庭必须先行当庭调查，并当庭作出是否排除有关证据的决定

C. 被告人提出排除非法证据的，应当由办理本案的侦查机关对证据收集的的合法性加以证明

D. 二审法院应当对一审证据的合法性进行审查

【解析】A 项考查非法证据排除在检察院阶段的处理。《关于办理刑事案件严格排除非法证据若干问题的规定》第 17 条规定：审查逮捕、审查起诉期间，犯罪嫌疑人及其辩护人申请排除非法证据，并提供相关线索或者材料的，人民检察院应当调查核实。调查结论应当书面告知犯罪嫌疑人及其辩护人。人民检察院在审查起诉期间发现侦查人员以刑讯逼供等非法方法收集证据的，应当依法排除相关证据并提出纠正意见，必要时人民检察院可以自行调查取证。人民检察院对审查认定的非法证据，应当予以排除，不得作为批准或者决定逮捕、提起公诉的根据。被排除的非法证据应当随案移送，并写明为依法排除的非法证据。可知，杜某提出非法证据排除，并提供相关证据，检察院应当调查，并将调查结论告知杜某。A 项正确，应选。

B 项考查法庭对证据合法性的审查和处理。《关于办理刑事案件严格排除非法证据若干问题的规定》第 30 条规定：庭审期间，法庭决定对证据收集的合法性进行调查的，应当先行当庭调查。但为防止庭审过分迟延，也可以在法庭调查结束前进行调查。第 33 条规定：法庭对证据收集的合法性进行调查后，应当当庭作出是否排除有关证据的决定。必要时，可以宣布休庭，由合议庭评议或者提交审判委员会讨论，再次开庭时宣布决定。在法庭作出是否排除有关证据的决定前，不得对有关证据宣读、质证。可知，先行调查、当庭决定是原则，存在例外情形，B 项说法过于绝对，不选。

C 项考查证据收集合法性的证明主体。最高院《刑诉解释》第 57 条规定：在对证据收集的合法性进行法庭调查的过程中，人民检察院应当对证据收集的合法性加以证明。可知，证据合法性的证明主体是检察院，即使刑讯逼供辩护意见针对的是侦查机关，也应由检察院证明取证的合法性，检察院可以对讯问合法性的调查材料进行出示，必要时，要求相关侦查人员出庭等方式证明。C 项错误，不选。

D 项考查二审法院应当对证据合法性审查的情形。《关于办理刑事案件严格排除非法证据若干问题的规定》第 38 条规定：人民检察院、被告人及其法定代理人提出抗诉、上诉，对第一审人民法院有关证据收集合法性的审查、调查结论提出异议的，第二审人民法院应当审查。被告人及其辩护人在第一审程序中未申请排除非法证据，在第二审程序中提出申请的，应当说明理由。第二审人民法院应当审查。人民检察院在第一审程序中未出示证据证明证据收集的合法性，第一审人民法院依法排除有关证据的，人民检察院在第二审程序中不得出示之前未出示的证据，但在第一审程序后发现的除外。本案中，一审提出排除非法证据，法院不予采纳，杜某以证据系刑讯逼供为由上诉，即对一审调查结论不服，二审法院应当对证据的合法性进行审查。D 项正确，应选。

【答案】AD

2. 关于本案的一审阶段，法院的哪些做法违反法律规定：

A. 法庭进行庭外调查时获得了本案相关物证，经审查后直接作为本案定案的根据

B. 辩护方申请有专门知识的人陈某出庭，出庭当日，让陈某先在旁听席等候出庭

C. 检察院申请补充侦查，期限届满后，检察院经法庭通知，未将案件移送法院，且未说明原因，法院裁定终止审理

D. 在庭审过程中，旁听人员刘某未经许可，通过手机以直播方式对外直播，法庭在经审判长决定后，没收刘某的手机

【解析】A 项考查法庭的调查取证权。最高院《刑诉解释》第 220 条规定：法庭对证据有疑问的，可以告知公诉人、当事人及其法定代理人、辩护人、诉讼代理人补充证据或者作出说明；必要时，可以宣布休庭，对证据进行调查核实。对公诉人、当事人及其法定代理人、辩护人、诉讼代理人补充的和法庭庭外调查核实取得的证据，应当经过当庭质证才能作为定案的根据。但是，经庭外征求意见，控辩双方没有异议的除外。有关情况，应当记录在案。可知，法庭调查核实取得的证据，除了庭外征求意见，控辩双方没有意见外，应当经过当庭质证才能作为定案的根据。A 项做法违反法律规定，应选。

B 项考查专家辅助人。最高院《刑诉解释》第 216 条规定：向证人、鉴定人、有专门知识的人发问应当分别进行。证人、鉴定人、有专门知识的人经控辩双方发问或者审判人员询问后，审判长应当告知其退庭。证人、鉴定人、有专门知识的人不得旁听对本案的审理。可知，有专门知识的人不能旁听案件审理，B 项做法违反法律规定，应选。

C 项考查补充调查后的处理。最高院《刑诉解释》第 223 条规定：审判期间，公诉人发现案件需要补充侦查，建议延期审理的，合议庭应当同意，但建议延期审理不得超过两次。人民检察院将补充收集的证据移送人民法院的，人民法院应当通知辩护人、诉讼代理人查阅、摘抄、复制。补充侦查期限届满后，经法庭通知，人民检察院未将案件移送人民法院，且未说明原因的，人民法院可以决定按人民检察院撤诉处理。可知，对于补充侦查期限届满，检察院未将案件移送法院，且未说明理由的，法院可以决定按撤诉处理，而非裁定终止审理。终止审理的情形是刑诉法第 15 条第 2~6 项规定情形以及违法所得没收程序中犯罪嫌疑人、被告人到案的情形。C 项违反法律规定，应选。

D 项考查为违反法庭秩序的处理。最高院《刑诉解释》第 250 条规定："法庭审理过程中，诉讼参与人或者旁听人员扰乱法庭秩序的，审判长应当按照下列情形分别处理：(一)情节较轻的，应当警告制止并进行训诫；(二)不听制止的，可以指令法警强行带出法庭；(三)情节严重的，报经院长批准后，可以对行为人处一千元以下的罚款或者十五日以下的拘留；(四)未经许可录音、录像、摄影或者通过邮件、博客、微博客等方式传播庭审情况的，可以暂扣存储介质或者相关设备。诉讼参与人、旁听人员对罚款、拘留的决定不服的，可以直接向上一级人民法院申请复议，也可以通过决定罚款、拘留的人民法院向上一级人民法院申请复议。通过决定罚款、拘留的人民法院申请复

议的，该人民法院应当自收到复议申请之日起三日内，将复议申请、罚款或者拘留决定书和有关事实、证据材料一并报上一级人民法院复议。复议期间，不停止决定的执行。”可知，对于未经许可录像直播的，是暂扣存储介质，而非没收。D项违反法律规定，应选。

【答案】ABCD

（二）张某系某黑社会组织的老大，多次抢劫运钞车、绑架富商，作案无数。张某准备策划一起重大绑架案件，公安机关接到报案后，立即立案侦查，并经过严格的批准手续，采取技术侦查措施，并成功将张某、陈某、马某等主犯抓获，并扣押涉案的枪支、弹药。检察院以绑架罪、非法买卖枪支、弹药罪提起公诉，法院判处张某、陈某死刑，判处马某无期徒刑，张某、陈某不服，提起上诉，马某没有提起上诉，二审法院审理后维持原判。请回答：

3. 关于本案的侦查，下列哪些说法是错误的：

A. 本案的技术侦查自签发之日3个月内有效，未侦破的，经过批准可以申请延长，但最多不超过三次

B. 技术侦查获得证据，如果危及侦查人员的安全，应当由审判人员在庭外对证据进行核实

C. 侦查人员在讯问犯罪嫌疑人时，应当分开进行

D. 侦查机关在扣押枪支、弹药等物证时，应当持有扣押证，并有见证人在场

【解析】A项考查技术侦查的期限。《刑诉法》第151条规定：批准决定应当根据侦查犯罪的需要，确定采取技术侦查措施的种类和适用对象。批准决定自签发之日起三个月以内有效。对于不需要继续采取技术侦查措施的，应当及时解除；对于复杂、疑难案件，期限届满仍有必要继续采取技术侦查措施的，经过批准，有效期可以延长，每次不得超过三个月。可知，技术侦查有效期为3个月，复杂、疑难的，可以延长，但每次不得超过3个月，而不是不得超过3次。A项错误，当选。

B项考查技术侦查活动证据的运用。《刑诉法》第154条规定：依照本节规定采取侦查措施收集的材料在刑事诉讼中可以作为证据使用。如果使用该证据可能危及有关人员的人身安全，或者可能产生其他严重后果的，应当采取不暴露有关人员身份、技术方法等保护措施，必要的时候，可以由审判人员在庭外对证据进行核实。可知，对于危及特定人员安全的，应当采取不暴露有关人员身份、技术方法，必要时，才可由审判人员在庭外对证据进行核实，而非应当在庭外核实，B项错误，当选。

C项考查讯问犯罪嫌疑人的规则。《公安部规定》第197条规定：讯问犯罪嫌疑人，必须由侦查人员进行。讯问的时候，侦查人员不得少于二人。讯问同案的犯罪嫌疑人，应当个别进行。可知，讯问同案犯罪嫌疑人，应当分别进行，另外，询问证人也应当分别即行。C项正确，不可选。

D项考查查封、扣押物证、书证规则。《刑诉法》第142条规定：对查封、扣押的财物、文件，应当会同在场见证人和被查封、扣押财物、文件持有人查点清楚，当场

开列清单一式二份，由侦查人员、见证人和持有人签名或者盖章，一份交给持有人，另一份附卷备查。第 143 条规定：侦查人员认为需要扣押犯罪嫌疑人的邮件、电报的时候，经公安机关或者人民检察院批准，即可通知邮电机关将有关的邮件、电报检交扣押。可知，在搜查同时查封，扣押一般物证，不需另行批准办理扣押证，扣押犯罪嫌疑人的邮件、电报的时，才须另行批准获得法律文书才能实施，故 D 项错误，当选。

【答案】ABD

4. 综合本案，下列哪些说法是正确的：

A. 在审理过程中，检察院可以提出量刑建议，提出量刑建议的，应当制作量刑建议书

B. 马某即使没有提出上诉，二审法院也应当进行审查，一并处理

C. 二审法院维持原判后，将张某、陈某报请最高院复核，最高院复核时，认为事实正确，但是陈某不应该判处死刑，最高院应当撤销原判，发回重审

D. 法院应当在马某的判决生效后 10 内送交执行机关

【解析】A 项考查对量刑程序。《关于规范量刑程序若干问题的意见(试行)》第 3 条规定：对于公诉案件，人民检察院可以提出量刑建议。量刑建议一般应当具有一定的幅度。人民检察院提出量刑建议，一般应当制作量刑建议书，与起诉书一并移送人民法院；根据案件的具体情况，人民检察院也可以在公诉意见书中提出量刑建议。可知，检察院提出量刑建议的，一般应当制作量刑建议书，但是也可以在公诉意见书中提出，A 项说法绝对，不选。

B 项考查全面审查原则。《刑诉法》第 233 条规定：第二审人民法院应当就第一审判决认定的事实和适用法律进行全面审查，不受上诉或者抗诉范围的限制。共同犯罪的案件只有部分被告人上诉的，应当对全案进行审查，一并处理。可知，即使马某没有上诉，二审法院也应当审查，B 项正确，应选。

C 项考查共同犯罪判处死刑立即执行复核的处理。最高院《刑诉解释》第 352 条规定：对有两名以上被告人被判处死刑的案件，最高人民法院复核后，认为其中部分被告人的死刑判决、裁定事实不清、证据不足的，应当对全案裁定不予核准，并撤销原判，发回重新审判；认为其中部分被告人的死刑判决、裁定认定事实正确，但依法不应当判处死刑的，可以改判，并对其他应当判处死刑的被告人作出核准死刑的判决。可知，对于本案中，对张某核准死刑，对陈某改判，而非发回重审，C 项错误，不选。

D 项考查交付执行。最高院《刑诉解释》第 430 条规定：同案审理的案件中，部分被告人被判处死刑，对未被判处死刑的同案被告人需要羁押执行刑罚的，应当在其判决、裁定生效后十日内交付执行。但是，该同案被告人参与实施有关死刑之罪的，应当在最高人民法院复核讯问被判处死刑的被告人后交付执行。本案中，马某也作为主犯，参与死刑案件的审理，马某应在最高院复核讯问被判处死刑的被告人后交付执行，而非生效 10 日后交付执行。D 项错误，不选。

【答案】B

《刑事诉讼法》第三套模拟试题

一、单项选择题(每题所设选项中只有一个正确答案，多选、错选或不选均不得分)

1. 于某因杜某等人的侮辱，拿刀将杜某刺死。检察院以故意伤害罪提起公诉，法院经审理后判处于某无期徒刑，顿时国内一片哗然，社会各界人士、网友纷纷出来发声。于某不服，提出上诉。关于该案，下列说法正确的是:

A. 社会人士和网友的发声，干扰了法院依法独立行使审判权

B. 如办理案件的检察官崔某系杜某的舅舅，杜某应当回避

C. 庭审过程中，于某的辩护律师称于某是正当防卫，该辩护属于无罪辩护

D. 二审法院审理后，认为量刑明显不当，既可以在查清事实后改判，也可以发回重审

【解析】A 项考查人民法院依法独立行使审判权。《刑诉法》第 5 条规定：人民法院依照法律规定独立行使审判权，人民检察院依照法律规定独立行使检察权，不受行政机关、社会团体和个人的干涉。但是，法院、检察院独立行使职权仍然要接受党的领导，人大、社会、群众的监督。因为，网友对犯罪事实和裁判结果的发声，是对诉讼进行社会监督的一种途径，并未影响裁决结果的作出和执行，也就不存在干扰法院行使职权的问题。A 项错误，不选。

B 项考查回避的对象。《刑诉法》第 108 条第 6 项规定：“近亲属”是指夫、妻、父、母、子、女、同胞兄弟姊妹。可知，舅舅并非刑诉法的规定的近亲属，无须回避。这里需要注意的是，针对审判人员，最高院《执行回避制度若干问题的规定》将审判阶段回避的近亲属扩大到三代以内旁系血亲和近姻亲，但这仅针对审判人员而言。故 B 项错误，不选。

C 项考查辩护的分类。辩护分为无罪辩护、罪名辩护、罪数辩护和量刑辩护。正当防卫系无罪，因此，称于某的行为属于正当防卫属于无罪辩护。C 项正确，当选。

D 项考查二审的处理方式。《刑诉法》第 236 条规定：“第二审人民法院对不服第一审判决的上诉、抗诉案件，经过审理后，应当按照下列情形分别处理：……(二)原判决认定事实没有错误，但适用法律有错误，或者量刑不当的，应当改判……。”可知，对于量刑不当的，应当改判，不得发回重审。D 项错误，不选。

【答案】C

2. 长沙居民杨某在泰国旅行期间，被泰国人泰森抢劫，并遭灭口。后约翰到我国办事，在武汉被公安机关抓获。检察院以抢劫罪提起公诉，法院经审理，判处泰森死刑立即执行。关于本案，下列哪一项是正确的:

A. 本案应当由武汉市法院管辖

B. 如泰森精通汉语，则法院无须为其提供翻译

C. 在最高院复核死刑时，最高检应当向最高院提出意见

D. 法院审理后判处死刑的，执行时，应当通知泰国驻华使领馆

【解析】A 项考查外国人针对中国人犯罪的管辖。最高院《刑诉解释》第 9 条规定：外国人在中华人民共和国领域外对中华人民共和国国家或者公民犯罪，根据《中华人民共和国刑法》应当受处罚的，由该外国人入境地、入境后居住地或者被害中国公民离境前居住地的人民法院管辖。可知，本案既可以由被告人入境后入居住地(武汉)管辖，也可以由中国公民离境前居住地(长沙)法院管辖，A 项所述过于绝对，错误，不选。

B 项考查使用中国通用的语言文字进行诉讼的原则。最高院《刑诉解释》第 401 条规定：人民法院审判涉外刑事案件，使用中华人民共和国通用的语言、文字，应当为外国籍当事人提供翻译。人民法院的诉讼文书为中文本。外国籍当事人不通晓中文的，应当附有外文译本，译本不加盖人民法院印章，以中文本为准。外国籍当事人通晓中国语言、文字，拒绝他人翻译，或者不需要诉讼文书外文译本的，应当由其本人出具书面声明。可知，外国人不需要翻译的，应当出具书面声明，而不是无须翻译就不提供。B 项错误，不选。

C 项考查死刑复核程序中检察院的监督。《刑诉法》第 251 条规定：最高人民法院复核死刑案件，应当讯问被告人，辩护律师提出要求的，应当听取辩护律师的意见。在复核死刑案件过程中，最高人民检察院可以向最高人民法院提出意见。最高人民法院应当将死刑复核结果通报最高人民检察院。可知，死刑复核中，最高检是可以提出意见，一但最高检提出意见，最高院应当向最高检通报死刑复核结果。注意区分。C 项错误，不选。

D 项考查涉外刑事案件的通报与通知。最高院《刑诉解释》第 396 条第 2 款规定：对外国籍被告人执行死刑的，死刑裁决下达后执行前，应当通知其国籍国驻华使、领馆。可知，D 项说法正确，应选。

【答案】D

3. 朱某被下班回家路上被杨某抢劫，邻居赵某正好看到。朱某报案后，公安机关经批准逮捕朱某，检察院以抢劫罪向法院提起公诉。关于本案，下列哪一说法正确：

A. 如果赵某系本案的关键证人，但是由于害怕报复，经法院通知仍不出庭作证，经审判长批准，可以强制其到庭

B. 赵某出庭后拒绝作证，情节严重，可以对赵某处以 15 日以下的拘留

C. 如果赵某作证时称“由于当时夜色较黑，没有看清，但是根据声音犯罪嫌疑人很像杨某”，该证人证言不得作为定案的根据

D. 法院判决后，杨某拒绝接收判决书，法院可以将判决书留在朱某的住处，并采用录像的方式记录送达过程

【解析】A 项考查强制证人出庭制度。《刑诉法》第 193 条规定：经人民法院通知，

证人没有正当理由不出庭作证的，人民法院可以强制其到庭，但是被告人的配偶、父母、子女除外。最高院《刑诉解释》第 208 条规定：强制证人出庭的，应当由院长签发强制证人出庭令。可知，强制证人出庭应当由院长批准，而非审判长。A 项错误，不选。

B 项考查证人拒绝出庭作证的后果。《刑诉法》第 193 条第 2 款规定：证人没有正当理由拒绝出庭或者出庭后拒绝作证的，予以训诫，情节严重的，经院长批准，处以十日以下的拘留。被处罚人对拘留决定不服的，可以向上一级人民法院申请复议。复议期间不停止执行。可知，对证人的拘留是在 10 日以下，而非 15 日以下。B 项错误，不选。这一点要和违反法庭秩序的拘留区别，违反法庭秩序的拘留是 15 日以下。

C 项考查意见证据规则。意见证据规则是指证人只能陈述自己亲自感受和经历的事实，而不是陈述对该事实的意见或者结论。本案中，证人根据声音判断，是一般人的生活经验判断和自身感受的事实，而非专门性或法律性判断意见。C 项错误，不选。

D 项考查电子送达。最高院《刑诉解释》第 167 条第 3 款规定：收件人或者代收人拒绝签收的，送达人可以邀请见证人到场，说明情况，在送达回证上注明拒收的事由和日期，由送达人、见证人签名或者盖章，将诉讼文书留在收件人、代收人的住处或者单位；也可以把诉讼文书留在受送达人的住处，并采用拍照、录像等方式记录送达过程，即视为送达。可知，D 项说法正确，应选。

【答案】D

4. 杨某酒后驾驶汽车将邓某撞成重伤，经抢救无效死亡。公安机关接到报请后，立即赶到事故现场，并将杨某带回公安局。公安机关以交通肇事罪移送检察院，在审查起诉时，杨某与邓某的父亲达成和解协议，检察院决定对杨某取保候审。关于本案，下列哪一说法正确：

A. 公安机关到达事故现场后，可以在现场询问证人

B. 对杨某取保候审的，应当要求杨某提供保证人和保证金

C. 如果在取保候审期间，杨某违反规定，需要罚款，由检察院作出

D. 杨某和邓某的父亲达成和解协议，应当在协议签署后即时履行

【解析】A 项考查询问证人的地点。《刑诉法》第 124 条规定：侦查人员询问证人，可以在现场进行，也可以到证人所在单位、住处或者证人提出的地点进行，在必要的时候，可以通知证人到人民检察院或者公安机关提供证言。在现场询问证人，应当出示工作证件，到证人所在单位、住处或者证人提出的地点询问证人，应当出示人民检察院或者公安机关的证明文件。询问证人应当个别进行。可知，出示工作证件可以在现场询问证人，A 项正确，应选。

B 项考查取保候审的保证。取保候审可以采取保证金保证和保证人保证，但是两种方式不能够同时使用，故 B 项错误，不选。

C 项考查违反取保候审规定的责任认定主体规定。《六机关规定》第 14 条规定：对取保候审保证人是否履行了保证义务，由公安机关认定，对保证人的罚款决定，也由

公安机关作出。可知，责任认定主体是公安机关，而非检察院，即使是检察院决定。C项错误，不选。

D项考查和解协议的履行。最高院《刑诉规则》第517条规定：和解协议书约定的赔偿损失内容，应当在双方签署协议后立即履行，至迟在人民检察院作出从宽处理决定前履行。确实难以一次性履行的，在被害人同意并提供有效担保的情况下，也可以分期履行。可知，在审查起诉阶段的和解协议可以分期履行。审判阶段是应当即时履行，公安机关主持的是应当及时履行，注意区分。D项错误，不选。

【答案】A

5. 谢某与郝某素有间隙，一次，谢某将郝某打成轻伤，郝某向法院提起自诉，并提起附带民事诉讼。法院审理后，判处谢某有期徒刑1个月，医疗费、交通费等费用2万元。郝某对附带刑事判决不服，提起上诉。关于本案，下列哪一说法是正确的：

A. 如在案件审理过程中，谢某和郝某达成调解，应当制作调解书

B. 二审法院审理过程中，发现一审事实不清，将附带民事判决改判，针对刑事判决提出再审

C. 在二审审理过程中，谢某称郝某也打伤自己提出反诉，二审法院可以调解，调解不成，告知其另行起诉

D. 在案件审理过程中，如郝某发现谢某转移财产，可能使其附带民事判决难以执行，可以申请保全，但应当提供担保

【解析】A项考查自诉案件的调解。最高院《刑诉解释》第271条规定：人民法院审理自诉案件，可以在查明事实、分清是非的基础上，根据自愿、合法的原则进行调解。调解达成协议的，应当制作刑事调解书，由审判人员和书记员署名，并加盖人民法院印章。调解书经双方当事人签收后，即具有法律效力。调解没有达成协议，或者调解书签收前当事人反悔的，应当及时作出判决。可知，A项正确，应选。

B项考查附带民事诉讼中的二审。最高院《刑诉解释》第331条规定：第二审人民法院审理对附带民事部分提出上诉，刑事部分已经发生法律效力的案件，发现第一审判决、裁定中的刑事部分确有错误的，应当依照审判监督程序对刑事部分进行再审，并将附带民事部分与刑事部分一并审理。可知，如果发现刑事判决错误，对刑事判决再审，然后将附带民事诉讼一并处理，B项错误，不选。

C项考查二审的反诉。最高院《刑诉解释》第334条规定：第二审期间，自诉案件的当事人提出反诉的，应当告知其另行起诉。可知，二审自诉的反诉，直接告知另行起诉，而不要调解。C项错误，不选。这一点要和二审中附带民事诉讼的反诉要区分，附带民事诉讼可以调解。

D项考查财产保全。最高院《刑诉解释》第152条规定：人民法院对可能因被告人的行为或者其他原因，使附带民事判决难以执行的案件，根据附带民事诉讼原告人的申请，可以裁定采取保全措施，查封、扣押或者冻结被告人的财产；附带民事诉讼原告人未提出申请的，必要时，人民法院也可以采取保全措施。法院决定采取诉中保全

没有规定必须提供担保。D 项错误，不选。

【答案】A

6. 张某与陆某因宅基地发生纠纷，张某的儿子小张(17 岁)为了帮张某，拿起锄头挥向陆某，导致陆某轻伤。陆某报警后，小张被带至公安机关，并移送检察院起诉。关于本案，下列哪一说法错误：

A. 检察院在审查起诉时，可以对小张的成长经历、犯罪原因、监护情况进行调查

B. 如法院决定对本案适用简易程序，应当征求小张及其法定代理人的意见，其中一人提出异议，则不能适用简易程序

C. 小张真诚悔罪，赔偿损失，并获得谅解，但如果小张曾经犯有交通肇事罪，则双方不得公诉和解

D. 小张和陆某在审查起诉时达成和解，检察院认为犯罪情节轻微，可以作出不起诉

【解析】A 项考查未成年人刑事案件的社会调查。最高检《刑诉规则》第 486 条规定：人民检察院根据情况可以对未成年犯罪嫌疑人的成长经历、犯罪原因、监护教育等情况进行调查，并制作社会调查报告，作为办案和教育的参考。可知，社会调查是根据情况可以进行，而非应当进行。A 项正确，不选。

B 项考查简易程序的程序条件。最高院《刑诉解释》第 474 条规定：对未成年人刑事案件，人民法院决定适用简易程序审理的，应当征求未成年被告人及其法定代理人、辩护人的意见。上述人员提出异议的，不适用简易程序。可知，B 项正确，不选。

C 项考查公诉案件和解程序的条件。《刑诉法》第 288 条规定："下列公诉案件，犯罪嫌疑人、被告人真诚悔罪，通过向被害人赔偿损失、赔礼道歉等方式获得被害人谅解，被害人自愿和解的，双方当事人可以和解：(一)因民间纠纷引起，涉嫌刑法分则第四章、第五章规定的犯罪案件，可能判处三年有期徒刑以下刑罚的；(二)除渎职犯罪以外的可能判处七年有期徒刑以下刑罚的过失犯罪案件。犯罪嫌疑人、被告人在五年以内曾经故意犯罪的，不适用本章规定的程序。"可知，本案宅基地纠纷系民间纠纷，故意伤害罪(轻伤)是刑法分则第四章规定，且可能判处 3 年以下有期徒刑，另外，小张曾经犯的是过失犯罪，所以仍然可以适用公诉案件和解程序。C 项错误，应选。

D 项考查和解的效力。《刑诉法》第 290 条规定：对于达成和解协议的案件，公安机关可以向人民检察院提出从宽处理的建议。人民检察院可以向人民法院提出从宽处罚的建议；对于犯罪情节轻微，不需要判处刑罚的，可以作出不起诉的决定。人民法院可以依法对被告人从宽处罚。可知，D 项正确，不选。

【答案】C

二、多项选择题(每题所设选项中至少有两个正确答案，多选、少选、错选或不选均不得分)

1. 刑事诉讼法的基本原则，是专门机关和诉讼参与人必须遵循的基本行为准则。

关于基本原则的说法，下列哪些选项是正确的：

A. 我国刑事诉讼基本原则由法律明确规定，具有法律约束力

B. 非法证据排除规则是严格遵守法律程序的体现

C. 在庭审过程中，检察官发现审判员违法法律程序，可以当庭提出意见

D. 法院在审理一起故意伤害案时，发现被告人系正当防卫，作出被告人无罪的判决，体现了“具有法定情形不予追究刑事责任”的原则

【解析】A 项考查刑事诉讼法的基本原则。我国刑事诉讼法的基本原则是由法律明确规定，且具有法律约束力。注意和刑事诉讼一般程序规则区分，刑事诉讼程序规则可以由法律规定，也可以体现在具体的制度中。A 项正确，应选。

B 项考查严格遵守法律程序原则。严格遵守法律程序要求公检法机关在进行刑事诉讼活动中必须遵守刑诉法和相关法律规定，违反程序严重的，应当承担相应的法律后果，而非法证据排除规则即是程序违法的后果，即体现了严格遵守法律程序原则。B 项正确，应选。

C 项考查检察院依法对刑事诉讼实行法律监督。最高院《刑诉解释》第 258 条规定：人民检察院认为人民法院审理案件违反法定程序，在庭审后提出书面纠正意见，人民法院认为正确的，应当采纳。可知，提出意见的，应当是在庭后，且是以检察院整体名义提出书面纠正意见，而不由检察官个人当面提出。C 项错误，不选。

D 项考查具有法定情形不予追究刑事责任原则。《刑诉法》第 16 条规定：“有下列情形之一的，不追究刑事责任，已经追究的，应当撤销案件，或者不起诉，或者终止审理，或者宣告无罪：(一)情节显著轻微、危害不大，不认为是犯罪的；(二)犯罪已过追诉时效期限的；(三)经特赦令免除刑罚的；(四)依照刑法告诉才处理的犯罪，没有告诉或者撤回告诉的；(五)犯罪嫌疑人、被告人死亡的；(六)其他法律规定免予追究刑事责任的。”可知，正当防卫系正当行为，不是犯罪行为，也不是违法行为，不属于不追究刑事责任的情形。D 项错误，不选。

【答案】AB

2. 朱某为了给妻子治病，将病房中其他病人肖某放在枕头下面的 2300 元偷走。后案发，朱某将钱退给肖某，并取得谅解，检察院考虑到特殊情况，决定不起诉。关于本案的说法，下列哪些选项正确：

A. 检察院的不起诉体现了我国在起诉原则上采用了以起诉法定主义为主，兼采起诉便宜主义

B. 如果公安机关对法院不起诉决定不服，可以向上一级检察院复议

C. 如果不起诉后，检察院还发现朱某有另外一起盗窃，检察院可以再次起诉

D. 检察院的不起诉体现了诉讼效率的理念

【解析】A 项考查刑事起诉制度。起诉法定主义，即只要被告人的行为符合法定起诉条件的，公诉机关不享有自由裁量的权力，必须起诉，而不论具体情节。起诉便宜主义，则是具备起诉条件时，是否起诉，根据具体情况处理。从本案可知，我国用了

以起诉法定主义为主，兼采起诉便宜主义，A 项正确，应选。

B 项考查公安机关对不起诉的救济。《刑诉法》第 179 条规定：对于公安机关移送起诉的案件，人民检察院决定不起诉的，应当将不起诉决定书送达公安机关。公安机关认为不起诉的决定有错误的时候，可以要求复议，如果意见不被接受，可以向上一级人民检察院提请复核。可知，复议是向原检察院机关，复核是向上一级人民检察院。B 项错误，不选。

C 项考查决定不起诉后能否再起诉。对于法定不起诉和酌定不起诉，不起诉后均不能再提起诉讼，证据不足不起诉则可以再次提起诉讼。C 项错误，不选。注意：不起诉针对的是行为人，而不是行为人的某个行为。

D 项考查刑事诉讼的基本理念。不起诉在一定程度上节约了司法资源，体现了诉讼效率的理念。D 项正确，应选。

【答案】AD

3. 赵某以摆设射击摊位营生，被公安机关以非法持有枪支罪拘留，检察院提起公诉，法院经审理判处赵某非法持有枪支罪 3 年 6 个月。赵某不服，提起上诉，二审法院认定量刑过重，改判为有期徒刑 3 年，缓刑 3 年。关于本案，下列哪些说法正确：

A. 赵某的上诉既可以是书面，也可以是口头

B. 二审法院开庭审理的，应及时通知检察院阅卷，检察院阅卷的时间计入审理期限

C. 二审法院也可以改判为有期徒刑 3 年，缓刑 4 年

D. 判决生效后，由社区矫正机构执行

【解析】A 项考查上诉的形式。《刑诉法》第 227 条规定：被告人、自诉人和他们的法定代理人，不服地方各级人民法院第一审的判决、裁定，有权用书状或者口头向上一级人民法院上诉。被告人的辩护人和近亲属，经被告人同意，可以提出上诉。可知，上诉既可以口头，也可以书面。A 项正确，应选。注意抗诉只能是书面。

B 项考查二审中检察院的阅卷。最高院《刑诉解释》第 320 条规定：开庭审理第二审公诉案件，应当在决定开庭审理后及时通知人民检察院查阅案卷。自通知后的第二日起，人民检察院查阅案卷的时间不计入审理期限。可知，二审检察院阅卷时间不计入审理期限。B 项错误，不选。

C 项考查上诉不加刑。最高院《刑诉解释》第 325 条规定："审理被告人或者其法定代理人、辩护人、近亲属提出上诉的案件，不得加重被告人的刑罚，并应当执行下列规定：(一)同案审理的案件，只有部分被告人上诉的，既不得加重上诉人的刑罚，也不得加重其他同案被告人的刑罚；(二)原判事实清楚，证据确实、充分，只是认定的罪名不当的，可以改变罪名，但不得加重刑罚；(三)原判对被告人实行数罪并罚的，不得加重决定执行的刑罚，也不得加重数罪中某罪的刑罚；(四)原判对被告人宣告缓刑的，不得撤销缓刑或者延长缓刑考验期；(五)原判没有宣告禁止令的，不得增加宣告；原判宣告禁止令的，不得增加内容、延长期限；(六)原判对被告人判处死刑缓期

执行没有限制减刑的，不得限制减刑。”可知，一审判处3年6个月，二审不能缓刑4年。C项错误，不选。

D项考查缓刑的执行机关。《刑诉法》第269条规定：对被判处管制、宣告缓刑、假释或者暂予监外执行的罪犯，依法实行社区矫正，由社区矫正机构负责执行。可知，缓刑由社区矫正机构执行。D项正确，应选。

【答案】AD

4. 赵某因贩卖毒品被判处死刑缓期2年执行，并判处没收财产。赵某不服，提起上诉，二审维持判决。关于本案，下列哪些说法正确：

A. 对没收财产的判决，由法院执行，必要时，也可由公安机关执行

B. 对于没收财产，应当在判决生效后立即执行

C. 法院在执行时，第三人杨某称有一处房产赵某已经卖给他，法院应当中止执行

D. 对于赵某用贩卖毒品所获得收益，法院也应当一并追缴。

【解析】A项考查财产刑的执行主体。《刑诉法》第272条规定：没收财产的判决，无论附加适用或者独立适用，都由人民法院执行；在必要的时候，可以会同公安机关执行。可知，没收财产由法院执行，必要时，会同公安机关执行，而不是由公安机关执行。A项错误，不选。

B项考查执行时间。最高院《刑诉解释》第439条规定：罚金在判决规定的期限内一次或者分期缴纳。期满无故不缴纳或者未足额缴纳的，人民法院应当强制缴纳。经强制缴纳仍不能全部缴纳的，在任何时候，包括主刑执行完毕后，发现被执行人有可供执行的财产的，应当追缴。行政机关对被告人就同一事实已经处以罚款的，人民法院判处罚金时应当折抵，扣除行政处罚已执行的部分。判处没收财产的，判决生效后，应当立即执行。可知，对于没收财产的判决，生效后立即执行。B项错误，不选。要和罚金刑进行区分。

C项考查中止执行。最高院《刑诉解释》第443条规定：“执行财产刑过程中，具有下列情形之一的，人民法院应当裁定中止执行：(一)执行标的物系人民法院或者仲裁机构正在审理案件的争议标的物，需等待该案件审理完毕确定权属的；(二)案外人对执行标的物提出异议的；(三)应当中止执行的其他情形。”可知，C项属于第(二)项的规定，正确，应选。

D项考查赃款赃物的追缴。《最高人民法院关于刑事裁判涉财产部分执行的若干规定》第10条规定：对赃款赃物及其收益，人民法院应当一并追缴。被执行人将赃款赃物投资或者置业，对因此形成的财产及其收益，人民法院应予追缴。被执行人将赃款赃物与其他合法财产共同投资或者置业，对因此形成的财产中与赃款赃物对应的份额及其收益，人民法院应予追缴。可知，D项正确，应选。

【答案】CD

5. 2002年2月，马某因与同学不合，在宿舍连杀死四人，后畏罪潜逃。3月，马某在三亚落网，市检察院以故意杀人罪提起公诉，市中院经审理后，认为故意杀人罪成立，判处马某死刑立即执行，一审宣判后，马某没有上诉，检察院没有抗诉。关于本案，下列说法错误的是：

A. 公安机关在侦查本案过程中，可以适用技术侦查

B. 在审判过程中，法院指派律师为其辩护，而马某拒绝律师为其辩护，法院应当准许

C. 一审判决在经过上诉、抗诉期后，中院可直接报请最高院进行死刑复核

D. 最高院在复核过程中，如果认为一审法院引用的某一法律条款有误，但判处死刑并无不当，应当撤销原判，发回重审

【解析】A项考查技术侦查措施。公安机关在立案后，对于危害国家安全、恐怖活动犯罪、黑社会性质的组织犯罪、重大毒品犯罪或者其他严重危害社会的犯罪案件，经过严格的批准手续，可以采取技术侦查措施。本案连杀四人，制造震惊全国的惨案，属于严重危害社会的犯罪，公安机关立案后可以适用技术侦查。A项正确，应选。

B项考查拒绝辩护。对于一般案件，可以两次拒绝辩护，且无须理由，结果是自行辩护。但是，对于应当提供法律援助辩护的案件，第一次拒绝指派的辩护律师辩护的，需要正当理由，第二次拒绝辩护的，不予准许。本案中，马某可能被判处无期徒刑、死刑，属于应当提供法律援助辩护的情形，法院为其提供法律援助辩护，马某拒绝的，应当有正当理由，而不是应当准许。B项错误，不选。

C项考查报请死刑复核的程序。对于判处死刑立即执行的案件，一审判决经过上诉、抗诉期后没有上诉、抗诉的，一审法院应当逐级上报最高院复核，而非直接上报。C项错误，不选。

D项考查死刑复核后的处理。最高院在复核过程中，对于有问题的裁判，一般是撤销原判，发回重审，但是对于原判认定的某一具体事实或者引起的法律条款存在瑕疵的，可以在纠正后作出核准的判决、裁定。D项错误，不选。

【答案】BCD

6. 关于速裁程序，下列哪些说法错误的是：

A. 可能判处三年有期徒刑以下刑罚的案件，案件事实清楚，证据确实、充分，被告人认罪认罚并同意适用速裁程序的，可以适用速裁程序。

B. 人民检察院在提起公诉的时侯，可以建议人民法院适用速裁程序。

C. 适用速裁程序审理案件，应当当庭宣判。

D. 人民法院在审理过程中，发现不宜适用速裁程序审理的情形的，应当按照简易程序重新审理。

【解析】A项考查速裁程序的适用要件。根据《刑诉法》第222条第1款，基层人民法院管辖的可能判处三年有期徒刑以下刑罚的案件，案件事实清楚，证据确实、充分，被告人认罪认罚并同意适用速裁程序的，可以适用速裁程序。据此，基层人民法院才

能适用速裁程序，缺少此一要件，A 项错误，应选。

B 项考查检察建议。《刑诉法》第 222 条第 2 款规定，人民检察院在提起公诉的时候，可以建议人民法院适用速裁程序。B 项正确，不选。

C 项考查速裁程序的程序特点。《刑诉法》第 224 条规定，适用速裁程序审理案件，应当当庭宣判。C 项正确，不选。

D 项考查速裁程序适用错误的处理。《刑诉法》第 226 条规定，人民法院在审理过程中，发现有被告人的行为不构成犯罪或者不应当追究其刑事责任、被告人违背意愿认罪认罚、被告人否认指控的犯罪事实或者其他不宜适用速裁程序审理的情形的，应当按照本章第一节或者第三节的规定重新审理。不是按照简易程序处理，D 项错误，应选。

【答案】AD

三、不定项选择题(每题所设选项中至少有一个正确答案，多选、少选、错选或不选均不得分)

(一)贾某系某村村民，因其婚房被强拆，持射钉枪将村支书何某杀害。贾某杀人后想逃跑，被村民制服，移交给公安机关，公安机关经过侦查后将案件移送检察院。请问答：

1. 如检察院依法提起公诉，关于本案的审理，下列哪些说法是正确的：

A. 公诉人在讯问贾某后，经审判长许可，辩护人也可以询问贾某

B. 公诉人在出示射钉枪后，先由辩方辨认并发表意见，然后再互相质问、辩论

C. 如果公诉人申请出示开庭前未移送的证据，辩护人提出需要对该证据作辩护准备，法庭可以延期审理，并确定准备辩护的时间

D. 在被告人最后陈述中，贾某多次重复自己是激情杀人的意见，法庭应当予以制止

【解析】A 项考查法庭调查中的讯问和询问。《刑诉法》第 191 条规定：公诉人在法庭上宣读起诉书后，被告人、被害人可以就起诉书指控的犯罪进行陈述，公诉人可以讯问被告人。被害人、附带民事诉讼的原告人和辩护人、诉讼代理人，经审判长许可，可以向被告人发问。审判人员可以讯问被告人。可知，经审判许可，辩护人也可以询问被告人。A 项正确，应选。

B 项考查对物证的调查规则。最高院《刑诉解释》第 218 条规定：举证方当庭出示证据后，由对方进行辨认并发表意见。控辩双方可以互相质问、辩论。可知，B 项正确，应选。

C 项考查庭审中新证据的问题。最高院《刑诉解释》第 221 条规定：公诉人申请出示开庭前未移送人民法院的证据，辩护方提出异议的，审判长应当要求公诉人说明理由；理由成立并确有出示必要的，应当准许。辩护方提出需要对新的证据作辩护准备的，法庭可以宣布休庭，并确定准备辩护的时间。辩护方申请出示开庭前未提交的证据，参照适用前两款的规定。可知，对于新证据的问题，法庭是宣布休庭，而非延期

审理。C 项错误，不选。

D 项考查被告人最后陈述。最高院《刑诉解释》第 235 条规定：审判长宣布法庭辩论终结后，合议庭应当保证被告人充分行使最后陈述的权利。被告人在最后陈述中多次重复自己的意见的，审判长可以制止。陈述内容蔑视法庭、公诉人，损害他人及社会公共利益，或者与本案无关的，应当制止。可知，对于多次重复自己意见的，是可以制止，而非应当制止。D 项错误，不选。

【答案】AB

2. 如检察院在审查起诉对贾某做精神病鉴定，发现贾某有间歇性精神病，杀人时，处于发病期间。检察院依法向法院提起强制医疗程序，关于强制医疗程序，下列说法错误的有：

A. 法院在审理时，应当会见贾某

B. 检察院认为公安机关应当对贾某采取临时性约束措施，但是公安机关并未采取，检察院应当要求公安机关采取

C. 法院经审理后作出强制医疗的决定，贾某的父亲可以向上一级法院申请复议，在复议决定作出后交付执行

D. 贾某被交付执行后提出解除申请的，应在交付 6 个月后申请

【解析】A 项考查强制医疗程序的审理方式。最高院《刑诉解释》第 529 条规定：审理强制医疗案件，应当组成合议庭，开庭审理。但是，被申请人、被告人的法定代理人请求不开庭审理，并经人民法院审查同意的除外。审理人民检察院申请强制医疗的案件，应当会见被申请人。可知，A 项正确，不选。

B 项考查临时性约束措施。最高检《刑诉规则》第 546 条规定：人民检察院发现公安机关对涉案精神病人进行鉴定的程序违反法律或者采取临时保护性约束措施不当的，应当提出纠正意见。公安机关应当采取临时保护性约束措施而尚未采取的，人民检察院应当建议公安机关采取临时保护性约束措施。可知，公安机关未采取的，检察院是建议，而非要求。B 项错误，应选。

C 项考查强制医疗决定的救济。最高院《刑诉解释》第 536 条规定：被决定强制医疗的人、被害人及其法定代理人、近亲属对强制医疗决定不服的，可以自收到决定书之日起五日内向上一级人民法院申请复议。复议期间不停止执行强制医疗的决定。可知，复议期间不停止执行，C 项错误，应选。

D 项考查强制医疗的解除程序。最高院《刑诉解释》第 540 条规定：被强制医疗的人及其近亲属申请解除强制医疗的，应当向决定强制医疗的人民法院提出。被强制医疗的人及其近亲属提出的解除强制医疗申请被人民法院驳回，六个月后再次提出申请的，人民法院应当受理。可知，六个月提出是在驳回后，第一次提出没有时间限制。D 项错误，应选。

【答案】BCD

（二）董某伙同向某共同到瑞华公司（国有公司）的仓库盗窃，被保安发现后，将保安打死，为了毁尸灭迹，二人在盗走一些珍贵物品后，将仓库烧毁，致公司损失上百万元。后案发，公安机关将董某抓捕归案，向某不知所踪。请回答：

3. 在审查起诉时，董某旧病复发，致生活不能自理。检察院拟对董某指定居所监视居住，下列说法正确的是：

A. 为了更好的监控董某，检察院可以将居所指定在检察院大楼

B. 指定居所监视居住期间，所发生的费用由董某承担

C. 检察院可以要求董某将其护照、身份证件、驾驶证件交执行机关保存

D. 执行机关可以对董某的通信进行监视

【解析】A 项考查指定监视居住的要求。最高检《刑诉规则》第 110 条规定：采取指定居所监视居住的，不得在看守所、拘留所、监狱等羁押、监管场所以及留置室、讯问室等专门的办案场所、办公区域执行。可知，检察院不能在办公大楼监视居住。A 项错误，不选。

B 项考查指定监所监视居住的费用。最高检《刑诉规则》第 113 条规定：指定居所监视居住的，不得要求被监视居住人支付费用。可知，B 项错误，不选。

C 项考查监视居住的义务。《刑诉法》第 77 条规定："被监视居住的犯罪嫌疑人、被告人应当遵守以下规定：（一）未经执行机关批准不得离开执行监视居住的处所；（二）未经执行机关批准不得会见他人或者通信；（三）在传讯的时候及时到案；（四）不得以任何形式干扰证人作证；（五）不得毁灭、伪造证据或者串供；（六）将护照等出入境证件、身份证件、驾驶证件交执行机关保存。"可知，根据第（六）项规定，C 项正确。这个要和取保候审对比掌握，一是取保候审没有规定将身份证件提存，二是取保候审中将护照等出入境证件、驾驶证件交执行机关保存是裁定义务，非法定义务。

D 项考查监视居住的方法。《刑诉法》第 78 条规定：执行机关对被监视居住的犯罪嫌疑人、被告人，可以采取电子监控、不定期检查等监视方法对其遵守监视居住规定的情况进行监督；在侦查期间，可以对被监视居住的犯罪嫌疑人的通信进行监控。可知，对通信进行监控是侦查期间，本案在审查起诉，不得对通信进行监控。D 项错误，不选。

【答案】C

4. 检察院提起公诉时，瑞华公司并未提起附带民事诉讼，检察院在提起公诉一并提起附带民事诉讼。关于本案，下列哪些说法错误的是：

A. 检察院提起附带民事诉讼时，应将瑞华公司列为附带民事诉讼原告人

B. 检察院提起附带民事诉讼时，应董某和向某列为附带民事诉讼共同被告人

C. 如检察院与董某达成调解协议并制作调解书，但在法院送达调解书时，董某拒绝接收，法院可以留置送达

D. 法院经审理后认为被告人应当承担责任的，应判定被告人向检察院作出赔偿

【解析】A 项考查附带民事诉讼的原告人。最高院《刑诉解释》第 142 条规定：国家

财产、集体财产遭受损失，受损失的单位未提起附带民事诉讼，人民检察院在提起公诉时提起附带民事诉讼的，人民法院应当受理。人民检察院提起附带民事诉讼的，应当列为附带民事诉讼原告人。可知，检察院提起附带民事诉讼的，检察院为附带民事诉讼原告人。A 项错误，应选。

B 项考查附带民事诉讼被告人。最高院《刑诉解释》第 146 条规定：共同犯罪案件，同案犯在逃的，不应列为附带民事诉讼被告人。逃跑的同案犯到案后，被害人或者其法定代理人、近亲属可以对其提起附带民事诉讼，但已经从其他共同犯罪人处获得足额赔偿的除外。可知，在逃的被告人不列入附带民事诉讼被告人。B 项错误，应选。

C 项考查留置送达。调解书不能留置送达。如果收件人拒绝接受，则应当视为调解无效，需要进行判决。C 项错误，应选。

D 项考查检察院提起附带民事诉讼的裁判。最高院《刑诉解释》第 156 条规定：人民检察院提起附带民事诉讼的，人民法院经审理，认为附带民事诉讼被告人依法应当承担赔偿责任的，应当判令附带民事诉讼被告人直接向遭受损失的单位作出赔偿；遭受损失的单位已经终止，有权利义务继受人的，应当判令其向继受人作出赔偿；没有权利义务继受人的，应当判令其向人民检察院交付赔偿款，由人民检察院上缴国库。可知，检察院提起附带民事诉讼的，是直接向遭受损失的单位作出赔偿，而非检察院。可知，D 项错误，应选。

【答案】ABCD

5. 下列哪些案件可以适用缺席审判：

A. 严重的危害国家安全犯罪、恐怖活动犯罪案件

B. 在审理过程中，被告人自动投案或者被抓获的

C. 因被告人患有严重疾病无法出庭，中止审理超过六个月，被告人仍无法出庭，被告人及其法定代理人、近亲属申请或者同意恢复审理的

D. 人民法院按照审判监督程序重新审判的案件，被告人死亡的

【解析】A 项考查缺席审判的适用条件。《刑诉法》第 291 条第 1 款规定，对于贪污贿赂犯罪案件，以及需要及时进行审判，经最高人民检察院核准的严重危害国家安全犯畢恐怖活动犯罪案件，犯罪嫌疑人、被告人在境外，监察机关、公安机关移送起诉，人民检察院认为犯罪事实已经查清，证据确实、充分，依法应当追究刑事责任的，可以向人民法院提起公诉。人民法院进行审查后，对于起诉书中有明确的指控犯罪事实，符合缺席审判程序适用条件的，应当决定开庭审判。可知，严重的危害国家安全犯罪、恐怖活动犯罪案件，须经最高人民检察院核准，才能缺席审判。A 项错误，不选。

B 项考查缺席审判过程中，对被告人投案或被抓获的处理。《刑诉法》第 295 条规定，在审理过程中，被告人自动投案或者被抓获的，人民法院应当重新审理。故 B 项错误，不选。

C 项考查对被告人患有严重疾病无法出庭的处理。《刑诉法》第 296 条规定，因被告人患有严重疾病无法出庭，中止审理超过六个月，被告人仍无法出庭，被告人及其

法定代理人、近亲属申请或者同意恢复审理的，人民法院可以在被告人不出庭的情况下缺席审理，依法作出判决。可知，C 项正确，应选。

D 项考查缺席审理中对被告人死亡的处理。《刑诉法》第 297 条规定，被告人死亡的，人民法院应当裁定终止审理，但有证据证明被告人无罪，人民法院经缺席审理确认无罪的，应当依法作出判决。人民法院按照审判监督程序重新审判的案件，被告人死亡的，人民法院可以缺席审理，依法作出判决。可知 D 项正确，应选。

【答案】BDC